El
DISCÍPULO
AMADO

UN VIAJE CON JUAN AL CORAZÓN DE JESÚS

El
DISCÍPULO
AMADO

UN VIAJE CON JUAN AL CORAZÓN DE JESÚS

BETH MOORE

con DALE MCCLESKEY

El discípulo amado
© 2004 por Beth Moore
Todos los derechos reservados

Publicado por Broadman & Holman Publishers,
Nashville, Tennessee 37234

ISBN-13: 978-0-8054-3043-1
ISBN-10: 0-8054-3043-1

Clasificación decimal Dewey: 225.92
Temas: APÓSTOL JUAN/BIBLIA N.T. JUAN–ESTUDIO/
CAPACITACIÓN EN DISCIPULADO

Publicado originalmente en inglés con el título *The Beloved Disciple*
© 2003 por Beth Moore

Traducción al español: Adriana Powell

Tipografía de la edición castellana:
A&W Publishing Electronic Services, Inc.

Imagen de portada: Los discípulos Pedro y Juan corren hacia
la tumba en la mañana de la resurrección/1898
Eugene Burnand (1850-1921/Suiza)
Museo d'Orsay, París/SuperStock

Impreso en los Estados Unidos de América

5 08 07 06

Dedicatoria

A mi nuevo hijo Curt.

Si hubiera podido recorrer el mundo para encontrar al compañero

para toda la vida de mi hija mayor, te hubiera elegido a ti.

No fue necesario; Dios ya lo había hecho. Querido Curt, mientras escribía

este libro, a menudo pensé en cuánto te pareces al apóstol Juan. Tú eres un

auténtico visionario que se acerca al *Logos* con un amor puro. Eres la

verdadera expresión de un discípulo profundamente amado.

Te quiero.

Índice

CONTENIDO

CONTENIDO

Introducción

✎

El discípulo amado explora una de las relaciones más fascinantes de la historia, la de Jesús y el más joven de sus apóstoles. Este libro reseña la vida de aquel joven discípulo. Sin duda, Juan podría ser considerado como uno de los personajes más asombrosos de la Biblia. En forma anónima, escribió el Evangelio que la mayoría de las personas considera favorito. Se identificó solamente como "el discípulo a quien amaba Jesús". Tomó de los otros Evangelios los relatos sobre Jesús el Mesías, y escribió luego como si dijera: "Ustedes ya han escuchado lo que Jesús hizo; ahora permítanme decirles quién era en realidad". Así, Juan nos muestra al Cristo cósmico que creó el mundo, murió para redimirlo y vive para reclamarlo.

La vida del apóstol Juan incluye momentos asombrosos de valor y grandeza. De los doce, solo Juan estuvo cerca durante la crucifixión, y fue quien recibió la última revelación de las Escrituras: el Apocalipsis. Juan integró el círculo íntimo de Jesús en lugares tales como el monte de la Transfiguración y la habitación donde Jesús resucitó a la hija de Jairo (Luc. 8:51). Sin embargo, en el lapso entre esos momentos cumbres, fueron otros los que durante largos años estuvieron en primer plano. Por medio de este discípulo obtenemos una perspectiva íntima y personal de Jesús y del perfil de un discípulo amado.

Te invito a acompañarme en un viaje maravilloso con el apóstol Juan. Juntos escalaremos las alturas y sondearemos las profundidades. Mi oración es que, en el proceso, podamos identificarnos con este longevo discípulo de Cristo. Mi deseo es que al llegar al final, descubras lo que él descubrió hace mucho tiempo: Que el amor vale más que la ambición. Y que amar y ser amado por Jesús importa más que todo lo que el mundo pueda conseguir o poseer.

Espero que ames este viaje como yo te amo a ti.

Parte 1

SOPLAN NUEVOS VIENTOS EN GALILEA

Me encantan los comienzos. ¿Y a ti? Es un privilegio embarcarme en esta aventura con alguien como tú. Confiemos en que Dios nos llevará con Él a lugares donde nunca estuvimos y hará una obra que no imaginábamos posible. Cuando Jacobo y Juan arrojaban sus redes al mar de Galilea sobre las aguas acariciadas por el sol, no tenían la menor idea de que el Hijo de Dios arrojaba su red sobre ellos. Pronto se encontraron atrapados por su divino llamado y sometidos por su amor. Permitamos que ese amor divino nos cautive, mientras nosotros también recibimos ese llamado a ser discípulos de Jesucristo.

Capítulo 1

DESDE ENTONCES

La Ley y los Profetas llegan hasta Juan. Desde entonces es anunciado el reino
de Dios y todos se esfuerzan por entrar en él. (Lucas 16:16)

✦

Corría aproximadamente el año 28 d.C. Considerando que el pueblo elegido no había recibido palabra de Dios en los últimos cuatro siglos, la vida era bastante buena. Los judíos habían tapado sus inseguridades con un manto de monotonía. La falta de un encuentro renovado con Dios los llevaba a aferrarse a lo que tenían: la Ley. Interesante, ¿verdad? El pueblo hebreo alcanzó la cima del legalismo durante los años de silencio entre Malaquías y Mateo. Eso es lo que hace la gente religiosa cuando no tiene una auténtica relación con Dios.

En aquella época, los hijos varones seguían el camino de sus padres. Las niñas no necesitaban instrucción; después de todo, al crecer harían exactamente lo mismo que sus madres. Las personas devotas murmuraban por la mañana la misma plegaria que había brotado de sus labios en el amanecer del día anterior. Y al día siguiente se repetiría el mismo proceso.

Por cortesía de Herodes, un rey que necesitaba de manera desesperada congraciarse con el pueblo, los judíos por fin tenían su templo. ¡Una verdadera belleza! En líneas generales, la vida transcurría como ellos lo deseaban.

El pueblo hebreo quería saber qué podía esperar de la vida. En consecuencia, se forjaban una expectativa y la perseguían con toda su alma. Acomodaban la vida tal como esperaban que fuese; se la echaban encima como un manto protector y evitaban el cambio.

Los entiendo, porque en ocasiones yo hice lo mismo.

Si alguien cuestionaba el *status quo*, los consagrados respondían como si las cosas hubieran sido siempre así. Es probable que muchos adhirieran a la actitud predominante que, años más tarde, el apóstol describió en 2 Pedro 3:4: "Desde el día en que los padres durmieron, todas las cosas permanecen así como desde el principio de la creación".

Se equivocaban. Desde el comienzo de la creación nada se mantuvo igual. Un plan de perfección increíble ha venido implementándose de manera cuidadosa. Jamás se detuvo. Dios nunca estuvo inactivo, ni siquiera durante los años de silencio de la historia de Israel.

No alcanzamos a imaginar cuán ocupadas están las manos de Dios, aun cuando su boca parezca estar cerrada. En lo que a Dios concierne, estar en silencio nunca equivale a estar dormido. Para quienes procuramos percibir en forma global lo que el Dios del universo está haciendo con el planeta Tierra, pocos títulos de Cristo resultan tan significativos como los que Él mismo pronunció en Apocalipsis 22:13. Él es "el Alfa y la Omega, el principio y el fin, el primero y el último."

No alcanzan las palabras para describir cuánto me impresiona la multiforme perfección y coherencia de las Escrituras. El libro que comienza con las palabras "en el principio" culmina con Aquel que se declara a sí mismo como el Principio y el Fin. La vida en este planeta tuvo un principio preciso y tendrá un fin concreto. Aquel que planeó ambos a la perfección, no dejó que entre tanto las cosas ocurrieran al azar… ni que se mantuvieran sin cambio.

El Dios del cielo tiene un propósito para esta Tierra. Aun antes de decir: "Sea la luz", definió los sucesos que ocuparían el calendario de su reino desde el comienzo hasta el final. El ser humano puede negarse a cooperar, pero no puede impedir que Dios lleve a cabo los acontecimientos decisivos de su plan divino. Además, podemos estar agradecidos porque no hay tradiciones capaces de detener a Dios cuando Él decide cambiar las cosas.

Precisamente cuando la clase dominante había organizado las cosas tal como las quería y había jurado que siempre habían sido así, alguien tuvo el valor de sacar la cabeza de debajo de la manta de seguridad. Tarde o temprano le cortarían la cabeza por su atrevimiento; mientras tanto, sacudiría un poco las cosas. No pases por alto las consecuencias de que un Dios en extremo razonable controla con precisión el cumplimiento del cronograma de su reino. Lucas 3:1–2 dice que "en el año decimoquinto del imperio de Tiberio César … siendo sumos sacerdotes Anás y Caifás", ocurrió algo decisivo: la palabra de Dios llegó a un hombre llamado Juan.

Por alguna razón Juan recibió el apodo de "el Bautista", aunque le hubiera venido mejor el rótulo de "predicador". Se presentó con la siguiente declaración: "¡Generación de víboras!, ¿quién os enseñó a huir de la ira venidera? Haced, pues, frutos dignos de arrepentimiento y no comencéis a decir dentro de vosotros mismos: 'Tenemos a Abraham por padre', porque os digo que Dios puede levantar hijos a Abraham aun de estas piedras. Además el hacha ya está puesta a la raíz de los árboles; por tanto, todo árbol que no da buen fruto se corta y se echa al fuego" (Luc. 3:7–9).

Comencé este capítulo con las palabras del propio Cristo: "La Ley y los Profetas llegan hasta Juan. Desde entonces es anunciado el reino de Dios y todos se esfuerzan por entrar en él" (Luc. 16:16). Jesús se refirió a la vida de Juan como el hito de un cambio rotundo en el calendario del reino de Dios. Luego de 400 años de silencio, de pronto llegó la Palabra de Dios.

Me pregunto si, después de una espera prolongada por una revelación renovada de Dios a las criaturas mortales, el cielo habrá quedado en silencio para prestar atención. Por cierto, los que estaban en la tierra no necesitaron hacer silencio. El Bautista hablaba sin vueltas y a viva voz. Tan fuerte como para que, según la versión de Mateo, los fariseos y los saduceos de Jerusalén se trasladaran hasta la orilla de la manta de seguridad, en las riberas del Jordán, para ver de qué se trataba tanta conmoción (Mat. 3:5,7). Fueron de las pocas personas que se mantuvieron secas ese día, y aseguraron la manta sobre sus cabezas para evitar que los sumergieran en el cambio.

Juan el Bautista siempre iba contra la corriente. Su mensaje viajó río arriba por el Jordán, hasta un puñado de pescadores que vivía en una aldea llamada Betsaida. Atraídos como peces hacia la carnada, varios de ellos marcharon a escucharlo y se aferraron a cada una de las palabras que dijo. Es más, Juan 1:35 se refiere a ellos como discípulos de Juan.

No permitas que el término *discípulos* te resulte herético. A muchos de nosotros, en el ambiente cristiano evangélico, este rótulo nos parece casi sagrado; pero ten presente que lo que hizo santos a los doce discípulos de Cristo fue Aquel a quien siguieron. El término *discípulo* describe a un aprendiz que sigue las enseñanzas de otra persona.

Lo bueno es que Juan el Bautista resultó ser un hombre al que valía la pena seguir, precisamente porque al seguirlo llegaron hasta Jesús.

Los líderes religiosos desafiaron al que bautizaba: "¿Qué dices de ti mismo?" ¿Quién era Juan? ¿Elías? ¿El Cristo? ¿Algún otro profeta? El predicador afirmó con claridad: "Yo soy 'la voz de uno que clama en el desierto: Enderezad el camino del Señor' ... Yo bautizo con agua, pero en medio de vosotros está uno a quien vosotros no conocéis. Este es el que viene después de mí, quien es antes de mí, del cual yo no soy digno de desatar la correa del calzado" (Juan 1:22–23,26–27). Juan el Bautista se definió de dos maneras:

1. Él no era el Cristo.
2. Él era el que había sido enviado a preparar el camino para Cristo.

Al embarcarnos en este tema, es apropiado hacernos la misma pregunta que los líderes religiosos le hicieron a Juan. ¿Qué dices de ti mismo? Lo que no decimos en palabras, en última instancia lo expresamos con los hechos. A diario comunicamos todo tipo de cosas acerca de nosotros mismos; no siempre es acertado lo que manifestamos, pero es lo que creemos que somos.

Créeme… de esto entiendo. Viví gran parte de mi vida con un concepto equivocado de lo que yo era y lo que no era. Cuando joven, oscilaba vertiginosamente entre el sentimiento de "soy una víctima y soy peor que todos los demás" y el de "a mí nadie me manda; voy a ser mejor que todos los demás". Mientras contemplo este breve testimonio, los recuerdos me hacen suspirar. Era agotador creer y vivir una mentira. ¿Qué fue lo que finalmente me libró del péndulo? Aprender a verme a mí misma en el marco de mi relación con Jesucristo.

No quiero dar la impresión de que ya lo he logrado o de que aprendí lo que sé sin pasar por un proceso. Aunque en alguna medida he sanado, todavía lucho con mi identidad. Todavía lucho. Durante mis primeros años de ministerio, me esforcé muchísimo por parecerme a mi líder y hacer todo igual que ella.

¿Te has dado cuenta de que tratar de ser otra persona te deja exhausto?

Gracias a Jesús, Juan sabía quién era y quién no era. ¿Quién *no* era Juan? No era el Cristo. Muchos de sus oyentes hubieran estado dispuestos a darle la bienvenida como el Mesías si él lo hubiera permitido, pero no lo hizo.

¿Quién era Juan el Bautista, según su propia definición? "Yo soy 'la voz de uno que clama en el desierto: Enderezad el camino del Señor'". ¡Qué reconfortante es lo que Juan dijo acerca de sí! Entendía la grandeza de Cristo y lo poco que él valía en comparación, pero no se sentía como un gusano bajo una piedra. Su vida tenía valor por su conexión con el Mesías. Juan el Bautista presentó un concepto que otro Juan seguirá desarrollando a lo largo de nuestro viaje juntos. Entre muchas otras cosas, aprenderemos a valorarnos por nuestra relación con Jesucristo. Alcanzaremos un grado importante de madurez al poder evaluar y comunicar con precisión quiénes somos… y quiénes no somos.

Al compararnos con Juan el Bautista, quizá tengamos la tentación de pensar: "Una cosa es segura, a mí nadie me confundirá con Cristo". Te equivocas. Algunas personas intentan tomar como salvador a cualquiera que parezca tener identidad y madurez espiritual.

¿Ha tratado alguien de tomarte como esa clase de salvador? Nuestra reacción más cómoda podría ser transferirle la responsabilidad a la pobre persona confundida. Después de todo ¿acaso podemos impedir que alguien nos considere más de lo que somos? El ejemplo de Juan el Bautista tal vez sugiere que podemos y debemos impedirlo siempre que sea posible. Igual que Juan, cuando las circunstancias y las relaciones requieran ser evaluadas en forma apropiada, no debemos dejar de declarar con libertad cosas tales como:

- "Lamento mucho si te llevé a creerlo, pero yo no soy tu salvación. No tengo poder para liberarte."
- "No puedo ser el punto de apoyo de la familia. Si todos dependen de mí para mantener la estabilidad, nos hundiremos sin remedio."
- "No solo no tengo todas las respuestas sino que todavía intento entender las preguntas."

¿Qué hacemos entonces? ¿Los defraudamos a todos? No, les pedimos que se desengañen de *nosotros*, que nos saquen del pedestal de cartón en el que nos han puesto. Nuestro papel en la vida de aquellos a los que Dios pone en nuestro camino para que los ayudemos no es muy diferente del de Juan el Bautista. Somos una voz en su desierto, y los ayudamos a preparar el camino para el Señor.

Tengo ansias por saber por qué Dios me ha invitado a este viaje. No tengo ideas preconcebidas. No sé a dónde nos llevará este estudio. Tú y yo tenemos por delante una aventura impredecible. Pocas veces estuve tan entusiasmada al comenzar un estudio, porque francamente no tengo idea de lo que nos espera.

¡Me entusiasman las aventuras! Estoy ansiosa por ver los lugares que visitaremos y los regalos que escogeremos a lo largo del camino. Sin embargo, cuando todo haya concluido, intuyo que habremos aprendido mucho acerca de la identidad. ¿Identidad de quién? La de Cristo y la de dos importantes discípulos suyos. Con uno de ellos, nos encontraremos en el próximo capítulo. Al otro puedes verlo en el espejo más cercano.

Al concluir este primer capítulo, tracemos una línea de partida sobre cómo percibimos nuestra identidad en este momento, a fin de que podamos comparar cuando hayamos avanzado en la travesía. Por favor, sé absolutamente sincero. Díselo a Dios: ¿Quién has descubierto que no eres? ¿Y quién has descubierto que eres?

Estoy sumamente contenta de que te hayas sumado a este viaje. Disfrutemos la Palabra de Dios. Comenzaremos dando una mirada a uno de los factores más importantes en la vida judía: la familia.

Capítulo 2

LA IDENTIDAD DE LA FAMILIA

Pasando de allí, vio a otros dos hermanos, Jacobo, hijo de Zebedeo,
y su hermano Juan. (Mateo 4:21)

Solo Dios podía ser más importante que la familia. Para el judío devoto, lo familiar no podía separarse de lo espiritual. Dios mismo los había entrelazado desde el comienzo cuando creó a Eva como complemento de Adán (Gén. 2:21–22). Eso fue, sin lugar a dudas, un acto espiritual. Luego, en Génesis 4:1, Dios agregó a esta combinación el primer niño.

La vida familiar se volvió sinónimo de problemas familiares casi desde el punto de partida; sin embargo, Dios nunca abandonó el concepto. Más aún, la familia era una excelente idea, y fue un medio de suma importancia para el obrar divino a lo largo de la historia. La mezcla de lo familiar y lo espiritual se enfatizó con tanta fuerza en el Antiguo Testamento que el espacio solo me permite seleccionar algunas referencias. Éxodo 12:25–27 dice: "Cuando entréis en la tierra que Jehová os dará, como prometió, también guardaréis este rito. Y cuando os pregunten vuestros hijos: '¿Qué significa este rito?', vosotros responderéis: 'Es la víctima de la Pascua de Jehová, el cual pasó por encima de las casas de los hijos de Israel en Egipto, cuando hirió a los egipcios y libró nuestras casas'".

Josué 4:5–7 expresa: "Pasad ante el Arca de Jehová, vuestro Dios, hasta el medio del Jordán, y cada uno de vosotros tome una piedra sobre su hombro, conforme al número de las tribus de los hijos de Israel, para que esto quede como una señal entre vosotros. Y cuando vuestros hijos pregunten a sus padres mañana: '¿Qué significan estas piedras?', les responderéis: 'Las aguas del Jordán fueron divididas delante del Arca del pacto de Jehová'".

En el pueblo hebreo, padres e hijos acostumbraban a conversar. El Señor no dijo: "*si* tus hijos te preguntan", sino "*cuando* tus hijos pregunten". Los padres se ocupaban más que las madres de la educación de los hijos. En un hogar judío típico de la antigüedad, la comunicación era prácticamente continua; quitarle el significado espiritual a la conversación, hubiera sido casi como silenciarla.

Es probable que tú tengas ascendencia gentil, igual que yo. Cuando estudiamos la vida de una persona que proviene de una cultura completamente diferente, debemos ser muy cuidadosos y observarla en su mundo, no en el nuestro. Podemos hacer innumerables aplicaciones a nuestro mundo, pero solo después de haber considerado a la persona, en este caso Juan, en su propio contexto. El judaísmo ortodoxo antiguo no solo era una cultura completamente distinta de la nuestra; Dios se aseguró de que no hubiera otra igual. No quería que su nación fuera como las demás. Dejaré que Dios mismo lo diga: "Hijos sois de Jehová, vuestro Dios … Porque eres pueblo santo a Jehová, tu Dios, y Jehová te ha escogido para que le seas un pueblo único entre todos los pueblos que están sobre la tierra" (Deut. 14:1–2).

Las personas que estudiaremos eran judías en una época en que el judaísmo era más judío que nunca. Con esto quiero decir que, a pesar de estar bajo el dominio romano, disfrutaban de libertad para vivir de acuerdo con su cultura. Estaban firmemente establecidos en su territorio y tenían su templo. Todos los componentes de la vida religiosa funcionaban a pleno: los fariseos, los saduceos y los maestros de la ley, por nombrar solo algunos.

La vida en pueblos galileos como Capernaúm y Betsaida habrá parecido insignificante comparada con la vida en el centro religioso del templo de Herodes, en Jerusalén. Sin embargo, había algo que no variaba entre los hebreos: *YHVH** era la vida. Era el Proveedor, el Sustentador, el Soberano Creador de todas las cosas. Para ellos, pensar poco en Dios era como no pensar en absoluto.

Nuestro apóstol Juan venía de la zona rural del norte del país. Si el sofisticado judío de la Ciudad Santa pensaba que los sencillos pobladores que

---

*YHVH es el nombre divino de Dios, que los judíos nunca pronuncian. En nuestro idioma lo expresamos como *Yahvéh* o Jehová.

vivían junto al mar de Galilea lo envidiaban, seguramente se equivocaba. Ambos debían enfrentar los problemas propios de la vida. Cada uno tenía sus preferencias y sus puntos de vista. Al despertar, uno veía el brillante reflejo del sol danzar sobre las relucientes paredes del templo. El otro lo veía asomarse sobre la superficie del lago. Hubiera sido difícil convencer a un pescador de que la gloria de Dios habitaba con más poder en un edificio hecho de piedras que en un espléndido atardecer rosa y púrpura sobre el mar de Galilea. Lo entiendo... vivo con un pescador.

Dos parejas de hermanos crecieron cerca unos de otros, en el extremo norte del mar de Galilea. Se les encallecieron los pies al caminar sobre los guijarros de una playa que les era familiar. Cuando sus hijos apenas les llegaban a las rodillas, Zebedeo y Jonás (o Juan) se hacían responsables no solo de que sus traviesos retoños no se ahogaran sino también de enseñarles el oficio y encauzar la insaciable curiosidad infantil. Los padres eran la guardería infantil ambulante de los muchachitos y las madres esperaban que regresaran enteros antes de que oscureciera, o después de una noche de pesca.

Pedro, Andrés, Jacobo y Juan. Eran árboles plantados junto a corrientes de agua, que crecían para dar fruto a su tiempo (Sal. 1:3). Si esos padres hubieran sabido lo que llegarían a ser sus hijos, ¿los hubieran criado de otra manera? Pensándolo bien, me parece que no. Eran hombres simples con una meta simple: enseñarles todo lo que ellos sabían.

Nuestra tarea es armar el rompecabezas de lo que pudo haber sido la vida de nuestro protagonista durante su infancia y su juventud, antes de que llegara un Cordero y se la diera vuelta. Nos encontramos por primera vez con Juan en las páginas del Nuevo Testamento en Mateo 4:21. Allí leemos que en el barco pesquero iban "Jacobo, hijo de Zebedeo, y su hermano Juan".

Los estudiosos coinciden, casi por unanimidad, en que Juan era el hermano menor de Jacobo (Santiago es la forma helenizada de *Yaakób* o Jacobo). En las primeras referencias se nombra a Juan a continuación de su hermano Jacobo, lo cual en las Escrituras y en la literatura oriental de la antigüedad indicaba el orden de nacimiento.

En ese mundo, si había un nombre más común que Jacobo, era Juan. Como la familia usaba el lenguaje hebreo, en realidad lo llamaban Yejojanán. Puede parecer un nombre sofisticado, pero era en realidad un nombre de lo más corriente. Tengo la sensación de que Jacobo y Juan no eran la clase de niños de los cuales los vecinos pensarían: "Estoy ansioso por ver lo que llegarán a ser. ¡Serán especiales! Estoy seguro". Aquellos que los veían crecer daban por sentado que los hijos de Zebedeo serían pescadores, igual que su padre.

Si Jacobo era el hermano mayor, ocupaba la posición anhelada en la secuencia de nacimiento. Le correspondían derechos y privilegios especiales, además de una primogenitura que le garantizaba una doble porción de la herencia. El primogénito era un líder en la familia y recibía cierto grado de respeto, solo por estar en una posición que no le había costado nada obtener. ¿Y Juan? Él era solo el hermanito.

Muchos de nosotros hemos experimentado la sensación ambigua de ser conocidos sobre todo por nuestra relación con otra persona. Me encanta ser la esposa de Keith Moore, la madre de Amanda y Melissa, y la suegra de Curt. Sin embargo, es probable que lo disfrute porque he vivido lo suficiente como para saber quién soy. Recuerdo haberme sentido perdida en medio de una larga fila de hermanos. Tengo tiernos recuerdos de mi madre, que al llamarme nombraba a todos antes de acertar mi nombre. A menudo yo sonreía mientras ella escarbaba en su mente buscando el nombre correcto, hasta que por fin me decía, con exasperación: "¡A ti te estoy hablando!" Yo respondía con una risita: "¡Sí, mamá!" y me alejaba mientras ella continuaba esforzándose por recordar mi nombre.

¿Y tú? ¿Cómo fue tu caso? ¿Acaso te han identificado por tu relación con otros?

Hay aspectos de la crianza que son universales. Seguramente a veces Zebedeo miraba a Yejojanán a los ojos y lo llamaba Yaakób. Si eso ocurría, ¿habrá sido Juan de los que pasan por alto el desliz, o le habrá dicho: "¡Yo soy Yejojanán, Abba!" Me encanta explorar con la imaginación esta clase de cuestiones cuando estudio un personaje.

Sea como fuere, no cabe duda de que Juan estaba acostumbrado a ser el otro hijo de Zebedeo, el hermanito de Jacobo. Aunque su nombre fuera común, tenía un significado extraordinario: "Dios ha sido bondadoso".[1] Mientras crecía en las playas del lago favorito de Jesús, Juan no se imaginaba cuán bondadoso había sido Dios. Sin embargo, pronto tendría una señal.

Juan pudo ser el nombre común de un niño común; sin embargo, conociendo cómo piensan las madres, podemos estar seguros de que para su madre era un niño extraordinario. Más adelante, descubriremos que nada le parecía suficiente para sus hijos. Pero, ¿quién era esta mujer, esposa de Zebedeo y madre de Jacobo y Juan?

Adelantémonos por un momento al relato a fin de identificarla. Si comparamos Mateo 27:55–56 con Marcos 15:40, descubrimos que probablemente se llamaba Salomé. La mayoría de los comentaristas que consulté consideran que, efectivamente, a la madre de Juan se la identifica por ese nombre en el último versículo. Algunos estudiosos sostienen que Salomé era hermana de María, la madre de Jesús. Toman en cuenta Juan 19:25, que dice: "Estaban junto a la cruz de Jesús su madre y la hermana de su madre, María mujer de Cleofas, y María Magdalena".

Como ves, no podemos saber si Juan mencionaba a tres mujeres o a cuatro. Podría ser que María, la esposa de Cleofas, fuera tía de Jesús por parte de madre, pero resulta un poco extraño que dos hijas en la misma familia llevaran el nombre María. Por otra parte, probablemente sea riesgoso, a partir de la comparación de estas listas, sacar la conclusión terminante de que Salomé era hermana de María. Aunque no tengo dudas de que estas familias se conocían y tal vez hayan estado emparentadas, coincido con R. Alan Culpepper, quien escribió: "Si Juan era primo directo de Jesús, sin duda esta relación hubiera sido más resaltada en las tradiciones cristianas primitivas acerca del apóstol".[2]

Como aprenderemos en los próximos capítulos, los padres de la iglesia acumularon una buena cantidad de tradiciones con respecto a Juan, pero encontramos poca mención de que fuera primo de Jesús por parte de madre. Sin duda no soy una experta, pero a partir de lo que obtuve de aquellos que sí lo son, escribiré desde la perspectiva de que probablemente las dos familias se conocían; sin embargo, no me parece que tuvieran lazos consanguíneos. Podemos estar agradecidos de que junto a la cruz todos aquellos que deseamos tener una relación con Jesucristo logramos ser sus parientes de sangre.

No he tenido que hacer muchos sacrificios para realizar lo que Dios me llamó a hacer. Sin lugar a dudas, Cristo es quien hizo los sacrificios valiosos. Algún sacrificio ocasional que me toca hacer me produce pequeñas oleadas de dolor. Por ejemplo, no tengo muchas oportunidades de cultivar nuevas relaciones en profundidad aunque soy una persona sociable. ¡Me hace feliz estar sentada en un centro comercial y observar a la gente que pasa! Cuando conduzco mi automóvil por el campo y veo una casa, siempre deseo saber cómo es la gente que vive allí. ¡Me encanta la gente! Sin embargo, hay temporadas en que mi llamado me impide estudiar y explorar en profundidad la singularidad de las personas.

Acabo de darme cuenta, como si fuera una súbita revelación, que el estudio bíblico profundo centrado en la vida de un personaje, es un modo tremendamente creativo para hacer las dos cosas que más me gustan. En este escritorio aislado, donde debo estar a solas con Dios para escribir, estoy a punto de conocer a fondo a una "nueva" persona. ¡Y tú también la conocerás!

Capítulo 3

PORQUE ERAN PESCADORES

*Y enseguida los llamó. Entonces, dejando a su padre, Zebedeo, en la barca
con los jornaleros, lo siguieron. (Marcos 1:20)*

La Pascua estaba cerca.* La ladera del Eremos, en el norte de Galilea,
pronto estaría cubierta por lirios azules y anémonas rojas. Por fin había llegado la primavera para un grupo de pescadores que pasaba sus días en el
agua.

Las temperaturas invernales, que oscilan entre 10º y 15º C (50º–60º F)
durante el día, tal vez no parezcan demasiado frías a los aficionados; sin
embargo, los pescadores piensan distinto. Los pies mojados, calzados con
sandalias, se sentirían como bloques de hielo, y tendrían los dedos tan
congelados que por momentos perderían la destreza. Durante el invierno
en las pocas horas que pasaban en el hogar, intentaban quitarse el frío de
los huesos. Cuando por fin entraban en calor, otra vez tenían que empujar
el barco al agua. Podían considerarse afortunados si les tocaba un poco de
sol.

El mar de Galilea es de agua dulce y en la Biblia se lo conoce, además, por
otros tres nombres: mar de Cineret, que es la palabra hebrea para expresar
"con forma de arpa" y es una descripción aproximada del contorno del
lago;[1] lago de Genesaret, por el nombre de una fértil llanura en las cercanías,
y mar de Tiberias por asociación con la capital de Herodes Antipas.

---

*Esta indicación es estrictamente una deducción que hago al comparar las referencias en
Juan 1:43, Juan 2:1 y Juan 2:12–13. Por supuesto, podría estar equivocada si hubiera lap-
sos que no se mencionaron en esos pasajes.

En los tiempos cuando Andrés, Pedro, Jacobo y Juan arrojaban sus redes a esas aguas, había una industria pesquera floreciente en todo el lago. La costa de este espejo de agua estaba poblada por muchas aldeas. No solo proveía alimento en la región sino que también el paisaje era magnífico, y todavía lo es. El lago rodeado de montañas se parece a la palma de una mano gigante llena de agua. He visto con mis propios ojos, al principio de la primavera, el sol del amanecer que cuelga perezoso de la niebla que persiste del invierno. Cuando vi por primera vez el mar de Galilea, entendí por qué Cristo parecía preferir sus aldeas a la metrópolis de Jerusalén.

Betsaida se encuentra en el extremo norte, donde el río Jordán vierte su agua en el lago. El término *Betsaida* significa "casa de pesca"[2], y hacía honor a su nombre. El mar de Galilea ostenta 18 especies de peces,[3] por lo que la pesca podía ser provechosa casi en cualquier lugar. Cerca de Betsaida, las tibias vertientes al pie del monte Eremos brotaban en dirección al lago y atraían a los peces que buscaban protección en el invierno. Los peces que, desde entonces, se denominan "peces de Pedro", son una especie tropical que a menudo bulle en las temperaturas más cálidas allí donde los arroyos desembocan en el lago, lo que da a nuestro pescador una notable ventaja sobre muchos de sus competidores.

Sabemos con certeza que Andrés y Pedro eran de Betsaida, y podemos deducir que Zebedeo también crió a sus hijos en esa aldea, ya que todos eran socios. Como vamos a descubrir muy pronto, en algún momento Andrés y Pedro se mudaron cerca, a Capernaúm, donde vivía Pedro con su esposa y su suegra (Mar. 1:21,29). No sabemos con seguridad en cuál de las dos aldeas vivían Jacobo y Juan en ese momento, pero sí sabemos que continuaron trabajando juntos.

Por supuesto, resulta evidente que Zebedeo era el propietario de la empresa pesquera. En Marcos 1:20, leemos que Jacobo y Juan dejaron "a su padre, Zebedeo, en la barca con los jornaleros". Si bien no quiero arriesgar que Zebedeo fuera rico (ya que pocos aldeanos lo eran), tal vez sería un error pensar que era pobre. La mención de jornaleros nos da la idea de que era dueño de la empresa, y que esta era lo bastante rentable como para tener empleados, además de sus dos hijos hábiles y saludables. Es posible que los dos barcos hayan sido de su propiedad. Pedro y Andrés quizás pescaban en uno (al que consideraban propio, Luc. 5:3), mientras que, un poco más lejos (Mar. 1:19), Jacobo y Juan lo hacían en el otro.

Dios fue sabio al entregarnos cuatro Evangelios, porque aprendemos mucho más cuando escuchamos varios relatos sobre todo asunto importante. Tal vez los hechos incluidos por uno de los escritores no fueron tomados en cuenta por otro, ya que el punto de vista queda marcado por las perspectivas y las prioridades de cada uno. Al escribir *Jesús, sólo Jesús*, descubrí que casi siempre el relato de Lucas resultaba un poco más concreto que el de los otros Evangelios, lo cual me parecía lógico. Lucas era médico, y un buen médico presta atención a los detalles. Comprobarás la veracidad de este principio en el pasaje que sigue.

En el quinto capítulo de su Evangelio, Lucas registró el llamado a Pedro, Andrés, Jacobo y Juan. Simón Pedro le dijo a Jesús que habían pescado toda la noche. Es evidente que a veces a nuestros pescadores les tocaba el peor turno. Hay una sola cosa peor que pescar de noche en medio del frío, y es no pescar nada. Puede pasarle al mejor de los pescadores. Cuando le ocurre a mi esposo, Keith, siempre le hago la pregunta típica de una mujer sanguínea: ¿La pasaron bien a pesar de todo? Mi personalidad adhiere a la filosofía de que lo importante no es tanto una cuestión de éxito o fracaso, sino de divertirse en el proceso. Me gustaría tener una fotografía del rostro de Keith cuando le hago esa pregunta. La imprimiría en el margen del libro para que te rías.

No puedo avanzar sin reflexionar acerca de la misteriosa y divina capacidad de Cristo de tomar una vida y darla vuelta, de arriba abajo, de adentro hacia fuera y de cualquier otra forma, sin dejar de sostenerla. Piensa por un momento en la cantidad de veces que esos pescadores habrían preparado y arrojado juntos las redes. Imagina cuántos años habrían practicado la misma rutina. No pescaban por puro placer, como lo hace mi marido. Ese era su oficio. Estoy segura de que les encantaba hacerlo, como a la mayoría de los hombres, pero no olvides que era su trabajo.

Pedro le respondió a Jesús: "Maestro, toda la noche hemos estado trabajando y nada hemos pescado". Trabajaban duro, día y noche. Y entonces, aparece Jesús y todo cambia.

Querido hermano… ¿no es típico de Jesús? Él viene directo hacia nosotros, nos encuentra en este momento, ve que somos lo mismo que fuimos ayer y nos ofrece transformar la rutina en aventura. ¡Aleluya! ¿Has permitido que Cristo haga eso por ti? Si estás aburrido de la vida y atascado en el surco de la rutina, tal vez hayas creído en Cristo pero todavía no decidiste seguirlo. Cristo puede ser muchas cosas, pero aburrido, ¡jamás! La vida con Él es una gran aventura.

Si lo que haces en la actualidad coincide con su voluntad, quizá no necesites dejar de hacerlo, pero te aseguro que sí te hará dejar de lado el aburrimiento y la rutina. ¡Cuando Jesucristo se hace cargo, nuestra vida se llena de entusiasmo! Piensa dónde te encuentras en esta etapa de tu vida. Recuerda que hasta nuestras prácticas religiosas o "espirituales" pueden volverse por completo rutinarias. Recuerda también que vivir lo que llamaremos "la gran aventura" no significa ausencia de desafíos ni incluso momentos de sufrimiento. Sin embargo, podrás "ver" y participar de la sorprendente obra de Cristo en tu vida.

Observa que Simón llamó "Maestro" a Jesús. Podemos suponer que estos pescadores lo conocían. El Evangelio de Juan lo certifica, al relatar un encuentro previo. Dos discípulos estaban con Juan el Bautista (Juan 1:35). El versículo 40 nos dice que uno de ellos era Andrés. Juan no se identificaba en sus escritos, y muchos estudiosos creen que "el otro discípulo" era el mismo evangelista. Sabemos con certeza que Pedro conoció a Cristo en esta ocasión, porque Juan 1:42 dice que Andrés llevó a su hermano y lo presentó a Jesús.

Las palabras "Mirándolo Jesús, dijo…" me estremecen. Según la Concordancia Strong, la palabra griega que se usa para "mirar" significa "considerar, es decir, observar con atención o discernir con claridad".[4] Me parece que Cristo miró a Pedro directo a los ojos con una mirada penetrante que podría haberlo perforado, y le dijo: "Tú eres Simón hijo de Jonás; tú serás llamado Cefas —es decir, Pedro—."

Hasta donde sabemos, Pedro y los otros pescadores recibieron el llamado de Jesús después de este encuentro relatado en Juan 1. Sin duda, cuando ocurrieron los sucesos de Lucas 5, Pedro, Andrés, Jacobo y Juan conocían a Cristo por lo menos por referencia, gracias al fiel ministerio de Juan el Bautista; además, algunos de ellos lo habían conocido personalmente con anterioridad. Cuando Jesús se dirigió a ellos, ya habían sido preparados y adecuados por Dios, si bien en un lapso breve, para que dejaran todo y siguieran a Cristo a donde fuera.

Me gustaría sugerir que, así como Jacobo y Juan acondicionaban sus redes, Dios estaba preparándolos a ellos. La palabra *remendar* que aparece en Marcos 1:19 también puede traducirse como "reparar". Es la misma palabra que se usa en Gálatas 6:1 para sugerir la restauración de un hermano que ha caído. ¡Cuánto agradezco que el mismo Dios que *prepara* también *repara* y *restaura*. ¿Qué es lo que más necesitas en esta etapa de tu vida? ¿Prepararte para una obra de renovación por parte de Dios? ¿Necesitas reparar algo roto o tal vez precisas la restauración luego de una "caída"?

En Josué 3:5 encontramos un magnífico desafío: "Santificaos, porque Jehová hará mañana maravillas entre vosotros". Dios puede hacer un milagro en nosotros en cualquier momento, y si tú y yo estamos dispuestos a prepararnos para una poderosa obra de Dios, sucederán cosas asombrosas. Parte de esa magnífica obra será, con seguridad, aquello que más necesitamos: ya sea algo nuevo, un remiendo o una restauración completa.

Espero que, a medida que vayamos conociendo a Juan y veamos los acontecimientos a través de su mirada, Dios también nos prepare a nosotros. Permitamos que Dios nos consagre y establezca las bases para algo extraordinario. Mi oración es que, cuando hayamos llegado a la mitad de este estudio, Dios nos resulte maravilloso y sorprendente. En este instante, deja que Jesús te mire a los ojos y te diga que Él sabe quién eres y en quién desea convertirte.

Veremos a Juan seguir a Jesús por algunos senderos asombrosos ¿Estás tú también dispuesto a seguirlo? Esa es la única manera en que podremos descubrir a la Persona que nos llama y a la que fuimos llamados a ser. Hijo, te espera una gran aventura.

Capítulo 4

VIEJAS Y NUEVAS RELACIONES

Después de esto descendieron a Capernaúm él, su madre, sus hermanos
y sus discípulos; y se quedaron allí no muchos días. (Juan 2:12)

✳

*J*esús se acercó a los cuatro pescadores que estaban en la playa. ¿Cómo imaginas el semblante y la expresión de Cristo mientras los invitaba a seguirlo? ¿Qué te parece que sintieron Pedro y Andrés cuando Jesús volvió a detenerse junto a la segunda barca, y llamó a Jacobo y a Juan? Ten presente que eran socios en la empresa. ¿Crees que el ver a Pedro y a Andrés que acompañaban a Cristo tuvo alguna influencia en la respuesta de Jacobo y de Juan?

Marcos 1:20 nos dice: "Y enseguida los llamó [a Jacobo y a Juan]. Entonces, dejando a su padre, Zebedeo, en la barca con los jornaleros, lo siguieron". ¿Cómo crees que habrá reaccionado Zebedeo? Como para que tengas en cuenta todas las opciones, recuerda que es probable que tuviera algún parentesco con Jesús. Además, no olvides que era un buen padre judío que tendría proyectos para sus hijos. ¿Qué opinas?

Me alegra que Dios haya incluido en las Escrituras el nombre del padre de Jacobo y Juan. No era cualquier hombre. No era cualquier padre. Era Zebedeo. Tenía un nombre. Tenía sentimientos. Tenía planes. Seguramente había estado cerca en el momento en que nacía cada uno de sus hijos como para escuchar a Salomé, su joven e inexperta esposa, gritar de dolor. Tal vez lloró cuando le dijeron que había nacido un varón y más adelante, otro. Sin duda, alabó a Dios por semejante gracia. Las hijas eran apreciadas;

pero, al fin de cuentas, todo hombre necesitaba un hijo para co
descendencia de la familia.

Zebedeo tenía dos hermosos hijos. Él mismo escogió los nombr
ron a la sombra del padre hasta que tuvieron edad para trabajar y, po
conozco de los adolescentes, continuaron jugando a sus espaldas cu
suponía que debían estar trabajando. En el momento que Zebedeo se
exasperado con sus hijos, los miraba a la cara y se veía a sí mismo.

Tengo la sensación de que, cuando Cristo los llamó, Jacobo y Jua
para su padre el máximo deleite y la mayor ayuda. Es curiosa la vida.
do uno está por cosechar algún fruto de las labores de la crianza, el jo
floreciente árbol es trasplantado a otro lugar.

Keith y yo estamos pasando por esa etapa de la vida. Nunca a
nuestras hijas estuvieron más encantadoras, nunca fue más fácil cui
las y nunca nos brindaron tanta compañía y conversación interesan
Cuando vuelven de la universidad y pasan el verano con nosotros, no
nemos ningún apuro de que regresen a clase. En estos momentos causa
escasos problemas. Me pregunto si Zebedeo sentía lo mismo por sus h
jos casi adultos.

Justo en ese momento, cuando Zebedeo cosechaba los frutos de su tarea
como padre, Jacobo y Juan saltaron del barco. Lo único que le quedaba para
mostrar era una viscosa red de pesca. ¿Qué sucedería con la empresa? ¿Qué
pasaría con "Zebedeo e Hijos"? Al margen de qué sintiera Zebedeo, me parece que Dios le tenía compasión. Después de todo, Él sabía lo que siente un
Padre cuando el Hijo se aleja para cumplir con su destino.

Es probable que Zebedeo pensara que la repentina partida de sus hijos
fuera una etapa pasajera de la que pronto se recuperarían. ¡Gloria a Dios,
nunca lo hicieron! Cuando permitimos que Jesucristo realmente nos cautive, nunca nos cansamos de Él. "Venid en pos de mí, y haré que seáis pescadores de hombres", les dijo Jesús.

Me encanta que Jesús hable con palabras e imágenes que sus oyentes
pueden entender. Al decir: "haré que seáis pescadores de hombres", usó términos que Andrés, Pedro, Jacobo y Juan podían entender. Aunque no usó
el mismo léxico con Felipe, Natanael ni Mateo, estoy segura de que hay una
parte de la oración que se aplica, sin excepción, a cada persona que Jesucristo llama. "Venid en pos de mí, y *haré que seáis…*" Décadas más tarde, cuando Dios había usado a esos hombres para cambiar de manera definitiva el
rostro de la "religión", no podrían jactarse de sí mismos. Todo el mérito era
de Cristo.

No alcanzo a expresar lo que estos pensamientos significan para mí. Yo era una persona quebrada y confundida. Estaba emocionalmente enferma. Me sentía insegura y llena de miedos. No es falsa modestia decir que, cuando Cristo me llamó, había poco en mí que valiera la pena. Estaba destruida... y seguí en ese estado por más tiempo del que quisiera admitir. Todavía me queda mucho por delante, pero puedo decir lo siguiente: decidí seguir a Cristo, y lo valioso que yo pueda ser o tener en este momento se lo debo a Él. ¿Podrías dar un testimonio similar? Tal vez todavía te encuentras en el mismo estado de quebranto y confusión que describí. En ese caso, ¿podrías aceptar por fe lo que Él es capaz de hacer si lo sigues?

¿De qué modo entonces forma Cristo a un hombre o a una mujer? Vamos a explorar muchas maneras; sin embargo, lo primero que hizo fue pasar mucho tiempo con ellos y mostrarles su manera de trabajar. Así comenzó a hacer de ellos las personas que quería que fueran.

Acomodar los acontecimientos en los Evangelios en el orden cronológico preciso es una tarea que me supera. Me alivia saber que también es desafiante para otros comentaristas bíblicos. Lo que sí sabemos es que, al poco tiempo de encontrarse, Jesucristo y su pequeño pero todavía incompleto grupo de seguidores asistieron juntos a una boda en Caná. En realidad, Juan 2:1 dice que al tercer día se celebraron unas bodas en Caná de Galilea, pero no podemos estar completamente seguros de lo que quiso decir. Parece referirse al tercer día a partir de que Juan comenzó a seguir a Jesús.

Analizaremos con mayor detalle esta boda cuando estudiemos la singularidad del Evangelio de Juan; por ahora me gustaría que consideraras el versículo posterior al festejo. Juan 2:12 dice: "Después de esto descendieron a Capernaúm él, su madre, sus hermanos y sus discípulos; y se quedaron allí no muchos días".

Es evidente que la familia de Jesús y sus discípulos disfrutaron una breve temporada de paz y armonía. La ruptura entre Jesús y su familia se produjo un poco más tarde (Juan 7:3–5). Jamás lo había pensado hasta que investigué para este libro. Más adelante seremos testigos de la reconciliación producida por el poder de la resurrección. Por el momento, sin embargo, puedes imaginar a Jesucristo rodeado tanto de su familia como de sus nuevos discípulos.

Estoy convencida de que no conocemos realmente a las personas hasta tanto pasemos unos días con ellas. ¿Cuántos dicen "amén"? Aunque esto cause gracia, lo cierto es que fueron más las oportunidades en las que fui bendecida. Hace poco, después de un congreso, Amanda y yo quedamos

varadas en Tennessee debido a una grave inundación en Houston. Cuando me enteré de que el aeropuerto estaba cerrado, llamé con desesperación a Travis, mi querido amigo y líder de adoración, y le pregunté si tenía espacio para dos personas más en su vehículo para regresar a Nashville. Sin preparación previa, su familia nos recibió con amabilidad en su casa durante dos noches. Aunque ya éramos amigos, esta experiencia nos unió para siempre. La oportunidad de compartir parte de mi familia natural con parte de la familia ministerial fue de un inmenso valor.

Los discípulos eran recién llegados. Tal vez, compartir con la familia de Cristo durante varios días no les resultó tan cómodo como me ocurrió a mí con la familia de Travis. Aun así, pudieron observar a Cristo relacionarse con su familia, y me parece que esta fue una oportunidad decisiva. Pronto lo verían realizar toda clase de milagros. Ya lo habían visto convertir el agua en vino, pero poco tiempo después serían testigos de hechos que los dejarían sin aliento. Como sabes, las personas son mucho más difíciles de transformar que el agua.

Al observar a este hombre llamado Jesús, el hijo del carpintero, y al compartir con Él y apreciar su trabajo, ¿qué crees que vieron? ¿Coherencia? ¿Adaptabilidad? ¿Un amor inalterable o alguien que podía ser tanto un cordero como un león? ¿El centro de todas las miradas o un maestro dispuesto a aprender de quienes lo rodeaban? Sin duda reconocían en Él una autenticidad absoluta; sin embargo, ¿cómo te imaginas que se expresaba ese carácter?

Pensar en estas cosas no es en absoluto una pérdida de tiempo. Mientras más captemos de la realidad de esos encuentros y procuremos imaginar los detalles íntimos que los discípulos veían en Cristo, tanto mejor. Lo que estamos estudiando no es ficción religiosa ni una simple tradición cristiana. Jesús entraba en la vida de las personas y las transformaba. Eso queremos tú y yo. En Isaías 53:2 leemos que Jesús no tenía hermosura ni esplendor, y no había nada en su aspecto que lo hiciera atractivo; sin embargo, había algo en Él que impulsaba a que hombres adultos dejaran una existencia segura y lo siguieran con fidelidad hasta la muerte. ¿Qué crees que los atraía?

Veamos varios pasajes que se refieren a esta época del ministerio de Cristo. Observa de qué modo cada una de las referencias siguientes describe a Jesús como alguien que resultaba atractivo a la gente.

- "Y Jesús crecía en sabiduría, en estatura y en gracia para con Dios y los hombres" (Luc. 2:52).

- "Jesús volvió en el poder del Espíritu a Galilea, y se difundió su fama por toda la tierra de alrededor. Enseñaba en las sinagogas de ellos y era glorificado por todos" (Luc. 4:14–15).
- "Se admiraban de su doctrina, porque su palabra tenía autoridad" (Luc. 4:32).
- "Vino a Él un leproso que, de rodillas, le dijo: 'Si quieres puedes limpiarme' ... 'Quiero, sé limpio'. Tan pronto terminó de hablar, la lepra desapareció del hombre, y quedó limpio" (Marcos 1:40–42).

¿Puedes verlo, querido hermano? Cristo era y es lo único que tiene verdadero valor. La gente se daba cuenta de que era alguien especial, aun antes de saber que era Dios. De seguro quedaban confundidos, porque es imposible encasillar a Jesús en una categoría de personalidad a partir de una lista parcial de rasgos. Era alguien fuera de serie. Era una persona genuina... en quien habitaba corporalmente toda la plenitud de la divinidad (Col. 2:9).

Jesús era agraciado: tenía poder, tenía autoridad, tenía compasión. ¡Fue el hombre perfecto! Tenía manos lo suficientemente fuertes como para dar vuelta las mesas de los mercaderes; y a la vez, lo suficientemente tiernas como para tocar la carne putrefacta de un leproso y sanarlo. Las personas que apreciaban su condición única se sentían atraídas hacia Él. Las que se sentían importunadas, huían o intentaban destruirlo.

Al terminar esta lección, permíteme hacerte una pregunta que creo el Espíritu me impulsa a plantear. ¿Te sientes en alguna manera acorralado o importunado por Jesús y por su anhelo de que te entregues por completo a Él y lo sigas? No te apures a responder. Medita en la pregunta y observa si el Espíritu Santo saca algo a la luz. ¿A qué le tienes miedo? ¿Te resistes a perder aquello que podría pedirte que abandones? Piensa en ello.

Si estás decidido a hacer a un lado tus temores, obstáculos y dudas para seguir a Jesús, te prometo que verás su divina gloria.

Capítulo 5

NO ES FÁCIL SEGUIRLO

[Jesús] les dijo: "Vamos a los lugares vecinos para que predique también allí, porque para esto he venido". (Marcos 1:38)

✦

$\mathcal{L}$os discípulos vieron a Cristo realizar milagros asombrosos casi desde el comienzo. Si bien por ahora dejaremos pendiente más comentarios sobre la boda de Caná, sabemos que fue el lugar donde Jesús hizo su primer milagro y que Juan la ubica cronológicamente en "el tercer día" (Juan 2:1). El acontecimiento que siguió fue el viaje de Jesús a Capernaúm con su madre, sus hermanos y sus discípulos (Juan 2:12). Es probable que los sucesos que estudiaremos ahora ocurrieran ese mismo día en Capernaúm, de modo que puedes imaginarlos como una secuencia.

Jesús acaba de llamar a Andrés, a Pedro, a Jacobo y a Juan. Marcos nos dice que fueron a Capernaúm (Mar. 1:21). Imagina a estos cuatro pescadores mezclándose con la muchedumbre reunida ese día de reposo en la sinagoga. Tengo la impresión de que los nuevos discípulos no se limitaban a mirar a Cristo mientras predicaba; me parece que también observaban la reacción de aquellos que lo escuchaban. Te recuerdo que por lo menos Pedro y Andrés en ese momento vivían en Capernaúm (v. 29). Una aldea de ese tamaño tenía una sola sinagoga, lo cual significa que se reunían a adorar con la misma gente todas las semanas. Se conocían en forma personal y algunos eran parientes. Otros eran vecinos o socios de trabajo. Imagina las diferentes reacciones que los discípulos vieron en esos rostros familiares mientras Jesús predicaba.

¡Qué culto interesante! Como si no fuera suficiente con el mensaje "admirable", en ese instante entró a la sinagoga un hombre con espíritu impuro, que gritó: "¡Ah! ¿Qué tienes con nosotros, Jesús nazareno?" De pronto las cabezas giraron hacia el opositor, como los espectadores en un partido de tenis.

Me pregunto si antes de este incidente la gente sabía que este hombre tenía un espíritu inmundo o habían estado ajenos, durante años, a la naturaleza de sus problemas. Si lo hubieran sabido, sospecho que no le habrían permitido la entrada a la sinagoga; por eso intuyo que hasta cierto punto el hombre habrá ocultado su situación. Sabemos bien que a Satanás le encanta disfrazarse. Sin embargo, de alguna manera, cuando la autoridad de Cristo se hizo presente en ese lugar, los demonios quedaron al descubierto. Jesús logra que aparezca lo demoníaco en ciertas personas, ¿verdad?

Su sola presencia hizo que el hombre (o tal vez deberíamos decir: el demonio) exclamara: "¿Qué tienes con nosotros, Jesús nazareno? ¿Has venido a destruirnos? Sé quién eres: el Santo de Dios" (v. 24).

Jesús ordenó a los demonios que salieran del hombre. También hizo algo más: ordenó al espíritu que se callara.

Imagina a Juan que presenciaba esos hechos. Muchos eruditos creen que era el discípulo más joven. Una base firme para deducirlo es el lugar y el papel que al parecer tuvo en la cena de Pascua, inmediatamente antes de la crucifixión de Jesús. Examinaremos más adelante esos acontecimientos. Por ahora, ten presente que en la comida pascual el más joven por lo general se sentaba junto al padre o la figura paterna, a fin de poder hacer las preguntas tradicionales. No me permito construir una doctrina a partir de esta deducción, porque podría carecer de sustento, pero en lo personal estoy convencida de que Juan era el más joven y por lo tanto adoptaré esta perspectiva. Si lo era, ¿puedes imaginar la expresión en su rostro, sobre todo mientras Jesús identificaba y luego expulsaba esos demonios?

Es probable que sintiera una mezcla de emociones. A los hombres jóvenes les encantan las competencias, de modo que Juan debe de haber disfrutado al ver que su nuevo equipo "ganaba", aunque hubiera un solo Jugador en la confrontación. También pienso que la disputa casi lo mata del susto. Tal vez su temor haya sido neutralizado por la extraordinaria impresión positiva que le producía su nuevo consejero. No era el único. Marcos 1:21 dice que la gente estaba admirada por las enseñanzas de Cristo, pero Marcos 1:27 hace más intensa la descripción al decir que "se asombraron" por su demostración de autoridad sobre los demonios.

A todos nos gustan los espectáculos, ¿verdad? Cuando pienso en lo paciente que ha sido Cristo con nuestra expectativa humana hacia los fuegos artificiales divinos, me lleno de asombro. Cristo nos conoce de manera íntima. Sabe de qué forma captar nuestra atención, pero también desea que crezcamos y que busquemos su presencia y su gloria, y no tanto el despliegue de su poder. Juan y los otros discípulos presenciarían muchos milagros; sin embargo, Jesús buscaba algo más. Su meta era desarrollar la madurez en este grupo.

Tengo la sensación de que cuando los pescadores llegaron a Capernaúm con Jesús, traían algo adherido: la noticia de que habían dejado a Zebedeo con las redes en la mano. No me cabe la menor duda de que esos hombres jóvenes, que se jugaban la reputación, se gozaron en la magnífica reacción de la gente hacia su nuevo Líder. ¿Podría haber algo más estimulante que estar asociado con el hombre más poderoso y popular que acababa de aparecer en escena? Con todo, el día aún no había terminado. La suegra de Pedro estaba enferma y el médico iba en camino.

Piensa en los acontecimientos tales como el nacimiento, el bautismo, la crucifixión y la resurrección de Jesús como hechos principales que pueden ser ubicados acertadamente en una secuencia de tiempo. Luego considera los sucesos específicos en su vida como hechos secundarios. No siempre podremos colocar a los hechos secundarios de los cuatro Evangelios en un orden cronológico incuestionable. Los escritores de cada Evangelio seleccionaron los sucesos y los relatos por razones específicas. Mateo escribió para demostrar que Jesús era el Mesías judío. Marcos, para relatar a los romanos lo que Jesús hizo. Lucas escribió para mostrar que Jesús vino como Salvador de todos los pueblos, y Juan para mostrar el significado del ministerio de Jesús. El Espíritu los guió a escribir a fin de comunicar el mensaje, no para darnos el orden de los acontecimientos.

Basándome en la secuencia coincidente que presentan Marcos y Lucas, y sin que haya nada en Mateo o Juan que la refute, creo que podemos asumir con acierto que la primera sanidad que los discípulos presenciaron ocurrió en la casa de Simón Pedro.

Sin embargo, antes de hablar sobre la sanidad, digamos algo acerca del orden de los acontecimientos en los Evangelios. Seguramente se produjo un cambio en el corazón y la mente de los discípulos cuando la sanidad llegó a alguien cercano. Al menos así ocurrió conmigo. Una cosa es presenciar el poder de Jesús en una reunión de la iglesia, y otra muy distinta es verlo obrar sanidad en tu propia familia. En ese momento uno comienza a darse cuenta de que Jesús no solo ama a la iglesia. Él ama a las personas.

Si comparamos Marcos 1:21 con 29, vemos que era el día de reposo. Jesús había librado en la sinagoga al hombre que tenía un espíritu impuro. "Al salir de la sinagoga, fueron a la casa de Simón y Andrés, con Jacobo y Juan" (v. 29). Jesús provocó en más de una oportunidad la ira de los fariseos al elegir este particular día de la semana para realizar sanidades. Da la impresión de que quisiera enfatizar algo. Más adelante veremos que, en muchos sentidos, este era el día más indicado de la semana para sanar.

Recién al hacer la investigación para este estudio advertí que incluso la primera sanidad realizada por Jesús fue en el día de reposo. Resulta evidente que Cristo percibía el propósito de ese día de manera por completo diferente de la de muchos de sus contemporáneos. Al parecer, la suegra de Simón Pedro fue sanada a tiempo para levantarse de la cama y prepararse para recibir visitas. Apenas se puso el sol, el pueblo entero se congregó frente a su casa. Llevaron a Jesús a los enfermos y a los endemoniados para que los sanara.

¿Has visto alguna vez recibir sanidad física instantánea, como se describe en este texto? Conozco a numerosas personas que han sido sanadas físicamente por Dios, pero no he tenido muchas oportunidades de presenciar una sanidad instantánea. ¿Puedes imaginar lo que experimentaron los discípulos? Piensa en la última vez que te encontraste con alguien que padecía terribles sufrimientos. ¿Qué clase de sentimiento te provocó su dolor?

Pocas personas se atreven a acercarse a los que sufren. Nos resulta difícil porque nos sentimos impotentes. Imagina el contraste entre la agonía de ver sufrir a un ser humano y el éxtasis de asistir a su curación. ¿Cómo hubiera sido una experiencia de esa naturaleza, por ejemplo, para la MadreTeresa, cuando moría todos los días a sus deseos de bienestar personal y se enfrentaba a los sufrimientos indescriptibles en la India? ¿Y si hubiera visto sanar a muchos de ellos? Mi mente apenas puede penetrar la diversidad de emociones. Imagina que tú eres uno de los discípulos de Cristo. Juan era un ser humano igual a ti. ¿De qué manera crees que lo afectaba observar estos hechos?

Juan había vivido cientos de días de reposo en su vida. Imagínalo al despertar esa mañana y pensar: "¡No puedo creer lo que hice! Me pregunto qué estarán pensando en este momento papá y mamá". Habrá estado entusiasmado e inseguro, con el alma llena de certeza de que algo nuevo asomaba en el horizonte.

Tal vez esa mañana, mientras recitaba las plegarias de acción de gracias por las provisiones de Dios, en su cabeza daba vueltas el pasaje de Lamentaciones 3:22–23: "Por la misericordia de Jehová no hemos sido consumidos, porque nunca decayeron sus misericordias; nuevas son cada mañana. ¡Grande es tu fidelidad!" Juan se preparó para asistir a la reunión en la sinagoga tal como lo había hecho siempre, solo que esta vez obtuvo más de lo prometido. El rollo fue abierto y se leyó la Escritura para el culto de ese día. Luego Jesús tomó el papel de rabino, se sentó y su predicación dejó a todos boquiabiertos.

Justo en ese momento un hombre poseído por demonios comenzó a gritar, y Juan vio que Jesús se ponía severo, quizás por primera vez. En una asombrosa manifestación de poder, el Señor expulsó a los demonios y esto hizo que el hombre se sacudiera con violencia. Juan pensó que jamás olvidaría los chillidos de esos espíritus malignos. Caminó con los demás discípulos hasta la casa de Simón Pedro mientras murmuraban durante el trayecto acerca de lo que habían visto. La suegra de Simón Pedro estaba con fiebre, de modo que Jesús la tomó de la mano, la ayudó a ponerse de pie y la fiebre la abandonó de una manera tan inmediata que comenzó a atenderlos.

—¡No te exijas demasiado! Siéntate; toma tiempo para recuperarte —insistió la familia.

—Ustedes no entienden. ¡Me siento estupenda! Ni siquiera estoy débil. Permítanme servirlos.

Entonces comenzaron a escuchar sonidos en la puerta. Conversaciones en voz baja, alaridos, llantos, sonidos de queja, sonidos de esperanza… ¿Cómo? ¿de esperanza? Sí, de esperanza. La esperanza dice: "Lo que Él hizo por ella, podría hacerlo por mí". Y lo hizo.

Al despertar, Juan no podría haber imaginado cuántas misericordias nuevas se producirían durante ese día. No alcanzo a concebir qué cosas pasaron por la mente de este joven discípulo. Quizás dio vueltas en su lecho la mayor parte de la noche. Tal vez él y Jacobo cuchichearon entre ellos en sus camastros hasta que por fin los venció el cansancio y se durmieron.

Mientras repaso lo que ocurrió ese sábado y todo lo que vieron, sé en qué hubiera pensado yo si hubiese sido Juan. *¿Hay algo que este hombre no pueda hacer?* Juan vio cuando Jesús prácticamente revolucionó la sinagoga con su enseñanza. Lo observó enfrentar y expulsar un demonio. Fue testigo no solo de la sanidad de la suegra de Pedro, sino también de la restauración instantánea de sus fuerzas. Y después, vio cuando se presentaron frente a su puerta toda clase de miserias y encontraron respuesta.

Me encantan las palabras de Matthew Henry al comentar esta escena en el umbral. "Vemos después cuán poderoso era el Médico; curó a cuantos le presentaron, aunque eran muchos. Y no era solo una enfermedad en particular la que Él se puso a curar, sino que curaba a los que estaban enfermos de diversas [diferentes, variadas] enfermedades. Cristo es un especialista, no solo en 'Medicina General', sino en cada una de las dolencias particulares."[1]

Él es un especialista, y todavía no he padecido una dolencia para la que Dios no tuviera remedio. Lo que puede ser aún más extraordinario es que todavía no he sufrido ninguna enfermedad del alma que la Palabra de Dios no haya sido la primera en señalar, diagnosticar y luego sanar. Su Palabra es mucho más gloriosa, poderosa y plenamente aplicable de lo que podemos imaginar. Es probable que no hayas elegido este estudio bíblico porque buscaras sanidad. En ese caso, hubieras escogido otros títulos. Sin embargo, por mi propia experiencia y por muchas referencias en las Escrituras, no dudo que recibirás algún diagnóstico nuevo y, si colaboras, algún grado de sanidad. Lo mismo ocurrirá conmigo. Es más; estoy segura.

Eso es lo característico de la Palabra de Dios. Como dice el Salmo 107:20: "Envió su palabra y los sanó". ¡Con cuánta frecuencia Dios tuvo que enviar su Palabra y comenzar a sanarme hasta que estuve lo suficientemente sana como para enfrentar el diagnóstico! Quiero que te goces en algo maravilloso: Cuando Dios nos prepara con su Palabra y nos lleva hasta el punto en que podemos tragar la "píldora" difícil que nos está por dar, la sanidad ya habrá comenzado. Y cuando Él nos confronte, jamás nos sentiremos agobiados por el largo camino que tendremos que recorrer. Si hemos escuchado a Dios en su Palabra, la sanidad está en marcha. ¡Ánimo! Él es el Especialista.

Parte 2

VISIÓN Y REFLEXIÓN

¿Puedes imaginarte caminando al lado de Cristo, y saber qué tipo de sandalias usaba, el acento que tenía o cuáles eran los ejemplos favoritos que empleaba al hablar? A lo largo de los próximos diez capítulos daremos una mirada a algunas instantáneas en los Evangelios, a situaciones en las que Juan acompañaba a Jesús. Quiero que te imagines como si fueras el "número trece". Me refiero al decimotercer discípulo que estaba en cada una de las escenas que estudiaremos. Recuerda que no debes espiritualizar a Juan. Era una persona de carne y hueso igual a nosotros, aunque lo que presenció trascendía largamente el ámbito natural. Ubiquémonos cerca de este joven discípulo y contemplemos los acontecimientos que lo marcaron para siempre. Es mi deseo que también nos marquen a nosotros.

Capítulo 6

UN LUGAR SOLITARIO

*Levantándose muy de mañana, siendo aún muy oscuro,
salió y se fue a un lugar desierto, y allí oraba. Lo buscó Simón
y los que con él estaban. (Marcos 1:35–36)*

Jugoso… sustancioso… meduloso… o como quieras llamarlo, coincido contigo. Mientras observaba con atención estos pasajes, sin tener todavía idea de lo que Dios me guiaría a escribir, se me hizo un nudo en la garganta. En estas páginas, tú y yo vamos a entrar en una escena junto con un puñado de los primeros discípulos de Cristo y lo encontraremos orando. Está solo. O tal vez con acompañantes invisibles que no alcanzamos a percibir. Me encantan los momentos en las Escrituras en que encontramos a Cristo a solas. A medida que aprendo acerca de Él, mi concepto del Jesús público se acrecienta más y más; sin embargo, me siento profundamente atraída hacia el misterio del Jesús privado.

Supongo que siempre me atrajo lo misterioso en las personas. Mi esposo es un hombre al que pocas personas conocen de forma íntima. Conocerlo me hace sentir especial. Del mismo modo, me atrae de una forma inexplicable el aspecto misterioso de Cristo. Lo que ya sé acerca de Él me provoca un deseo insaciable de conocer lo que no sé… o lo que por ahora no puedo saber.

Todos tenemos algún concepto del cielo y bien sabemos que nuestra opinión no puede modificarlo. Aun así, mi anhelo es que el cielo no solo sea un espacio para una magnífica adoración colectiva, con millares de santos y huestes celestiales, sino también un lugar donde tener encuentros privados y tranquilos con Jesucristo. Estoy ansiosa por encontrarme con todos mis hermanos en Cristo y sentarme a la mesa con Moisés, Pablo y el apóstol Juan.

No obstante debo ser sincera contigo a riesgo de parecer egoísta. Quiero estar a solas con Jesús. ¡Por lo menos cinco minutos cada milenio! Mis mejores momentos con Él en esta tierra tuvieron lugar en el claustro de mis meditaciones. Es allí donde me siento en el cielo.

De la misma manera que ocurrió con los discípulos que vamos a estudiar, quiero acercarme a la escena y de pronto encontrar a Jesús allí. Sin embargo, a diferencia de ellos, no quiero arrastrarlo otra vez hacia la multitud. Quiero tenerlo un momento para mí. Quiero imaginar que se vuelve, me mira y extiende su mano para tomar la mía. Me gusta pensar que tal vez me atraiga con suavidad para que me siente a su lado y permitirme compartir lo que en este momento ha captado su atención. Tal vez, el panorama del mar de cristal visto desde una cumbre. O tal vez una escena donde los niños juegan con suaves cachorros de león en una pradera florida (Isa. 11:6).

¿Te parece que soy demasiado imaginativa? Quizás, pero creo que el cielo será mucho más creativo de lo que la mayoría de los creyentes parece imaginar. Es poco probable que un Dios que creó este mundo con toda su magnificencia, diversidad y posibilidades, habite en una casa celestial aburrida. Me parece imposible. Tampoco creo que estaremos para siempre en un inmenso culto colectivo. Si así fuera, ¿cómo podrían producirse encuentros personales con los millones de redimidos que estarán en el cielo? Desde mi punto de vista, esa es una de las razones por la que dispondremos de la eternidad. Tendremos abundante tiempo para encontrarnos con Jesús a solas. Creo que nos esperan muchas sorpresas.

Tal vez hayas memorizado Marcos 1:35, como lo hice yo: "Levantándose muy de mañana, siendo aún muy oscuro, salió y se fue a un lugar desierto, y allí oraba". Marcos no nos dice cuál mañana, de modo que no podemos ser dogmáticos; sin embargo ¿podría tratarse de la mañana siguiente a la sanidad en la casa de Pedro? Si yo hubiera estado en el lugar de Jesús, después de un día como ese hubiera pensado en dormir un poco más. En cambio Él no lo hizo. Mientras tal vez los demás cuchicheaban en sus camas improvisadas acerca de lo que habían visto, Jesús se levantó cuando todavía estaba oscuro, salió de la casa y se dirigió hacia un lugar solitario para orar.

¿No crees que a Jesús le resultaría difícil sentirse "como en su casa"? Quizá ese sea el motivo por el que manifestó que "el Hijo del hombre no tiene donde recostar su cabeza". Durmió en muchos lugares… pero ninguno de ellos era su verdadero hogar. Se deslizó y salió de la casa esa mañana, después del sábado, porque le esperaba un culto dominical. La placa de madera oscura que había sobre la pared, detrás del organista, en la primera iglesia a la que asistí, hubiera anunciado: "Asistencia de hoy: 2".

En Apocalipsis 22:16 Jesús dijo: "Yo soy la raíz y el linaje de David, la estrella resplandeciente de la mañana". La estrella de la mañana es el brillante planeta Venus, que vemos en el cielo boreal del oriente antes o en el momento en que amanece. Lo he visto en muchas ocasiones. Cuando me levanto para tener mi momento de oración, afuera todavía está oscuro. Me reconforta saber que el sol saldrá durante ese precioso tiempo que paso con Dios.

A menudo me asomo a la galería, contemplo el cielo y veo una estrella que brilla mucho más que las otras. Esa mañana, no lejos de las aguas ondulantes de la costa de Galilea, la Estrella resplandeciente de la mañana se levantó cuando todavía estaba oscuro e iluminó la desolación con la luz de la gloria. Solo Dios lo vio. "Oh, hijo mío —nos pregunta hoy el Padre celestial—, ¿Quieres levantarte para que solo yo pueda verte?"

Marcos nos dice que Jesús fue a un lugar desierto. La palabra original *eremos* significa sufrir un estado de desolación … en una región aislada, poco frecuentada, abandonada, vacía, desolada.[1] Precisamente a las afueras de Capernaúm hay un lugar que muchos nativos, a lo largo de los siglos, han denominado como las Alturas de Eremos ("solitarias"). La región tiene rocas ásperas de granito rojo y barrancos desnudos barridos por el viento.

En Mateo 6:6, Jesús enseñó: "Cuando ores, entra en tu cuarto, cierra la puerta y ora a tu Padre que está en secreto". Jesús no tenía casa propia, pero cuando Aquel que creó el mundo por el poder de su Palabra oraba, si lo deseaba, ¡toda la región del Eremos podía ser su cuarto! Espero que tú, al igual que Jesús, tengas un lugar preferido donde orar.

Jesús tenía una razón para ir al Eremos y era estar a solas con su Padre. ¡Cuánto quisiera saber cómo oraba, qué decía, durante cuánto tiempo dialogaba con Dios! Y me pregunto de qué manera escuchaba la respuesta de su Padre… ¿con los oídos o con el corazón? Las oraciones de Cristo desde esta Tierra fueron únicas, diferentes de las de cualquier otra persona. Él tenía una libertad y una familiaridad con su Padre que otros seres humanos no podían comprender. Es probable que esa fuera una de las razones por las que luego los discípulos le pidieron: "Señor, enséñanos a orar" (Luc. 11:1).

A los varones hebreos se les enseñaba a orar apenas aprendían a hablar. Recitaban bendiciones y peticiones durante todo el día. Los discípulos ya sabían orar de la manera en que los hombres enseñaban a hacerlo; sin embargo, me parece que cuando vieron a Cristo cautivado a veces durante horas por la presencia de su Padre, lo que quisieron decir fue: "¡Enséñanos a orar como tú!" Frente a la tumba de Lázaro, Jesús oró: "Padre, gracias te doy por haberme oído. Yo sé que siempre me oyes" (Juan 11:41–42). Una de las razones maravillosas por las que Cristo se sentía tan dispuesto a orar, y podía hacerlo durante horas, era esa confianza que tenía en su Padre.

Por favor, piensa por un minuto en esto, y hablemos de la realidad, no solo de teología. Si estuviéramos convencidos de dos factores fundamentales: (1) que nuestro Padre es el Creador y Sustentador omnipotente del universo y (2) que Él siempre nos escucha, ¿en qué sería diferente nuestra oración?

Mientras oramos, ¿acaso no divagamos a menudo o en ocasiones lo hacemos un poquito aburridos, porque en realidad nos preguntamos si nuestras palabras no rebotarán en el cielorraso? ¿En qué sería diferente nuestra oración si Cristo decidiera manifestarse en persona? ¿Oraríamos de otra manera si Él se sentara en una silla frente a cada uno de nosotros, inclinándose hacia adelante para concentrarse en lo que decimos?

Querido lector, ¡si tan solo nos diéramos cuenta de que eso es justo lo que hace, aunque es invisible a nuestros ojos! Él intercede por nosotros a la diestra del Padre. Cuando oramos está tan cerca, que es como si se inclinara desde el borde del cielo para escucharnos. Su presencia, por medio del Espíritu Santo, literalmente nos envuelve mientras oramos. Sus ojos están puestos sobre nosotros, está atento a cada palabra que pronunciamos y conoce cada una de nuestras expresiones. ¿Puedes imaginar a los ángeles, sorprendidos al vernos aburridos cuando oramos, mientras contemplan a nuestro Padre en el cielo que escucha con atención cada una de nuestras palabras?

Quiero darte una tarea personal para que te ejercites en tu "cuarto privado de oración". Durante la próxima semana, cada vez que ores, comienza tu plegaria con las palabras de Cristo en Juan 11:42: "Yo sé que siempre me oyes". Y termina tu oración con las palabras de Cristo en Juan 11:41: "Padre, gracias te doy por haberme oído". ¡Practica la presencia de Dios! ¡Ora como si realmente te escuchara, porque lo está haciendo!

En Marcos 1:35–37 los discípulos eran demasiado inmaduros en su relación con Cristo como para evaluar la grandeza de la escena. Lo que hicieron fue exclamar: "Todos te buscan". Sin duda, aquí podemos intuir cuál era su actitud en ese momento. ¡No les interesaba lo que Jesús hiciera en privado! ¡Ellos querían ser vistos en público con el personaje popular! No los juzguemos con dureza por evidenciar un rasgo normal del cristianismo adolescente. Nosotros hacemos lo mismo en nuestra inmadurez espiritual. Al principio nos entusiasma mucho más la adoración colectiva que la adoración en privado.

Una razón es que, en realidad, no conocemos a Cristo lo suficiente como para tener mucho de qué hablar a solas con Él. Nos encanta la algarabía de ser parte de la multitud que se siente embelesada por Cristo, y eso siempre nos gustará. Sin embargo, a medida que maduramos y la persona de Jesús se hace más real para nosotros, creo que comenzamos a valorar los momentos a solas con Él por sobre todas las cosas.

Marcos 1:36 nos dice que Simón y los que con él estaban fueron a buscar a Jesús. Los únicos seguidores que hemos conocido hasta el momento en el Evangelio de Marcos son Andrés, Pedro, Jacobo y Juan, de modo que podemos estar casi seguros de que nuestro Juan estaba entre ellos. Observa que todavía no se los llama discípulos. ¡Me parece que ni siquiera alcanzaban los requisitos para ser alumnos y aprendices! Cualesquiera fueran los que estaban con Simón, la terminología en el lenguaje original expresa que seguían la pista de Jesús casi como quien persigue a un fugitivo. La palabra griega *katadióko*, que se traduce "mirar", se usa a menudo en sentido hostil.[2]

No estoy sugiriendo que fueran hostiles hacia Jesús, aunque sí estaban bastante ansiosos y tal vez hasta un poco molestos con Él porque no estaba donde se encontraba la gente. En el texto no vemos ningún indicio de que, cuando encontraron a Jesús orando, hayan vacilado siquiera un instante por respeto o por asombro. Dieron por terminado el momento con un "todos te buscan".

Mi conjetura es que los compañeros que buscaban a Jesús tal vez fueran Pedro, Jacobo y Juan. Más adelante, estos tres hombres fueron elegidos por Cristo para que lo acompañaran en privado en diferentes oportunidades. Por alguna razón Jesús los escogió y creo que la Escritura comprueba que no fue por la madurez espiritual que mostraban. Me parece que las dos motivaciones fundamentales por las que Cristo llevó a estos tres consigo en momentos especiales fueron:

1. Que a veces no "captaran" la idea.
2. Que Él sabía que cuando la "captaran", la tomarían en serio.

En otras palabras, me pregunto si Cristo habrá pensado: *¿Así que ustedes no acostumbran a respetar límites? Pues bien, yo los haré cruzar conmigo algunos límites, pero serán responsables de lo que aprendan en ese lugar.* Un bocadillo para pensar.

Tengo un amigo cuyo hijito pensaba que era el preferido de la maestra porque lo sentaba en primera fila, cerca de su escritorio. Durante años no se dio cuenta que la razón era su falta de disciplina. ¿Por qué no lo mandó a la dirección, en lugar de gastar tanta energía en él? Porque sabía que en ese niño había buen material y estaba decidida a encontrarlo. Y lo logró. Estamos a punto de ver a Pedro, Jacobo y Juan instalados en primera fila. Igual que los niños, es posible que a veces se sintieran tentados a pensar que el Rabí los puso allí por que eran sus preferidos.

Capítulo 7

TRES Y UNO

"Seis días después, Jesús tomó a Pedro, a Jacobo y a Juan, y los llevó aparte solos a un monte alto." (Marcos 9:2)

⚺

Quiero recordarte nuestra meta. De lo contrario, podrías sentirte frustrado por mis saltos de un lugar a otro en las Escrituras. Aunque me gustaría revisar cada paso que dieron los discípulos con Cristo, el propósito de esta travesía es extraer las joyas de la vida y de las cartas de Juan. Lentamente lo hemos acompañado en los primeros pasos de su encuentro con Jesús, porque estuvo entre los primeros elegidos para ser discípulo de Cristo. Ahora cambiaremos el ritmo de manera drástica, porque saltaremos de escena en escena. Al concentrar nuestra atención en los Evangelios sinópticos, nuestro objetivo es concentrarnos en aquellos pasajes donde se nombra a Juan o sabemos que está presente.

Recuerda que, aunque Jesús tenía muchos seguidores, eligió a doce para que estuvieran más cerca de Él. En el próximo capítulo nos ocuparemos de sucesos que tuvieron lugar en vísperas de la última Pascua que Jesús y sus discípulos celebraron juntos. Cada instante que los doce pasaron con Jesús fue importante, pero ahora tomaremos en cuenta dos escenas que tienen algunos elementos en común y que sin duda causaron un efecto profundo en Juan. Haz todo lo posible por captar cada acontecimiento desde su punto de vista. Recuerda que Juan probablemente era el más joven de los apóstoles y el hermano menor de uno de ellos. Piensa en él como una persona de carne y hueso, y procura imaginar lo que pudo haber sido para él cada experiencia.

Encontramos la primera escena en Marcos 5:35–43. Un alto dignatario de la sinagoga, llamado Jairo, le había pedido a Jesús que sanara a su hija e iban de camino a su casa. Unos hombres les salieron al encuentro y le dijeron a Jairo que no molestara al Rabí porque la niña ya había muerto. Jesús le dijo a Jairo: "No temas, cree solamente" (v. 36).

Me fascina lo que Jesús hizo a continuación. En primer lugar, "no permitió que lo siguiera nadie sino Pedro, Jacobo y Juan" (v. 37). Con este pequeño grupo continuó la marcha hacia la casa. Las plañideras ya se habían reunido; es más, se burlaron cuando Jesús dijo que la niña no estaba muerta. El Maestro hizo salir a todos de la casa. Llevó consigo a los tres discípulos y a los padres de la niña, y entró en la habitación. Luego Jesús resucitó a la muchachita con una simple orden verbal.

No puedo evitar preguntarme qué pasó por la mente de esos tres hombres cuando se les permitió llegar hasta un lugar donde los demás no eran admitidos. Sé lo que yo hubiera pensado como mujer. Nosotras tendemos a ser relacionales... Me hubiera costado disfrutar del privilegio sin refregárselo por la cara a los que habían sido excluidos. Después, por supuesto, me hubiera preocupado de que estuvieran furiosos conmigo y durante varios días sus actitudes me parecerían extrañas. Estoy segura de que Jesús, a sabiendas de que yo misma me inquietaría tanto, ni se hubiera molestado en dejarme participar. He perdido innumerables oportunidades porque me hago un mundo de las cosas sin que haya necesidad.

Me hubiera fastidiado mucho no haber podido presenciar lo que los tres discípulos tuvieron el privilegio de ver en ese día. Devolver la vida a un muerto frío como una piedra es un acto realmente divino. Esta escena no era un hecho corriente, no importa cuántos milagros los tres hubieran visto o incluso realizado.

He acompañado a varias personas en el momento de su muerte, y en cada ocasión me llenó de asombro lo rápido que se enfriaba el cuerpo. En términos espirituales, es el alma lo que mantiene el calor del cuerpo. La muerte física ocurre cuando el alma (nos referimos a la parte inmaterial de la persona, alma y espíritu) deja el cuerpo. Cuando se aleja, también se va el calor de la vida. Nos consuela cuando una vez más tomamos conciencia de que la vida espiritual reside en el alma y que esta continúa viviendo. Hablamos de la muerte como algo definitivo, pero no lo es para el cristiano.

Me alegra mucho que Jesús no haya prestado atención a los que le decían a Jairo que dejara de "molestar" al maestro. Lo desalentaban con el argumento de que la niña ya había fallecido. La muerte de un ser querido no es en absoluto el momento para dejar de "molestar" a Jesús. Es probable que no lo resucite, pero hay innumerables cosas que Él puede hacer para ayudarnos a superar nuestra pérdida. La necesidad más inmediata y evidente es el consuelo, pero tenemos otras.

Con frecuencia hablo con personas que han quedado impedidas a causa de una muerte que dejó temas o preguntas sin resolver. En algunas ocasiones la persona ausente no es un ser amado sino alguien a quien no hemos perdonado o de quien no hemos recibido perdón y necesitamos hacer las paces. A menudo esto produce desesperación y esta puede llevar a la depresión. A veces pensamos que es necesario que todos los protagonistas estén vivos y jueguen a favor de nosotros para que logremos paz.

Sin duda el momento ideal para reconciliarnos con otros es cuando todavía respiran. Si es demasiado tarde, entonces ¡molesta al Maestro! Él no tiene las limitaciones ni se enreda en los mismos argumentos que nosotros. ¿Acaso la muerte de alguien te dejó con un asunto sin cerrar? Conclúyelo con Jesús.

Ven ahora conmigo a la escena número 2, en Marcos 9:2–10. Jesús llevó consigo a los mismos tres discípulos al monte de la Transfiguración. Allí vieron de qué manera las vestimentas de Jesús se tornaban blanco resplandeciente ante sus ojos. Escucharon una voz del cielo, y vieron a Moisés y a Elías hablando con Jesús.

Transcurrió un tiempo prolongado entre las dos escenas que estamos estudiando. Entre esas dos fechas ocurrieron hechos importantes, como la alimentación de los 5000 y la ocasión en que Jesús caminó sobre el agua. Lo que nos lleva a seleccionar esas dos escenas para nuestro estudio es la inclusión de solo tres discípulos. Cristo no hace nada en forma casual; sin duda los designó para esta experiencia con un propósito.

En Marcos 5:37 se los había mencionado como "Pedro, Jacobo y Juan, hermano de Jacobo" pero ya no se nombra a Juan como "el hermano de" sino que, a esta altura, vemos que emerge de una manera clara su identidad en las Escrituras. Observa otro detalle: Jesús no se limitó a permitir que Pedro, Jacobo y Juan lo siguieran. Él los llevó.

La voluntad de Dios (griego *thélema*) siempre expresa una intención divina. Así como Jesús les brindó a los tres experiencias con un propósito, también actúa con nosotros de manera intencional. Nunca nos da órdenes ni nos designa para una tarea por el puro gusto de presumir o alardear de su autoridad. Siempre tiene un propósito. A veces elegimos nuestro propio camino y aun entonces Dios tiene misericordia de nosotros y nos revela algo. En otras ocasiones, nosotros le rogamos que nos permita ir a cierto lugar y Él consiente. Y por fin, en otras oportunidades, Dios nos lleva a sitios donde nunca nos propusimos ir. Esos son lugares donde nos revelará su Persona de una manera que ni siquiera imaginábamos.

Los tres Evangelios sinópticos relatan la transfiguración. El Evangelio de Mateo brinda el detalle de que los tres discípulos se postraron sobre sus rostros. Estoy convencida de que el pueblo de Dios pierde muchas oportunidades en las que sería apropiado postrarse, no como un acto de delirio emocional, sino en completa reverencia a Dios. No tenemos la menor idea de quién es Él realmente. Creo que una de las principales razones por las que Jesús se transfiguró frente a los tres discípulos fue para comunicarles: "Yo no soy igual a ustedes. Esto es apenas un atisbo de quién soy".

Recuerda que Jesús los había dotado de poder sobrenatural para realizar algunos de los milagros que Él hacía. ¿Qué les hubiera impedido pensar que con el tiempo llegarían a ser sus pares? ¡Dios no lo permita! Jesús no es un superhombre. Él es Dios. Es el Hijo divino y amado que ocupa el trono de toda la creación. En Salmo 50:21, Dios dice: "Pensabas que de cierto sería yo como tú". Una razón fundamental por la que Dios nos lleva a lugares a donde nunca fuimos, es para mostrarnos que no es igual a nadie. ¿A qué lugares te ha llevado Dios a ti con el propósito de transfigurar tu percepción de su persona?

La gloria descendió esa noche sobre la montaña. Cuando los envolvió la nube y la voz del Todopoderoso se volvió audible, los discípulos quisieron aferrarse al polvo de la tierra, atemorizados. Y con razón.

El Evangelio de Marcos aporta por lo menos dos datos adicionales. Primero, nos dice que la vestimenta de Jesús resplandecía con una blancura que nadie hubiera podido lograr por mucho que la lavara. Ninguno de nosotros podría entender esa blancura inigualable. Nuestras mentes finitas solo captan la versión del blanco natural, como el de la nieve fresca. El blanco divino supera con creces la blancura de la nieve.

En Salmo 51:7 David le pide a Dios que lo vuelva más blanco que la nieve. Todo lo que somos y tenemos que sea más blanco que la nieve proviene exclusivamente de Cristo. He vivido lo suficiente como para pecar contra muchas personas. He buscado el perdón de las que Dios trajo a mi memoria. Muchas veces me han perdonado, pero ninguna de esas personas pudo limpiarme. Solo Jesús puede hacerlo, Aquel cuya gloria resplandeciente es más blanca que cualquier otra cosa en el mundo.

Marcos también nos dice que Pedro hizo la absurda sugerencia de levantar tres enramadas, porque no supo qué más decir. Estaba demasiado asustado. ¿Has notado con cuánta frecuencia decimos cosas por completo ridículas cuando no sabemos qué decir? ¡Ay, por qué Dios no nos habrá puesto el cerebro en la lengua! Sin embargo, en su sabiduría nos dio dos orejas y una boca, aunque parece que no comprendemos su intención. Dios le respondió desde los cielos: "Este es mi Hijo amado; a él oíd". Mi paráfrasis es: ¡Cállense los tres!

Uno de los agregados principales de Lucas es que Moisés y Elías hablaban sobre la partida de Jesús. Una traducción más literal sería su "éxodo". Eso me da escalofríos. Si había dos mortales que podían saber algo acerca de partidas singulares, eran Moisés y Elías. Uno de ellos murió a solas con Dios y fue enterrado por Él, y el otro fue arrebatado en un torbellino con carrozas de fuego. La tarea de Jesús era sin duda más decisiva y los efectos serían completamente revolucionarios. En consecuencia, tenían mucho para hablar.

Hemos estudiado dos escenas en las que Juan estuvo presente, y en las dos hubo milagros asombrosos. Ambas incluyeron el poder de Cristo sobre los muertos. Por un lado, Jesús resucitó a la hija de Jairo de entre los muertos. Por el otro, aunque Moisés y Elías no regresaron a sus cuerpos mortales en la tierra, estaban bien vivos.

Marcos 9:9–10 nos dice que Jesús ordenó a los tres discípulos que no dijeran nada hasta que Él también hubiera resucitado de los muertos. Los tres descendieron mientras discutían entre sí qué habría querido decir Jesús.

Querido amigo, Jesús es Señor de los vivos… y de los muertos.

Capítulo 8

DISCÍPULOS AMBICIOSOS

Ellos le contestaron: "Concédenos que en tu gloria nos sentemos el uno
a tu derecha y el otro a tu izquierda". (Marcos 10:37)

---

*A*cabamos de ver a Juan, a su hermano y a su amigo Pedro mientras contemplaban escenas que los demás apenas hubieran podido imaginar. Los tres conformaron el círculo íntimo de Cristo. Lo vieron revelar su gloria cuando resucitó a los muertos y también cuando dialogó con aquellos que se suponía habían muerto mucho tiempo atrás. La verdad es que habría que estar muerto para no verse afectado por esos acontecimientos, ¡aunque es evidente que en ambos casos los muertos sí que fueron afectados! Nadie permaneció impasible. Sin embargo, ¿en qué forma estaban cambiando los discípulos? Esa es la pregunta.

Antes de considerar la manera en que manejaron sus convocatorias privilegiadas, estemos dispuestos a aplicar algunas de esas verdades a nuestra vida. Pablo no escribió el libro de Efesios a los doce discípulos. Lo dirigió a todos los que ponemos nuestra fe en Jesús. Efesios 1:3 dice que Cristo "nos bendijo con toda bendición espiritual en los lugares celestiales". Más adelante, Pablo describió de qué manera oraba al Padre para que les diera "espíritu de sabiduría y de revelación en el conocimiento de él" (Ef. 1:17).

Las Escrituras son claras al enseñar que aquellos que han confiado en Cristo también son escogidos (Ef. 1:4) y llamados (Ef. 1:18). Dios nos deja en la tierra a fin de que nuestra vida cause un efecto para su reino. Su principal manera de capacitarnos es revelándose a nosotros. Si quieres servir a Cristo, no busques atarearte. Procura conocerlo íntimamente, ¡y te encontrarás frente a tu llamado! Dios quiere darnos su Espíritu de sabiduría y revelación para que sepamos qué hacer con lo que nos revela.

Sabemos que hemos sido elegidos y llamados para una variedad de ministerios. Dios envolvió estos conceptos en el complejo paquete que llamamos "elección". A riesgo de simplificar el asunto más de lo que mis amigos intelectuales podrían soportar, mi convicción personal es que Dios llama a todo aquel que esté dispuesto a venir. Él mira el corazón. Dios ha sido tan misericordioso conmigo que no puedo imaginar que retacee su gracia a ninguno que la busque. Creo que elige a quienes Él sabe que lo han elegido en su corazón.

¿Estoy en condiciones de responder a los interrogantes que esta posición inevitablemente provoca? ¡Para nada! Tampoco Pablo podía hacerlo. Fíjate en Romanos 11:33–34. Me remitiré a alguien que fue mucho más brillante de lo que yo jamás llegaré a ser. En su libro clásico *La búsqueda de Dios*, A. W. Tozer escribió:

> Dios no nos hace responsables de entender los misterios de la elección, la predestinación y la soberanía divina. La mejor forma de tratar con estas verdades, y la más segura, es elevar la mirada a Dios y decir con profunda reverencia: "Oh, Señor, tú sabes". Estas cuestiones pertenecen a la profunda y misteriosa hondura de la omnisciencia de Dios. Escudriñarlas tal vez nos haga teólogos, pero jamás nos hará santos.[1]

Dios nos elige para revelarse a nosotros. Su intención es que esa revelación produzca una poderosa demostración de lo que Él se propone, una demostración tan llena del Espíritu que transfigure al mundo que tanto ama. Nuestras reacciones a la revelación de Dios (que nos llega por medio de su Palabra, de la creación y de las circunstancias) son síntomas que evidencian nuestra madurez. El enemigo podría seducir aun a los cristianos más maduros y hacer que sus egos se hinchen por haber sido elegidos para una revelación. Pablo lo expresó de manera excelente en 2 Corintios 12:7: "Y para que la grandeza de las revelaciones no me exaltara, me fue dado un aguijón en mi carne, un mensajero de Satanás que me abofetee, para que no me enaltezca".

Alguien debería haber clavado una espina o un aguijón en Pedro, Jacobo y Juan, para hacer estallar sus egos inflados. Estamos a punto de ver que, evidentemente, ellos también tenían conflictos con la elección y la revelación. ¿Te diste cuenta, en el capítulo anterior, de que ninguno de los tres había postrado el rostro en tierra antes de que Dios hablara desde la nube (Mat. 17:5–6)? ¿Serías capaz de mantenerte en pie y hablar mientras Cristo resplandece glorioso, y Elías y Moisés aparecen en escena? Sin duda, estos tres no razonaban con claridad. Eso pasa a veces cuando nos volvemos demasiado sesudos y presumidos.

Al leer Mateo 17, la voz de Dios casi suena como una interrupción divina: "Parece que ustedes tres no entienden, ¿verdad? No pueden 'ver' lo que están viendo, ¡entonces cállense y escuchen!" Sabemos con absoluta certeza que no asimilaron la revelación con madurez por lo que leemos en el pasaje siguiente. En el mismo capítulo donde describe la transfiguración, Lucas relata tres acontecimientos. En cada una de las escenas, los discípulos entendieron mal la elección y la revelación.

En Lucas 9:46–48 los discípulos discutían quién de ellos sería el mayor. Jesús tomó a un niño, y dijo: "Cualquiera que reciba a este niño en mi nombre, a mí me recibe; y cualquiera que me recibe a mí, recibe al que me envió, porque el que es más pequeño entre todos vosotros, ese es el más grande" (v. 48).

En Lucas 9:49–50, Juan le dijo al Señor: "Maestro, hemos visto a uno que echaba fuera demonios en tu nombre; y se lo prohibimos, porque no sigue con nosotros". Jesús les reprochó esa actitud: "No se lo prohibáis, porque el que no está contra nosotros, por nosotros está".

En Lucas 9:51–55 Jacobo y Juan pidieron permiso para hacer descender fuego sobre una aldea samaritana que no los había recibido bien. Lucas simplemente señala que Jesús se volvió y los reprendió.

Aquí estoy, meneando la cabeza. ¡Pero no solo por ellos! Pienso en mí misma y en todos nosotros. A veces me pregunto por qué Dios no se da por vencido y renuncia cuando tenemos actitudes similares. Solo su misericordia impide que seamos consumidos (Lam. 3:22–23). De continuo le agradezco al Señor por aguantarme. Yo me hubiera cansado de mí misma hace mucho tiempo. Le estoy sumamente agradecida porque ve bien de cerca y de lejos. Él nos ve como somos ahora y también cómo llegaremos a ser. Estoy convencida de que por eso puede tenernos paciencia.

Quizás la edad de Juan no lo ayudaba. La vida aún no había tenido tiempo de hacerle bajar la cabeza con humildad. En el caso de Moisés, para aplacar su orgullo por el derecho de exclusividad fueron necesarios 40 años en el lejano desierto y luego una multitud irritante. En una narración asombrosamente singular en Números 11:24–30, Moisés enfrentó una situación similar. Llevó a los ancianos de Israel a la tienda de reunión. Allí el Espíritu de Dios vino sobre ellos y profetizaron. Dos de los ancianos no fueron con el grupo; sin embargo, ellos también comenzaron a profetizar en el campamento.

Cuando Josué oyó lo que sucedía, formuló casi la misma pregunta que hizo Juan en el incidente que relatamos antes. Moisés le respondió: "¿Tienes tú celos por mí? Ojalá todo el pueblo de Jehová fuera profeta, y que Jehová pusiera su espíritu sobre ellos" (Núm. 11:29).

Nunca olvidaré el día que estaba en mi oficina y un amigo me preguntó: "¿Qué se siente al mirar todos estos libros que llevan tu nombre?" Me puse tiesa y le respondí: "¡Lo único que representan para mí es una tunda celestial tras otra!" Me duele decir que mucho de lo que he aprendido proviene de la vara de Dios; sin embargo, las cosas están comenzando a cambiar, ¿verdad, Padre?

Después de los tres "strikes"* que se registran en Lucas 9, se ponen en evidencia la paciencia y el sufrido amor de Jesús, porque no está dispuesto a bajar el pulgar y gritar "¡Fuera!" Sobre todo, porque Él sabía lo que venía a continuación. Marcos relata cuando Jacobo y Juan se acercaron a Jesús y le dijeron: "Maestro, queremos que nos concedas lo que vamos a pedirte" (Mar. 10:35). ¿No crees que representaron una perfecta escena de infancia espiritual? No obstante, ahora viene la parte dolorosa: es probable que nos sintamos inclinados a juzgar con demasiada dureza a Jacobo y a Juan por su manera de expresarse. Seamos realistas: todos tenemos que pasar por la infancia y la adolescencia espiritual para alcanzar la madurez. No llegamos salteando etapas sino que crecemos. El peligro aparece cuando nos negamos a crecer. Quedarnos estancados en esta etapa sería tan ridículo como si un adulto siguiera actuando como un niño de dos años.

Por unos momentos, Jacobo y Juan no hicieron otra cosa que hundirse más en las arenas movedizas del interés egoísta. (Nunca lo dudes, es arena movediza.) En esta escena Jacobo y Juan hicieron solo tres declaraciones.

· "Maestro, queremos que nos concedas lo que vamos a pedirte" (v. 35). "Concédenos que en tu gloria nos sentemos el uno a tu derecha y el otro a tu izquierda" (v. 37). De la tercera declaración nos ocuparemos enseguida. Primero medita en estas dos, y procura captar las emociones y actitudes que hay detrás de ellas. ¿Notas cómo aumenta el descaro con cada petición?

No me cabe la menor duda de que, en caso de tener oportunidad, se hubieran hundido todavía más. Si Cristo les hubiera dicho que iba a pensar en la posibilidad de sentar uno a su derecha y otro a su izquierda, ¿cuánto

*N. de la T.: Referencia al béisbol.

tiempo crees que les hubiera llevado atropellar a los que se les pusieran por delante? ¡Increíble! La famosa palabra final de ellos casi me mata. Cuando Cristo les preguntó: "¿Podéis beber del vaso que yo bebo, o ser bautizados con el bautismo con que yo soy bautizado?", respondieron sin vacilar: "Podemos". No tenían la menor idea de lo que decían porque no tenían la menor idea de lo que Cristo quería decir. Pronto lo sabrían. Un día, en el futuro lejano, beberían de la copa y conocerían el bautismo del sufrimiento de Cristo. En su condición presente lo que necesitaban era un biberón, no una copa.

Nuestro problema es a menudo el mismo. Dejamos que la imagen humana de Cristo nos confunda y lo empequeñecemos. "Si tan sólo se inclinara un poco, y nosotros nos pusiéramos en puntas de pie, estaríamos casi a la misma altura. Uno a su izquierda, otro a su derecha". Negativo, mi amigo. Cuando el Verbo se hizo carne y habitó entre nosotros, la sustancia humana envolvió "toda la plenitud de la divinidad" (Col. 2:9).

Estoy convencida de que si tú y yo realmente captáramos lo que significa ser elegidos y llamados por Jesucristo, el divino Hijo de Dios, su Espíritu tendría que ponernos de pie, igual que al profeta Ezequiel, para que estuviéramos en condiciones de levantar la mirada (Ezeq. 2:1). Sí, hemos sido elegidos y, sí, hemos sido llamados; sabemos que estaremos captando lo que esto significa cuando nuestra humanidad comience a vestirse de humildad.

"Maestro, queremos que nos concedas lo que vamos a pedirte."

O bien:

"Enséñanos a hacer todo lo que nos pidas".

Capítulo 9

RECOSTADO AL LADO DE JESÚS

Y uno de sus discípulos, al cual Jesús amaba, estaba recostado al lado de Jesús. (Juan 13:23)

La semana final de la vida de Cristo como Dios-hombre comenzó precisamente como preferían los discípulos: con la fanfarria de una entrada triunfal. Desde que la voz potente de Jesús despertó a un hombre que había estado cuatro días muerto, los rodeaba un enorme entusiasmo. En la medida que los jefes de los sacerdotes dejaban que Cristo "se saliera con la suya", se complicaba más la conspiración. Juan 12:10–11 nos dice que también planearon matar a Lázaro porque, por haber sido resucitado de los muertos, muchos de los judíos seguían a Jesús y creían en Él.

Llegó la semana de la gran fiesta. Había tantos judíos en Jerusalén que un burro no hubiera escuchado su propio rebuzno. Seguramente los discípulos habían acompañado a sus familias en muchas peregrinaciones a la Ciudad Santa para celebrar la Pascua, y este año concurrían con Aquel que parecía ser el Maestro de ceremonias. Sus pies, impacientes y ambiciosos, parecían estar por fin a punto de entrar al gran mundo por la puerta grande. Ahora serían personas importantes. Al menos, eso era lo que pensaban.

Mi trabajo más reciente fue sobre Santiago 3. Sigo pensando en las palabras del apóstol: "¿Quién es sabio y entendido entre vosotros? Muestre por la buena conducta sus obras en sabia mansedumbre" (Sant. 3:13). Algo que he aprendido acerca de la sabiduría y la humildad es que si un día cabalgas en las alturas sería sabio no sentirte demasiado encumbrado, porque al día siguiente podrías rodar en el estiércol. Puedes ver que no ando con rodeos ni busco expresiones bonitas; en algunas ocasiones el léxico completo del diccionario no logra expresar mis ideas con tanta elocuencia como mi lenguaje rural.

Los discípulos no tenían el menor indicio de que se avecinaban problemas. La sabiduría podría haberles advertido, si hubieran prestado atención. En varias oportunidades Jesús les había dicho qué le esperaba a Él; sin embargo, igual que nosotros, los discípulos seleccionaban y archivaban las partes de los sermones que les gustaban, y borraban el resto.

Rápidamente se corrió la voz de que Jesús iba camino a la ciudad y una multitud salió a su encuentro. Agitaban hojas de palmeras y exclamaban: "¡Hosana! ¡Bendito el que viene en el nombre del Señor, el Rey de Israel" (Juan 12:13).

Los discípulos tendrían que haber advertido que esa semana iba a ser diferente de todo lo que habían vivido con Jesús hasta ese momento. A la mitad de la procesión hacia Jerusalén, Jesús contempló largamente el paisaje de la ciudad y lloró a viva voz. Lucas 19:41 solo nos dice que Jesús lloró por Jerusalén; sin embargo, en el griego se usa la palabra más fuerte para expresar dolor que encontramos en el Nuevo Testamento. El término sugiere que su dolor no solo era profundo sino también expresivo.

Lucas relata las palabras de Jesús, que explican la causa de su emoción. "¡Si también tú conocieras, a lo menos en este tu día, lo que es para tu paz! Pero ahora está encubierto a tus ojos. Vendrán días sobre ti cuando tus enemigos te rodearán con cerca, te sitiarán y por todas partes te estrecharán; te derribarán a tierra y a tus hijos dentro de ti, y no dejarán en ti piedra sobre piedra, por cuanto no conociste el tiempo de tu visitación" (Luc. 19:42–44).

Imagina a Pedro, Jacobo y Juan de pie, allí cerca, mirándose el uno al otro. Quizás hasta se encogieron de hombros. Sin embargo, precisamente cuando pensaban que Jesús se calmaba, este entró al templo y comenzó a expulsar a los mercaderes.

Es evidente que la semana de la pasión de Cristo comenzó de manera casi tan apasionada como concluyó. En el transcurso, solo Jesús pudo haber mantenido la presencia de ánimo requerida para realizar algunos de los deberes que le eran más caros. Lucas 19:47 dice que entre el domingo de la entrada triunfal y la cena de Pascua, Jesús enseñó en el templo todos los días.

La gente estaba pendiente de sus palabras. ¡Cuán pronto gritarían "Crucifícale", y Él pendería de la cruz por las palabras de ellos!

A diferencia de los discípulos, Jesús sabía lo que se avecinaba y se convirtió en la encarnación de la humildad que proviene de la sabiduría. Los discípulos llegaban a la ciudad con sus mochilas cargadas de ambición personal, y en consecuencia sin duda experimentaron la incomodidad que Santiago 3:16 dice que son proclives a sentir los ambiciosos: "Pues donde hay celos y rivalidad, allí hay perturbación y toda obra perversa". La vida puede volverse confusa cuando todo gira en torno a nosotros mismos.

Entre Lucas 19:47 y Lucas 21:38 encontrarás un muestrario de las enseñanzas que Cristo ofreció el lunes, el martes y el miércoles en el templo. Luego, Lucas 22:1–6 relata cuando Satanás tomó posesión de Judas, y el arreglo subsiguiente que este hizo con los principales sacerdotes y los jefes de la guardia. Después, según Lucas 22:7, vino el día de los panes sin levadura, en el que debía hacerse el sacrificio del cordero pascual. Jesús envió a Pedro y a Juan a preparar la comida.

Las designaciones de Jesús nunca son casuales. Él puede hacer cualquier cosa que desee con solo pensarlo. El que encargue ciertas tareas a hombres y mujeres sugiere que la experiencia del siervo o designado es con frecuencia tan importante como la tarea encomendada. A veces lo es más. Dios puede hacer lo que Él quiere. En su soberanía, elige emplear a los mortales para materializar una obra invisible en el mundo visible... incluso Jesús, que es la Palabra perfecta hecha carne.

Creo que Pedro y Juan no solo fueron elegidos para la tarea de preparar la Pascua, sino que la tarea fue elegida para ellos. Cuando me ocupé de esta escena en mi libro *Jesús, sólo Jesús*, compartí algo que me parece mucho más que una coincidencia: las reiteradas referencias que Pedro y Juan hacen en sus epístolas a Cristo como el Cordero. Parecen haber comprendido el concepto del Cordero pascual como ningún otro escritor del Nuevo Testamento. Creo que gran parte de su entendimiento les llegó en forma retrospectiva después de preparar aquella última Pascua con Cristo.

Dios me dio una nueva y más profunda visión para este estudio, a medida que tomé una mayor conciencia de la temprana influencia que Juan el Bautista tuvo sobre Pedro y Juan. Sabemos que ambos fueron discipulados por el Bautista, en forma directa o por la influencia indirecta a través de sus hermanos. Juan 1:29 menciona que estos discípulos se encontraron por primera vez con Jesús por medio de las palabras del Bautista: "¡Este es el Cordero de Dios, que quita el pecado del mundo!"

Jesús no descansaría hasta enseñar a Pedro y a Juan exactamente qué significaba ese título. Este dúo no fue corriendo al mercado de la ciudad a comprar un paquete de cordero trozado en la mesa de ofertas. Eligieron un cordero vivo e hicieron matar al tierno animalito. Es probable que lo hayan sostenido mientras lo sacrificaban. La mayoría de nosotros no tiene idea de todo lo que implicaba la preparación de la Pascua, pero les aseguro que no hay desperdicio.

Esa es una de las cosas que me gustan de Cristo. Él no desperdicia nada. Si nos asigna una tarea o un período difícil, cada gramo de experiencia tiene como propósito nuestra instrucción y perfeccionamiento, siempre que le permitamos completar su obra.

El otro día me topé con un versículo que cada vez que lo leo me invita a detenerme a meditar y a pedirle grandes cosas a Dios. El Salmo 25:14 dice: "La comunión íntima de Jehová es con los que lo temen, y a ellos hará conocer su pacto". Anhelo que Dios pueda confiar en mí. ¿Y tú? ¡Cuánto deseo que me confíe sus secretos! Estoy convencida de que esos tesoros escondidos no quedan en secreto porque Él decida comunicarlos a unos pocos elegidos, sino porque son pocos los que procuran conocerlo y pasar el tiempo suficiente con Él para descubrirlos.

Creo que mientras Pedro y Juan preparaban la comida de Pascua, tuvieron acceso a muchos secretos que se volvieron más claros a medida que transcurrió el tiempo. Eclesiastés 3:11 dice que Dios "todo lo hizo hermoso en su tiempo". Estoy convencida de que, si estamos dispuestos a aprender, Dios usa cada dificultad y cada tarea para confiarnos revelaciones profundas, cuyo significado se completará cuando se haya revelado toda su belleza. Sin embargo, nuestra atención es tan escasa que nos conformamos con lo soportable aunque lo bello se encuentre a la vuelta de la esquina.

Seguramente pasaron muchos años y muchas celebraciones de Pascua antes de que Pedro y Juan asimilaran por completo el significado profundo de aquella Pascua en que Jesús fue el Cordero. Juan nunca dio por agotado el tema. En el libro de Apocalipsis encontramos, de la pluma de una mano anciana y temblorosa, más de 20 referencias al Cordero. Y fue Pedro, su amigo inseparable, quien escribió:

> Pues ya sabéis que fuisteis rescatados de vuestra vana manera de vivir (la cual recibisteis de vuestros padres) no con cosas corruptibles, como oro o plata, sino con la sangre preciosa de Cristo, como de un cordero sin mancha y sin contaminación. (1 Ped. 1:18–19)

Considera una vez más esta declaración: "fuisteis rescatados de vuestra vana manera de vivir (la cual recibisteis de vuestros padres)". Cuando reflexiono en la tradición judía imagino que no tiene nada de aburrida. Los norteamericanos somos un crisol de distintas culturas y muchos carecemos de las ricas tradiciones que tienen otras sociedades menos mezcladas. ¿Quién podría haber disfrutado de una vida más rica y llena de tradiciones que aquella legada por los ancestros judíos a sus hijos e hijas? Sin embargo, Pedro las considera vanas. ¿Por qué? Una vez que vio su cumplimiento en Jesucristo, se dio cuenta de que sin Él eran vacías. Al conocer al verdadero Cordero pascual, la Pascua del Antiguo Testamento sin Él carecía de significado. Cristo era todo y lo anterior, sin Él, era vacío.

Gracias a Dios por la paciencia de Cristo por hacerlo todo hermoso en su tiempo. ¿Cómo sabemos que los discípulos no captaron de inmediato el significado pleno de la Pascua que compartieron esa noche? Porque Lucas 22:24 dice que "hubo también entre ellos una discusión sobre quién de ellos sería el mayor".

Hummm… Creo que este es un buen momento para una vasija con agua y una toalla. Dejaremos el video en pausa en cuanto al lavamiento de pies de los discípulos, hasta que nos aboquemos a la singularidad del Evangelio de Juan. Me pregunto cuántas veces se habrán sentido humillados los discípulos al recordar esta discusión. Me siento identificada con ellos. En más de una oportunidad he dicho cosas tan absolutamente ridículas que ni siquiera puedo pensar en ellas sin ruborizarme. ¿No te ocurre a ti? Tengo la sensación de que tendremos que aceptar algunas bromas en el cielo sobre esos incidentes. Espero que para entonces nos resulten graciosos.

Concluyamos este capítulo con una instantánea de la escena que precipitó la discusión entre los discípulos acerca de quién sería el mayor. Jesús les dijo que uno de ellos lo traicionaría. En ese preciso momento, el Evangelio de Juan añade un bocadillo importante. Si suponemos que el discípulo "al cual Jesús amaba" es nuestro Juan, su lugar en la mesa era recostado "sobre el pecho de Jesús" (Juan 13:25).

La ubicación de Juan es una de las principales razones por la que muchos eruditos creen que este era el discípulo más joven. En la Pascua tradicional de los judíos, por lo general el hijo menor que ya sepa hablar se sienta junto al padre o figura paterna y hace las preguntas tradicionales que motivan al padre a relatar la historia de la liberación de Egipto. En aquella oportunidad la habitación era lo suficientemente pequeña como para que Pedro le hiciera una pregunta a Jesús aunque estuviera ubicado en el extremo opuesto de la mesa. Al inducir a Juan a hacer la pregunta se sugiere que este asumió el papel del hijo menor durante la cena.

Me encanta imaginar que el más joven de los discípulos se ajustó poco y nada al protocolo, actuó de acuerdo a lo que sentía y no siguió las normas. Por eso se reclinó sobre el pecho de Jesús. ¡Aleluya! Te imaginarás que no es una cuestión doctrinal que Juan se haya recostado sobre el pecho de Jesús. No lo mandaba la ley ni figuraba en el notable libro de reglas de la Pascua. Juan no tenía la obligación de reclinarse sobre Jesús para decirle algo ya que este podía escucharlo sin problemas. Juan lo hizo porque quería hacerlo, porque lo amaba, porque Jesús inspiraba esa posibilidad. Jesús invitaba a acercarse, era una persona atrayente.

Mis dos hijas son sumamente afectuosas. Sin embargo, la mayor es sin duda la más correcta. La menor no reconocería la palabra *protocolo* aunque se la tatuaran en la frente. (Espero que no se le ocurra la idea; ya insinuó que se haría un tatuaje.) A menudo digo que si ella está *conmigo*, más bien está *encima*. Como hubiera dicho mi madre: está adherida a mí. Por las pistas que encontramos aquí y allá, pienso que Juan actuaba de esa manera con Jesús. Es bien probable que haya sido el "bebé" de esta familia. Las trivialidades del protocolo no estorbaban para nada el afecto que él sentía por Jesús. Me encanta eso de Juan.

Una de nuestras principales tareas en este viaje es explorar el profundo afecto que fluía como caudaloso manantial entre Jesús y Juan. Para ser sincera, quisiera tener lo que había entre ellos. También deseo eso que existía entre Dios y David o entre Cristo y Pablo. Si es posible una relación tal entre un mortal y el Invisible Inmortal, yo quiero vivirla. Deseo conocer ese amor que excede a todo conocimiento, para ser llena de toda la plenitud de Dios (Ef. 3:19). Todo lo demás se reduce a un estilo de vida vacío, comunicado por ancestros aburridos y sin motivación. No, gracias. Yo quiero a Jesús. Si eso pone incómodo a alguien, lo lamento.

Capítulo 10

A PASOS DEL HUERTO

*Y tomando a Pedro y a los dos hijos de Zebedeo, comenzó a entristecerse
y a angustiarse en gran manera. (Mateo 26:37)*

🟆

Cuando Pedro y Juan prepararon la Pascua, no podían imaginar que los acontecimientos se precipitarían uno tras otro. Al disponer el lugar para trece, no tenían la menor idea de que estaban tendiendo la mesa para el enemigo. A esa altura, ni siquiera sabían que hubiera un enemigo entre ellos.

Pocas cosas nos sobrecogen y conmocionan hasta la médula como el descubrimiento repentino de la presencia de un Judas. Tal vez porque no podemos creer que no lo hayamos advertido. Quizás nos sentimos aterrados de que si uno puede ser Judas, tal vez todos podríamos serlo. ¿Acaso no somos todos egocéntricos, vanidosos y ambiciosos? ¿En qué se diferenciaba de nosotros? Él también preguntó con duda: "¿Soy yo, Señor?", como hicimos los demás, ¿verdad? ¡Nos asustan nuestras semejanzas! Y está bien que nos asustemos. Sin embargo, hay algo que nos diferencia: él vendió su alma al diablo.

El Evangelio de Juan nos dice algo que ninguno de los sinópticos incluye. Jesús les dijo que uno de los que estaban sentados a la mesa lo traicionaría. Pedro hizo señas a Juan, y este preguntó quién era el traidor. Jesús le respondió: "A quien yo le dé el pan mojado, ese es" (Juan 13:26). Y luego le dio el pan a Judas.

Juan 13:28 describe que ninguno de los presentes entendió. Al cabo de los años y de innumerables repeticiones de la escena en su mente, el apóstol Juan supo que el diablo había entrado en Judas mientras estaban a la mesa, allí mismo, ante sus propios ojos. ¿Cómo pudo saberlo? En Juan 14:26 Jesucristo enseñó que el Espíritu Santo es también el Santo Recordador. Él puede revelar la verdad aun acerca de un suceso pasado, y recordarnos lo que intentó enseñarnos pero en ese momento fuimos incapaces de comprender. Con frecuencia Jesús nos enseña lecciones aunque sabe que solo las asimilaremos en forma completa más adelante.

Procura entender que Judas no estaba poseído por un viejo demonio del infierno. Satanás no es omnipresente. Puede estar en un solo lugar a la vez, y en ese momento estaba en Judas. El príncipe de los poderes del aire voló como una saeta encendida hasta la vasija voluntaria de uno de los doce. Es posible ser un discípulo, estar muy cerca de Jesús, y sin embargo no pertenecerle. Podemos emplear el mismo vocabulario, mezclarnos a la perfección y parecer sumamente sinceros.

Creo que al repasar las imágenes en el video reproductor de sus recuerdos, Juan vio al diablo en los ojos de Judas. Me parece que vio a Satanás en las manos de Judas cuando las extendía para recibir el pan mojado. Reflexiona… Por un instante, dos manos sostuvieron el mismo pan: una de ellas, manchada con plata y la otra, apenas un delgado guante de carne que revestía la mano de Dios. Juan vio a Satanás en los pies de Judas cuando se marchaba, … porque si de verdad estamos con Cristo, no podemos marcharnos (ver 1 Jn. 2:19).

Dos tercios de siglo más tarde Juan escribiría: "Salieron de nosotros, pero no eran de nosotros, porque si hubieran sido de nosotros, habrían permanecido con nosotros; pero salieron para que se manifestara que no todos son de nosotros" (1 Jn. 2:19). En la mesa aprendemos algunas de nuestras mejores y peores lecciones de la vida. Juan las aprendió muy bien.

Más tarde, las mismas manos que traicionaron a Cristo harían un nudo en una soga para deslizarla en su propio cuello. En medio de espasmos, esos mismos pies se sacudirían hasta finalmente balancearse sin vida. Tal vez Judas se quitó la vida porque resultó traicionado por el diablo a quien complació con la traición a Cristo. El diablo lo usó y lo abandonó de la misma manera que seguramente Judas usó a Cristo y lo abandonó. Judas ni siquiera tuvo la dignidad de un guerrero del infierno. Fue descartado como un trapo sucio, como algo sin ningún valor. Ese es el estilo de Satanás. Él no es amigo de nadie aunque simule serlo. Él es Judas, el traidor. Me pregunto… ¿te ha traicionado alguna vez el diablo? ¿Te convenció y te usó, para luego abandonarte en la horca? A mí sí me ha traicionado.

Poco después de que Cristo confrontó a Judas y este se separó del grupo, Jesús y sus discípulos cumplieron con la ceremonia del Nuevo Pacto, cantaron un himno y salieron hacia el monte de los Olivos (Mat. 26:30). Una vez más, lo que no asimilaron en ese momento sobre la enseñanza del pan y el vino, el Santo Recordador se los explicaría más adelante.

El monte de los Olivos se elevaba hacia el este, en diagonal a la antigua ciudad, como custodiando el templo. La vista era tan asombrosa que, varias décadas después, el comandante romano Tito instaló su cuartel general en el lado norte, planificó con éxito la destrucción de la ciudad, y llamó al monte Scopus. En tiempos antiguos seguramente todo el monte estaba cubierto de bosques. Como su nombre lo indica, albergaba tupidos olivares. Fue en este bosque donde el pueblo, al mando de Nehemías, recogió ramas de olivo, de arrayán y de palmera para hacer tabernáculos cuando restablecieron precisamente la fiesta de los Tabernáculos después de la cautividad en Babilonia[1] (Neh. 8:15).

Según Lucas 22:39, Jesús había estado a menudo en el monte de los Olivos. A diferencia de los discípulos que subieron la pesada cuesta a su lado, mientras ascendía ese monte Jesús era consciente de su historia pasada y futura. No sorprende que haya estado allí tantas veces. El domingo anterior había contemplado su amada ciudad desde el monte Scopus y había bautizado con lágrimas el monte de los Olivos. "¡Si también tú conocieras, a lo menos en este tu día, lo que es para tu paz!" En esta, la más profunda de todas las noches de Pascua, Jesús bautizaría el monte de los Olivos con sudor como gotas de sangre que caían al suelo.

Mateo 26:36–46 relata la conocida historia de la batalla final de Jesús en el huerto de Getsemaní. Durante la agonía que vivió Jesús en ese lugar, una vez más Pedro, Jacobo y Juan fueron separados de los demás. Getsemaní es la tercera oportunidad en que las Escrituras los mencionan como testigos oculares de una escena que los otros discípulos no observaron. Ya me he referido a las tres, y creo que podemos estar seguros de que nunca habían visto a Jesús de la manera en que lo vieron en Getsemaní.

He estudiado esta escena muchas veces, pero nunca desde el punto de vista de los discípulos. Imagina que tú eres uno de aquellos tres. Piensa en lo que Jesús había significado para ellos durante los últimos tres años. Sin duda representaba seguridad y fortaleza. Un varón adulto no seguiría durante tres años a alguien sin ingresos, a menos que esté completamente cautivado por su líder. Creo que Jesús era todo para ellos. En Él, el pasado cobraba sentido. La vida en el presente quedaba sumergida en Él y todas las esperanzas en cuanto al futuro descansaban en su fidelidad para cumplir lo que había prometido. Y sin duda cumpliría… aunque ni en un millón de años hubieran imaginado cómo lo haría.

"Mi alma está muy triste, hasta la muerte; quedaos aquí y velad conmigo" (Mat. 26:38).

¡Un momento! ¡Esta era su Roca! ¡Su Torre Fuerte! "¿Qué le pasa? ¿Por qué se ha postrado en tierra? ¿Por qué tiembla de angustia? ¿Por qué tiene el cabello empapado de sudor? ¡Aquí hace frío! ¿Por qué el sudor parece gotas de sangre que caen al suelo? ¿Por qué pide una y otra vez que no le den de beber una copa? ¿Qué copa? ¡Ahora suplica 'Abba'! [Mar. 14:36]. ¿Por qué se siente tan mal? ¿Es porque uno de nosotros lo traicionó? ¿Por qué no deja de llorar? Detesto ver llorar de esa manera. Yo creía que nada podía doblegarlo. ¿Por qué no se detiene?"

¿Has visto alguna vez a alguien a quien considerabas una roca fuerte, desbordado por la angustia, inconsolable, vencido por la pena? Si te ha ocurrido, recuerda qué sentiste. Luego multiplica ese sentimiento en función de la dependencia completa que estos hombres tenían de Jesús.

Creo que los discípulos experimentaron muchas emociones mientras observaban la forma en que su Torre Fuerte caía de rodillas y postraba el rostro en el suelo. Lucas 22:45 dice que los tres discípulos finalmente se durmieron, agotados a causa de su propia tristeza.

Quizás no se dieron cuenta de que Jesús no era menos Dios en ese momento de lo que había sido durante la transfiguración o al resucitar muertos. Su Roca y Torre Fuerte no se derrumbaba; solo caía de rodillas. Hay que ser fuerte para hacerlo. Siempre me pregunto cómo hizo la montaña para no partirse en dos cuando el peso del Verbo hecho carne cayó de rodillas sobre ella. ¡Cuánto habrá gemido la creación!

Allí en el huerto, el Hijo de Dios llevó su cruz en privado. Pronto la cargaría en público, pero cuando se levantó con las rodillas magulladas por la angustia, su rostro lleno de polvo se endureció como el pedernal. Quiero mostrarte algo más que me parece fundamental para comprender el corazón de Dios. Cristo sabía qué debía hacer cuando viniera a la tierra. ¿Recuerdas? Él es el Cordero sacrificado desde la fundación del mundo. Podríamos decir que desde el principio ya había muerto. Jesús vivió con un solo propósito: hacer la voluntad de su Padre. Aun así, sintió dolor porque tiene sentimientos.

Jesús es la imagen exacta de su Padre, quien también tiene sentimientos. Dios es santo. Dios es justo. Nuestra salvación requiere de una cruz, y nuestras malas decisiones deben ser castigadas. El rechazo de aquellos que no creen necesita ser juzgado. De todos modos, a Dios le duele. Querido lector, Dios tiene sentimientos.

También nosotros sentimos. A veces, obedecer a Dios será lo más difícil que nos toque hacer en la vida. No está mal que nos duela. Lo que está mal es desobedecer. Discútelo con Dios y pídele que te evite esa copa. Aun así, decídete a hacer su voluntad, no importa lo que cueste. Lo que está en juego es la gloria. Por eso llevó a esos tres discípulos tan cerca como para que lo pudieran ver. Quería enseñarles que cuando estuvieran en angustia debían orar en vez de dormir. En esa oportunidad, se durmieron. Es lo único que pudieron hacer. Sin embargo, llegaría el momento en que cada uno de ellos se levantaría de su propio Getsemaní y cargaría su cruz.

Parte 3

MOMENTOS DECISIVOS

¿Logras mantener el ritmo? Seguir al más joven de los discípulos es como seguir a cualquier muchacho adolescente. Nos deja sin aliento. ¡Por lo menos no nos aburriremos! La Palabra de Dios es viva y Él quiere encender en nosotros una renovada pasión, por medio de lo que quizá sea el relato más conocido en la vida de Cristo.

En la segunda mitad de nuestro estudio, vamos a considerar algunas verdades que nos resultarán mucho menos familiares, a las que solo podremos llegar por medio de la cruz. Antes de hacer este estudio, nunca había observado los acontecimientos en torno a la cruz y a la gloriosa resurrección por encima del hombro de uno de los discípulos. Cuando lo hice me produjo una profunda impresión. Espero que tú también obtengas una perspectiva completamente nueva. Pídele a Dios que te libere de cualquier limitación ocasionada por la familiaridad con el relato, y luego sumérgete de lleno en cada escena.

Capítulo 11

JUNTO A ÉL

Cuando vio Jesús a su madre y al discípulo a quien él amaba, que
estaba presente, dijo a su madre: "Mujer, he ahí tu hijo." Después
dijo al discípulo: "He ahí tu madre". (Juan 19:26–27)

※

¿Miraste alguna vez a tu alrededor en circunstancias que nunca hubieras imaginado vivir, y te preguntaste cómo hiciste para llegar hasta allí? Recuerdo haberme sentido así cuando acompañé a la familia de Keith en la sala de terapia intensiva mientras su hermosa hermana de 23 años de edad moría a causa de un aneurisma. Apenas unas noches antes habíamos estado reunidos, descostillándonos de la risa. Esa mañana Keith, Amanda (que comenzaba a gatear) y yo fuimos a la iglesia, y después almorzamos una pizza. De pronto, se desencadenó una sucesión de acontecimientos a una velocidad vertiginosa que cambiaron nuestra vida por completo. Ninguna representación teatral podría haber captado la crudeza y la profundidad del drama que ocurría en la vida real. Son ocasiones en las que uno quisiera gritar: "¡No! ¡Esto no está sucediendo! ¡No puede ser cierto!" Son días que uno desea con desesperación arrancar del almanaque para que la vida vuelva a ser lo que era.

Creo que tales experiencias nos dan una idea de lo que pudo haber sentido el apóstol en la escena que describe en Juan 19:17–27. Jesús estaba colgado en la cruz. Pilato hizo colocar un cartel sobre la cabeza del Mesías y los soldados sortearon su ropa.

¿Puedes imaginar la confusión de Juan? ¿No crees que desearía que alguien fuera a despertarlo de la pesadilla? A continuación tuvo lugar un diálogo profundamente tierno y emotivo entre Jesús, Juan y María. Jesús le encargó a Juan que cuidara a María. No te apures a rotularlo como un momento cálido y amable, ni te acurruques allí. Los hechos que Juan presenciaba eran horribles. Solo podemos apreciar la profundidad de la ternura contra ese fondo de horror. Es posible que hayamos estudiado la cruz de Cristo en muchas oportunidades; sin embargo, intentemos ahora percibirla desde el preciso ángulo donde las sandalias de Juan dejaron su huella.

Rebobinemos, a fin de ubicar a Juan con precisión en la escena. Sabemos con certeza que fue un testigo presencial del arresto.

Regresa a las imágenes que vimos en el capítulo anterior, cuando Juan, Jacobo y Pedro presenciaron muy de cerca la agonía de Cristo en el huerto de Getsemaní. Enseguida quedaron sumidos en la tristeza y luego en el sueño. Los despertó la voz de su Líder, que les decía: "¡Dormid ya y descansad! Ha llegado la hora, y el Hijo del hombre es entregado en manos de pecadores. ¡Levantaos, vamos! Ved, se acerca el que me entrega" (Mat. 26:45–46).

Estabas dormido y te despertaron a sacudones. Es probable que alguna vez te haya sucedido lo que a mí y te dormiste en momentos en que tendrías que haber estado despierto y alerta. Imagina a Juan tratando de sacarse de encima la somnoliencia y sintiéndose culpable por no haber permanecido despierto. Luego imagina su rostro juvenil mientras contemplaba la ladera de la montaña y veía una guardia completa de soldados que ascendían por el monte y portaban antorchas, lámparas y armas.

Uno de los momentos que más me asombra en las horas finales de la vida de Cristo es cuando respondió a la pregunta de los soldados que buscaban a Jesús de Nazaret, y les dijo: "Yo soy". La turba retrocedió y cayó al suelo. Creo que se sintieron obligados a doblar sus rodillas porque el Hijo de Dios pronunció el nombre con el que Dios dijo que sería recordado a lo largo de todas las generaciones: "Yo soy" (Ex. 3:14). Es el mismo Juan quien describe la escena y apuesto a que la sabía de memoria. Juan también vio cuando una espada le cortó la oreja al sirviente del sumo sacerdote, con lo cual es el único escritor del Evangelio que presenta a Pedro como un hombre que portaba armas.

En Juan 18:15 nos enteramos de otro detalle importante: "Seguían a Jesús Simón Pedro y otro discípulo. Este discípulo era conocido del Sumo sacerdote, y entró con Jesús al patio del Sumo sacerdote". Muchos estudiosos creen que la mención del *otro discípulo* se refiere a Juan.

Si esto, que parece una deducción lógica, es verdad, significa que mientras varios de los discípulos siguieron a Jesús a cierta distancia cuando transcurrían las horas finales, Juan resultó ser el testigo ocular más cercano entre los doce. Sea que haya podido ver o no el juicio conducido por Pilato, es probable que haya estado lo suficientemente cerca como para escuchar.

Avancemos al 19:16 "Pilato, al fin, cedió ante ellos y les entregó a Jesús para que lo crucificasen. Tomaron, pues, a Jesús y se lo llevaron." (CST-IBS) ¿Al fin? Veamos Lucas 23:24 "Por fin Pilato decidió concederles su demanda." (NVI) ¿Por fin? ¿Acaso no había ocurrido todo tan rápido que le hubiera sido difícil a Juan ordenar los eventos en su mente? ¿No habían pasado apenas unos días desde que descendieron con Jesús desde el monte de los Olivos, mientras la muchedumbre agitaba hojas de palmera y lo proclamaba Mesías? Las palabras indican que Pilato por fin entregó a Cristo, después de tenerlo de aquí para allá, de un juicio a otro, como una pelota en un partido de tenis. Sin embargo, me gustaría agregar un *por fin* diferente. Lee los siguientes pasajes y medita en el *por fin* que agrego al final.

> Pondré enemistad entre ti y la mujer,
> y entre tu simiente y la simiente suya;
> esta te herirá en la cabeza,
> y tú la herirás en el talón. (Gén. 3:15) POR FIN.

> Haré de ti una nación grande, te bendeciré, engrandeceré tu nombre y serás bendición ... serán benditas en ti todas las familias de la tierra. (Gén. 12:2–3) POR FIN.

> Ve, desciende, y luego subirás junto con Aarón; pero que los sacerdotes y el pueblo no traspasen el límite para subir adonde está Jehová, no sea que haga entre ellos estrago. (Ex. 19:24) POR FIN.

> El rey Salomón y toda la congregación de Israel que se había reunido con él delante del Arca, sacrificaron ovejas y bueyes, que por ser tantos no se pudieron contar ni calcular. (2 Crón. 5:6) POR FIN.

> Llegó el día de los Panes sin levadura, en el cual era necesario sacrificar el cordero de la Pascua. (Luc. 22:7) POR FIN.

Por fin estaba por abrirse un camino desde el lugar santo hacia el lugar santísimo, y desde allí hacia el atrio de los varones judíos, hacia el de las mujeres judías y finalmente hacia el de los gentiles hasta llegar a ti y a mí. Por fin un Cordero sin mancha iba a ser sacrificado, para cumplir los requisitos justos del ardiente altar del templo. Por fin algo estaba por ocurrir, algo que reconciliaría con Dios, de una vez por todas, a la persona que tuviera fe. Después de miles de años de insensatez humana, alguien, una persona vestida de humanidad, logró hacerlo bien. ¡Por fin! ¡Alabado sea Dios!

La perspectiva de la historia y la Palabra escrita nos permiten ser más sagaces de lo que los discípulos hubieran tenido el privilegio de serlo hace unos miles de años. Las palabras de Lucas solo registran lo que en ese momento pudieron constatar los discípulos: que Pilato *por fin* había tomado una decisión, después de una noche terriblemente penosa. Para nosotros, es la mejor de las noticias. No sabemos a cuánta distancia tuvo que mantenerse Juan, pero ¿alcanzas a imaginar cuando el veredicto comenzó a correr entre ellos? "¡Jesús será crucificado!" "¡La sentencia es: crucifixión!"

Te aclaro que el veredicto fue ilegal, pero letal. Todos sabían lo que acarreaba la crucifixión. Era la peor pesadilla de cualquier habitante de esa región del mundo. Es imposible que Juan haya asimilado la noticia con serenidad. La conmoción le atravesó el estómago como una puñalada. Trata de imaginar qué pasó por su mente mientras escuchaba el veredicto.

Después de azotar a Jesús hasta dejarlo casi muerto, lo pusieron sobre un madero, y con un martillo y tres clavos inmovilizaron sus manos y sus pies. Sea que Juan haya visto o no los golpes del martillo, sin duda el cielo pudo escuchar los latidos de su corazón. En un momento en el que cualquier ser racional hubiera huido para preservar su vida, el más joven de los discípulos se quedó.

Cerca de la cruz. Eso es lo que dice el Evangelio de Juan. Sobre la cabeza de este joven estaba colgado su mundo. Su héroe, su amigo, su futuro, su líder. La razón de su vida. Tres años antes se había ocupado de su negocio y había tratado de ganarse la aprobación de papá con un barco y una red. Él no había buscado a Jesús. Jesús lo había buscado a él. Y aquí estaba. La sobrecogedora profecía de Isaías dice que cuando los enemigos de Jesús terminaron con Él, su aspecto estaba tan desfigurado y su cuerpo tan estropeado que ya no parecía un ser humano (Isa. 52:14).

"Cuando vio Jesús a su madre y al discípulo a quien él amaba, que estaba presente, dijo a su madre: 'Mujer, he ahí tu hijo'" (Juan 19:26). No lo tomes a la ligera. Presta atención. No a lo que se representa en los días de Pascua sino al hecho real. Escucha una voz que brota con esfuerzo mientras Jesús procura incorporarse para tomar aire y hablar. Cada palabra pronunciada desde la cruz tiene mucho valor porque, en la condición en que estaba Jesús, era más difícil hablar que morir. El dolor intenso es peor que una persona posesiva; no deja lugar para nada más. Si un hombre está sufriendo, apenas puede pensar en otra cosa; sin embargo, Jesús lo hizo. Creo que fue así porque el dolor de su corazón excedía al de su cuerpo destrozado. La mirada en el rostro de su madre. El horror que ella sentía. Su sufrimiento.

Jesús miró directo al rostro joven del discípulo que estaba junto a la cruz. Menos de 24 horas antes, ese mismo rostro se había acurrucado en su pecho, lleno de inocente ternura. Juan, igual que nuestra Melissa, era el bebé de la familia... y lo sabía. Seguramente disfrutaba de ese privilegio. Si alguno hubiera tenido una excusa para huir de la cruz, ese era Juan. Sin embargo no lo hizo.

Jesús vio allí cerca al discípulo que amaba. Creo que de su corazón sangraban una compasión y un amor indescriptibles. "Después dijo al discípulo: 'He ahí tu madre'. Y desde aquella hora el discípulo la recibió en su casa" (Juan 19:27).

El tema central de la cruz es la reconciliación. "Él es nuestra paz, que de ambos pueblos hizo uno, derribando la pared intermedia de separación" (Ef. 2:14). La incredulidad de los hermanos de Cristo había levantado una muralla de hostilidad entre su familia y sus discípulos. Mientras Cristo contemplaba a su querida madre y a su discípulo amado, veía a sus dos mundos, que necesitaban desesperadamente reconciliarse, y a una mujer desgarrada entre ambos. La profecía que Simeón dio a María se cumplió ante los propios ojos de Jesús: "Y una espada traspasará tu misma alma" (Luc. 2:35). Nadie como Jesús para comenzar a unir los pedazos de un corazón cuando el cuchillo todavía lo está atravesando. Pronto su familia y sus discípulos estarían unidos, pero la primicia de esa cosecha se balanceaba bajo la cruz. "Y desde aquella hora el discípulo la recibió en su casa."

¡Qué bueno! Precisamente al pie de la cruz estamos a punto de descubrir la verdadera cualidad que distingue al apóstol Juan de todos los demás. Aunque soy una gran fanática del apóstol Pedro y puedo identificarme con él con mayor facilidad que con Juan, las inspiradas palabras que el Espíritu Santo confió más tarde al Hijo del Trueno sugieren una profunda singularidad. Me recuerda a un santo del Antiguo Testamento de quien Dios dijo: "A mi siervo Caleb, por cuanto hubo en él otro espíritu, y decidió ir en pos de mí". Dios no se refería a un Espíritu Santo distinto. Todos los redimidos tenemos el mismo Espíritu Santo. Más bien se estaba refiriendo a una cualidad maravillosa del espíritu humano de Caleb, que hacía de él una persona excepcional. Creo que Juan tenía algo similar. Estos hombres fueron falibles, proclives a seguir los dictados de la carne igual que todos nosotros, pero había algo en ellos que resultaba inigualable cuando los controlaba el Espíritu Santo. Sencillamente, eran diferentes.

Tú y yo hemos llegado a un momento culminante del que depende gran parte de la travesía que nos queda. Estoy convencida de que hemos irrumpido en aquello que hizo diferente a Juan y lo convirtió en un suelo fértil donde Dios pudo sembrar tamañas semillas como las del Evangelio, las Epístolas y el Apocalipsis. Juan se mantuvo junto a su líder Jesús durante la transfiguración y mientras sufría la profunda agonía del Getsemaní. Juan se reclinó de manera afectuosa sobre el pecho de Jesús durante la cena, y también lo siguió hasta los lugares donde fue juzgado. Juan se mantuvo cerca cuando Jesús resucitó a los muertos, y se mantuvo cerca mientras Jesús moría.

Juan estuvo cerca aun cuando la lógica humana indicaba que la misión de su fiel Líder había fracasado. No tenía manera de entender que el plan de la eternidad estaba desarrollándose a la perfección, pero aun así se mantuvo fiel. El que había contemplado un rostro que brillaba como el sol (Mat. 17:2) estuvo dispuesto a contemplar un rostro sangrante y que había sido escupido. Estuvo al lado de Jesús en sus horas más brillantes y en las más oscuras. El joven discípulo conocía a Jesús en sus momentos extremos. Juan estaba dispuesto a mirar cuando los demás hubieran dado vuelta la cara. Él vio a Jesús. ¿Cómo podremos ver lo que no estamos dispuestos a mirar?

No podemos decir que conocemos a alguien a menos que lo hayamos visto en momentos intensos de agonía y también de júbilo. Todo el que tenga ojos dispuestos para mirar a Jesús, a veces se sentirá confundido y abrumado por lo que ve. Si estamos dispuestos a ser llevados a la cumbre de su gloria, donde se obtiene el conocimiento íntimo, seguramente veremos aspectos de su persona que no podremos explicar y que a veces nos producirán inquietud.

En ese momento surge el interrogante: ¿Nos alejaremos de Jesús cuando, desde el punto de vista humano, nos parezca débil y derrotado? ¿Sabes lo que quiero decir con esta pregunta?

¿Qué hacemos cuando no podemos explicar lo que Jesús está haciendo?

¿Nos mantendremos cerca aunque no detenga una tragedia?

Cuando depende solo de la evidencia terrenal, el razonamiento humano tiene dos alternativas desgarradoras: Jesús es malvado o es débil. Reflexiona sobre lo que estoy diciendo… ¿Permaneceremos junto a Él aunque el razonamiento humano sugiera que el mal lo ha vencido? ¿O peor aun, que el mal parece estar dentro de Él? ¿Nos mantendremos cerca por fe, cuando la lógica humana nos recomiende huir?

Eso es lo que nos hará diferentes.

Capítulo 12

CARRERA HACIA LA TUMBA

Salieron Pedro y el otro discípulo y fueron al sepulcro. Corrían los dos juntos, pero el otro discípulo corrió más aprisa que Pedro y llegó primero al sepulcro. (Juan 20:3–4)

"*D*espués de esto, sabiendo Jesús que ya todo estaba consumado, dijo, para que la Escritura se cumpliera: '¡Tengo sed!' ... Cuando Jesús tomó el vinagre, dijo: '¡Consumado es!' E inclinando la cabeza, entregó el espíritu" (Juan 19:28,30).

A veces las circunstancias dramáticas nos mueven el piso. Nos da la sensación de que en forma repentina se abre una garganta en la tierra y somos arrastrados hacia ella. Nuestras emociones oscilan con violencia y nos parece que nos romperemos en dos. Aquellos que amaban de manera intensa a Jesús, como María y Juan, habrán sentido esa dicotomía de emociones frente al carácter definitivo de su muerte. Habrán sentido que se cortaban como cuando el disyuntor interrumpe la corriente debido a una sobrecarga. Piensa en los sucesos ocurridos en los 3 años anteriores en el caso de Juan y 33 en el caso de María, y presta atención una vez más al eco de aquellas palabras: "¡Consumado es!" Imagina las emociones que habrán experimentado.

Cuando alguien sufre dolores extremos, la mayoría de sus seres queridos siente alivio cuando todo termina, aun si es a causa de la muerte. Luego, como corresponde a nuestra naturaleza autodestructiva y autocondenatoria, a menudo el alivio cede paso al sentimiento de culpa. Por si esto fuera poco, el carácter final de la muerte promueve sentimientos de desesperanza. ¿Por qué? Porque la humanidad ha sido adoctrinada hasta la médula en la siguiente premisa: Mientras hay vida, hay esperanza.

No es así en la extraña economía de Dios. En aquel día cumbre, porque había muerte había esperanza. ¿Qué mente humana hubiera podido entenderlo? No deja de ser curioso que para aquellos que creemos en Cristo, nuestra mayor esperanza resida en lo que nos espera más allá de la muerte. Nos detenemos al borde del abismo de nuestras emociones y miramos hacia la profunda fosa de nuestro dolor, convencidos de que moriremos al saltar. Aunque no puedo explicarlo ni describirlo, no es así para aquellos que confiamos nuestro ser endeble al fiel Creador. Cuando sobreviene alguna clase de muerte y estamos dispuestos a llevarla a la cruz, a permanecer cerca y a sufrir su dolor, en Jesús también nosotros experimentaremos la resurrección.

"Una parte de mí ha muerto", decimos. Y sin duda es así. Escucha las palabras de Cristo haciendo eco desde la tumba: "De cierto, de cierto os digo que si el grano de trigo que cae en la tierra no muere, queda solo, pero si muere, lleva mucho fruto" (Juan 12:24). Como hijo que lleva el nombre de Cristo, si una parte de ti ha muerto, la intención es que a su tiempo produzca mucho fruto. ¿Fue así? ¿Hemos vivido lo suficiente y cooperado a conciencia como para ver los brotes tiernos que aparecen en el suelo árido? ¡Oh, querido amigo, no te des por vencido!

Escuchamos hablar tanto sobre las fases del duelo: el trauma, la ira, la depresión, y finalmente, si somos afortunados, la aceptación… Se nos estimula a creer que la aceptación de la muerte es la última etapa del duelo; sin embargo, si pertenecemos a Cristo, la etapa final llega cuando permitimos que Dios produzca la vida de resurrección y el abundante fruto del grano de trigo que cayó en la tierra. Sí, tenemos que alcanzar la aceptación, pero no solo de la muerte, sino también de la vida de resurrección. No te detengas hasta que la hayas experimentado. ¡Aunque demore, llegará!

En el capítulo 20 de su Evangelio, Juan da su propia versión de los sucesos que ocurrieron temprano en ese primer día de la semana. También esta vez es casi seguro que el discípulo que se menciona en la escena con Pedro es Juan mismo. María Magdalena fue la primera en ir a la tumba, y cuando la encontró vacía, fue a dar aviso a los demás.

No hay indicios de dónde encontró María a Pedro y a Juan, pero los encontró juntos como de costumbre. Eran amigos cercanos ¿no es así? Es probable que se hayan conocido de toda la vida. Puesto que es tan frecuente ver que se los menciona sin Jacobo, me pregunto si Pedro y Juan tendrían edades similares. Ya se conocían durante los años cuando comenzaron a cambiar la voz, y es probable que estuvieran trabajando juntos en la empresa pesquera de Zebedeo. A uno de ellos tal vez le creció la barba rala de adolescente antes que al otro. Seguramente se hacían bromas con respecto a las chicas.

No sabemos si Juan era casado, pero sin duda celebró de todo corazón en la cena de casamiento de su amigo. Abandonaron las redes el mismo día y siguieron al cautivante hombre de Nazaret. Durante los últimos tres años habían vivido juntos la gran aventura. Habían visto cosas que la gente no podía creer. Y ahora contemplaban algo que ellos mismos no podían creer. Su intrépido líder había sido golpeado hasta quedar como una masa sangrante y luego había sido clavado a la cruz como un criminal. Jesús estaba muerto. Y ahora había desaparecido.

"Se han llevado del sepulcro al Señor y no sabemos…" Los pies de los discípulos se pusieron en movimiento antes que sus pensamientos. Corrían… con más fuerza… más rápido. El corazón les galopaba y bombeaba adrenalina. Sentían miedo… "¿Dónde está?" "Por el amor de Dios, ¿Qué es Él? ¿QUIÉN es Él?" ¡Cuántas preguntas! ¡Cuántas dudas! Atisbos de esperanza. ¿Sobre qué base? Al fin de cuentas, no había nada que esperar… ¿o sí?

Por muchos años habían caminado juntos. Ahora corrían. Reconozco que estoy trayendo a la escena matices que el escritor no se propuso comunicar. Sin embargo, en este momento cumbre de las Escrituras, me divierte lo aniñado de Juan cuando dice como al pasar que le sacó ventaja a Pedro. Competitivos, como siempre. Después, el mismo joven que se adelantó a Pedro se acobardó en el momento de entrar a la tumba. Las dos escenas parecen indicar su juventud. Leemos en Juan 20:8: "Entonces entró también el otro discípulo que había venido primero al sepulcro". Es fácil imaginar a Pedro diciendo: "¡Vamos, Juan, está todo bien! María tenía razón, no hay nadie aquí. ¡Mira esto!" Había lienzos de lino y la venda que envolviera la cabeza de Jesús estaba enrollada aparte.

Ahora bien, ¿quién pudo haber acomodado ese sudario (v. 7)? Si pensamos que fue Jesús quien se levantó desde esa mortaja, ¿acaso el que recogió la venda y la enrolló fue alguno de los ángeles que Dios designó para custodiar la tumba y dar la noticia?

Pedro escribió más tarde que los ángeles desean entender la grandiosa salvación provista para la humanidad (1 Ped. 1:10–12). Por más gloriosos que sean estos seres celestiales, creo que no alcanzan a comprender la grandeza y la gracia de una salvación tan completa. Los ángeles fueron creados para alabar a ese mismo Ser que nosotros rechazamos… y matamos.

Seguramente los ángeles se horrorizaron de que el Padre no los convocara para detener la locura. Si el arcángel Miguel y el diablo se disputaron el cuerpo de Moisés (Jud. 9), ¿podemos siquiera imaginar un combate por este Cuerpo? A los ángeles todo el plan les habrá parecido descabellado. A dos de ellos se les encargó vigilar el cuerpo del Amado. Uno a la cabecera y el otro a los pies. Silencio total. Ni un movimiento. Hubo llanto durante una larga noche de invierno. ¿Con el amanecer llegaría el gozo?

El Padre había esperado suficiente. Ni siquiera esperó a que saliera el sol. Él había creado el día. Él anunciaría la mañana. Después de todo, las tinieblas son luz para Él (Sal. 139:12). De repente, el Señor Dios Omnipotente levantó su brazo vigoroso y liberó un poder que supera toda comprensión. No creo que el cuerpo sin vida de Cristo haya recuperado gradualmente el calor. Estoy convencida de que la sangre se disparó por sus venas y Jesús se puso de pie con tal velocidad que las vendas quedaron atrás. Vestido con la indumentaria de la resurrección, Jesucristo, el Salvador del mundo, salió de la tumba antes de que la piedra se corriera.

Según Mateo 28:2, lo que ocurrió a continuación estremeció la tierra. "De pronto hubo un gran terremoto, porque un ángel del Señor descendió del cielo y, acercándose, removió la piedra y se sentó sobre ella." Más de una vez me han apodado la "reina del arte dramático". ¿Me permiten el honor de presentarles a Dios Todopoderoso, el auténtico Rey del arte dramático? Comparada con Él, yo soy un pedazo de madera. Sí señor, Él sí que sabe dirigir la escena y yo no quiero estar sentada cuando llegue el momento de ovacionar de pie.

Mientras tanto, si volvemos a Juan 20, observamos que María regresó a la tumba después de haber dado aviso a Pedro y a Juan. Se tomó el tiempo suficiente como para encontrarse cara a cara con el Señor resucitado. ¡Cuánto agradezco a Dios que haya enviado a su Hijo para brindar dignidad a las mujeres! Y en especial a una que, como yo, tenía un pasado de derrota y confusión. De un modo tierno, María fue la primera persona que Cristo envió a llevar la mejor de las noticias: ¡Jesús vive! Oh, que no seamos insensibles como la piedra; que estemos listos para la acción cada vez que la noticia nos llegue con renovado vigor.

Imaginemos ahora la escena en Juan 20:19–20. María llevó la noticia tal como Cristo le había pedido. El día transcurrió con lentitud mientras los discípulos intentaban asimilar el informe de María. En algún momento de esa jornada, Jesús apareció a Pedro. A mi entender, ese encuentro fue tan privado que, en forma intencional, no se nos brinda ni un solo detalle (1 Cor. 15:5). No tenemos ninguna razón para pensar que Juan ya hubiera visto al Señor resucitado.

Los discípulos estaban reunidos en una habitación "por miedo de los judíos" (Juan 20:19). Imagina la situación. Advierte la opresión del miedo humano que hay en el aire. Mira las barras atravesadas en las puertas y en el interior a los cautivos, que muy poco tiempo antes habían ejercido el poder para expulsar demonios y sanar enfermos. ¿Les había sido quitada la autoridad o las capacidades? De ninguna manera. El enemigo siempre envía el miedo con este mensaje: la impotencia.

De pronto Jesús pasó a través de las barreras y se apareció en medio de ellos. A mí me ha pasado, y estoy segura de que a ti también. Como un padre se compadece de sus hijos, así se compadece Jesús de nosotros (Sal. 103:13). Él sabía lo que necesitaban sus mentes finitas, y por eso les mostró las manos y el costado. ¿Has notado que nuestra expectativa constante es que la gente se sane de los golpes de la vida y que sus cicatrices desaparezcan? De alguna manera me hace bien saber que Cristo todavía lleva sus marcas. En un sentido muy real, son las cicatrices de las heridas de esos mismos amigos que lo rodeaban... y de todos los que llegaríamos a ser sus amigos.

Imagina las expresiones en el rostro de los discípulos. Observa cómo se alivia la tensión al ingresar la vida, gloriosa, como una corriente eléctrica. Recorre la escena en tu mente, y ubica a nuestro amigo Juan. Espera un momento, tal vez algunos segundos, hasta que la mirada de Jesús se detenga sobre él.

En mi imaginación puedo ver las cejas del joven Juan colgadas del nacimiento de sus cabellos y sus ojos abiertos como platos. Pienso que probablemente quedó congelado por un instante hasta que el amor de Cristo lo derritió como si fuera manteca. Me pregunto si luego mostró una sonrisa llena de dientes que hizo reír a Jesús. Alguien tan joven como Juan no razonaría igual que los demás; seguramente habrá pensado, y tal vez dicho: "¡Ganamos!" Y era la verdad: habían ganado a Cristo.

Capítulo 13

¿Y QUÉ DE ESTE?

Cuando Pedro lo vio, dijo a Jesús: "Señor, ¿y qué de este?" (Juan 21:21)

Una de las postales de Cristo posteriores a la resurrección que más me gusta es la de Juan 20:17. Jesús tuvo que decirle a María Magdalena que lo soltara para que ambos pudieran cumplir lo que Dios los había llamado a hacer. Sin duda, en el momento en que reconoció a Jesús, María se aferró a Él a muerte, como si dijera: "¡Ahora que te encontré, no dejaré que te marches!"

Aunque tú y yo nunca hemos visto a Jesús cara a cara, no somos diferentes a ella. A veces recibimos una revelación nueva de Cristo en un momento de crisis y no queremos desprendernos de ella por el resto de nuestros días. Cristo nos dice: "La revelación es un regalo, pero tengan cuidado de no quedarse estancados allí. No se queden aferrados a las visiones que tienen de mí; dejen que esas experiencias sean el combustible para el futuro. Caminen por fe, no por vista, y cumplan lo que los he llamado a hacer. ¡Hay mucho trabajo! Pueden tener la seguridad de que siempre estaré con ustedes, porque ahora que los encontré no los dejaré irse".

Estoy segura de que los discípulos, cuando vieron a su Salvador resucitado, quisieron aferrarse a Él con la misma fuerza con que lo había hecho María Magdalena. Sin embargo, ellos tampoco pudieron hacerlo. Hechos 1:3 dice que Cristo se les apareció durante 40 días después de haber resucitado de los muertos.

Acompáñame. Sentémonos a la orilla del mar de Galilea, también llamado mar de Tiberias, y observemos uno de los últimos encuentros que Cristo mantuvo con sus discípulos antes de regresar con ellos al monte de los Olivos. Observemos los hechos registrados en Juan 21. Aunque los reflectores parecen estar orientados hacia Pedro, nosotros enfocaremos la atención en el papel de Juan en los sucesos que se describen.

Juan 21:2 relata que Simón Pedro, Tomás, Natanael, Jacobo, Juan y otros dos discípulos estaban reunidos en un barco pesquero. Mi esposo te diría que, en una barca de tamaño mediano, de los siete hombres sobrarían por lo menos cinco; de todas maneras, Pedro y los demás estaban otra vez en el barco donde por muchos años Pedro se había ganado la vida. Al parecer, este discípulo seguía la siguiente filosofía: cuando no sabes qué hacer, haz lo que hiciste siempre. Aunque seguramente los discípulos estaban extasiados de tener a Jesús entre ellos, creo que, con toda intención, Jesús permitió que esos días fueran para ellos un desafío de identidad. Observa que, después de resucitar, no anduvo todo el tiempo con ellos. Antes de este encuentro se les había aparecido en dos oportunidades (Juan 21:14).

Que Jesús no anduviera atado a ellos durante su breve estadía posterior a la resurrección los habrá confundido. Sospecho que no entendían con claridad dónde encajaban ellos en los planes de Cristo luego de haber salido de la tumba. Es posible que hayan pensado: "¿Para qué necesita a personas como nosotros alguien que tiene suficiente poder como para salir del sepulcro?" No se daban cuenta de que el propósito principal del Señor durante esos 40 días era que la gente entendiera que Él es Dios. Ten presente que los planes de Jesús incluían algo más que aparecerse a los apóstoles. En 1 Corintios 15:5–7 nos enteramos de que Jesús apareció a más de 500 discípulos.

En Salmo 46:10 comprendemos qué hacer cuando no estamos seguros de nuestro lugar en los planes de Dios: "¡Ríndanse! ¡Reconozcan que yo soy Dios!" (VP).

Así es. Quedémonos quietos y aprendamos. No merodeemos por nuestro pasado ni tomemos por asalto nuestro futuro. Solamente observemos y aprendamos. Las instrucciones llegarán en el momento propicio. Durante ese tiempo de espera, *ser* es mucho más difícil que *hacer*, ¿verdad? Lo bueno es que Jesús sabía dónde encontrar a sus discípulos y su ser interrumpió el hacer de ellos. Juan parece comprender mejor que los demás el propósito de Cristo en ese momento. Se le atribuyen solo tres palabras en esta escena: "¡Es el Señor!"

¡Ah! ¡Que aprendamos a reconocer qué es el Señor y qué no es! Apenas Juan anunció a Jesús, Pedro saltó al agua y nadó con todas sus fuerzas hacia donde Él estaba. Reconozco que nuestro principal interés en este libro está en Juan, pero no puedo dejar pasar esta escena sin orientar los reflectores hacia uno de los momentos inigualables de Pedro. En nuestros círculos cristianos nos rodeamos con frecuencia de personas que practican la fe de manera similar a nosotros. Tenemos códigos tácitos y prácticas espirituales que consideramos aceptables. También estamos de acuerdo en lo que no es aceptable. Tenemos en claro lo que son cosas "raras" o conductas que... digamos... se pasan de la raya. De pronto alguno salta por la borda y decide que no le importa lo que pensemos los demás, que nada se interpondrá entre él y Jesús. ¡Gloria a Dios! ¡A pesar de que amo a Juan, en esta escena quisiera ser Pedro!

Recuerdo cuando comencé a romper los códigos tácitos sobre hasta dónde nos era permitido ir en esta "cuestión espiritual" a mis compañeros de iglesia y a mí. Años atrás, las personas más allegadas a mí fueron las más duras cuando me acusaron de pasarme de la raya y exagerar. ¿Sabes, amado hermano? No volvería al barco por nada del mundo. ¿Y tú? ¿Has saltado por encima de lo cómodo y aceptable? ¿Decidiste seguir a Jesús aunque te pusieras en ridículo por alcanzarlo? Si no lo hiciste, ¿estás dispuesto? ¿Qué te impide hacerlo?

Permíteme advertirte algo. La intimidad con Cristo no siempre resulta cálida y acogedora. Pregúntale a Pedro. ¡El agua estaba fría! Esta escena tuvo lugar a fines de mayo (la primavera boreal). En esa región de Galilea, aunque los días son cálidos la temperatura desciende en forma drástica durante la noche. Te recuerdo que esta salida de pesca tuvo lugar antes del desayuno (Juan 21:12). ¡Con razón los demás discípulos se quedaron en el barco! Pienso que Jesús valoró este arranque impetuoso de Pedro por alcanzarlo. También estoy convencida de que este acto fue una parte importante de la restauración de Pedro. Observa que no pidió caminar sobre las aguas. Esta vez estaba dispuesto a patalear en el agua helada para llegar hasta Él.

Estoy convencida de que esta búsqueda individual preparó el escenario para que Cristo lo eligiera como protagonista del acto redentor que siguió a continuación. La manera en que Pedro saltó del barco sugería que en ese momento amaba a Cristo más que los demás. Juan 21:15–23 registra la famosa escena cuando Jesús encomienda una misión a Pedro aun después de la negación. Me encanta este momento porque, en un sentido, representa un hacer-de-nuevo. En el versículo 19 Jesús le dijo a Pedro: "Sígueme".

Tres años antes, Pedro había escuchado las mismas palabras, y la verdad es que respondió. Sin embargo, lo había hecho con sus propias fuerzas, según sus propios planes y sus ambiciones personales. El resultado fue: "Mujer, no lo conozco" (Luc. 22:57). Esa fue la última vez que Pedro se calentó junto a una fogata.

La ambición no era una motivación suficiente para seguir a Jesús a donde tendría que ir. En Juan 21, Jesús insistió con la única motivación valedera. Por tercera vez, Jesús le dijo: "Simón, hijo de Jonás, ¿me quieres?" (Juan 21:17).

¿Te das cuenta, querido lector, lo que esto significa? ¡No hay otra motivación que perdure! Tal vez durante un tiempo alimentemos a las ovejas o cuidemos el rebaño por otras motivaciones. ¡Pero solo el amor nos empujará a seguir a Jesús con fidelidad hasta la muerte! Nadie tuvo más tenacidad espiritual que el apóstol Pablo, y él expresó con claridad qué lo mantenía en el camino aun en medio de enormes sufrimientos y persecuciones. En 2 Corintios 5:14 escribió: "El amor de Cristo nos constriñe". Santiago 1:12 dice que el Señor ha prometido la corona de vida "a los que lo aman".

Nuestros llamados pueden ser diferentes; sin embargo, si hemos de seguir a Jesucristo en el poder de una vida crucificada, lo que nos exige es lo mismo. Solo el amor nos sostiene hasta la muerte. La vida es dura, querido hermano. La oposición es enorme. Inevitablemente, habrá circunstancias en nuestra vida que superarán la disciplina, la decisión y la convicción. El amor se mantiene encendido aun cuando todo lo demás se reduce a un montón de cenizas. Ora y pide este amor; es más necesario que el aire que respiramos. Estoy convencida de que el amor lo es todo.

Yo no fui la primera en darme cuenta. Soy simplemente una más de una larga fila de cristianos que, a través de sus tropiezos, descubrieron que el amor es la prioridad más elevada y la fuerza motivadora que sostiene la vida de fe. Muchas generaciones antes de que nosotros lo descubriéramos, un joven discípulo llamado Juan se sintió tan atraído por el mensaje de Cristo sobre el amor que no pudo evitar ponerse a escuchar mientras Jesús y Pedro se apartaban de los demás para conversar. Me parece que el diálogo relatado en Juan 21:15–23 comenzó en el grupo de ocho. Mientras se sucedían las preguntas y las respuestas, tal vez Jesús se puso de pie con naturalidad, se sacudió la ropa y se alejó unos pasos del círculo. Pedro, incómodo por su propia interpretación de la pregunta reiterada de Jesús, probablemente se puso de pie de un salto y lo siguió.

La Biblia nos dice que Pedro se entristeció de que por tercera vez Jesús cuestionara su amor: "Señor, tú lo sabes todo; tú sabes que te quiero." No olvides que estaba mojado hasta los huesos a consecuencia de su celo. Jesús luego profetizó la razón por la cual el amor de Pedro sería tan necesario. A Pedro se le pediría que glorificara a Dios entregando su vida. Solo podría hacerlo por amor.

Luego, como si le dijera "con los ojos bien abiertos, y sabiendo esto", Jesús volvió a hacer el llamado: "¡Sígueme!" No subestimes el asunto. El costo del llamado era enorme. No sabemos por qué, de pronto Pedro miró hacia atrás y vio que Juan los seguía. Tal vez este pisó una rama caída en el suelo. Tal vez gimió en forma audible cuando escuchó a Cristo predecir el futuro de su amigo íntimo.

No creo que Juan los haya seguido por una curiosidad egoísta. Me parece que percibía la grandeza del concepto que el Maestro resucitado estaba enseñando en ese emotivo diálogo. No andaba en puntas de pie escuchando tras las puertas. Se habrá sentido atraído a la conversación como por un imán. Las Escrituras demostrarán que Juan asimiló mejor que cualquier otro discípulo en ese círculo, las profundas connotaciones de lo que su amado Salvador estaba diciendo. "Ustedes son mis elegidos. El futuro que tienen por delante es difícil, pero Dios recibirá una gloria inconmensurable. El amor es la única motivación capaz de pagar este precio."

Cuando Pedro vio a Juan, preguntó: "Señor, ¿y qué de este?"

En momentos así, ¡me gustaría que tuviéramos la Biblia en su versión inspirada, original y completa pero grabada en video! Estaríamos en mejores condiciones de interpretar de manera acertada la escena si pudiéramos ver la expresión en el rostro del que hablaba y escuchar su tono de voz. Como carecemos de esa ayuda, palabras como las de Pedro pueden tener tantas interpretaciones como comentarios existen. En este preciso momento tengo ante mí dos comentarios y cada uno dice algo diferente acerca de por qué Pedro hizo esta pregunta. No deja de ser una buena noticia ya que significa que podemos especular sin correr el riesgo de alejarnos demasiado. ¿Qué inflexión habría en la voz de Pedro? ¿Te parece, como uno de mis comentarios afirma, que su pregunta nace de la preocupación por Juan? ¿O crees que surge por celos o por alguna otra emoción negativa, como sugiere el otro comentarista?

No importa cuál sea tu interpretación, creo que todos podemos admitir que esa pregunta también nos acosa de vez en cuando, más allá de nuestras razones para preguntar. Tal vez hayas trabajado cerca de otra persona, y Dios te ha llamado a sufrir circunstancias difíciles mientras él o ella parecen florecer en un ambiente de relativa comodidad. O tal vez tu corazón sufre por alguien que trabaja duro y sirve con diligencia, y sin embargo está siempre rodeado de dificultades. Quizás uno de tus hijos parece haber sido bendecido y dotado por Dios con tanta abundancia que miras al otro y preguntas: "Señor, ¿y qué de este?"

Sea cual fuere nuestra experiencia, sé que podemos beneficiarnos con la orden que Jesús pronunció en Juan 21:22: "Si quiero que él quede hasta que yo vuelva, ¿qué a ti? Sígueme tú". ¿Te llega su respuesta divina con tanta fuerza como a mí, cuando me pregunto qué hará Dios en la vida de cierta persona?

Querido lector, Jesús nos dice una y otra vez: "¡Puedes confiar en mí!" En esta escena les dice a sus discípulos actuales: "Puedes confiar en mí en cuanto a ti mismo, y puedes confiar en mí en cuanto a ellos. Yo soy el mismo Dios para todos ustedes, pero tengo planes diferentes para cada uno. Si me siguen no quedarán afuera. Recuerda que fui carpintero. Mi especialidad son los modelos a medida y mi objetivo es la gloria de Dios. Ahora, llena de amor tu cantimplora hasta el borde y sígueme".

Capítulo 14

CUANDO LLEGA EL ESPÍRITU

Recibiréis poder cuando haya venido sobre vosotros
el Espíritu Santo. (Hechos 1:8)

✦

En este capítulo no nos meteremos en nada demasiado profundo. Apenas presentaremos el tema. Antes de que demos un paso más, trata de captar lo siguiente: ellos lo vieron, ellos lo tocaron. Los discípulos se encontraron cara a cara con el Señor resucitado y tocaron sus manos con cicatrices. Es verdad que caminamos por fe, pero ¿te das cuenta de que nuestra fe está basada en hechos sólidos como una Roca? Nos quedaremos en la orilla y observaremos a los discípulos mientras viven algunas experiencias bastante llamativas, que ocurrieron tal como las Escrituras relatan.

Como verás, el testimonio de la incomparable Palabra de Verdad hace que algo increíble resulte perfectamente creíble. Comenzamos con Hechos 1:1–12. Es probable que conozcas bien la escena que se describe en estos versículos; sin embargo, precisamente la familiaridad puede ser lo que te impida encontrar el tesoro. Rebobinemos los versículos y pasémoslos en cámara lenta.

Lucas comienza el libro de Hechos, el volumen que acompaña a su Evangelio, al final de la existencia terrenal de Cristo. Nos dice que Jesús "se presentó vivo con muchas pruebas indubitables, apareciéndoseles durante cuarenta días y hablándoles acerca del reino de Dios" (v. 3). Hacia el final de ese período, Cristo y sus discípulos se reunieron en el monte de los Olivos (v. 12).

Jesús les dijo estas palabras finales: "Recibiréis poder cuando haya venido sobre vosotros el Espíritu Santo, y me seréis testigos en Jerusalén, en toda

Judea, en Samaria y hasta lo último de la tierra" (v. 8). Estoy convencida de que tenemos acceso a la misma promesa de poder de Jesús que tuvieron sus primeros discípulos. De la única manera que llega el Espíritu Santo es con poder. La omnipotencia es parte de su naturaleza. El Espíritu de Cristo no puede venir sobre nosotros débil ni frágil; viene con poder.

Antes de terminar el capítulo también veremos que, cuando recibimos lo que el Espíritu Santo está plenamente capacitado para darnos, los efectos son evidentes. Es más, de eso se trata. Pablo dijo que tenemos este tesoro en vasos de barro (2 Cor. 4:7). El "tesoro" que Pablo describe es el Espíritu Santo. Además de los multifacéticos ministerios que el Espíritu Santo cumple en cada hijo de Dios, su propósito al darnos este tesoro es, según este versículo, "que la excelencia del poder sea de Dios y no de nosotros".

Querido hermano, ¡Dios quiere rebalsar en tu vida! ¿No te das cuenta? ¡Por eso con frecuencia las circunstancias nos superan! Si la vida fuera totalmente manejable, nos arreglaríamos con nuestras propias fuerzas, y nadie podría ver en nosotros las pruebas vivientes de la existencia de Dios. Estamos aquí con el propósito definido de llegar a ser testigos en un mundo quebrantado que necesita de manera desesperada un Salvador.

¿Perteneces a Cristo? Si es así, el Espíritu Santo vive en ti (Rom. 8:9), y no mezquina ni una pizca de su poder. Vino para manifestarse en ti. De ese modo toda tu vida será un testimonio viviente, como fue la de los discípulos. Nuestros ministerios pueden diferir, pero tú y yo tenemos el mismo Espíritu Santo que Cristo prometió a los primeros discípulos. Si tan solo supiéramos con qué contamos, ¡nuestras vidas serían sumamente distintas!

Luego de que Cristo les diera la seguridad de que recibirían poder del Espíritu Santo, ante sus miradas "fue alzado, y lo recibió una nube que lo ocultó de sus ojos" (Hech. 1:9). Procura imaginar que eres uno de los once que están ese día en el monte de los Olivos. El versículo 11 da a entender que estaban todos de pie, de modo que podemos imaginar que lo miraban cara a cara y no dejaban escapar ninguna de sus palabras. Jesús les prometió el poder del Espíritu Santo; de pronto, los discípulos se dieron cuenta de que sus ojos miraban más arriba y que Jesús parecía más alto. Cuando estuvo una cabeza por encima de ellos, probablemente algunos discípulos miraron hacia abajo y advirtieron que los pies de Jesús ya no estaban apoyados en el piso. Lucas 24:50 dice que Cristo los bendecía mientras se elevaba. ¿Imaginas qué pensaban y qué sentían?

Quizá a esta altura ya habrás trazado en tu mente un sencillo boceto del apóstol Juan. Imagina a Juan y a los otros con los ojos agrandados y la boca abierta. Si mi abuela hubiera sido uno de los discípulos (una ocurrencia temeraria), hubiera estado de pie diciendo: "¡Esto sí que no se compara con nada!" Se me ocurre que dijeron algo similar en arameo.

Tal vez en el preciso momento en que intentarían refregarse los ojos con incredulidad para comprobar esto sobrenatural que ocurría, Dios corrió un manto de nubes de gloria *shekiná* sobre su Hijo amado y lo llevó a su hogar. ¡Ah! ¡Cómo habrá estado mirando el Padre el reloj de la tierra a la espera de ese precioso momento final! Si bien Cristo no era un hijo pródigo, sin duda era un hijo que había viajado a una tierra extranjera. Casi puedo escuchar al Padre decir a sus siervos: "¡Pronto! Traigan la mejor ropa para vestirlo. Pónganle también un anillo en el dedo y sandalias en los pies. Traigan el ternero más gordo y mátenlo para celebrar un banquete. Porque este hijo mío estaba muerto, pero ahora ha vuelto a la vida". (Ver Luc. 15:22–24, NVI.)

Si los ángeles no hubieran interrumpido la contemplación, hoy podríamos encontrar en el monte de los Olivos los restos de once esqueletos erguidos. Los ángeles preguntaron: "Galileos, ¿por qué estáis mirando al cielo? Este mismo Jesús, que ha sido tomado de vosotros al cielo, así vendrá como lo habéis visto ir al cielo" (Hech. 1:11).

Me pregunto si las palabras acerca del regreso de Cristo habrán movilizado recuerdos de una conversación reciente entre Jesús y Pedro, que Juan había alcanzado a escuchar. Recordarás que Jesús le dijo a Pedro con respecto a Juan: "Si quiero que él quede hasta que yo vuelva, ¿qué a ti? Sígueme tú". Las palabras de Cristo quizá llevaron tanto a Pedro como a Juan a preguntarse si el hijo menor de Zebedeo estaría con vida cuando Jesús regresara. Por lo pronto sabemos que corrió ese rumor. Sea que Pedro y Juan hayan confundido o no temporalmente la expresión de Cristo, muchos otros lo hicieron. (Recuerda que el Evangelio se escribió años más tarde, cuando la perspectiva del tiempo les daba más claridad a estas afirmaciones.) Querido lector, hay pocas palabras en las Escrituras más grandes que la palabra *si* condicional. Préstale atención y ten cuidado de no transformarla en un *sí* afirmativo. La Palabra de Dios está llena de promesas incondicionales, aunque muchas otras afirmaciones y datos bíblicos dependen de un *si*. En este mismo capítulo hemos analizado una promesa fundamental que Cristo hizo, en Hechos 1:8. Esta no es una declaración condicional sino afirmativa, "cuando haya venido sobre vosotros el Espíritu Santo".

Los que pertenecemos a Cristo tal vez seguimos preguntándonos *si* tenemos el poder para salir victoriosos en el desafío que tenemos por delante, mientras que Dios se pregunta *cuándo* vamos a confiar en Él ya que *sí* contamos con poder.

Las Escrituras nos dicen que el trayecto que los discípulos hicieron de regreso a la ciudad fue "camino de un sábado", es decir, alrededor de 1200 metros (3/4 de milla). Hice ese recorrido muchas veces, y es cuesta abajo hasta el momento en que asciende por el monte del templo hacia la puerta de la ciudad. Es difícil no andar rápido a causa de la pendiente; en este caso, imagino que sus bocas iban más veloces que sus pies. (¡Seguro te imaginas que la mía también!)

El relato dice que los discípulos subieron a la habitación donde estaban alojados (Hech. 1:13). El artículo definido y el énfasis de las palabras en la estructura de la oración en el original griego indican que este lugar era bien conocido y de enorme importancia para los discípulos.[1] En los días que siguieron, a los once discípulos se les sumaron varias mujeres para orar, además de María y los hermanos de Jesús. Hechos 1:15 nos muestra a Pedro hablándole a ese primer grupo celular del Nuevo Testamento, integrado por 120 personas.

Tal vez asistes a una iglesia que tiene aproximadamente ese tamaño, y te preguntas con frustración qué podría hacer Dios con un grupo tan pequeño. Querido mío, cuando el Espíritu Santo desciende en un lugar, no importa el tamaño del grupo... ¡comienzan a suceder cosas! ¡Recuerda que el Espíritu Santo viene con el propósito de obtener resultados! Averigüemos qué ocurre cuando el Espíritu interrumpe una reunión de oración. ¡Tú y yo estamos a punto de presenciarlo!

Te invito a acompañarme en uno de mis recorridos favoritos. Lee el encabezamiento en Levítico 23. Este asombroso capítulo del Antiguo Testamento describe las celebraciones anuales que Dios estableció en Israel. A mi juicio, cada una de ellas se cumple plenamente en Jesucristo. En el contexto de lo que estamos estudiando en este capítulo, mencionaré tres de ellas.

La fiesta judía más importante era (y es) la Pascua (Lev. 23:4–8). Me encantan las palabras finales de 1 Corintios 5:7: "...Cristo, nuestro Cordero pascual, ya ha sido sacrificado" (NVI). Es fácil ver el vínculo con Jesús, quien es el cumplimiento perfecto de todos los corderos de Pascua sacrificados a lo largo de la historia.

La fiesta que se celebraba inmediatamente después de Pascua era la de las primicias, cuando se agitaba la primera gavilla de la cosecha de granos en presencia del Señor, con el propósito de ser aceptados por Él (Lev. 23:11). Esta celebración se realizaba al día siguiente del sábado de Pascua, o sea un día domingo. Las palabras de 1 Corintios 15:20–23 declaran que la resurrección de Jesús es las primicias: "Pero ahora Cristo ha resucitado de los muertos; primicias de los que murieron es hecho" (v. 21).

Cincuenta (*pente*) días después de la Pascua se celebraba la fiesta de las semanas, más tarde conocida como Pentecostés. En ella se celebraban siete semanas de cosecha. La gavilla ofrecida en las primicias se convertía en una cosecha completa, que se festejaba siete semanas y un día después. "Cristo, las primicias; luego los que son de Cristo, en su venida" (1 Cor. 15:23). En la fiesta de las semanas se presentaba al Señor el grano nuevo (Lev. 23:16). En otras palabras, era la celebración de la cosecha recogida.

¿Te das cuenta ahora de la importancia de lo que ocurrió en Pentecostés? Cincuenta días antes, Cristo, el Cordero pascual había sido sacrificado. El día de las primicias, aquel domingo por la mañana, su vida fue mecida ante Dios y hallada aceptable, como primicia de entre los muertos. Cincuenta días después, en Pentecostés, llegó el Espíritu Santo tal como Cristo lo había prometido. ¡Y vino para hacer una demostración! Ese día manifestó su poder preeminente en simples vasijas de barro. Sin embargo, el Espíritu Santo nunca viene para hacer montar un simple espectáculo. Viene para manifestarse y obtener resultados: "Y el Señor añadía cada día a la iglesia los que habían de ser salvos" (Hech. 2:47).

Querido lector, te presento la primera cosecha obtenida mediante la vida, la muerte y la resurrección de Jesucristo nuestro Señor. ¡Eso es Pentecostés! Creo que vivimos en la cosecha continua de Pentecostés. Cristo se demora con el único fin de que la cosecha alcance su óptima madurez y sea recogida para la gloria de Dios. Él no quiere que nadie perezca sino que todos se arrepientan (2 Ped. 3:9). Él anhela a todos. Él no fuerza a nadie pero no esperará para siempre.

Un día, llegará la grandiosa fiesta de las trompetas (Lev. 23:23–24; 1 Tes. 4:16) y nos reuniremos con Jesús en el aire. Luego, los libros serán abiertos y cerrados por última vez, y tendrá lugar el juicio final (Apoc. 20:11–15). El día de la expiación habrá pasado (Lev. 23:26–27; Rom. 3:23–25). Aquellos que fueron cubiertos por la sangre del Cordero pascual estarán en el tabernáculo (Lev. 23:33–34) de Dios para siempre… y estarán para siempre con el Señor (1 Tes. 4:17).

"Pero el padre dijo a sus siervos: 'Sacad el mejor vestido y vestidle; y poned un anillo en su dedo y calzado en sus pies. Traed el becerro gordo y matadlo, y comamos y hagamos fiesta, porque este mi hijo muerto era y ha revivido …' Y comenzaron a regocijarse" (Luc. 15:22–24).

Tengo ganas de comenzar cuanto antes. Pondré un poco de música de alabanza, ¡y tal vez hasta me ponga las zapatillas de danza!

Capítulo 15

Apenas un puñado

Pedro dijo: "No tengo plata ni oro, pero lo que tengo te doy: en el nombre de Jesucristo de Nazaret, levántate y anda". (Hechos 3:6)

Las Escrituras me transportan. Así de simple. Tenemos una cita con Pedro y Juan dentro de pocos minutos en la puerta del Templo de Salomón, pero antes debo adelantarme y hacer lo que dice Salmo 50:14: "Sacrifica a Dios alabanza y paga tus votos al Altísimo". Las rocas clamarán si no me detengo para hacer una ofrenda de gratitud. Mi corazón rebosa de una gratitud indescriptible a Dios por el tesoro de su Palabra. Dios la ha usado con destreza para sanarme, liberarme, animarme y guiarme. Amo tanto las Escrituras que a veces, cuando termino de leer un pasaje que abre una fresca vertiente en el pozo profundo de mi alma, no puedo dejar de besar la página con suavidad y reverencia.

La Palabra es la única sustancia en verdad divina que podemos tocar en este mundo terrenal. No adoro el libro en sí. Adoro a Aquel que sopló vida en sus páginas, en forma de vocabulario humano, a fin de que criaturas mortales como tú y yo tuviéramos la oportunidad de oír la propia voz de Jehová Dios. Ese pensamiento me emociona hasta las lágrimas. A menudo alguna querida hermana que se siente conmovida por mis estudios bíblicos me agradece por escribirlos; se me hace un nudo en la garganta mientras trato de expresarme:

Gracias, querida. ¿Te das cuenta de que tu anhelo por estos estudios es precisamente lo que Dios usa para mantener a esta mujer, antes tan quebrada y autodestructiva, en un estado permanente de sanidad y unción? ¡Vivir en la Palabra me liberó de vivir en el abismo, y llevó mi alma a danzar en praderas de flores silvestres y a nadar en bancos de coral! Puedo recorrer lugares exóticos al otro lado del planeta y retroceder en el tiempo hasta civilizaciones antiguas, ¡y todo esto sin salir de mi lugar de trabajo! Me siento inundada de gratitud hacia Dios y hacia esta pequeña porción del cuerpo de Cristo que me extiende esta hermosa invitación.

En el cierre del capítulo anterior, tú y yo celebramos el Pentecostés de 3000 almas. Con estos, añadidos al firme grupo celular de los 120, el templo de Salomón habrá empalidecido comparado con la dorada cosecha. Antes de llegar al punto central de este estudio, veamos la descripción de la iglesia primitiva en Hechos 2:42–47. Esta es mi paráfrasis del pasaje: Estaban consagrados a la enseñanza de los discípulos y a la comunión con los demás cristianos. Era habitual ver maravillas y señales milagrosas realizadas por los apóstoles. Compartían sus bienes y sus ingresos, y eran generosos con cualquiera que tuviera necesidad. Se encontraban a diario para orar y tener comunión con alegría y sinceridad de corazón. Por último, había personas que se salvaban y se sumaban a la iglesia.

¡Yo quiero asistir a una iglesia como esa! Acudamos a nuestra cita con Pedro y Juan. Hechos 3:1–13 relata que los dos iban a entrar al templo. Pedro sanó a un mendigo cojo y este hecho atrajo a una multitud. Luego, cuando la gente se agolpó, Pedro predicó un sermón impactante en el que guió al pueblo hacia el Jesús que habían crucificado.

¿No te resulta asombroso el cambio en Pedro? La diferencia fundamental es la unción del Espíritu Santo; sin embargo, creo que su fracaso anterior contribuyó en gran medida a su victoria actual. Me pregunto por qué Dios permite que algunos de nosotros, y estoy segura de que esto te incluye, seamos zarandeados como trigo. Cuando vemos la diferencia en Pedro, nos damos cuenta de sus razones. ¡Dios solamente permite que sean zarandeados los siervos que lo necesitan!

Si sentimos que estamos pasando por una temporada de zarandeo porque Dios ha permitido que el enemigo produzca estragos en nuestra vida, será sabio detenernos y averiguar qué es lo que Dios quiere separar. Creo que Dios vio en los comienzos de mi ministerio lo mismo que vio en Pedro. Se deletrea O-R-G-U-L-L-O. Permíteme decirte que los métodos con los que Dios separa el grano de la paja son sumamente efectivos.

En este capítulo de las Escrituras encontramos un par de siervos excelentes y llenos de poder. Quisiera destacar algunos aspectos que me encantan acerca de Pedro y Juan en esta escena.

1. Valoraban su herencia. Por favor, ¡no pases por alto el dato de que la iglesia del Nuevo Testamento era judía! Según Hechos 2:46, los que creían en Cristo se encontraban a diario en el atrio del templo. El capítulo 3 de Hechos comienza cuando Pedro y Juan van camino al templo a hacer las oraciones de las tres de la tarde, que coincidían con el sacrificio vespertino. Nunca se les ocurrió desechar el judaísmo a cambio de su nueva fe en Cristo. Al fin y al cabo, ¡Jesús era judío! Nada les habría parecido más absurdo. Más aún, su Mesías era el cumplimiento de la herencia judía. Ya no estaban obligados por la letra de la Ley, porque Cristo había satisfecho sus justas exigencias. Ahora eran libres para disfrutar de los mandatos y los ritos como expresión de su fe en Jesús.

¿Te das cuenta de qué modo la fe en Cristo y el reciente descubrimiento de Jesús como la explicación de cada rito simbólico, pudo dar más sabor a la participación en ellos? De pronto la vida del Espíritu transformó el blanco y negro de sus rituales en un culto a todo color. Me hace gracia cuando pienso en los observadores en Pentecostés, que suponían que los discípulos habían estado bebiendo. ¿No crees que, en secreto, deseaban un sorbo de lo que ellos tenían?

El año pasado tropecé con la definición de una palabra hebrea que me gustaría compartir contigo. Observa el bienamado pasaje de Jeremías 29:11 (VP): "Yo sé los planes que tengo para ustedes, planes para su bienestar y no para su mal, a fin de darles un futuro lleno de esperanza. Yo, el Señor, lo afirmo". Según un libro de ayudas léxicas del Antiguo Testamento, la palabra hebrea traducida por *futuro* tiene la siguiente explicación: "El significado general del término es: después, más tarde, detrás de, a continuación. El modo hebreo de razonar ha sido comparado con una persona que rema en un bote; se dirige hacia el futuro mientras mira hacia el sitio donde estuvo. Por lo tanto, lo que está 'detrás' y lo que es 'futuro' viene de la misma raíz, 'ajar'".[1]

Trata de comprender esto: Dios valora tu herencia. Tal vez te resistas: "¿De qué hablas? ¡Mi pasado es horrible!" Escucha con cuidado, apreciado lector. Ya no estamos bajo el gobierno y la autoridad de nuestro pasado; sin embargo, al igual que Pedro y Juan, somos libres para aprovecharlo en la medida que sirva a la expresión de nuestra fe en Jesús. Tal vez no te guste escuchar esto, pero no podrías llegar a ser el siervo que Dios busca sin que las hebras de tu pasado se entrelacen en la trama multicolor de tu futuro.

Dios es demasiado práctico; si tu herencia no tuviera nada que ver con tu futuro, Dios no hubiera permitido que existiera. Estoy convencida de que esta verdad se cumple en mi vida. Cuando Satanás pidió mi juventud para mancharla y corromperla, creo que no hubiera obtenido una pizca de permiso de parte de Dios si mi fiel Padre no hubiera sabido con certeza cómo podía usarla después. Dios nunca recibe tanta gloria como cuando produce un roble de justicia (Isa. 61:3) de lo que antes fue una raíz dañada.

Me encanta la figura del bote a remos en la definición que mencioné. No interpretes más de lo que la definición expresa. Por supuesto que deseamos mantener la mirada en Jesús. Lo que hace esta figura verbal es darnos algo para pensar. Algunos nos concentramos tanto en nuestro pasado que no remamos hacia nuestro futuro. Otros tratan de darle la espalda al pasado y lo niegan con tanta fuerza que, por mucho que se esfuercen en remar, no logran avanzar. Para que lleguemos a ser los siervos efectivos que Dios quiere que seamos, necesitamos equilibrio entre ocuparnos de nuestro pasado y encarar nuestro futuro.

¿Todavía no te convences? Tal vez pienses: *Prefiero toda la vida la herencia judía de Pedro y Juan y no la mía.* ¡Fantástico! Lo cierto es que además de tu propia herencia, tienes también la de ellos. Mira lo que dice de ti Gálatas 3:29: "Si vosotros sois de Cristo, ciertamente descendientes de Abraham sois, y herederos según la promesa". Me encanta que Pedro y Juan hayan valorado su herencia.

2. Pedro y Juan entendieron la verdadera religión. No llegaron tan apurados a la reunión de oración como para pasar por alto al mendigo que estaba en la puerta. Toma en cuenta la significación del lugar, la puerta llamada la Hermosa. Permite que Dios introduzca una realidad amarga en nuestro escenario "hermoso". Por mucho que nos esforcemos en evitar la miseria, la desgracia y la injusticia que nos rodean, ellas nos encontrarán. Mi ciudad tiene muchas "urbanizaciones planificadas", amuralladas y extravagantes, con el propósito de mantener adentro lo placentero y dejar afuera lo desagradable.

No tengo problema con las grandes riquezas, siempre y cuando la gente sepa lo que pasa en el resto del mundo. Dios es demasiado fiel como para permitir que sigamos escondidos. Tarde o temprano tendremos que salir de las paredes de cristal, y cuando lo hagamos, chocaremos de lleno con la realidad, esa clase de realidad que suplica: "¿Qué vas a hacer al respecto?"

Pedro y Juan podrían haber echado una mirada al reloj de sol más cercano y decir: "¡Epa, estamos llegando tarde a la reunión de oración! ¡Por Dios, hermano, permiso!" Sin embargo, Pedro y Juan fijaron sus ojos en el hombre (Hech. 3:4). Es refrescante ¿verdad? No me atrae mirar de frente el sufrimiento y la pobreza. Si tengo que hacerlo, lo hago; pero prefiero mirar levemente hacia los costados. No fue eso lo que hicieron Pedro y Juan. Miraron al mendigo a los ojos y le pidieron que los mirara.

Pedro y Juan pudieron haber tenido muchas razones para decirle al mendigo que los mirara; se me ocurren algunas. El relato dice que el hombre era inválido de nacimiento. Una traducción más literal del griego diría "desde el vientre". También dice que todos los días era llevado al templo. El versículo 3 afirma que el mendigo vio a Pedro y a Juan, pero podemos conjeturar que en realidad no los miró. Creo que el hombre había mendigado por tanto tiempo que solo se veía a sí mismo como un mendigo. Había dejado de mirar a los ojos a la gente "normal". No quería mirar de frente nada que lo hiciera sentir más miserable de lo que ya se sentía.

Creo también que la manera de mendigar de este hombre había llegado a ser una rutina trágica, un acto completamente mecánico. Querido mío, quiero decirte algo que puede parecer duro. A veces pensamos que Dios es malvado porque no nos da lo que le estamos suplicando; en realidad no nos damos cuenta de que Él quiere obrar una misericordia mayor hacia nuestra condición de inválidos. Nosotros queremos un Ayudador Divino y Dios quiere ser nuestro Sanador. ¿Has mendigado algo alguna vez y ahora, en retrospectiva, te das cuenta de que te hubiera mantenido en tu condición de inválido? ¡Yo lo hice!

3. *Pedro y Juan dieron lo que tenían.* Me gustan las palabras del apóstol: "No tengo plata ni oro, pero lo que tengo te doy: en el nombre de Jesucristo de Nazaret, levántate y anda" (Hech. 3:6). ¡Dios nunca nos pide que demos lo que no tenemos! De alguna manera, esa seguridad me produce alivio. Hace poco este versículo se hizo muy real para mí. Poco después del ataque terrorista a las Torres Gemelas, los pastores y los líderes de las iglesias en la ciudad de Nueva York se sintieron abrumados por la tarea de atender a sus rebaños después de esa tragedia sin precedentes. Le pidieron a la Asociación Norteamericana de Consejeros Cristianos (AACC, por sus siglas en inglés) que fueran a la ciudad para conducir una jornada de capacitación de las personas que asistirían a quienes habían sufrido algún trauma. La AACC convocó rápidamente a los consejeros cristianos con mayor experiencia, y también invitó a sumarse a un puñado de oradores cristianos. Todavía me desconcierta que me hayan incluido.

Mientras volaba en el avión, derramé mi corazón ante Dios y le dije que ni siquiera sabía con qué palabras comenzaría a decirles de qué manera enfrentar tamaña tragedia. Una y otra vez, repetía: "Señor, esto me supera. Es demasiado difícil. ¡No sé de qué estoy hablando, y en mi archivo de experiencias no tengo a qué recurrir!"

El Espíritu Santo me recordó este pasaje. Era como si Dios me dijera: "Beth, no te estoy enviando a la ciudad de Nueva York como consejera cristiana. No trates de ser algo que no eres. Ve y haz lo que te capacité para hacer. Enseña mi Palabra". Aunque seguía sintiéndome sumamente intimidada por la tarea, ese recordatorio de Dios me llegó hondo. Comencé mi mensaje con Hechos 3:6. Confesé mi tremenda falta de experiencia y de títulos, y luego dije: "lo que tengo te doy". Me sentí inmensamente aliviada por no tener que ser algo que no soy o hacer algo que no hago de manera habitual.

4. *Pedro lo tomó de la mano y lo ayudó a ponerse de pie.* Me gusta esta parte de la historia. Pedro y Juan sabían mejor que nadie que el poder para sanar al hombre venía solo del Espíritu Santo. El hombre no se sanó porque Pedro le dio la mano y lo ayudó a ponerse de pie. La figura tierna que veo allí es que Pedro le entregó un puñado de fe para ayudarlo a levantarse. Después de todo, este hombre había sido inválido toda su vida. ¿Qué razón tenía para creer que se sanaría? Él pensaba que le bastaba con un poco de dinero. Cuando el hombre se tomó de la mano de Pedro, sintió la fuerza de esa mano, la confianza de la fe. Con un solo apretón, Pedro le ofreció un puñado de fe, que era lo que el hombre necesitaba para levantarse.

¿Puedes verlo, querido lector? ¡Cierra los ojos y visualízalo! Mira al mendigo levantarse de un salto, mientras el tazón de lata cae por las escaleras del templo y las pocas moneditas ruedan bajo el sol del atardecer. ¡Mira la expresión de su rostro! Obsérvalo danzar sobre sus piernas adelgazadas por la atrofia. ¡Mira! ¡Míralo con atención! Es él, ese que salta y alaba a Dios por los atrios del templo. Ríete de las expresiones de horror en la cara de los devotos. Busca en la multitud a otros que estén extasiados de alegría, dispuestos a tomar un puñado de fe para sí mismos.

La gente se dio cuenta de que era el mismo hombre que solía sentarse a mendigar a la puerta del templo llamada la Hermosa, y se maravillaron y asombraron por lo que le había sucedido. ¡Sí! Fue su triste pasado lo que hizo que su presente fuera tan milagroso.

5. *Pedro y Juan no se acreditaron el milagro.* Después de todo, si un hombre puede hacerlo, en realidad no sería un milagro. Los milagros vienen de Dios… para los que se parecen a este hombre inválido. Tal vez alguno de los

que lee estas páginas estuvo suplicando a Dios oro y plata, mientras que Dios quiere ponerlo sobre sus pies para que salte, para que dance y lo alabe. ¿Por qué queremos que Dios nos ayude a quedarnos donde estamos? ¡Toma un puñado de fe y serás transformado!

Parte 4

MÁS ALLÁ DE
LA FRONTERA

Cuando hice por primera vez este viaje por la Palabra de Dios, no había pensado para nada en el lugar que ocupó Juan en la iglesia primitiva. Tampoco había considerado el impacto tremendo que estos hechos decisivos tuvieron en su vida. He comprobado por propia experiencia que la Palabra de Dios nunca envejece; no importa cuántas veces haya estudiado una escena, siempre puedo obtener un conocimiento nuevo cuando la considero desde una perspectiva distinta. La Biblia es como una piedra preciosa que miramos contra la luz. Si la inclinas y miras desde un ángulo diferente, ves toda una nueva gama de colores. Que Dios nos otorgue una comprensión nueva de su Espíritu que penetra el alma.

Capítulo 16

UN FUEGO NUEVO

Entonces [Pedro y Juan] les imponían las manos
y recibían el Espíritu Santo. (Hechos 8:17)

◤

Al iniciar la cuarta parte de nuestro estudio, nos encontramos al comienzo de un nuevo capítulo en la vida de los primeros seguidores de Cristo. Acabamos de observar que la iglesia del Nuevo Testamento se reunía con regularidad para orar en los atrios del templo. Saboreaban su herencia judía y entendían su fe en Cristo como la continuación y el cumplimiento perpetuo de sus rituales tradicionales. Sin embargo, los discípulos pronto se vieron ante la virtual pérdida de la libertad para practicar su fe sin temor en los predios del templo. Hechos 4:13–20 relata cómo los líderes religiosos se sintieron atemorizados por el poder de las palabras de Pedro. Amenazaron a Pedro y a Juan "y les ordenaron que en ninguna manera hablaran ni enseñaran en el nombre de Jesús" (v. 18).

A lo largo de los capítulos siguientes en el libro de Hechos, la persecución aumentó como pedrea iniciada por una turba enloquecida. La cruda intención de los funcionarios religiosos se hizo evidente mientras Esteban caía de rodillas. Estoy segura de que resultó ensangrentado y lastimado a consecuencia de la creciente paranoia que les carcomía el alma: ¿Y si se habían equivocado con respecto a Jesús de Nazaret? ¿Y si realmente habían crucificado al Hijo de la gloria? Harían todo lo que estuviera a su alcance para silenciar a aquellos que los obligaban a cuestionar sus propias acciones.

El Sanedrín subestimó la tenacidad de los vulgares e incultos seguidores de Cristo. De hecho, estos convirtieron sus bocas en megáfonos. Hechos 8:1–4 describe el inusual método de Dios para dispersar el evangelio. Saulo se embarcó en el proyecto de perseguir a los discípulos de Jesús y llevarlos encadenados a Jerusalén. Estoy ansiosa de que leas una cita pertinente, tomada de un libro que ya tiene más de un siglo. En *The Two St. Johns of the New Testament* [Los dos San Juan del Nuevo Testamento], James Stalker escribió: "Con frecuencia fue la persecución lo que llevó a la nueva fe hacia otros lugares donde, si no hubiera sido por eso, tal vez nunca hubiera llegado; así, la oposición que amenazó con extinguir el fuego del evangelio sólo logró dispersar sus brasas a lo largo y a lo ancho, y dondequiera caían se encendía un nuevo fuego".[1]

¡Qué maravillosa providencia! Cuando Cristo dijo que recibirían poder y le serían testigos no solo en Jerusalén sino hasta lo último de la tierra, ¡sus discípulos no imaginaban el recurso que Dios usaría! Sin duda, sus caminos no son nuestros caminos. Nosotros elegiríamos siempre el camino cómodo y oportuno, el que no nos produjera dolor ni sufrimiento. Le pediríamos a Dios que para aumentar nuestra cosecha usara el favor de los hombres, no el fervor de la oposición.

Si has caminado durante bastante tiempo con Dios, estoy segura de que Él ha usado medios que tú considerabas totalmente negativos para obtener resultados positivos. Sospecho que Dios ha permitido que pases por la experiencia de que un alambrado de tu vida haya sido tirado abajo con dolor, con el propósito de expandir en ti el horizonte de Dios. Él es fiel, ¿verdad? Incluso cuando envía una santa topadora para que derribe el alambrado que te encierra.

El relato de Hechos continúa con el incidente donde Dios utiliza a Felipe para iniciar un avivamiento en Samaria. Cuando los líderes de la iglesia de Jerusalén lo supieron, enviaron a nuestro dúo dinámico, Pedro y Juan, para averiguar qué estaba ocurriendo.

Si estuviéramos estudiando el libro de los Hechos, exploraría contigo el encuentro de los discípulos con Simón el Brujo (VP); pero como nuestra meta es estudiar la vida, el corazón y el espíritu del apóstol Juan, es otro punto el que atrae mi atención en esta escena. ¿Te dice algo el nombre de Samaria y te trae a la memoria la relación de Juan con ese lugar?

Probablemente lo primero que acuda a tu mente es lo que dijo Cristo a sus once discípulos en Hechos 1:8 antes de su ascensión. Creo que cuando Cristo hizo la afirmación de que los discípulos serían testigos en Samaria, varias cejas se levantaron. Jerusalén, no hay problemas. Judea, por supuesto. ¿A los confines de la tierra? Estamos a tus órdenes, Jesús pero... ¿Samaria? ¡Los judíos despreciaban a los samaritanos! Si los gentiles eran el blanco de los prejuicios judíos, los samaritanos ocupaban el centro de ese blanco. El sentimiento era mutuo. La mayoría de los judíos consideraba mestizos a los samaritanos, que eran gente de la frontera y vivían en la franja de territorio entre los judíos y los gentiles. Los judíos no tenían trato alguno con los samaritanos (Juan 4:9).

Tal vez un idealista esté pensando: *Sin duda, puesto que seguían a Cristo, los discípulos no tenían esa clase de prejuicio hacia la gente. Después de todo, eran cristianos.*

Lucas 9:51–56 pinta una imagen mucho más realista. Nuestros amigos Jacobo y Juan querían hacer descender fuego del cielo sobre una aldea samaritana a causa de un pequeño desaire. No creas que exageraban y que en realidad no querían decir eso. Queda claro que Jesús se molestó por la sugerencia, porque de inmediato giró sobre sus talones y los reprendió.

Si Jesús les hubiera concedido lo que pedían, todos aquellos samaritanos de antaño hubieran perecido en su pecado. Los cristianos a menudo acusan a los incrédulos de no tomar el infierno en serio, pero me temo que nosotros tampoco lo hacemos. Desear que alguien "se pudra en el infierno" es una grave ofensa a Dios y demuestra que no compartimos sus sentimientos (Ezeq. 33:11; 2 Ped. 3:9). Jacobo y Juan no se ofrecieron como voluntarios para hacer descender fuego del cielo como una manera de aliviar el trabajo de Jesús. Lo que ellos querían era estar al frente de la demostración de esa clase de poder. Querían dirigir el espectáculo de fuegos artificiales.

Las Escrituras dicen que Jesús conoce el corazón. Me pregunto si Él vio en el corazón del joven Juan algo todavía más letal que en el de su hermano mayor. En lugar de amenazar a sus inmaduros discípulos con una dosis de su propia medicina, Jesús eligió una vía mucho más efectiva. En Hechos 8:14, Jesús dispuso que se designara a Juan como embajador de vida a ese mismo pueblo que él deseaba destruir. Ni se te ocurra pensar que esta designación fue pura coincidencia. Mientras las palabras salían de los labios de Jesús en Hechos 1:8, es probable que este haya mirado a Juan cuando dijo: "… en Samaria".

Ya mencioné que seríamos ingenuos si pensáramos que los seguidores de Cristo quedan automáticamente libres de prejuicios. Sea que nuestros prejuicios se dirijan a otras denominaciones, a los seguidores de otras religiones universales, o hacia los de color o condición social diferente, lo cierto que se enraízan tanto en nosotros que es fácil considerarlos como nuestra manera de ser y no como un pecado. El prejuicio es pecado. Tener prejuicios o estereotipar a un grupo de personas es pecado. Jacobo y Juan usaron una palabra clave en Lucas 9:54 (NVI): "Señor, ¿quieres que hagamos caer fuego del cielo para que los destruya?" El prejuicio destruye. Se han desatado guerras mundiales y se provocaron millones de muertes por motivos que muchas personas denominarían prejuicios "inofensivos".

Una de las herramientas más redentoras que Dios usa para tratar con el prejuicio es designar a ese hijo para que conozca a una persona del grupo hacia el que tiene prejuicios. Crecí en una sola denominación y durante mi juventud tuve poca o quizá ninguna relación con personas ajenas a ese grupo. Gran parte del prejuicio proviene de la pura ignorancia; yo crecí prejuzgando a personas a las que simplemente no conocía. Dios no estaba dispuesto a que yo me quedara en mi burbuja. Él tenía el propósito de desarrollar mi amor hacia todo el cuerpo de Cristo. El método redentor que usó para alcanzar esta meta fue colocarme en situaciones que me llevaron a conocer a personas que practicaban su fe cristiana de formas diferentes de la mía.

La obra más notable que Dios hizo conmigo fue enviar a mi vida a una mujer de una de esas iglesias a las que mi antigua congregación hubiera considerado maniática e inestable. Por supuesto, no nos formamos ese juicio a partir del conocimiento directo sino que metimos a la iglesia dentro de una amplia categoría.

Yo tenía un poco más de 20 años cuando de manera "casual" me hice amiga de esta mujer sin saber a qué iglesia concurría. Quedé encantada con su amor a Dios y a su Palabra. Disfrutábamos hablando de Él y creció entre nosotras una amistad profunda. Cuando me enteré de cuál era su denominación quedé apaleada. Ella no estaba loca y no era maniática ni inestable. Cuando mis demás amigos se burlaban de la gente de esa iglesia, yo ya no podía sumarme a ellos; las bromas dejaron de ser graciosas. Aprendí una lección valiosísima y espero no olvidarla nunca. ¿Conocemos en forma personal a personas que estereotipamos y juzgamos? Tal vez sería conveniente que nos preguntáramos: ¿Estamos dispuestos a conocer a alguna de ellas y a darle la oportunidad a Dios de que cambie nuestras actitudes prejuiciosas?

No pienso que a Juan se le pasara por alto el tema cuando los apóstoles lo enviaron con Pedro a visitar a los samaritanos. Tuvo que encontrarse cara a cara con ellos y comprobó que ellos también habían sido creados a imagen de Dios. Ellos también amaban a sus hijos y se preocupaban por su bienestar. Ellos también se lastimaban cuando los golpeaban y lloraban cuando estaban tristes. Desde lejos parecían tan distintos... Por alguna razón, conociéndolos de cerca y en forma personal, ya no parecían tan raros. Recuerda, era la misma gente sobre la que Juan ansió hacer descender la destrucción. ¿Has notado que es mucho más fácil odiar a la distancia?

Hechos 8:15 dice que Pedro y Juan oraron por los samaritanos. La intercesión perseverante es siempre efectiva para ahuyentar el prejuicio, si lo permitimos. Después ocurrió algo asombroso: "Entonces [Pedro y Juan] les imponían las manos y recibían el Espíritu Santo" (Hech. 8:17).

Bueno, bueno, bueno. Finalmente, consiguieron lo que querían. Hicieron descender fuego sobre los samaritanos. Esa clase de fuego que destruye el odio, la mezquindad y el prejuicio en aquellos que permiten que este Fuego Sagrado los consuma. Es la clase de fuego que destruye lo viejo y hace nacer lo nuevo. Nuestro Dios es fuego consumidor, y ese día encendió el corazón de los samaritanos en las manos de los judíos.

Quiero decir algo que suena simple pero en este momento me resulta de una gran profundidad: Alabo a Dios porque nosotros, seres mortales pecadores, ignorantes y egoístas, podemos cambiar. Juan no quedó atado a sus viejos prejuicios. Dios no se dio por vencido con él ni pasó por alto la trasgresión. Tuvo la gracia suficiente de presionar hasta que ocurrió el cambio. Hechos 8:25 termina este relato con las siguientes palabras: "[Pedro y Juan] se volvieron a Jerusalén, y en muchas poblaciones de los samaritanos anunciaron el evangelio". ¡Típico de Jesús! Transformó el prejuicio de Juan en una ardiente pasión.

Si uno continúa caminando con Cristo, no puede permanecer igual. Podemos dejar de cooperar, pero para eso tendremos que dejar de caminar a su lado. Podremos simular que marchamos, pero por poco tiempo. Si de verdad buscamos intimidad con Cristo, cambiaremos. ¡Alabado sea Dios!, eso ocurrirá. Querido lector, quisiera hacerte una pregunta que me hago a mí misma. ¿En qué forma notable cambió Dios tu actitud hacia alguien que era blanco de tus prejuicios personales? Si no sabes qué responder, te animo a que examines con seriedad tu corazón.

Quisiera concluir con un vistazo a un relato fascinante en Marcos 8:22–26. Es una de las únicas ocasiones en las Escrituras donde vemos una sanidad incompleta que requiere de una segunda intervención de Cristo. Jesús se encontró con un hombre ciego. Primero lo escupió en sus ojos y puso sus manos sobre él. El hombre dijo que podía ver, pero que las personas parecían árboles que caminaban. Cuando Jesús tocó nuevamente los ojos del hombre, la sanidad se completó y el hombre pudo ver con nitidez.

Considerando que Jesús sabía bien lo que hacía, sin duda tenía intención de comunicar algo al ciego o tal vez a los observadores. Me gusta como se expresa la Versión Popular en Marcos 8:24. Cuando se le preguntó si podía ver, el ciego levantó la mirada y respondió: "Veo a los hombres. Me parecen como árboles que andan". Tal vez asistimos a innumerables estudios bíblicos y además servimos al Señor en nuestras iglesias; pero lo cierto es que no habremos experimentado la profunda sanidad de Cristo ni la restauración de nuestras almas hasta que nuestra manera de percibir a los demás haya cambiado radicalmente. Es decir, hasta que seamos capaces de ver con claridad (v. 25, NVI), tal como Cristo ve a las personas. Jesús no veía a los hombres como árboles que andaban. El ciego no estuvo curado hasta que vio a los hombres como Cristo los veía. Necesitamos imitar a Pablo, quien dijo: "Por eso, nosotros ya no pensamos de nadie según los criterios de este mundo; y aunque antes pensábamos de Cristo según tales criterios, ahora ya no pensamos así de él" (2 Cor. 5:16, VP).

Querido lector, ¿todavía vemos a los hombres como árboles que andan? Lo que vemos, ¿es una distorsión de lo que realmente son? ¿Estamos dispuestos a permitir que Dios cambie nuestra manera de pensar y corrija nuestra visión? Hasta que eso ocurra, nuestra sanidad estará incompleta.

Capítulo 17

DEVASTACIÓN

Mató a espada a Jacobo, hermano de Juan. (Hechos 12:2)

✹

*C*uando comencé este estudio bíblico, no tenía la menor idea de lo diferente que sería observar las escenas a través de los ojos de Juan. El libro que escribí antes de este fue *Jesús, sólo Jesús.* He vuelto a investigar algunas de las mismas escenas, pero la perspectiva cambió de manera decisiva al intentar mirar por sobre el hombro de Juan en lugar del de Jesús. Si Dios no hubiera dispuesto que camináramos al lado de Juan, yo nunca hubiera percibido desde su punto de vista el conmovedor relato bíblico que sigue. Que el Espíritu Santo nos ayude a captar el sentido de estos sucesos desde su perspectiva.

Hechos 12 relata que Herodes comenzó a perseguir a la iglesia porque de esa manera se ganaba el favor de los líderes judíos. Sin duda, su acción produjo más impacto en Juan que en los demás cristianos, porque Herodes "mató a espada a Jacobo" (v. 2).

Tal vez tengamos que desenredar un ovillo de Jacobos y Juanes en este capítulo. Herodes mató a Jacobo, el hermano de Juan. Después arrestó a Pedro. Un ángel liberó a Pedro de la prisión, y este se dirigió a casa de María, la madre de Juan; pero este era Juan Marcos, sobrino de Bernabé y escritor del segundo Evangelio.

No hay manera de saber con certeza si Juan el apóstol se encontraba entre los que se habían reunido a orar en la casa de María. Tal vez estaba entre aquellos a los que Pedro alude en Hechos 12:17, cuando envió aviso de su liberación "a Jacobo y a los hermanos". El "Jacobo" mencionado en este versículo no es el hermano de Juan sino el de Jesús, y los "hermanos" pueden tratarse de los otros medios hermanos de Cristo. Estos creyeron en Él después de la resurrección, y eran activos participantes de las reuniones de oración registradas en Hechos 1:14. Ten presente, entonces, que Juan pudo haber estado en el grupo reunido en la casa de Juan Marcos, aunque existe otra posibilidad. Desde la cruz, Jesús dijo: "He ahí tu madre. Y desde aquella hora el discípulo la recibió en su casa" (Juan 19:27).

Ahora que hemos desenredado los Jacobos y los Juanes, volvamos al tema inicial. Herodes había matado al hermano de Juan. Permite que esta declaración recaiga con todo su peso: "Jacobo, hermano de Juan". Inseparables cuando eran niños. Juan, el menor, siempre pegado a sus talones. En la infancia, su identidad estuvo ligada a la de su hermano: Jacobo, hijo de Zebedeo, y su hermano Juan.

Hace unos días viajé en avión junto a una madre con sus dos hijos pequeños. El mayor no habrá tenido más de tres años y el menor alrededor de un año y medio. Soy madre, y sé lo difícil que es mantener una boina o una capucha en la cabeza de un bebé; sin embargo el pequeñito no se sacó la gorra de béisbol en todo el viaje. ¿Sabes por qué? Porque el hermano mayor llevaba puesta una gorra igual. ¿No crees que Jacobo y Juan se comportarían de la misma manera? Casi todo hermano menor quiere parecerse al mayor.

Mis hijas se aman entrañablemente, aunque fueron criadas de manera diferente de lo que fuimos mi hermana mayor y yo. Amanda y Melissa tenían habitaciones independientes y podían usar con propiedad la palabra *mío*. Mi hermana Gay y yo éramos parte de una fila de hermanos, y desde los comienzos de la adolescencia compartimos una habitación pequeña y la misma cama cucheta. Aparte de la ropa interior, me cuesta pensar en una sola cosa que cualquiera de las dos hubiera podido considerar como propia. Cuchicheábamos hasta tarde y nos reíamos con tanto ímpetu que la estructura de la cama se sacudía. Hasta que de pronto escuchábamos que papá avanzaba por el pasillo para reprendernos. De inmediato simulábamos un dúo de ronquidos... lo cual era seguido inmediatamente por la risa descontrolada y un buen pero inútil reproche. Éramos inseparables.

Un día recibimos un llamado que nos informaba que Gay había volcado nuestro viejo furgón *Volkswagen* en la autopista, al salir de una hamburguesería. Ella estaba prácticamente ilesa, pero recuerdo haberme dado cuenta, quizás por primera vez, que éramos personas independientes y que una de las dos podía vivir y la otra morir. Lloré casi tanto como si eso hubiera ocurrido.

He estudiado y enseñado en muchas oportunidades el capítulo 12 de Hechos. Amo la historia de la liberación de Pedro de la prisión, pero hasta hoy nunca había observado los acontecimientos desde la perspectiva de Juan. ¡Cuán desolado se habrá sentido! A esta altura del libro de Hechos, los discípulos sabían que los judíos podían llevar a cabo sus amenazas. Habían crucificado a Cristo y apedreado a Esteban. Habían ordenado a Pedro y a Juan que dejaran de hablar en el nombre de Jesús o sufrirían las consecuencias. Ellos eligieron las consecuencias.

Hechos 8:1 menciona que una persecución anterior había dispersado a los cristianos, pero los apóstoles se habían quedado en Jerusalén. Es cierto que Juan y Pedro fueron hasta Samaria, pero los ministerios de los apóstoles se mantuvieron intactos en Jerusalén durante este período. Mi conclusión es que todavía no se sentían guiados por el Espíritu Santo para ubicar el centro de operaciones en otro lugar.

Ahora, en medio de una terrible ola de persecución, Jacobo fue arrestado. Me pregunto si Juan vio cuando lo atrapaban. Si no fue así ¿quién le dio la noticia? ¿Alcanzas a imaginar su corazón abrasado por el terror? Recuerda que Juan era el apóstol que tenía contactos y cuando Jesús fue arrestado pudo ingresar al patio del sumo sacerdote. No me cabe duda de que apeló a todas sus influencias y recurrió a todos sus conocidos.

Probablemente no pudo comer ni dormir y tal vez se haya postrado en el piso para suplicar a Dios que preservara la vida de su hermano. Querido lector, no saltees rápidamente esta escena. Jacobo y Juan eran de la misma sangre. Todos los discípulos estaban asustados, pero ninguno de ellos podía identificarse con el terrible dolor que sentía Juan. Hubo encuentros de oración. No olvides que estos eran hombres que tenían el poder y la autoridad del Espíritu Santo para sanar enfermedades y expulsar demonios. Sin duda clamaron y reclamaron la liberación de Jacobo e intercedieron por su vida. Jacobo habrá reclamado por su propia vida frente a sus carceleros y les habrá prohibido hacer daño a uno de los elegidos de Jesús. Después de todo, a los discípulos se les había prometido poder y se les había dicho que serían testigos de Cristo en Jerusalén, Judea, Samaria y hasta lo último de la tierra. ¡Su ministerio recién comenzaba! Esto no podía ser el final. ¡Con toda seguridad él sería liberado!

Sin embargo, lo mataron. Me da pena la persona que le llevó la noticia a Juan. En 2 Samuel 1 dice que David se sintió tan horrorizado cuando recibió la noticia de la muerte de Saúl y Jonatán, que hizo matar al mensajero. Aunque Juan no tenía la autoridad ni el deseo de hacerlo, ¿no crees que habrá querido zamarrear al mensajero para exigirle un final diferente? ¡Seguramente quiso sacudirse la realidad y sacársela de la cabeza! Jacobo fue el primer mártir entre los apóstoles. La realidad los habrá golpeado como una inesperada ola de la marea que irrumpe con fuerza en la vida de los siervos.

Más que cualquiera de los otros diez discípulos, Juan habrá repasado mil veces los sucesos en su mente, preguntándose si su hermano mayor se sintió asustado o tranquilo. ¿Pensó en sus padres? ¿No había sufrido suficiente Zebedeo? ¿Cómo se lo diría a su madre? ¿Habría sufrido Jacobo? ¿Fue todo rápido? ¿Ahora le tocaría a él? Entonces, antes de que tuviera tiempo de recuperarse del aturdimiento, se enteró de que no era su turno. Era el de Pedro. ¿Te sentiste alguna vez como si un percusionista golpeara platillos gigantes a los costados de tu cabeza? ¡No, Pedro no! ¡Esto es demasiado! ¡Jacobo *y* Pedro! ¡No ambos, Señor! ¡Por favor no, por favor, Señor!

> Entrando en la casa, no dejó entrar a nadie consigo, sino a Pedro, a Jacobo, a Juan… (Luc. 8:51)

> Como ocho días después de estas palabras, Jesús tomó a Pedro, a Juan y a Jacobo, y subió al monte a orar. (Luc. 9:28)

> Entonces Jesús envió a Pedro y a Juan, diciendo: "Id, preparadnos la Pascua para que la comamos". (Luc. 22:8)

> Y tomando a Pedro y a los dos hijos de Zebedeo, comenzó a entristecerse y a angustiarse en gran manera. (Mat. 26:37)

> Entonces corrió y fue a Simón Pedro y al otro discípulo, aquel a quien amaba Jesús, y les dijo: "Se han llevado del sepulcro al Señor y no sabemos dónde lo han puesto". (Juan 20:2)

> Volviéndose Pedro, vio que los seguía el discípulo a quien amaba Jesús … Cuando Pedro lo vio, dijo a Jesús: "Señor, ¿y qué de este?" (Juan 21:20–21)

"¡Sí, eso Señor! ¿Qué de mí? ¿Cómo voy a seguir adelante con todo esto sin Jacobo y sin Pedro? ¿Qué estás haciendo? ¿Qué estás dejando de hacer? ¿Permitirás que nos maten a todos?" Juan tenía buenas razones para pensar que Pedro ya no saldría de la prisión. Y sin embargo lo hizo. Dios le otorgó un milagro… apenas cuando habían terminado de limpiar del piso la sangre del hermano mayor de Juan. Si se parecía a cualquiera de nosotros, ¿puedes imaginar la mezcla de emociones que habrá tenido Juan?

Creo que en este giro traumático de los acontecimientos a Juan le sucedió algo grande. Me parece que el joven apóstol enfrentó la alarmante realidad de que, cuando todo se viene abajo, cada uno de nosotros está solo ante Dios. Cada vida es distinta. Tal vez pensamos que tenemos compañeros en la vida o en el ministerio sin los cuales no podemos existir ni funcionar. Quizá pensamos que todo en la experiencia cristiana se relaciona con la vida de la iglesia pero no es así. Por cierto, somos todos parte del cuerpo de Cristo, y en cada generación funcionamos como parte de un todo; pero me parece que solo cuando nos encontramos de pie delante de nuestro Dios, conmocionados por la conciencia de nuestra solitaria condición, descubrimos qué significa ser "parte".

Ninguno de nosotros que tome en serio a Dios podrá evitar esta prueba. Y no se trata de un simple cuestionario de 30 minutos. Es un examen de toda la vida, una tesis escrita en las tablillas de nuestro corazón. Como condición de tu discipulado ¿estás dispuesto a soltarte de cualquier cosa o persona, y a seguir a Jesús en la más intensa soledad? Si respondes demasiado rápido, dudo que hayas captado la seriedad del asunto. La sola pregunta me hace titubear. ¿Estamos dispuestos a vivir… y a morir… solos con Cristo?

Tengo un maravilloso equipo de colegas en *Living Proof Ministries*. ¡No los cambiaría por nada! Amo locamente a mi esposo y mis dos jóvenes hijas me llenan de orgullo. Estoy muy comprometida con mi iglesia y casi siempre estoy rodeada de mucha gente. Sin embargo, hay momentos cuando de manera inesperada me sobrecoge con tanta fuerza la conciencia de mi condición solitaria delante de Dios, que caigo de rodillas y lloro con amargura y terror. En algunas ocasiones el sentimiento es tan intenso que apenas puedo soportarlo. Escuché hace unos días a una conferencista conocida a nivel mundial que expresó algo que, en mi mundo ministerial mucho más pequeño, puedo entender a la perfección. Ella dijo: "En este momento estoy tan al borde de la cornisa en mi andar con Dios que, si osara caminar por vista en lugar de hacerlo por fe, moriría". Amén.

Eso vale para todos los que con sinceridad han elegido seguir a Jesucristo. El tamaño del ministerio no hace ninguna diferencia. La cuestión es cuánto de tu vida has entregado a Jesús. ¿Hemos reservado alguna parte por las dudas? ¿Por las dudas de que Él no sea tan real, tan poderoso y tan efectivo como pensamos? ¿Por las dudas de que no actúe? ¿Por las dudas de que su Palabra no sea confiable? ¿O nos hemos jugado el todo por el todo? Con esto quiero decir que todo lo que tenemos y todo lo que somos está cifrado en la realidad de que Jesucristo es Señor de toda la tierra. Jamás cumpliremos nuestro destino a menos que nuestra esperanza esté construida únicamente sobre este fundamento. ¿Y tú? ¿Tienes un plan de emergencia "solo por las dudas", o estás en el borde de la cornisa con Dios?

Podemos tomarnos del brazo con nuestros consiervos, como hicieron los discípulos, y recibiremos cierta unción divina y haremos algunas obras importantes. Sin embargo, para que las partes del todo funcionen según el plan de Dios, cada una de ellas es examinada y puesta a prueba por separado frente a un Dios sumamente personal. Si insistimos en quedarnos en el arenero lleno de compañeritos, perderemos la experiencia de las olas del océano, donde cada uno debe enfrentar la inmensidad a solas. Cuando de pronto se presente una ola de soledad, móntala. Deja que tu estómago suba y baje, lleno de miedo y de un entusiasmo peculiar. No luches contra el sentimiento. No te afanes. Viaja en la cresta de la ola hacia la presencia de Dios, y vive la extraña aventura de sentir que eres el único que está allí.

Con frecuencia la intensidad de tu condición solitaria se hace más evidente cuando te esfuerzas por reconciliar los hechos de la vida con las palabras de la fe. O cuando luchas con preguntas como esta: "¿Por qué permitió Dios que se derramara la sangre de mi hermano, y en cambio hizo un milagro para mi mejor amigo?" Las explicaciones que recibes sólo consiguen frustrarte más. En realidad, a menudo hacemos la pregunta solo para liberar parte de la ira y reclamar una mejor respuesta. Rara vez la recibiremos. No sé si Juan la obtuvo alguna vez. No cabe duda de que estaba agradecido que su amigo se hubiera salvado; pero ¿por qué la vida de Jacobo parecía ser menos valiosa? ¿Por qué fue él el primero en marcharse? ¿Por qué, Señor? ¿Y qué de mí?

La soledad no es por lo general el sitio donde encontramos las respuestas. Es el lugar donde encontramos nuestro pequeño espacio para luchar con el cielo y decidir si continuaremos el camino… posiblemente solos… y sin respuestas. Muchos de nosotros lo haremos. ¿Por qué? Porque el privilegio de luchar con un Dios tan santo y misterioso es, de todos modos, mejor que el letargo y la lamentable mediocridad de elegir otro camino. A veces no nos damos cuenta de cuán real es Dios hasta que experimentamos su Presencia silenciosa. Él sabe que, mucho más que las explicaciones, ansiamos la convicción de que Él es total y absolutamente Dios.

Capítulo 18

SEÑAL DE COMPAÑERISMO

*Reconociendo la gracia que me había sido dada, Jacobo, Cefas [Pedro]
y Juan, que eran considerados como columnas, nos dieron a mí y a
Bernabé la diestra en señal de compañerismo. (Gálatas 2:9)*

⚹

Si leíste los pasajes del contexto, habrás notado un nuevo personaje en Hechos 12:25. Tal vez te preguntes qué relación tenía Saulo, el perseguidor transformado en predicador, con nuestro protagonista. Lo cierto es que el testimonio de Pablo nos brindará varias apreciaciones importantes acerca del apóstol Juan y también nos proveerá una valiosa secuencia cronológica.

En Gálatas, Pablo relata que después de su conversión fue a Arabia y luego regresó a Damasco. Recién tres años más tarde viajó a Jerusalén. Estos tres años abarcan la primera estadía en Damasco, el retiro en el desierto, el regreso a Damasco y el viaje a Jerusalén.

Hechos 9:26 nos dice que cuando Pablo llegó a Jerusalén "trataba de juntarse con los discípulos, pero todos le tenían miedo, no creyendo que fuera discípulo". Ubicamos a Juan en este período entre los discípulos en Jerusalén.

No pases por alto las palabras de Hechos 9:1: "Saulo, respirando aún amenazas y muerte contra los discípulos del Señor…" Pedro, Juan y los demás tenían abundantes razones para sentirse amenazados en lo personal. Además, ellos no habían recibido la misma visión que Dios le había dado a Ananías, en Damasco, en cuanto a la autenticidad de la conversión de Saulo. Este podría haber simulado una conversión con la intención de acercarse a ellos y denunciar que seguían evangelizando sin tregua a pesar de las advertencias de que no lo hicieran.

Hechos 9 y Gálatas 1 parecen contradecirse en cuanto al tiempo que Pablo compartió con los apóstoles. Gálatas 1:18-19 dice que solo vio a Pedro; a mi entender, el énfasis de esta referencia está en el tiempo que dedicaron a conocerse. Es posible que los demás apóstoles escucharan la defensa que Bernabé hizo de Pablo, pero el único que se familiarizó con el nuevo convertido fue Pedro. Juan no llegó a conocerlo en esta ocasión, y es probable que se haya mantenido intencionalmente distante.

Traslademos nuestros pensamientos en el tiempo hasta los acontecimientos que estudiamos en el capítulo anterior: la muerte de Jacobo, el amado hermano de Juan. No tenemos ninguna razón para pensar que haya transcurrido mucho tiempo entre la conversión de Pablo y el martirio de Jacobo. Sabemos que Esteban fue apedreado antes de la conversión de Saulo, e incluso que este aprobó su muerte. Jacobo, en cambio, murió después de la conversión de Pablo. Aunque habían pasado varios años según el registro cronológico en Gálatas 1 y 2, si Juan se parece a cualquiera de nosotros ¿no crees que habrá albergado sentimientos bastante bien definidos en cuanto a Pablo? Las amenazas de este habían sido criminales. Saulo era uno de los activistas más radicales entre los que odiaban a "los del Camino".

A pesar de que Pablo entregó su vida a Cristo de una manera espectacular antes de que Jacobo fuera apresado y ejecutado, si yo hubiese sido Juan, me hubiera resultado sumamente difícil aceptarlo. Me temo que hubiera pensado: "si no fuera por personas como tú, tal vez mi hermano estaría vivo". Quizá Juan no sintió nada de lo que estoy suponiendo, aunque creo que el grupo deslucido de los primeros seguidores de Cristo se parecía a nosotros. Es cierto que el Espíritu Santo ya había descendido sobre ellos y que en alguna medida habían madurado. Sin embargo, el dolor y la pérdida no siempre promueven sentimientos coherentes; hasta ese momento ninguno de los otros apóstoles había perdido a un hermano de sangre. Me pregunto cómo se habrá sentido Juan hacia Pablo durante esos primeros años.

Avancemos ahora hasta el momento de Gálatas 2, donde aparece el apóstol Juan. Pablo dice que catorce años más tarde volvió a Jerusalén. Hechos 15 describe este viaje en forma más detallada. Esas reuniones se mencionan a menudo como la "conferencia" o el "concilio de Jerusalén". En lo que respecta a Juan, no sabemos nada de él durante el lapso entre la última mención en Hechos y los sucesos que se describen en Gálatas 2. Por el momento, lo único que sabemos es que continuó su servicio con fidelidad, con base en Jerusalén, al igual que Pedro. Por el testimonio de Pablo, sabemos que Juan tuvo un papel fundamental en la iglesia cristiana de Jerusalén, porque lo menciona como una de sus "columnas" (Gál. 2:9).

El Jacobo al que también se refiere ese versículo es el medio hermano de Cristo que llegó a ser parte de la columna vertebral de la iglesia primitiva después de la resurrección. También fue quien escribió el libro del Nuevo Testamento que lleva su nombre (Santiago, contracción de *San* y *Yaakób*). El Jacobo hermano de Juan había sido asesinado alrededor de diez años antes; por lo tanto, es otro Jacobo el que se sumó a Pedro y a Juan, y constituyeron lo que Pablo denominó columnas de la iglesia. Según Gálatas 2:2 Pablo se acercó en privado a los líderes, por temor a que rechazaran a los cristianos gentiles. Él se sentía seguro de la revelación que Dios le había dado, pero no sabía si ellos la aceptarían.

Hechos 15:6–19 describe el resultado de la reunión. Pedro pidió a los líderes que no pusieran sobre los gentiles un yugo que ellos no habían sido capaces de llevar. Luego Jacobo pronunció el veredicto: "Por lo cual yo juzgo que no se inquiete a los gentiles que se convierten a Dios" (v. 19).

En Gálatas 2:9, Pablo se refirió a la misma conclusión en pocas palabras: "Jacobo, Cefas [Pedro] y Juan, que eran considerados como columnas, nos dieron a mí y a Bernabé la diestra en señal de compañerismo". Mi profesora de gramática en el colegio secundario se hubiera escandalizado por la pobreza idiomática de Pablo cuando dijo "a mí y a Bernabé"; sin embargo, en el griego se menciona primero a la primera persona gramatical.[1]

Piensa en los cinco hombres que se nombran en Gálatas 2:9, mientras conversan y se aprueban mutuamente: Jacobo, el incrédulo transformado en predicador; Pedro, el que había sido zarandeado como trigo y había negado a Cristo tres veces, pero luego había tenido la suficiente fe como para regresar y fortalecer a sus hermanos; Juan, el Hijo del Trueno, que preguntó si podía sentarse a la derecha de Cristo en su reino y destruir a los samaritanos con fuego del cielo; Pablo, antes un fanático religioso que había aprobado el asesinato de Esteban y había alentado la persecución que dio como resultado la muerte de Jacobo; y Bernabé, el hijo de consolación, que se arriesgó a que la iglesia primitiva lo descalificara por construir un puente entre personas que difícilmente podrían confraternizar.

Así es. Resulta casi inverosímil que todos seamos hermanos. En la iglesia de Cristo nunca fue la intención que las columnas fueran idénticas; son todas distintas. ¿Qué beneficio habría en producir discípulos como si fueran fotocopias? Cristo no solo elige columnas variadas sino que en su iglesia todo lleva la marca de su creativa variedad. No estaba previsto que fuéramos idénticos sino que encajáramos bien unos con otros. Dos piezas idénticas de un rompecabezas no "encajan". ¡Que podamos celebrar esa diferencia sobre una sola base fundamental!

¿Recuerdas lo que Pablo dice que Jacobo, Pedro y Juan reconocieron en él, y por eso le dieron la diestra en señal de compañerismo? "Reconociendo la gracia que me había sido dada ... nos dieron a mí y a Bernabé la diestra en señal de compañerismo" (Gál. 2:9).

Encontramos un eco del mismo concepto en 1 Pedro 4:10: "Cada uno según el don que ha recibido, minístrelo a los otros, como buenos administradores de la multiforme gracia de Dios". Querido hermano, no es necesario que coincidamos en todos los detalles de la doctrina; ni siquiera necesitamos llevarnos bien continuamente.

Gálatas 2 prosigue con el relato de una discusión bastante caldeada entre Pedro y Pablo. Sin embargo, Dios espera que nos respetemos unos a otros y que reconozcamos la gracia divina concedida a todos los que pertenecen a Cristo. Pablo se acercó a los líderes en privado, pero, por la mención de que le dieron la diestra, deducimos que recibió un caluroso reconocimiento público. Algo que Pablo necesitaba, y algo que con seguridad Dios hubiera reclamado a las columnas de la iglesia si no lo hacían.

Para cumplir en esta tierra nuestros propósitos en el reino, nos viene bien de vez en cuando una palmada de compañerismo de nuestros colegas en el ministerio, ¿verdad? Cuando miro hacia atrás y pienso en aquellos a quienes Dios, por su gracia, designó para brindarme esa señal, siento humildad y temor. Me han preguntado en incontables ocasiones cómo se las arregló John Bisagno, por largos años pastor de la iglesia en que nací, para manejar la situación cuando en su iglesia empezó a surgir mi ministerio. Querido amigo, no solo se las arregló. ¡Lo impulsó! Durante muchos años, la única razón por la que me invitaban a otras iglesias ¡era porque confiaban en él!

¿Sabía John que yo tenía mucho que aprender? Posiblemente mejor que nadie. También lo sabía mi tutora Marge Caldwell. ¿Estaba de acuerdo con todo lo que yo enseñaba o hacía? Lo dudo. Sin embargo, ambos siguieron trabajando conmigo, dándome una oportunidad para crecer y permitiéndome que me desarrollara como una persona independiente y no como una fotocopia de ellos. Me extendieron la diestra por una razón: reconocieron la gracia de Dios en mi vida, antes quebrada.

Quiero compartir contigo un ejemplo personal más. Cuando Life-Way Christian Resources me propuso un contrato para grabar la primera serie: *A Woman's Heart: God's Dwelling Place* [El corazón de una mujer: morada de Dios], daba pena lo poco calificada que estaba. No sé cuánto habré mejorado, pero les aseguro que en aquel momento no sabía nada. Estaba petrificada. El enemigo me atacó con tantos conflictos y temores, que si no fuera porque tenía un contrato firmado me habría echado atrás. Sentía que necesitaba consejo en forma desesperada así como alguien que me confirmara si mis sentimientos eran normales. Todavía me siento una idiota por lo que hice después, pero actué movida por la desesperación. Llamé a la oficina de la conferencista Kay Arthur y pedí una entrevista. No tenía idea de lo que hacía. Nunca la había visto personalmente ni tampoco había tenido el privilegio de asistir a sus cursos. No pienses que me estaba comparando con ella. Lo único que me interesaba era hablar con una mujer que había enseñado la Palabra por medio de videos, más allá del abismo de conocimiento y experiencia que hubiera entre nosotras.

Sin embargo, Dios no permitió que entrara en contacto con Kay Arthur en esa ocasión. En primer lugar, quería que dependiera solo de Él. Además, Él sabía que ya me había tendido su diestra por medio de suficientes personas. También me parece que Dios sabía cuán impresionable era yo en esa época, y que aún no le había permitido que desarrollara por completo mi estilo. Admiro tanto a Kay, que si fuera posible me hubiera gustado que Dios me hiciera igual a ella. ¿Qué necesidad hubiera tenido el Señor de hacer algo así? Kay es excelente en su tarea de ser Kay, ¿por qué entonces habría querido Dios que yo enfocara el estudio bíblico de la misma manera que ella lo hace? ¡Para eso ya la tenía a ella!

Hoy podría levantar el teléfono y llamarla para reírnos y conversar durante una hora, si tuviéramos tiempo. No me siento digna de ponerle el calzado, pero la considero una amiga. Nos encontramos hace cinco o seis años en privado; sin embargo con el tiempo las dos sentimos el llamado de Dios para hacer algo juntas en forma pública.

Ambas hemos hecho todo lo posible para demostrar en público que estamos unidas en Cristo Jesús y servimos al mismo Dios… aunque con diferentes estilos. Yo he enseñado el material de alguno de sus libros. Kay me ha invitado a varias de sus conferencias para guiar la oración y para hablar. Me ha dado algo más precioso que el oro: su diestra de compañerismo. Ella sabe que tengo mucho que aprender. Además no coincidiríamos en todas nuestras interpretaciones. Simplemente, es una mujer que reconoce la gracia divina cuando la ve. Me siento muy agradecida por eso.

Pasaron catorce años entre el momento en que Pablo intentó por primera vez unirse a los apóstoles y el día en que finalmente recibió la diestra en señal de compañerismo. Me gustaría sugerir que no ocurrió ni siquiera con un instante de atraso. ¿De qué le hubiera servido Pablo a Dios si solo resultaba ser otro Jacobo? ¿U otro Pedro? ¿U otro Juan? Su misión era diferente. La tuya, querido lector, también lo es. ¡Dios sabe lo que hace! Confía en Él. Dios está ocupado haciendo de ti una persona irrepetible.

Capítulo 19

LECCIONES EN
LA OSCURIDAD

Y desde aquella hora el discípulo la recibió en su casa. (Juan 19:27)

$\mathcal{L}$legamos ahora a un territorio que despierta curiosidad, caracterizado no por la presencia de Juan sino por su notoria ausencia. En el próximo capítulo comenzaremos a ocuparnos de los escritos de Juan; pero no nos adelantemos. Consideremos en primer término el extraordinario papel del apóstol en el libro de Hechos, y detengámonos luego a pensar en su desaparición de las páginas de ese libro. Estoy convencida de que lo que Juan no hizo puede decirnos tanto como lo que hizo.

Hechos 12:2 es la última vez que Lucas menciona a Juan, al referirse a la muerte de su hermano. Me intriga mucho que Lucas nombre a Juan apenas un puñado de veces en los anales de la iglesia primitiva y que nunca cite sus palabras. Nuestro querido protagonista aparece solo como ladero de Pedro. Mientras que el libro de Hechos sigue el rastro de cada movimiento de un perseguidor convertido, llamado Saulo, después de la muerte de Jacobo el ministerio de Juan pasa casi inadvertido.

Me pregunto qué habrán pensado los apóstoles en cuanto al protagonismo de Pablo. Me parece que seríamos ingenuos si pensáramos que no se daban cuenta. Gálatas se refiere a Juan como pilar de la iglesia en Jerusalén, pero se nos dice poco acerca de él. Juan estaba entre los doce cuando Cristo le dijo a Pedro que edificaría su iglesia sobre el fundamento colocado por el testimonio del cabeza-de-piedra. Después de la resurrección, Juan también escuchó a Cristo anticipar a Pedro qué futuro le esperaba.

Juan pudo haber sentido que por lo menos Pedro tendría un futuro importante... aunque le costara la vida. Por su parte, Juan no sabía nada acerca de su propio futuro. Quizá lo único que sabía era que el ministerio de Pedro se expandía considerablemente y que el nombre de Pablo era incuestionablemente reconocido.

¿Y él? Cristo solamente le pidió que cuidara a su madre. Bien sabe Dios cuánto la quería. La llevó a su casa, tal como prometió, pero no encontramos en las Escrituras ni en la tradición ninguna indicación de que haya formado alguna vez su propia familia. Por supuesto, conocer bien a María significaba obtener una invalorable percepción de Cristo. Después de todo, ¿quién lo conocería mejor? Seguramente ella relataría una y otra vez las historias al atardecer, mientras menguaba el aceite en la lámpara. Las Escrituras nos pintan a Juan como una persona curiosa, por lo que deduzco le habrá hecho mil preguntas a lo largo de los años. "¿Qué aspecto tenía Gabriel cuando te dio la noticia? ¿Supiste de inmediato que era un ángel? ¿Cómo sonaba su voz?" O bien "¿Estuviste a punto de perder la esperanza de que Jacobo y tus otros hijos creyeran en Él?" Lucas 2:19 dice que "María guardaba todas estas cosas, meditándolas en su corazón". Sin duda habrá tenido mucho para decir.

Si María era como la mayoría de las madres ancianas, supongo que a medida que su vida arribaba a su fin, insistía con las historias y tal vez resultara reiterativa. Muchos historiadores de la iglesia primitiva concuerdan en que Juan residió en Jerusalén hasta la muerte de María. Creo que nunca antes he meditado sobre su muerte. El Nuevo Testamento registra muy poco acerca de la muerte de los miembros de la iglesia que recién había nacido. El Antiguo Testamento, en cambio, contiene muchos relatos de muertes de santos. No puedo sino imaginar que, desde la perspectiva de Dios, la cruz y la resurrección hicieron que la muerte de sus siervos tuviera poca importancia comparada con la nueva gloria.

Aun así, me pregunto cómo habrá sido la llegada de María al hogar celestial. Si Juan y los medios hermanos de Cristo tenían indicios de que se estaba muriendo, no cabe duda de que estarían a su lado. Una muerte natural les habrá parecido ahora muy diferente a los que fueron testigos oculares del Señor resucitado. Ellos conocían de primera mano la realidad de la vida más allá de la tumba. Aunque sintieran dolor, es probable que no hayan sentido miedo. Hebreos 2:14–15 declara que Jesús compartió nuestra humanidad "para destruir por medio de la muerte al que tenía el imperio de la muerte, esto es, al diablo, y librar a todos los que por el temor de la muerte estaban durante toda la vida sujetos a servidumbre".

¿Puedes imaginar lo ansiosa que estaría María por encontrarse con su primogénito? No me cabe duda de que los que estaban a su lado la reconfortaron durante sus horas finales hablándole de su inminente encuentro. Igual que con nosotros, Dios conocía los pasos que ella había dado y recogía cada una de sus lágrimas. Se había completado la cuenta, y ya era la hora. Mientras Dios llevaba esa solitaria vida hacia su punto final en la tierra, le era fácil ver más allá de ese rostro surcado por las marcas del tiempo.

Seguramente Dios sonrió complacido al recordar la sorpresa dibujada en el rostro adolescente de María, cuando esta se dio cuenta de que había sido elegida entre todas las mujeres de su tiempo. Una muchacha de origen humilde gestaría al Mesías. Después tal vez se rió de buena gana ante la irrupción de alabanzas de la joven, registrada en Lucas 1:46–55. La versión griega de las palabras "mi espíritu se regocija en Dios mi Salvador" sugiere que se sentía exultante en todo su ser. Los años que siguieron fueron turbulentos pero deliciosos. Ella tuvo el inefable privilegio de ser una protagonista en el plan eterno.

Me gusta pensar que María estaba rodeada por sus seres queridos cuando inspiró su última bocanada de aire terrenal. Imagino a sus hijos reunidos en torno a ella. Estaban todos, aun el que había adoptado junto a la cruz. Y también Aquel que ella había entregado a la tumba. Me pregunto si los demás sabían que su Hermano estaba allí, mucho más presente que cualquiera de ellos, a pesar de ser invisible. María se despidió de la mortalidad e ingresó en la inmortalidad del brazo de un apuesto Príncipe. Su Hijo. Su Dios.

Juan había cumplido su tarea. ¿Y ahora qué? Quizás hizo lo que nosotros hacemos a veces. Cuando estoy confundida por lo que no sé, repaso mentalmente lo que sé. Él sabía que lo último que Cristo había dicho a los apóstoles era que le serían testigos en Jerusalén, en Judea, en Samaria y hasta lo último de la tierra. Lo que ofrezco es, por supuesto, una suposición, pero me pregunto si Juan pensó para sí: "He servido aquí en Jerusalén durante años, he predicado a los samaritanos y conozco Judea como la palma de mi mano. Ya no soy un jovencito. ¿Quién sabe cuánto me queda? Me pongo en marcha hacia los confines de la tierra".

Escucha, querido lector, ¡los primeros seguidores de Cristo eran aventureros! ¡Eran pioneros! Se sentirían mortificados si nos vieran dar vueltas y vueltas para decidir si nuestros compromisos nos dejan tiempo para conducir un estudio bíblico entre los presos. En nuestra era posmoderna, la vida de iglesia se asocia con edificios y programas. Para ellos significaba moverse en la adrenalina y el entusiasmo del Espíritu Santo, aun a riesgo de sus vidas. Estaban dispuestos a hacer cosas que, según nuestra manera de razonar, nunca podrían ser la voluntad de Dios (por ejemplo, arriesgar el pellejo). Lo hacían por el mero gozo de lo que tenían por delante. Estaban en carrera. No se paseaban por la vida.

No quiero ser demasiado dura, pero me temo que al mirarnos no verían en ninguno de nosotros pasta de discípulo. Sin embargo, ¿sabes qué me gustaría decirle a ese grupo tan heterogéneo? "Ninguno de ustedes parecía tener pasta de discípulo cuando Cristo los arrancó de sus pequeñas vidas seguras." ¿Qué quiero decir? ¡Que todavía tenemos oportunidad de ser buena materia prima! ¡Yo lo ansío! ¡Yo quiero vivir la gran aventura! ¿Tú no? Aun si esa gran aventura me lleva por un tiempo a un lugar tenebroso. Sigue leyendo y verás a qué me refiero.

La mayoría de los historiadores y estudiosos considera que Juan se mudó a Éfeso, y que en algún momento viajó a Roma. Algunos piensan que fue a Roma cuando salió de Jerusalén, pero yo me inclino a creer que las circunstancias respaldan más otra secuencia. Pienso que Juan se estableció primero en Éfeso y que su aventura en Roma tuvo lugar antes del exilio en Patmos, y probablemente lo precipitó. R. Alan Culpepper, considerado por muchos como el experto de nuestro tiempo en la vida de Juan, escribió:

> Si bien el Nuevo Testamento jamás menciona las actividades del apóstol Juan en sus últimos años, escritores cristianos de las primeras épocas aportan fuerte evidencia, aunque no en forma unánime, de que Juan pasó varias décadas viviendo en Éfeso. El testimonio decisivo lo brinda Ireneo, obispo de Lyon (aprox. 180–200 d.C.): Después, Juan, el discípulo del Señor, el que se había reclinado sobre su pecho, escribió él mismo un Evangelio, mientras vivía en Éfeso, Asia. (*Adversus Haereses* III. I. 1)[1]

En *The Two St. Johns* [Los dos San Juan], James Stalker agrega:

> Esto es lo que afirma Ireneo, que sin duda habrá conocido perfectamente la circunstancia porque fue discípulo de Policarpo, el mártir y obispo de Hierápolis, quien a su vez fue discípulo de Juan.
>
> Juan pasó los últimos años de su vida en esta región; la ciudad con la cual la tradición lo asocia en forma unánime es Éfeso.

Esta ciudad estaba situada en la costa del mar Egeo, y era una de las grandes urbes de aquella época. En sus comienzos el cristianismo tenía predilección por las grandes ciudades, desde donde su influencia podía irradiarse a las regiones con las que estaban conectadas. Éfeso albergaba una numerosa población y era un lugar de enorme riqueza y actividad.[2]

Aquellos que están familiarizados con la vida de Pablo, recordarán que pasó años cruciales sirviendo en Éfeso. La mayoría de los estudiosos coincide en que la época de Juan fue un poco posterior a la de Pablo. Sin embargo, el relato que hace Lucas de los encuentros de Pablo añade luz a lo que podemos imaginar de Juan mientras desarrollaba allí su ministerio. Hechos 19:8–20,23–41 describe las obras milagrosas y excepcionales realizadas por Dios a través del apóstol Pablo. Cuando investigué para mi libro *El vivir es Cristo*, me resultó más clara la razón por la cual Dios decidió hacer obras tan asombrosas en Éfeso. Esta ciudad era uno de los centros más destacados de magia negra en el mundo antiguo, de modo que Dios se aseguró de llevar a cabo manifestaciones que le produjera no una simple impresión sino que la desconcertara. James Stalker escribió acerca de Éfeso:

> Por estar conectada por tierra y por mar con Siria y naciones más lejanas, Éfeso estaba llena de maestros de magia negra que acudían en masa desde Oriente hacia las grandes ciudades de Occidente y se aprovechaban de los extranjeros que entraban desde otras tierras a ese puerto. El centro de la degradación era el templo de Diana, considerado una de las siete maravillas del mundo. Era el edificio más grande en su género … el culto era ejercido por innumerables sacerdotes y sacerdotisas …
>
> No cabe duda de que este era un lugar donde se necesitaba con urgencia el evangelio. Antes de ser visitado por San Juan, la obra de evangelización ya se había iniciado con vigor. Había sido el centro principal del tercer viaje misionero de Pablo, y este le había dedicado tres años enteros. Cuando pasó ese lapso hubo un gran alboroto y Pablo tuvo que partir; sin embargo, su obra permaneció, y cuando llegó San Juan, edificó sobre la herencia dejada por su antecesor.[3]

No se nos dice nada acerca del ministerio específico de Juan después de la muerte de Jacobo, y no hay ningún registro acerca de su función en Éfeso. Si bien tenemos abundante información sobre el ministerio que Pablo desarrolló allí, no sabemos prácticamente nada sobre el de Juan. Por lo que sabemos, durante algunos años Juan sirvió desde las sombras. Nada nos dice la Biblia de ese período. Querido lector, ese es el punto importante de este capítulo.

¿Comenzó Juan a dudar de su identidad y de su valor en algún momento de su marcha? No cabe duda de que Pedro era una figura fundamental de la iglesia primitiva en Jerusalén. El libro de Hechos sugiere que Jacobo, el medio hermano de Cristo, era segundo en importancia. Más aún, Juan fue a Éfeso y edificó sobre los cimientos puestos nada menos que por Pablo, el que había sido perseguidor de la iglesia y había ingresado tarde en la escena.

Tal vez te preguntes: *¿Qué diferencia hace?* En un mundo ideal, ninguna. Pero este no es un mundo ideal. En la oscuridad de la noche, cuando la incertidumbre hormiguea en nosotros, nos sobrevienen aterradores ataques de inseguridad y nos sentimos insignificantes. Nuestra naturaleza humana cae a veces en la lastimosa tentación de sacar la cinta métrica y compararnos con personas más dotadas y más ungidas por Dios.

Juan sobrevivió a los demás apóstoles, mientras que ellos fueron considerados dignos de dar su vida por la causa de Cristo. ¿Se habrá preguntado Juan alguna vez si valía tan poco como para que ni siquiera lo consideraran una amenaza que debía desaparecer?

Tal vez nos inclinamos a pensar que era demasiado maduro y lleno del Espíritu Santo como para tener esos pensamientos, pero recordemos que es el mismo discípulo que pidió el privilegio de sentarse al lado de Cristo en su reino. Es cierto, Juan era una nueva criatura; sin embargo, si Satanás lo presionaba como lo hace conmigo, lo habrá buscado en los momentos de debilidad para golpearlo con la misma clase de tentaciones que le habían dado resultado en los viejos tiempos. Los antiguos deseos carnales de Juan de alcanzar importancia habían sido gigantescos. Con toda seguridad Satanás habrá procurado dispararle de nuevo. ¿Y tú? Cuando te sientes débil, abatido o cansado, ¿acaso no intenta Satanás reavivar algunas de las tentaciones de tu vieja naturaleza?

Una de las formas en que debemos reaccionar es hacer la elección de creer en lo que sabemos y no en lo que sentimos. Si Juan tuvo esos conflictos de identidad, habrá hecho exactamente eso. Lo sabemos por la incomparable cosecha producida después de los años de relativa oscuridad. A pesar de que otros parecían ser usados por Dios de manera más poderosa, Juan, durante las décadas transcurridas en las sombras, se mantuvo tenaz en su tarea.

Querido mío, para Cristo Jesús no hay tal cosa como oscuridad. Los ojos de *El Roi* ("El Dios que me ve", Gén. 16:13) miran con aprobación cada esfuerzo que haces y cada pizca de fe que ejerces en el nombre de Jesús. ¡No has sido olvidado! ¡No tienes idea de lo que podría esperarte en el futuro! Estoy segura de que Dios dedicó este período a evaluar y a poner a prueba el carácter de Juan, de modo que pudiera confiársele la revelación más extraordinaria. Las respuestas que Dios está dispuesto a darnos en el futuro a menudo brotan de la fidelidad que practicamos en el presente mientras no tenemos respuestas.

Capítulo 20

AL QUE JESÚS AMABA

Entonces los discípulos se miraron unos a otros, dudando de quién hablaba. Y uno de sus discípulos, al cual Jesús amaba, estaba recostado al lado de Jesús. (Juan 13:22–23)

Tropecé con una cita en el libro de Kurt Culpepper sobre Juan, que no puedo sacarme de la cabeza. "Los santos… mueren al mundo para resurgir a una vida más intensa."[1] Rumié cientos de veces las palabras en mi mente y estoy convencida de que son acertadas. Juan puede ser el ejemplo perfecto. Creo que Dios tenía algo tan divinamente singular para confiar a este apóstol predilecto, que debía matar en él el llamado del mundo. Aclaremos, no el llamado *al* mundo sino el llamado *del* mundo.

Juan no era muy distinto de Abraham o de Moisés. Dios eligió a esos hombres y los refinó para la tarea que debían hacer mediante el crisol del tiempo y la confianza puesta a prueba. La diferencia evidente es que Dios usó con poder a Juan poco después de su llamado; sin embargo, me gustaría sugerir que sus trabajos finales caben en una categoría a la que llamaremos "obras mayores que estas". En lo que respecta a las obras de Juan que conocemos, las primeras y las últimas tuvieron un intervalo de años decisivos de preparación más profunda.

Mientras Dios procuraba aniquilar al mundo en sus vasijas elegidas y crucificar sus proyectos y planes personales, los tiempos de espera no fueron para nada vacíos ni apáticos. Por el contrario, la vida de estos creyentes se intensificó en forma significativa. Ocurre lo mismo con nuestro llamado. Nunca seremos verdaderamente útiles para Dios a menos que aceptemos ser crucificados a nosotros mismos y al mundo. ¡Nuestra recompensa es mucho más grande! Canjeamos la mediocridad lastimera y el desastre potencial por la aventura más apasionante que ningún ser humano podría llegar a vivir. No morimos a nosotros mismos a cambio de nada. Entregamos nuestra vida y la atracción del mundo a fin de recibir algo mucho más intenso. ¡El llamado de Dios! El tiempo que pasamos esperando mayor discernimiento y una cosecha más abundante tiene como propósito hacernos crecer en la relación con Él.

Tal vez en el almanaque de la vida de Juan pasaron meses, años y aun décadas en la oscuridad; sin embargo, ni por un instante se te ocurra pensar que transcurrieron inactivos o vacíos. ¡De ninguna manera! Por favor toma nota de lo siguiente: durante el intervalo silencioso en la vida de Juan, *se desarrolló una de las relaciones más intensas que encontramos en la Palabra de Dios.* Por favor, presta suma atención y lee nuevamente las palabras en cursiva. ¡Es un concepto tan decisivo que me he puesto de pie para escribirlo!

Es cierto, Cristo usó a Juan para expulsar demonios, sanar enfermos y difundir las buenas nuevas. Sin embargo, en el camino, Dios edificó a un hombre a quien fue posible confiar algunas de las palabras más profundas jamás escritas sobre un pergamino. ¿Qué clase de hombre escribe "En el principio era el Verbo, el Verbo estaba con Dios y el Verbo era Dios"? ¿A quién se le pueden confiar cartas de amor como las de 1, 2 y 3 Juan? ¿Quién hubiera podido ser elegido para escribir el incomparable Apocalipsis? Lo cierto es que todo eso fue confiado a un hombre que al principio solo era conocido como "el hermano de Jacobo".

Algo ocurrió, amado lector. Algo grande. Algo intenso. Nadie conoce con certeza la secuencia exacta de los escritos de Juan, pero me siento cómoda con la hipótesis de muchos estudiosos que creen que fueron dados en el mismo orden en el que aparecen en las Escrituras. Por otra parte, la mayoría de los investigadores considera de peso las evidencias de que todos fueron escritos en el lapso de pocos años. Este período abarcaría los años 80 y los 90 d.C. De ser así, durante varias décadas el apóstol Juan sirvió en lugares tales como Jerusalén y Éfeso, mientras los demás discípulos fueron al martirio uno por uno.

¿Te imaginas en el lugar de Juan, mientras las noticias recorrían kilómetros y caían de golpe ante su puerta como un periódico, comunicándole un aviso funerario tras otro? Algunas tradiciones confiables ubican a Pedro en Roma en los años 60 d.C., donde él y Pablo sufrieron el martirio durante el reinado de Nerón.[2] Uno de ellos fue crucificado y el otro decapitado. ¡Cuánto habrá sufrido Juan! Sin embargo, no fueron los primeros ni los últimos. Uno a uno los apóstoles atravesaron la puerta carmesí de la muerte violenta y entraron a la vida eterna, hasta que quedó solo uno. ¿Qué crees que habrá sentido Juan, al saber que era el único apóstol que quedaba vivo?

No sabemos mucho de lo que ocurrió entre Cristo y Juan en esos años de silencio bíblico, pero una cosa es indudable. Y es tan significativa que la considero el eje sobre el cual se apoya el cumplimiento del resto de las obras de Dios en Juan. En algún momento de esos años y décadas Juan forjó su identidad como discípulo amado. Cuando el Espíritu Santo le comunicó las palabras de su Evangelio, esa identidad estaba intacta.

¿Te das cuenta de que el mismo Juan se calificó como "el discípulo al que Jesús amaba"? ¿No te parece raro? Sin embargo, si creemos que recibió el Evangelio por inspiración, debemos aceptar que este detalle sobre su identidad también fue inspirado. No porque Jesús amara a Juan más que a los demás, sino porque Dios se proponía que el lector supiera cómo se veía Juan a sí mismo. A primera vista podríamos sentirnos tentados a pensar que Juan se muestra algo arrogante al describirse de esa manera. Sin embargo, Dios nunca hubiera admitido que un hombre que recibió tamaña revelación, se permitiera esa clase de autopromoción.

Me gustaría sugerir que esta identidad que Juan desarrolló a lo largo de esas décadas brotó de un corazón que era todo lo contrario. Dios es demasiado fiel como para no haber humillado a Juan antes de darle una revelación tan elevada. (Ver un concepto similar en 2 Cor. 12.)

Me inclino a pensar que la posición elevada de Pedro y Pablo en la iglesia primitiva, y la amenaza de martirio que pendía sobre los apóstoles, no alimentó en Juan un sentimiento de exaltación sino de humillación. No cabe duda de que habrá luchado con terribles sentimientos de ambivalencia: el temor de que a él también lo condenaran al martirio, y el temor de que no fuera así. ¿Se entiende?

Cuando una persona sigue viva mientras los demás han sido considerados dignos de morir, y sin embargo todavía no discierne en ello ningún propósito profundo, pueden surgir todo tipo de incertidumbres. No necesitamos preguntarnos si Satanás estaría acosándolo. Es seguro que el diablo tomó el martirio de los otros apóstoles como un triunfo a pesar de que, en realidad, por la disposición que tenían a morir, él era el derrotado. Sin duda, Juan fue puesto en la mira del infierno. Entre muchos otros ataques, ¿no crees que Satanás acosó a Juan con la culpa de quien sobrevive? Créeme, conozco por mi propia experiencia cuánto desgasta esa culpa. Hace 21 años que vivo con un hombre que perdió a su hermano mayor y a su hermana menor, y durante un tiempo sufrió terriblemente un falso sentimiento de culpa. Es un engaño altamente convincente.

A medida que pasaban los años y el joven y viril pescador se convertía en un anciano de cabellos grises, estoy segura de que las piernas cada vez más débiles de Juan se fortalecían en la marcha, reconfortadas por la continua certeza: "Jesús, tú me elegiste. Tú me cuidas. Y sobre todas las cosas, tú me amas. Me amas. No importa lo que ocurra o deje de ocurrir, Jesús, yo soy tu amado".

Probablemente, la razón por la que esta teoría (que no saqué de ningún libro) me resulte tan plausible, es porque los tiempos difíciles y no los florecientes han sido, sin excepción, los momentos en que más he podido identificarme como una persona amada por Dios. Atravesé un período de tantos sufrimientos y ataques mientras escribía el libro *Sea libre*, que casi no podía soportarlo. Sobreviví a ese lapso de dos años de dificultades terribles repitiéndome una y otra vez: "Oh, Dios, te doy gracias porque me amas. ¡Cuánto me amas! Soy tu amada, la niña de tus ojos". Isaías 54:10 se convirtió en mi salvavidas. "'Porque los montes se moverán y los collados temblarán, pero no se apartará de ti mi misericordia ni el pacto de mi paz se romperá', dice Jehová, el que tiene misericordia de ti."

En esa época comenzaba cada mañana con el Salmo 90:14, porque de otro modo no hubiera podido enfrentar la jornada: "De mañana sácianos de tu misericordia, y cantaremos y nos alegraremos todos nuestros días". Durante esos meses difíciles, las páginas de mi diario se llenaron de confesiones de amor. ¡No tanto de mi amor a Dios, aclaro, sino de su amor por mí!

Me aferré a su amor. Un día me portaba como el refugiado hambriento que busca comida, y al día siguiente, como un niño egoísta que acapara golosinas. No solo me sentía desesperada sino que algunas circunstancias me habían vuelto insegura. Era tan grande mi necesidad que todo lo que alcanzaran a hacer mis seres queridos hubiera sido como arrojar un balde de agua en un pozo sin fondo. Yo necesitaba más amor del que podían darme. Necesitaba el inmenso amor de Dios.

Querido hermano, tú y yo no dependemos de un plan de racionamiento de amor. En este momento de tu vida, ¿sientes con desesperación que necesitas una cuota extra de amor y aceptación? La naturaleza humana procura obtener lo que necesita, de una manera u otra. ¿Qué haces tú para conseguir una dosis extra de amor y aceptación?

¿Ya has descubierto que tus necesidades superan la capacidad humana de satisfacerlas? He aprendido, por el camino más difícil, que cuando atravieso una crisis de inseguridad o dolor nadie tiene suficiente de lo que yo necesito. La pretensión de obtenerlo de fuentes humanas solo dará como resultado que yo los desprecie a ellos, y ellos a mí. Dios es nuestra única fuente. Él nunca se disgusta por más ancha, profunda y extensa que sea nuestra necesidad. Me encanta la cita de Deuteronomio 33:12. En la promesa que hizo a Benjamín, Moisés dijo: "El amado de Jehová habitará confiado cerca de él; lo cubrirá siempre, y entre sus hombros morará".

Todos pasaremos por períodos como el que estoy describiendo, porque en ellos hay una intención divina trascendente. Gran parte de nuestra identidad se desarrolla justamente allí: en la soledad, en la búsqueda de sentido, en el temor de no ser tomado en cuenta, en el terror de que en algún punto del camino hayamos cruzado una línea sin retorno.

Descubrimos nuestra verdadera identidad en aquellos momentos en que nos enfrentamos a la perspectiva de seguir creyendo que Dios nos ama aunque nunca nos use de manera extraordinaria. ¿Pensamos que Él nos demuestra su amor cuando nos usa de manera ruidosa? En ese caso, si alguno de nosotros hubiera sido Juan durante los años notablemente silenciosos de las Escrituras, tal vez habríamos renunciado. O por lo menos habríamos disminuido la marcha.

No fue así con Juan. Él sabía dos cosas, y creo que se aferró a ellas con todas sus fuerzas. Sabía que lo habían llamado a ser un discípulo. Y sabía que era amado. Con el transcurso del tiempo, esos dos factores confluyeron en una sola identidad. "Yo, Juan, simiente de Zebedeo, hijo de Salomé, hermano de Jacobo, el último apóstol sobreviviente, soy: aquel al que Jesús ama." El discípulo amado. En algún punto del camino, aquel Hijo del Trueno renunció a la ambición a cambio del afecto. Por eso estaba tranquilo cuando cayeron sobre él, como gracia líquida en su pluma, algunas de las palabras más profundas que jamás vinieron del cielo a la tierra.

Parte 5

RECIBIR DE SU PLENITUD

Fue una verdadera fiesta estudiar los rasgos destacados del Evangelio de Juan con los que te encontrarás en los próximos diez capítulos. Cuando comencé mi investigación para este viaje, tenía claro que analizaríamos el Evangelio de Juan, pero no estaba segura de qué manera elegir los aspectos a enfatizar. Este Evangelio es singular en muchos sentidos y nos brinda abundantes conocimientos. A medida que me aproximaba a esta sección del estudio, me sentí abrumada por la tarea de detectar y elegir un versículo en lugar de otro. Dios fue misericordioso; me habló en forma clara por medio de su Palabra y me dijo exactamente de qué modo encararla a fin de alcanzar las metas del estudio. Explicaré ese enfoque en el capítulo 21. En cada uno de estos capítulos aprendí algo que, con seguridad, marcará mi manera de andar. ¡Espero que sea igual para ti!

Capítulo 21

MÁS VIDA

Y el Verbo se hizo carne y habitó entre nosotros lleno de gracia
y de verdad; y vimos su gloria, gloria como del unigénito
del Padre. (Juan 1:14)

---

*H*emos llegado al corazón que bombea la sangre de nuestro estudio. Volvemos la mirada al Evangelio de Juan. Si queremos comprender al hombre que escribió las breves epístolas de 1, 2 y 3 Juan y el incomparable Apocalipsis, necesitamos captar el énfasis del inspirado apóstol en su Evangelio tan singular. El Evangelio de Juan es como un electrocardiograma espiritual: revela el estado de su corazón.

Como ya dije, me convencen más las evidencias que dan una fecha tardía a los escritos de Juan, y los ubican entre los años 81 y 96 d.C., durante el reinado del emperador romano Domiciano. Si estoy en lo cierto, pasaron varias décadas y también la vida de los demás apóstoles, hasta que Juan llegó a ser el único de ellos que seguía caminando por este planeta, y sin duda con un propósito. En los capítulos anteriores vimos de qué manera la relación de Juan con Dios creció intensamente durante los años de oscuridad. Allí descubrimos algo que será fundamental durante nuestro viaje: Juan renunció a la ambición a cambio del afecto. Amar y ser amado fue la sustancia de su vida.

Mientras más estudio la vida de Juan, tanto más me convenzo de que la intensidad engendra expansión. A medida que más intensa se volvió la relación de Juan con el Jesús ahora invisible, más amplió Dios las fronteras de su revelación. Dios rompió las barreras de la visión y la audición de su apóstol y le permitió abarcar una longitud, una anchura y una profundidad que otros nunca experimentaron. Tendremos evidencias tanto de la intensidad como

131

de la extensión al apreciar los conceptos que moldearon el Evangelio de Juan de una manera tan especial. Sin embargo, nuestra intención no es solamente maravillarnos por la tierna relación de Juan con Jesucristo, sino también ser marcados de una manera indeleble en nuestra unión con Él. Operan en nosotros el mismo Espíritu, la misma Verdad y el mismo Señor.

Juan 1:16 contiene un concepto clave que nos conducirá en este tramo vital de nuestro viaje. ¡Te animo a que lo memorices! "De su abundancia, todos hemos recibido bendición tras bendición" (VP, nota al pie). Si aceptas lo que este versículo te dice, el cambio no durará solamente el tiempo de este estudio. Tu experiencia completa con Jesús será transformada.

La palabra original que se traduce por bendición es *járis*, que a menudo se traduce por "gracia". Esto permite entender el versículo en la versión Reina Valera: "De su plenitud recibimos todos, y gracia sobre gracia." *Járis* significa "gracia", "en particular aquello que causa gozo, placer, gratificación, favor, aceptación … un beneficio … la expresión totalmente libre del amor bondadoso de Dios hacia los seres humanos, motivada solo por la generosidad y benevolencia del Dador; un favor inmerecido que no hemos ganado."[1]

Sobre la base de Juan 1:14,16 y de esta definición, es posible arribar con certeza a las siguientes conclusiones:

1. Jesús está lleno de gracia y de verdad. Él es único.
2. ¡Todos podemos recibir de su plenitud! No solo el apóstol Juan. No solo Juan el Bautista. De Jesús fluye todo aquello que cualquiera de nosotros puede llegar a desear o necesitar, ¡y podemos recibirlo!
3. Estos dones de la gracia que brotan de la plenitud de Cristo no solo nos brindan beneficios. ¡Son también expresiones del favor de Dios y producen gozo y disfrute!

Es hora de que les haga una confesión explosiva. Soy una cristiana hedonista. Lo fui durante años, aun antes de saber qué significaba ese término. Me gustaría poder decirlo con las mejores palabras, pero permíteme que simplemente lo diga de este modo: ¡Jesús me hace feliz! ¡Me entusiasma! Su belleza me deja sin aliento. Te digo de verdad, a veces me siento tan desbordada por el amor que me tiene, que me ruborizo y el corazón se me acelera por la santa expectativa. Sin discusión, Jesús es la delicia de mi vida.

Nunca me lo propuse; ni siquiera sabía que era posible. Todo comenzó al estudiar con profundidad su Palabra, cuando estaba por cumplir 30 años, y paradójicamente aumentó cuando me encontré al borde del colapso mental y emocional poco después de haber cumplido los 30. Cuando llegué al fondo del pozo, comenzó una relación intensa con un Salvador invisible. Nadie me había dicho que fuera posible una relación así. Ahora me paso la vida diciéndolo a cualquiera que esté dispuesto a escucharlo.

Me sentía como si fuera de otro mundo porque conocía a muchos cristianos para quienes su relación con Cristo era un sacrificio. Me preguntaba si tal vez yo había pasado algo por alto. No quiero que me interpreten mal. Hay muchos creyentes en el mundo que hacen enormes sacrificios en el nombre de Jesucristo pero no estoy segura de que los norteamericanos podamos compararnos con ellos y tal vez parezcamos grotescos al intentarlo.

Los sacrificios más grandes que he realizado fueron ocasiones en las que tuve que elegir entre mi voluntad y la de Jesús. Les mentiría si dijera que seguir a Jesús significó algún gran sacrificio para mí. Él es el amor y el gozo indescriptible de mi vida. Dicho sin rodeos, creo que es una fiesta.

Aunque todavía me mantenía en las sombras, comencé a tropezar con otros cristianos hedonistas. Tal vez Agustín sea el ejemplo histórico más resonante. Acerca de su conversión en el año 386, escribió: "¡Qué súbitamente dulce fue para mí liberarme de esos placeres vanos que antes temía perder! ... Tú te los llevaste. Tú, que eres el verdadero y soberano gozo. Tú los quitaste y ocupaste su lugar. Tú, que eres más dulce que todo placer".[2] ¡Mi corazón salta en mi pecho al leer palabras que expresan lo que yo también he vivido!

Otro caso es el de Jonathan Edwards. En 1755, escribió: "Dios no se glorifica sólo cuando vemos su gloria sino cuando nos regocijamos en ella. Cuando aquellos que la reconocen se deleitan, Dios recibe más gloria que cuando solamente la perciben".[3]

C. S. Lewis también fue un gran cristiano hedonista. Escribió:

> Si en la mayoría de las mentes modernas acecha la noción de que desear nuestro propio bien y anhelar sinceramente su disfrute es algo malo, sugiero que ese concepto se filtró de Kant y de los estoicos, y no forma parte de la fe cristiana. De hecho, si pensamos en el carácter y la enormidad de las recompensas que se prometen en los Evangelios, diríamos que nuestro Señor no considera exagerados nuestros deseos, sino demasiado débiles. Somos criaturas mezquinas; andamos perdiendo el tiempo con el alcohol, el sexo y la ambición, cuando en realidad se nos ofrece el gozo infinito. Somos como el niño ignorante que quiere seguir haciendo tortas de barro en su pobre vecindario, porque no alcanza a imaginar qué

significa cuando le ofrecen unas vacaciones en la playa. Nos conformamos con demasiada facilidad.[4]

Medita una vez más en Juan 1:14 y 16. ¡La gracia es el favor de Dios que busca dónde manifestarse! ¡Por su gracia recibimos una bendición tras otra! Querido amigo, no me importa quién eres ni cuánto hace que conoces a Jesús, estoy segura de que apenas hemos tratado el tema muy por encima. ¡Aún queda mucho más de Él! ¡Hay tanto más que quiere darnos! ¡Mostrarnos! ¡Decirnos! ¡Que consagremos nuestra vida a esta búsqueda apasionada! Esto es lo que hizo John Piper. Él es mi ejemplo favorito de un santo hedonista de principios del siglo XXI. Aunque cualquiera de sus obras sería evidencia suficiente, la mejor síntesis de sus conclusiones hedonistas es la siguiente afirmación: "Dios se glorifica más en nosotros cuando nosotros más nos complacemos en Él".[5]

No me entiendan mal. No estoy diciendo que nuestra motivación para buscar a Dios sea exclusivamente nuestro deleite y satisfacción. Lo buscamos porque Él es la clave y la esencia de todo lo que existe, y su gloria es el único propósito por el que fuimos creados (Isa. 43:7). Sin embargo, cuando lo buscamos con ardor y anhelamos amarlo con pasión, nos tropezaremos en forma inesperada y abrumadora con el gozo y la plenitud. Si no estás convencido, espera a que avancemos en los próximos capítulos.

Mucho antes de que Agustín embelleciera páginas con sus confesiones, hombres inspirados como Moisés, David y Pablo demostraron ser santos hedonistas.

Enfrentado a la posibilidad de seguir hacia la tierra prometida y recibir grandes bendiciones, pero sin la presencia de Dios, Moisés declaró: "Si tu presencia no ha de acompañarnos, no nos saques de aquí" (Ex. 33:15).

David expresó: "Porque mejor es tu misericordia que la vida, mis labios te alabarán … porque has sido mi socorro y así en la sombra de tus alas me regocijaré" (Sal. 63:3,7).

Pablo descubrió que solo Jesús puede dar verdadera satisfacción. Él consideraba "todas las cosas como pérdida por la excelencia del conocimiento de Cristo Jesús, mi Señor. Por amor a él lo he perdido todo y lo tengo por basura, para ganar a Cristo" (Fil. 3:8). En realidad, Pablo pensaba que hay más gozo en sufrir con Cristo que en una vida sin problemas pero privada de Él: "Quiero conocerlo a él y el poder de su resurrección, y participar de sus padecimientos hasta llegar a ser semejante a él en su muerte" (Fil. 3:10).

Sí, la Palabra de Dios está llena de hedonistas piadosos que testificaron de una manera u otra que buscar a Dios con celo y fervor fue lo mejor que haya sucedido, no a Dios sino a ellos. Dios mismo lo expresó cuando le dijo a Abram, en Génesis 15:1: "Yo soy ... tu recompensa". Del mismo modo, amo entrañablemente las palabras de Hebreos 11:6 que dicen que no solo debemos creer que Dios existe sino que "recompensa a los que lo buscan". Vale la pena amar a Dios apasionadamente porque, cuanto más lo buscamos, Él nos recompensa con más de sí mismo.

¿Acaso no es suficiente premio haberlo encontrado? ¡Sin embargo, Dios sobreabunda en su entrega! Muchos hombres inspirados confesaron en las Escrituras la gloriosa ganancia de buscar a Dios, pero pocos pueden competir con nuestro querido apóstol Juan. Quiero demostrártelo. No soy una investigadora experta de la Biblia, pero he aprendido a usar algunas herramientas de estudio y a hacer un poco de investigación por mi cuenta. En el conjunto de escritos de Juan, y en una comparación de su Evangelio con los tres sinópticos, Juan tiene más para decirnos sobre los conceptos de la vida, la luz, el amor, la verdad, la gloria, las señales y la fe que cualquier otro escritor del Nuevo Testamento.

Juan tiene abrumadoramente más para decir de Dios como Padre que cualquier otro escritor inspirado. De las 266 referencias a Dios como Padre que encontramos en el Nuevo Testamento, 144 pertenecen a los escritos de Juan. En un equilibrio impresionante, Juan también tiene mucho más para decir acerca de la relación de Dios con el mundo que los demás escritores. De 199 referencias al mundo, 109 son de Juan. Y habría más ejemplos para mencionar.

¿A dónde quiero llegar? Por supuesto, no estoy diciendo que su Evangelio sea mejor que los otros. Cada uno de ellos fue inspirado exactamente en la forma en que Dios lo tenía previsto. El aspecto que quiero resaltar es que, por la extensión de su vida y la profundidad de su amor, Juan descubrió el concepto de *más*. Estoy convencida de que una explicación de toda la experiencia y la visión de Juan se insinúa en una de las declaraciones más profundas que Cristo le dictó.

Jesús dijo: "Yo he venido para que tengan vida, y para que la tengan en abundancia" (Juan 10:10). Necesitamos conocer al dedillo la palabra griega *perissós*, que se traduce "abundancia". Significa "más y más, más que suficiente ... por lo general, superabundante, ... mucho, grande".[6]

¿Te das cuenta de que Cristo quiere que tengas una vida extraordinaria? ¿Te inquieta eso? No confundas "extraordinaria" con una existencia sin desafíos, pruebas ni sufrimientos. Es más, los tramos más asombrosos de mi experiencia tuvieron lugar cuando pude vencer lo que me agobiaba con el poder del Espíritu Santo. Los cristianos hedonistas reconocen el valor del sufrimiento. No se dan por vencidos hasta que encuentran ganancia en medio de la pérdida (Fil. 3:8). Cuando nuestra vida haya llegado a su fin, Dios quiere que podamos decir que la vivimos en plenitud, que no nos privamos de nada de lo que Él quería darnos, que vivir con Él fue dinamita pura. Igual que Juan.

Jesús ofreció vida en abundancia y Juan le creyó. Jesús arrojó mucha luz y Juan decidió vivir en ella. Jesús reveló abundante gloria y Juan eligió contemplarla. Jesús brindó infinita verdad y Juan creyó en ella. Jesús derramó su sangre y Juan se sintió cubierto por ella. Jesús prodigó amor en abundancia y Juan lo recibió. Jesús tiene en plenitud todo aquello que deseamos o necesitamos. Gracias a Dios, son muchos los que reciben; sin embargo, algunos reciben más abundantemente. Juan fue uno de ellos. Yo también quiero serlo.

Amado hermano, quiero conocer a Dios con todo mi corazón y quiero que derrame sobre mí una bendición tras otra. ¡Quiero más! Ese es el deseo de mi corazón. Estoy convencida de que Dios da la bienvenida al enfoque hedonista que le dice: "¡Tú eres lo mejor que me podría haber pasado, por eso quiero más!"

Vamos a concentrarnos en la invitación a la abundancia que domina el Evangelio de Juan. En cada capítulo meditaremos en conceptos a los que Juan dio más énfasis en su Evangelio que los demás escritores sinópticos, y a menudo más que cualquier otro escritor del Nuevo Testamento. En otras palabras, vamos a estudiar los picos más elevados en el electrocardiograma de Juan.

C. S. Lewis estaba en lo cierto. Nos hemos conformado con poco. En algún punto del camino nos formamos un concepto de Cristo y nos estancamos allí. Son pocos los que captan la invitación a la gran aventura. Pretenden reducir a Dios a una mera religión, y luego se aburren con la imagen que han creado. En consecuencia, el corazón se queda esperando porque nuestras almas fueron creadas, más bien, para regocijarse y danzar en una santa pasión. Si no la encontramos en el Santo Dios, la buscaremos entre un humeante montón de cosas no santas. Tengo cicatrices de quemaduras que lo demuestran.

Capítulo 22

¡MÁS FE!

Pero estas se han escrito para que creáis que Jesús es el Cristo, el Hijo de Dios,
y para que, creyendo, tengáis vida en su nombre. (Juan 20:31)

En los primeros días de la iglesia del Nuevo Testamento, Eusebio escribió la siguiente afirmación acerca de Clemente de Alejandría: "Juan, por último, consciente de que los datos objetivos habían sido presentados en los Evangelios, fue urgido por sus discípulos y, divinamente impulsado por el Espíritu, compuso un Evangelio espiritual".[1] Si Clemente tenía razón, Juan estaba familiarizado con los Evangelios sinópticos y no tenía el deseo ni la imposición de parte del Espíritu Santo de repetir el enfoque biográfico de Mateo, Marcos y Lucas. El Evangelio de Juan comparte apenas alrededor del diez por ciento de su contenido con el de los otros evangelistas. Clemente no quiso decir que no fueran igualmente inspirados los cuatro Evangelios; simplemente sugiere que, con el último que se escribió, podemos avanzar en las verdades espirituales.

Mientras que los Evangelios de Mateo y Lucas comienzan con genealogías humanas, el Evangelio de Juan comienza con la grandiosa proclamación de Jesucristo, el preexistente, el Verbo eterno. Aunque el enfoque de Juan es amplio y profundo, mi profesor de griego sostiene que el griego de Juan es el más fácil de leer de todos los libros del Nuevo Testamento. Tal vez Agustín tenía esos factores en mente cuando escribió: "El Evangelio de Juan es suficientemente profundo como para que nade un elefante y suficientemente playo como para que un niño no se ahogue".[2] Seamos elefantes o niños en relación con la Palabra, tú y yo podemos chapotear a nuestro gusto en el agua viviente de este Evangelio.

Al igual que otros libros del Nuevo Testamento, este Evangelio también explica al final por qué el libro tuvo un comienzo. Juan incluyó dos penetrantes pasajes al llegar a esta conclusión. Uno de ellos es el versículo final: "Hay también otras muchas cosas que hizo Jesús, las cuales, si se escribieran una por una, pienso que ni aun en el mundo cabrían los libros que se habrían de escribir" (Juan 21:25).

Cada vez que leo este versículo pienso en el primer guía que tuve en Israel, quien me dijo que los hebreos antiguos a menudo hablaban mediante figuras e imágenes. Este guía comentó: "Por ejemplo, en este versículo final entenderíamos de esta forma la intención de Juan: 'Si todos los árboles del bosque fueran plumas y el océano fuera tinta, aun así no alcanzarían para registrar todo lo que Jesús hizo'." ¡Sí! ¡Esa es mi manera de expresarme!

Cualquiera sea tu gusto en cuestiones de retórica, por la conclusión que le dio Juan, podemos deducir que los elementos que incluyó en las páginas de su Evangelio fueron seleccionados con un propósito, bajo la guía del Espíritu Santo, quien obraba por medio de la personalidad y las prioridades de Juan. Consciente de que podía decir más de lo que cabría en todos los pergaminos del mundo, ¿cómo eligió Juan los hechos particulares que registró en su Evangelio? En otras palabras, ¿qué intentaba lograr con la elección inspirada de ese material? Él mismo nos da la respuesta en Juan 20:30–31: "Hizo además Jesús muchas otras señales en presencia de sus discípulos, las cuales no están escritas en este libro. Pero estas se han escrito para que creáis que Jesús es el Cristo, el Hijo de Dios, y para que, creyendo, tengáis vida en su nombre".

Ningún otro escritor de los Evangelios tiene mayor firmeza que Juan para expresar la absoluta deidad de Jesús. Juan escribió su Evangelio con la intención de que el lector percibiera la verdad dicha por un testigo presencial completamente convencido de que Jesucristo es, sin duda alguna, el Cristo, el Mesías, el Hijo de Dios. Juan 1:12 explica por qué creer en esto es tan decisivo: "Más a todos los que lo recibieron, a quienes creen en su nombre, les dio potestad de ser hechos hijos de Dios".

Juan presenta a Jesucristo, más que ningún otro escritor en el Nuevo Testamento, como el Hijo de Dios Padre. De las aproximadamente 266 oportunidades en el Nuevo Testamento donde a Dios se lo considera Padre, 121 se encuentran en este Evangelio. Juan era un evangelista consumado y sabía que la salvación solo la pueden alcanzar aquellos que reconocen a Jesucristo como el Hijo de Dios. En su Evangelio se aseguró de que nadie pasara por alto las claves de la salvación. Por supuesto, el lector podría ver los datos y aun así no obtenerla, porque todo aquel que desea ser hijo de Dios debe tener algo vital: ¡Fe!

En su libro *Encountering John* [Descubrir a Juan], Andreas J. Kostenberger escribió:

> Aparte de "Jesús" y "Padre", la palabra teológicamente importante que aparece con mayor frecuencia en el Evangelio de Juan es "creer" (*pisteuo*; 98 veces). Estas menciones se comparan con once en Marcos, catorce en Mateo y nueve en Lucas. Por eso Merrill Tenney se siente justificado al llamarlo "el Evangelio de la fe". Otra observación interesante es que, en tanto Juan usa el verbo "creer" alrededor de 100 veces, no usa ni siquiera una vez el sustantivo correspondiente (*pistis*, "fe"). Resulta claro, por lo tanto, que el propósito principal de Juan es producir en sus lectores el acto de creer, de depositar su confianza en Jesucristo.[3]

¡Gloria a Dios! ¡Con esta declaración arribamos a un punto glorioso! ¿Recuerdas cuando te dije que Dios transformaría nuestra vida si aceptábamos de Él la abundancia que nos presenta a lo largo del Evangelio de Juan? No necesitas esperar ni un instante más. Por medio de nuestro estudio, Dios nos está llamando a ti y a mí a creer más en Él. El Evangelio de Juan no nos llama solo a un acto de fe, algo que se haya completado en el pasado. Querido lector, ¡en Cristo somos llamados a ser verbos vivientes! ¡Somos llamados al acto continuo de creer!

Para muchos de nosotros, la fe que produce salvación es un acto del pasado. En otras palabras, ya hemos confiado en Cristo para nuestra salvación, y estamos seguros para siempre. Sin embargo, lamentablemente, muchas personas viven una fe en tiempo pasado, y de allí en adelante no creen mucho más en Dios.

Quiero hacerte una pregunta importante: Tu fe en Cristo, ¿se aplica solamente en el pasado, con respecto a la seguridad de tu salvación, o vives de manera activa y continua creyendo en Él? En otras palabras, ¿somos solamente sustantivos (*creyentes*)? ¿O somos también verbos (*creemos*)?

Creer en Cristo y creerle a Cristo son cosas por completo diferentes. ¡Comenzamos con lo primero, pero sin duda no queremos terminar allí! Queremos seguir creyendo en lo que Jesús dice acerca de sí mismo y de su Padre, y acerca de nosotros, hasta que lo veamos cara a cara.

Piensa en la lista de los héroes de la fe en Hebreos 11. Por vital que sea para la eternidad, ninguno de ellos fue ensalzado por la fe inicial que le permitió entrar en una relación con Dios. Fueron elogiados por los actos de fe que siguieron después, en momentos cuando sus ojos físicos no alcanzaban a distinguir aquello en lo cual Dios los invitaba a creer.

La palabra *vida* aparece en el Evangelio de Juan en más oportunidades que en los demás Evangelios. El doble que en Mateo, el cual le sigue en cantidad de menciones. No es casual que el mismo Evangelio que pregona a gritos la vida, también proclama a viva voz el acto de creer. Cualquiera de los que componen la gran nube de testigos de Hebreos 11 nos diría que vivir la vida cristiana de una manera auténtica es sinónimo de creerle al Dios que la creó.

Quiero hacerte una pregunta que me da vueltas por la cabeza: ¿Quién es el Jesús en quien crees? En las páginas que siguen estudiaremos al Jesús de Juan, lleno de gracia y de verdad, que nos ofrece una bendición tras otra. En este momento, ¿quién creemos que es Jesús para nosotros? Lo que creemos se mide por lo que vivimos más que por lo que decimos. Si tu vida fuera un Evangelio como el de Juan, ¿quién "creería" la gente que es tu Jesús? Formula tu respuesta de manera específica y concreta. A partir de tu vida, ¿creería la gente en Jesús como Redentor, por la evidencia de que ha redimido tu vida del abismo? ¿O como Sanador, porque fuiste sanado de alguna enfermedad? Por favor, ten presente que esta clase de preguntas son para impulsar nuestra meditación. Tal vez nos ayuden a reconocer en qué hemos avanzado y nos den motivos para alegrarnos, o quizás nos señalen hacia dónde debiéramos ir.

El Jesús de Juan se muestra a lo largo de todo su Evangelio. Ese Jesús también puede ser nuestro: es el preexistente, el que hace milagros, el Hijo unigénito del Padre de toda la creación. Años atrás, Dios me reveló que yo creía en el Cristo que había conocido en la iglesia cuando niña, el Salvador de los pecadores, pero recién comenzaba a creer en el Cristo de la Biblia. Es el Salvador de los pecadores ¡y es mucho más! ¡Por respetables y bellas que nos parezcan, hay una temible cantidad de ideas sobre Cristo que proceden de fuentes bastante incompletas y poco dignas de confianza!

Cada vez que alguna nos brindó un concepto confiable de Jesús, recibimos una bendición inconmensurable. Recibí mis primeras impresiones no tanto a partir de lo que aprendí en la iglesia sino de lo que vi en ella. Por supuesto, creía que Jesús salva, y esa fe me llevó a mi propia experiencia de salvación; pero no creía mucho más que eso, porque no tenía evidencias de mucho más. Las escasas y maravillosas excepciones me marcaron para siempre. No puedo dejar de preguntarme por qué tantos cristianos creen tan poco en Jesús. Yo lo entiendo así: o Jesús ya no hace lo que la Biblia dice que hacía, o no estamos dándole la oportunidad de hacerlo.

Juan se esforzó por presentarnos al todopoderoso Hijo de Dios, quien pronuncia su Palabra y esta se cumple. Un Salvador que no solo nos salva de nuestros pecados sino que puede liberarnos del mal. Un gran Médico que realmente puede sanar y un Dios de gloria que revela su magnificencia a los simples mortales. Sí, es un Dios de señales y maravillas. Ya vimos a Juan declarar que uno de los principales propósitos de su Evangelio era dar testimonio de las señales realizadas por Jesús a fin de que los lectores creyeran, no en los milagros sino en el Cristo que los llevó a cabo.

Muchas personas sostienen que el tiempo de los milagros ha terminado. Es probable que Dios emplee los milagros con menos frecuencia en las culturas donde la Palabra de Dios está ampliamente difundida. Sin embargo, sé que Jesucristo todavía realiza milagros.

En primer lugar lo sé por lo que declara Hebreos: "Acordaos de vuestros pastores, que os hablaron la palabra de Dios; considerad cuál haya sido el resultado de su conducta e imitad su fe. Jesucristo es el mismo ayer, hoy y por los siglos" (Heb. 13:7–8).

La segunda razón por la que sé que Jesucristo todavía realiza milagros es que yo soy uno de ellos. No exagero; digo la verdad. La única explicación de que haya alguna victoria en mi vida es el sobrenatural poder liberador de Jesucristo. Yo había caído en las garras de un demonio vivo y real, y vivía en un círculo de permanente derrota. Solo un Dios que obra milagros pudo haberme liberado, y luego haberse atrevido a usarme. Mis amigas Patsy Clairmont y Kathy Trocolli también dan testimonio de que ellas son un verdadero milagro. Tal vez opines que no se trata de milagros; sin embargo, las Escrituras sugieren que no existe obra más grande que esa.

Según el apóstol Pablo en Efesios 3:20, Dios "es poderoso para hacer todas las cosas mucho más abundantemente de lo que pedimos o entendemos, según el poder que actúa en nosotros". ¿Te das cuenta, querido hermano? El milagro más impresionante de Dios siempre es aquel que hace en el corazón y el alma de las personas. El mover una montaña ni se compara con la transformación de un corazón egoísta y destructivo.

En tercer lugar, sé que Jesucristo todavía hace milagros porque los he presenciado. Lo he visto hacer cosas que la mayoría de mis conocidos no alcanza a creer que Él todavía realiza. Jesús sanó de cáncer de hígado a una mujer que conozco, y a un hombre de cáncer de páncreas. Mujeres a las que les habían diagnosticado que su útero no estaba en condiciones para engendrar, dieron a luz niños perfectamente sanos. Estuve en un culto con un querido amigo que tiene más de 80 años, que había estado ciego durante mucho tiempo, y al que Dios de manera repentina le devolvió gran parte de su visión... ¡sentado en el banco de una iglesia bautista! ¡Aleluya!

Igual que tú, yo también he visto a muchas personas que no recibieron los milagros que anhelaban. No puedo explicar la diferencia, salvo decir que a menudo Dios posterga una sanidad a favor de una gloria mayor. En algunas ocasiones, el milagro más grande es la victoria que Él concede y el carácter que promueve cuando no conseguimos lo que en nuestra opinión debiéramos recibir.

Por otra parte, a veces recibimos poco porque creemos poco. Ese es el obstáculo que tú y yo necesitamos vencer a fin de vivir en la abundante bendición de Jesucristo. Cuando mi vida llegue a su fin, tal vez no haya visto a Jesús realizar algunos de los milagros que su Palabra dice que puede hacer. ¡Que sea porque Él eligió mostrar su gloria de otra manera, y no porque yo haya creído en Él de manera tan mezquina que no le haya dado oportunidad!

¡Es tanto lo que Cristo ya hizo a favor de tu vida eterna por medio de su obra en la cruz y del plan que tenía antes de la fundación del mundo! Sin embargo, para que su obra se cumpla aquí en la tierra, tendrás que comenzar a creerle. Imagina que, cuando recibimos a Cristo como Salvador, un tubo de poder conecta nuestra vida con el trono de Dios. La incredulidad obstruye el tubo, mientras que el acto de creer abre paso a lo increíble. Por mucho que el Evangelio de Juan hable acerca de la fe, creo que nadie escribió una declaración tan impactante como la de Marcos. Nos dice que Jesús manifestó: "Al que cree todo le es posible" (Mar. 9:23).

A ti, que estudias la Palabra de Dios: tal vez el Jesús de alguna de nuestras iglesias, denominaciones, familia y amigos sea incapaz de liberarnos, sanarnos y dejarnos pasmados con acciones maravillosas. Sin embargo, el Jesús de las Escrituras sí puede. Y Él es el mismo ayer, hoy y siempre. Es hora de que comencemos a creer más en Él. Es mi deseo que, cuando hayamos llegado a la última página de este estudio bíblico, nos abracemos con fuerza al poderoso y fiel Jesús de la Palabra de Dios.

Capítulo 23

MÁS VINO

Y faltó vino. Entonces la madre de Jesús le dijo:
"No tienen vino". (Juan 2:3)

A Jesús le encantan las bodas, sin lugar a dudas. El Verbo eterno y pree-xistente comenzó su tesis divina con la primera boda en Génesis 2 y la cul-minó con una boda final en Apocalipsis 19. ¿Quién puede calcular a cuántas bodas asistirá en el intervalo? Él es siempre el ministro que oficia y el juez que firma el acta de matrimonio, se lo pidamos o no; después de todo, el matrimonio fue idea de Él. Su entusiasmo por una simple boda se debe a que su corazón se inunda de expectativa por su propia boda. La que tendrá con nosotros, su esposa.

Lee Efesios 5:25–32 con atención:

> Maridos, amad a vuestras mujeres, así como Cristo amó a la iglesia y se entregó a sí mismo por ella, para santificarla, habiéndola purificado en el lavamiento del agua por la palabra, a fin de presentársela a sí mismo, una iglesia gloriosa, que no tuviera mancha ni arruga ni cosa semejante, sino que fuera santa y sin mancha. Así también los maridos deben amar a sus mujeres como a sus mismos cuerpos. El que ama a su mujer, a sí mismo se ama, pues nadie odió jamás a su propio cuerpo, sino que lo sustenta y lo cuida, como también Cristo a la iglesia, porque somos miembros de su cuerpo, de su carne y de sus huesos. Por esto dejará el hombre a su padre y a su madre, se unirá a su mujer y los dos serán una sola carne. Grande es este misterio, pero yo me refiero a Cristo y a la iglesia.

Mientras escribo en medio de las dificultades propias de la mediana edad, ¡me alegra muchísimo saber que seremos presentados sin arrugas! Dicho sea de paso, estoy casi segura de que Efesios 5:29 sugiere que los maridos deben ocuparse de cocinar. Por lo pronto, una cosa es cierta: no vamos a tener que cocinar para nuestra cena de bodas con el Cordero. Hasta que llegue ese momento, cada boda a la que Él asiste es un glorioso ensayo de la gran boda final. Ahora vamos a asistir a una boda en Caná, y no quiero llegar tarde.

Juan relata la historia en 2:1–11. Jesús estaba en una fiesta de casamiento y se terminó el vino. Ese incidente hubiera puesto al anfitrión en una situación sumamente incómoda. María le presentó el problema a Jesús, pero Él pareció desdeñar su petición. Entonces ella simplemente dijo a los sirvientes que cumplieran las órdenes de su hijo. Fue así que Jesús convirtió en vino el contenido de seis tinajas de piedra llenas de agua.

Podemos suponer que Jesús conocía bien a las familias de esta boda. Tengamos en cuenta que fue invitado y por lo general no invitamos a extraños. Es más, la fecha de este acontecimiento encontró a Jesús en un momento particularmente atareado, cuando su Padre lo lanzaba al ministerio. El que asistiera a esta boda indica que allí tenía vínculos y propósitos divinos. Es probable que los anfitriones fueran amigos de la familia, porque resulta evidente que María ayudaba con el servicio.

Creo que Jesús tenía otro motivo por el que no fue necesario que le torcieran el brazo para asistir. Me da la impresión de que le encantaban las fiestas, y todavía le gustan. Estoy convencida de que la personalidad de Jesús durante su breve tránsito terrenal fue deliciosa e intensamente social.

Jesús permitió que los niños se le acercaran (Mat. 19:14). Sus críticos le reprocharon que comiera con publicanos y "pecadores" (Luc. 5:30) y que estuviera de fiesta en lugar de ayunar (Mat. 9:14). ¿Te sorprenden esos ejemplos? ¿Te das cuenta de la relación con Juan 2?

Por si no lo sabes, los niños no se sienten atraídos por las personas cascarrabias. Son muy buenos psicólogos y les gusta la gente divertida. Los otros pasajes sugieren que la presencia de Jesús entre nosotros es razón suficiente para celebrar. ¿Por qué, me pregunto, hemos permitido que las fiestas se asocien con el desenfreno? Dios creó al hombre y puso en su alma una genuina necesidad de hacer fiesta y celebrar. De hecho, Dios consideró tan vital la celebración que ordenó a su pueblo hacer fiesta con regularidad a lo largo del año (Lev. 23). Permíteme decirlo nuevamente: ¡Él *ordena* que celebremos su bondad y su grandeza!

Creo que es hora de que recuperemos el concepto de fiesta. Me deja perpleja que los no cristianos piensen que nosotros somos grises y aburridos, y que no reconoceríamos un buen momento aunque nos lo tiraran por la cabeza. ¡Te digo, tenemos un gran secreto! ¡Nadie puede reírse tanto como un grupo de cristianos! Mis colegas y yo nos descostillamos de risa en algunas ocasiones.

No son solo mis compañeros de fiesta. Hace algunas semanas tres de mis amigas entrañables y yo nos apretamos en un sofá y nos tomamos de las manos. Una de ellas había perdido a su hija hacía unos días por causa de un conductor ebrio. Mientras nos abrazábamos, Dios nos dio el regalo repentino de la carcajada más sonora que recordáramos en mucho tiempo. Tal vez los que no creen en Cristo se sientan ofendidos al saber que cuando asistimos a sus fiestas nos preguntamos por qué piensan que la están pasando bien. Acércate y te lo diré en un susurro: "Creo que se aburren".

La razón fundamental por la que son tan maravillosas las celebraciones en torno a la presencia de Cristo es que su propósito es revitalizar nuestra alma estropeada por el mundo. Asistimos a fiestas del tipo que agradarían a Cristo sin llevarnos lastre a casa. Luego no hay resaca ni sentido de culpa. Las celebraciones centradas en Cristo son una genuina diversión. Eso es fiesta de verdad.

A lo largo de estos capítulos analizamos los conceptos de plenitud y de abundancia en el desbordante Evangelio de Juan. Fue apropiado que el escritor que tenía más para decir sobre la vida abundante que los demás evangelistas, fuera también el único al que se inspiró para relatarnos la boda en Caná, donde ese sentido de algo *más* se convirtió en un asunto candente. No tienen vino. Y tú, Hijo, eres el único que puede darles lo que necesitan: *más*.

Una de las razones que explica la perspectiva singular de Juan sobre la boda de Caná es que fue el único evangelista que estuvo presente. Al armonizar la cronología de los Evangelios, deducimos que Mateo aún no había sido llamado mientras Lucas y Marcos entraron en escena mucho después. Algunos estudiosos creen que Juan era adolescente cuando siguió a Jesús… ¡y la adolescencia es la edad para las fiestas! La última frase en Juan 2:11 indica que la boda en Caná tuvo un fuerte impacto en él: "Y manifestó su gloria; y sus discípulos creyeron en él".

Una cosa es acompañar a Cristo por donde iba, y otra es poner la fe en Él. Nunca olvides que Judas lo siguió. Cristo está buscando verdaderos discípulos, hombres y mujeres que pongan en Él su fe y su confianza. Podemos seguir a Jesús en las conferencias cristianas por todo el país o en los atrios de cada templo del continente, y sin embargo no haber puesto nunca nuestra fe en Él. Juan, el que escribió el Evangelio de la fe, comenzó formalmente su propia gran aventura de creer justo allí, en Caná.

Sí, fue un gran día para Juan y también lo fue en el calendario del reino. Todos los comienzos en las Escrituras son colosales. Es imposible pasar por alto la manera en que Jesús eligió hacer su primer milagro. El acontecimiento contiene más aplicaciones de las que podemos analizar en este espacio. Ya que tú y yo estamos solos, metamos el cucharón en la tinaja de piedra y llenemos dos vasos de vino:

1. Dios dispuso que el primer milagro terrenal de Cristo consistiera en llenar tinajas vacías. ¡Alabado sea Dios! ¿Hay algún dolor que se pueda comparar con el sentimiento de vacío? No pases por alto de qué clase de tinajas se trataba. Eran de piedra.

Pienso que este primer milagro muestra una pintura vívida de la situación en que se encontraba en ese momento el pueblo elegido de Dios. Durante los 400 años en que no hubo palabra nueva de parte de Dios, el legalismo se había encumbrado. Como ya analizamos al comienzo de nuestro estudio, la clase de fariseísmo que Jesús encontraba tan repulsiva se desarrolló durante la parte final del silencio entre los dos testamentos. Nosotros también podemos caer en la actitud de reemplazar con legalismo la falta de una relación renovada con Dios. Lo único que lograron los rituales y los lavamientos ceremoniales de los judíos fue dejarlos tan vacíos como esas enormes tinajas y tan fríos como la piedra. Sin Dios, las prácticas religiosas no significan nada.

Los rituales vacíos y la limpieza personal de la autoayuda no son las únicas cosas que nos dejan vacíos. Pocos capítulos después, Jesús se encontró en el pozo de Sicar con una mujer que estaba tan vacía como las tinajas, aunque había intentado llenar su vida con cinco maridos (Juan 4:17–18).

Querido lector, puedes depositar esto en el banco espiritual: toda compulsión por adquirir y adquirir, sea de lo que sea, es síntoma del horror y la urgencia que produce el vacío. Mucha gente piensa que la conducta cristiana correcta frente al vacío que nos corroe es entenderlo, dejar de quejarnos y conformarnos por el resto de nuestra vida. Sin embargo, si hacemos eso, ¡pasamos por alto el primer milagro que Jesús vino a realizar! El Evangelio de Juan llegó para darnos la mejor de las noticias: ¡No fuimos creados para conformarnos con una vida vacía! Fuimos creados para estar llenos. ¡Todos los hijos de Dios fueron creados para recibir su divina plenitud y esperar una bendición tras otra!

Permíteme evocar una ley que continuamente recalco al hablar de la abundancia. Fuimos creados para estar llenos. Si no estamos llenos de lo bueno que Cristo vino a darnos, nos aferraremos a cualquier sustituto. Un alma insatisfecha es candidata a que le ocurra cualquier cosa.

2. Otra característica del primer milagro es que produjo vino nuevo. A la mujer junto al pozo, Jesús le dio agua de vida. A los invitados a la boda, les dio vino nuevo. Él nos da lo que necesitamos. ¡Lo que la mayoría de nosotros necesita es un poco de vino nuevo!

Juan 2:11 contiene otro detalle que debemos distinguir. Por medio de este primer milagro Jesús reveló su gloria. En otras palabras, el milagro realizado en el ámbito físico tenía la intención de manifestar algo mucho más glorioso en el plano espiritual. Si bien Jesús satisfizo una necesidad inmediata en la boda, el vino era figura de algo más importante.

Salmo 104:15, Jueces 9:13 y Salmo 4:7 identifican al vino como aquello que alegra el corazón y levanta el ánimo. ¿Recuerdas los ceños fruncidos y el "Hmmm" en Mateo 9:14–17? Los fariseos culpaban a Jesús por hacer fiesta en lugar de ayuno, y Jesús les respondió que no se echa vino nuevo en odres viejos. Uno de los motivos por los que vino Cristo fue para llenar el vacío producido por la letra de la Ley, por la religión ritual o por cualquier sustituto terrenal.

Creo que en Efesios 5:18 hay una hermosa alusión al vino nuevo. Pablo escribió: "No os embriaguéis con vino, en lo cual hay disolución; antes bien sed llenos del Espíritu". El pasaje sugiere que la unción del Espíritu Santo logra en forma plena lo que pretendemos conseguir al embriagarnos de vino.

Como verás, una razón por la que la gente bebe en exceso es porque hacerlo modifica su comportamiento y la manera en que se siente. Lo mismo hace el "vino nuevo" de Cristo, pero sus efectos son siempre buenos. ¡Es el vino nuevo del Espíritu! Podemos beber hasta llenarnos, sin sufrir los efectos secundarios negativos del vino ni el vacío que queda cuando pasó el efecto.

A lo largo del Antiguo Testamento solo un puñado de personas tenía el Espíritu Santo en o sobre ellos, porque Dios daba el Espíritu como una unción de poder más que como una plenitud. El Evangelio de Juan revelará más adelante que uno de los propósitos principales del nacimiento y la muerte de Cristo fue enviarnos el Espíritu Santo, no solo para que caminara a nuestro lado sino para que habitara en nosotros. En la primera manifestación de la gloria de Cristo, en Caná, ¡los discípulos no imaginaban que el verdadero Vino Nuevo estaba por llegar! El Señor de nuestro banquete reservó el mejor vino para el final.

Querido lector, ¿te das cuenta de que el gozo y la alegría están entre los muchos dones y servicios que Cristo garantiza por medio de su Espíritu Santo? Verifícalo tú mismo. "El fruto del Espíritu es amor, gozo, paz, paciencia, benignidad, bondad, fe, mansedumbre, templanza; contra tales cosas no hay ley" (Gál. 5:22–23).

¡Imagínate! No importa cuánto bebas de su Espíritu, contra tales cosas no hay ley. No solo eso; en la medida que más tomas, más te satisfaces de su amor, su gozo, su paz y todos aquellos efectos secundarios que ansiamos recibir. Al terminar la copa, en lugar de perder el autocontrol, lo ganamos. ¡No hay mejor trago que ese!

Cuando mi hija Melissa rondaba el año y medio, nunca estaba satisfecha. Cada vez que le ofrecía una golosina, ahuecaba la palma de su manito regordeta y decía: "Quero máz". Según su manera de ver la vida, ¿por qué conformarse con poco si se puede conseguir mucho? ¡Es cierto! ¡Juan hubiera estado de acuerdo! Querido hermano, ¡qué trágico que sigamos sufriendo por estar vacíos! ¡Qué desperdicio! ¡Cristo vino a traernos *máz*! Deja de sentirte culpable porque ansías tener gozo abundante en tu vida. ¡Fuiste creado para la alegría! Eres una tinaja de barro que espera ser llenada (2 Cor. 4:7). ¡Terminemos esta lección chocando nuestras copas mientras brindamos por una vida abundante de Nuevo Vino!

Capítulo 24

MÁS SOBRE EL MUNDO

*De tal manera amó Dios al mundo, que ha dado a su Hijo
unigénito, para que todo aquel que en él cree no se pierda,
sino que tenga vida eterna. (Juan 3:16)*

⚜

Una de las comparaciones estadísticas más asombrosas entre el Evangelio de Juan y los tres sinópticos es cuánto más lo inspiró Dios a decirnos acerca del mundo. Según el recuento de palabras en la NVI, Mateo menciona al mundo 17 veces, Marcos 7 veces y Lucas 9. ¿Y el Evangelio de Juan? La friolera de 75 veces. En realidad, la totalidad de las menciones sobre el mundo (103) en los escritos de Juan constituyen casi la mitad de las que aparecen en todo el Nuevo Testamento. Es evidente que se nos escaparía un concepto importante en el Evangelio de Juan si pasáramos por alto lo que nos dice acerca del mundo.

Quizás la idea más sobrecogedora y a la que nos hemos vuelto excesivamente indiferentes es que Dios envió a Jesús al mundo. Procuremos por un instante abrazar este concepto. Juan 17 dice que el Padre y el Hijo tenían comunión y compartían la gloria aun antes que el mundo existiera. Jesús dijo: "Ahora pues, Padre, glorifícame tú al lado tuyo, con aquella gloria que tuve contigo antes que el mundo existiera" (Juan 17:5). Estoy absolutamente convencida de que la humanidad existe a causa de la santa pasión de la Trinidad por incluir a otros en su comunión.

El Padre, el Hijo y el Espíritu Santo, completos en sí mismos, anhelaron el gozo extraordinario y sobreabundante de extender esa relación, por lo cual "en el principio creó Dios los cielos y la tierra" (Gén. 1:1). A pesar de las diferencias, las palabras *tierra* y *mundo* están entrelazadas, y en lo que concierne a la creación son prácticamente intercambiables. Génesis 1:1 dice que Dios creó la tierra y Juan 1:10 nos manifiesta que el mundo fue hecho por medio de Cristo. *Tierra* generalmente abarca las propiedades físicas de nuestro planeta, en tanto que *mundo* se refiere más al sistema social y de otra índole que hay sobre y alrededor del planeta. Podemos expresar la diferencia de esta manera: nuestro mundo existe sobre esta tierra.

La palabra *mundo* es la traducción del término griego *kosmos*, que significa "mundo, en su sentido primario de orden, distribución y diseño ordenado ... La tierra, el mundo inferior que es residencia del hombre".[1]

Intenta ahora comprender lo siguiente: Dios el Padre, el Hijo y el Espíritu Santo quisieron crear a la humanidad para tener comunión con ella. Querían que los seres humanos tuvieran albedrío porque deseaban ser elegidos y no impuestos. Eran conscientes de que dotar a la humanidad con una voluntad libre requeriría un plan de redención, porque en algún momento tomaríamos decisiones muy malas. En consecuencia, el plan de salvación estaba completamente listo antes de la creación del mundo. Cuando la Santa Trinidad estuvo preparada, cada uno de sus miembros participó en la creación.

Génesis 1:1: "En el principio creó Dios los cielos y la tierra". Detengámonos aquí. La Palabra de Dios traza una línea entre un pequeño planeta al que llamó tierra y el resto del universo. No tenemos la menor idea de lo que hay allá afuera. Lo que la limitada ciencia documenta y elabora como hipótesis hace que Génesis 1:1 resulte impresionante.

Nuestro sistema solar está ubicado en una galaxia llamada Vía Láctea. Los científicos calculan que hay más de 100.000 millones de galaxias dispersas en el universo visible. Los astrónomos han fotografiado millones de galaxias por medio de telescopios. Las más lejanas que se han registrado están a una distancia de entre 10.000 y 13.000 millones de años luz. El diámetro de la Vía Láctea mide alrededor de 100.000 años luz. El sistema solar está ubicado a 25.000 años luz del centro de la galaxia. Hay alrededor de 100.000 millones de estrellas en la Vía Láctea.[2] Imagínate, 100.000 millones de estrellas tan solo en nuestra galaxia; y Salmo 147:4 nos dice que Dios "cuenta el número de las estrellas; a todas ellas llama por sus nombres".

Es impresionante, ¿verdad? Y hay más: en el principio Dios creó el sol, la luna, cada una de las estrellas, los planetas que las circundan y la tierra. No alcanzamos a imaginar qué otras actividades habrá desarrollado Dios en otros lugares del universo; sin embargo, de acuerdo con la Biblia y hasta donde Él se propone que conozcamos, seleccionó un pequeño punto sobre el cual construir un mundo. Nuestro mundo. Y lo eligió a fin de que, cuando se cumpliera el tiempo, pudiera enviar a su Hijo (Gál. 4:4).

¿Puedes imaginar la comunión de la Trinidad en el séptimo día? Descansaron y contemplaron la excelente obra que habían realizado, donde un planeta había sido preparado como ningún otro del que tengamos conocimiento. Ubicado a la perfección en el universo, a la distancia apropiada del sol, de la luna y de las estrellas para hacer posible la vida humana, este planeta fue elegido para que la Deidad lo invadiera.

"De tal manera amó Dios al mundo." Las Escrituras no nos dicen que amó al sol, el cuerpo celestial más impresionante que podemos ver. Tampoco se nos dice que amó a las estrellas, a pesar de conocerlas por su nombre. Juan va aun más lejos; no solo nos dice que Dios amó al mundo sino que lo amó de *tal* manera.

En un universo tan vasto e inabarcable, ¿por qué Dios elige un pequeño planeta para amarlo de tal manera? Querido mío, deja que esto te llegue hasta la médula: porque aquí estamos nosotros. Por despreciable que pueda ser la humanidad, Dios la ama. Aunque parezca increíble, somos su tesoro, su creación escogida. Él no puede evitarlo; nos ama. Así de simple. Nos ama tanto que hizo algo que yo, con el amor comparativamente insignificante que tengo por mis hijas, no haría a favor de nadie. Dios "ha dado a su Hijo unigénito, para que todo aquel que en él cree no se pierda" (Juan 3:16).

Amigo mío, recibe esta verdad como si fuera nueva. Me domina la emoción. Elohim es tan inmenso y nosotros tan pequeños… Sin embargo, la inmensidad de su amor, tan ancho, largo, profundo y alto, nos envuelve así como el universo infinito envuelve un pequeño planeta al que Dios llamó Tierra.

Hace tiempo que mi esposo, Keith, tiene un banco con un tapizado sencillo en un rincón de nuestro pequeño jardín. Casi todas las mañanas enciendo una vela y me encamino hacia ese banco para pasar un momento de quietud y adoración mientras comienza a amanecer. A veces necesito sacar una manta del armario y envolverme. A esa hora de la mañana los cielos están todavía oscuros como la noche más negra, y las estrellas parecen 10.000 velas encendidas por Dios. En esos momentos tengo la sensación de que Dios las hubiera encendido sólo para nosotros dos: Él y yo. (Y para Él y tú.) Siento que estoy a miles de kilómetros de las autopistas de Houston.

David, el privilegiado salmista, también estaba a miles de kilómetros de cualquier autopista cuando contempló el panorama. Escribió: "Cuando veo tus cielos, obra de tus dedos, la luna y las estrellas que tú formaste, digo: '¿Qué es el hombre para que tengas de él memoria, y el hijo del hombre para que lo visites'?" (Sal. 8:3–4).

Pese a sus constantes descubrimientos, la ciencia moderna no ha comenzado siquiera a descubrir la maravilla del universo de Dios. Sin embargo, cuando medito en lo que ya conocemos, me siento abrumada por la misma pregunta de David: ¿Qué somos, Dios de toda creación, para que nos hayas dedicado un solo pensamiento? Y ni que hablar de lo importantes que somos para ti.

Mi hija Amanda fue la niña más tierna y maravillosa que puedas imaginar. Con frecuencia yo me inclinaba para hablarle, porque quería mirarme en sus enormes ojos verde azulados. Cada vez que me agachaba, ella también se ponía en cuclillas… y ahí nos quedábamos. Su gesto era tan precioso que yo siempre tenía que controlarme para no reír. Nunca lo hubiera hecho, porque ella tomaba con mucha seriedad esos momentos de contemplación mutua.

El salmista escribió de su Dios: "Tu diestra me sustentó y tu benignidad me ha engrandecido" (Sal. 18:35). Es la figura de alguien que desciende para tomarnos de la mano. Creo que este pasaje no expresa el sentido moderno de lo que el mundo denomina grandeza. Pienso que nos dice: "Tú te inclinas y me haces valioso". Sí, así es. Y cuando el Dios del universo se inclina y un solo niño reconoce esa tierna condescendencia y dobla su rodilla para inclinarse también, el corazón de Dios rebosa de emoción. Allí están. Solo ellos dos.

Al concluir este capítulo y con estos pensamientos en tu mente, por favor lee en voz alta y con atención Juan 1:10–12. Gran parte del mundo sigue adelante como si el Creador no existiera. ¡Sí que existe! Inclínense, queridos hijos de Dios. Su amor los ha engrandecido.

> En el mundo estaba, y el mundo fue hecho por medio de él; pero el mundo no lo conoció. A lo suyo vino, pero los suyos no lo recibieron. Mas a todos los que lo recibieron, a quienes creen en su nombre, les dio potestad de ser hechos hijos de Dios. (Juan 1:10–12)

Capítulo 25

MÁS DE ÉL

Jesús les dijo: "De cierto, de cierto os digo:
Antes que Abraham fuera, yo soy". (Juan 8:58)

La mayoría de los que se pierden y los seguidores de las religiones universales no cristianas, intentan mostrar respeto hacia Jesucristo y declaran que, si bien no creen que haya sido el Hijo de Dios, sí lo consideran un hombre bueno, un verdadero profeta. No saben que su opinión sobre esta figura histórica demuestra que están mal informados. Si Jesús no es el Hijo de Dios ni es Dios, o bien era patológicamente mentiroso o era un enfermo mental. Si era profeta, entonces era un profeta falso, porque afirmó en forma descarada su condición mesiánica. Si el Cristo que caminó entre los hombres hace 2000 años no era el Hijo de Dios, entonces confundió a la gente en forma grosera y no podemos decir nada bueno de él.

Desde hace mucho tiempo sé que un grupo de estudiosos se reúne todos los años a analizar y discutir cuestiones bíblicas. Por supuesto, tienen el derecho de hacerlo. Lo que me desconcierta y en alguna medida me causa gracia es que toman las decisiones finales por votación. Por ejemplo, en una oportunidad votaron si Cristo iría a regresar en forma visible a la tierra en su segunda venida, o no. (Votaron por la negativa.) También votaron sobre asuntos como si María era virgen y acerca de la validez de algunos milagros relatados en la Biblia.

Si no se tratara de personas importantes, me moriría de risa. ¿Por qué? ¡Porque el voto de los seres humanos, por soberbio que sea, no podría cambiar ni una pizca de la verdad aunque de eso dependiera nuestra vida! Si la población mundial votara para decidir si Jesús es el Hijo de Dios y no tuviera un solo voto a favor, lo mismo lo seguiría siendo. Más aún, cuando su

153

Padre diga "¡Ve!", los pies de Cristo se posarán sobre el monte de los Olivos y lo partirá de este a oeste (Zac. 14:4). Él no necesita nuestro permiso y ni siquiera nuestra fe para ser quien es. ¿No sientes gratitud por eso?

Vamos a examinar siete aseveraciones que hizo Cristo en el Evangelio de Juan acerca de su persona. Estos siete títulos no constituyen la totalidad de sus declaraciones, simplemente comparten varios denominadores comunes del Evangelio de Juan que no queremos pasar por alto. Mientras avanzamos en nuestro tema sobre "más", descubriremos que este Evangelio expresa más que los otros acerca de la proclamación que Cristo hizo de su identidad.

Observa las declaraciones de identidad que hizo Cristo en los siguientes pasajes. Más allá de cuántas veces hayas visto esos títulos, mi oración es que te acerques a ellos con una mirada nueva.

- Jesús les respondió: "Yo soy el pan de vida. El que a mí viene nunca tendrá hambre, y el que en mí cree no tendrá sed jamás" (Juan 6:35).
- Otra vez Jesús les habló, diciendo: "Yo soy la luz del mundo; el que me sigue no andará en tinieblas, sino que tendrá la luz de la vida" (Juan 8:12).
- Volvió, pues, Jesús a decirles: "De cierto, de cierto os digo: Yo soy la puerta de las ovejas. Todos los que antes de mí vinieron, ladrones son y salteadores, pero no los oyeron las ovejas. Yo soy la puerta: el que por mí entre será salvo; entrará y saldrá, y hallará pastos" (Juan 10:7–9).
- "Yo soy el buen pastor; el buen pastor su vida da por las ovejas" (Juan 10:11).
- Le dijo Jesús: "Yo soy la resurrección y la vida; el que cree en mí, aunque esté muerto, vivirá" (Juan 11:25).
- Jesús le dijo: "Yo soy el camino, la verdad y la vida; nadie viene al Padre sino por mí" (Juan 14:6).
- "Yo soy la vid, vosotros los pámpanos; el que permanece en mí y yo en él, este lleva mucho fruto, porque separados de mí nada podéis hacer" (Juan 15:5).

En una secuencia bastante rápida, en siete oportunidades Jesucristo hizo una autodefinición. Encuentro tres factores en común entre estos siete títulos. Analicémoslo juntos.

1. Los siete títulos van precedidos por la expresión "Yo soy". Por supuesto, la gramática lo requiere para que las oraciones sean coherentes. Sin embargo,

quiero que pienses en el impacto de esas dos palabras cuando fueron pronunciadas por Jesús, el Mesías. Lee con suma atención Juan 8:48–59. Es un pasaje tan importante que voy a transcribirlo completo.

Respondieron entonces los judíos, y le dijeron: "¿No decimos bien nosotros, que tú eres samaritano y que tienes demonio?"

Respondió Jesús: "Yo no tengo demonio, antes honro a mi Padre; y vosotros me deshonráis. Pero yo no busco mi gloria; hay quien la busca y juzga. De cierto, de cierto os digo que el que guarda mi palabra nunca verá muerte".

Entonces los judíos le dijeron: "Ahora nos convencemos de que tienes demonio. Abraham murió, y los profetas; y tú dices: 'El que guarda mi palabra nunca sufrirá muerte'. ¿Eres tú acaso mayor que nuestro padre Abraham, el cual murió? ¡También los profetas murieron! ¿Quién crees que eres?"

Respondió Jesús: "Si yo me glorifico a mí mismo, mi gloria nada es; mi Padre es el que me glorifica, el que vosotros decís que es vuestro Dios. Vosotros no lo conocéis. Yo sí lo conozco y, si digo que no lo conozco, sería mentiroso como vosotros; pero lo conozco y guardo su palabra. Abraham, vuestro padre, se gozó de que había de ver mi día; y lo vio y se gozó".

Entonces le dijeron los judíos: "Aún no tienes cincuenta años, ¿y has visto a Abraham?"

Jesús les dijo: "De cierto, de cierto os digo: Antes que Abraham fuera, yo soy". Tomaron entonces piedras para arrojárselas, pero Jesús se escondió y salió del Templo y, atravesando por en medio de ellos, se fue.

La Epístola a los Gálatas indica una manera en que Abraham "vio" el día de Cristo. "Así Abraham creyó a Dios y le fue contado por justicia" (Gál. 3:6). Pablo agregó que los que tenemos la fe de Abraham recibimos bendición y somos justificados igual que él.

Por medio de la desgarradora experiencia de Abraham en Génesis 22, cuando Dios preservó la vida de Isaac mediante una ofrenda sustitutoria, ¡Dios le hizo a Abraham una prédica anticipada del evangelio! Medita ahora en la declaración llena de poder que hizo Cristo en Juan 8:58: "De cierto, de cierto os digo: Antes que Abraham fuera, yo soy".

Los oyentes de Jesús reaccionaron con violencia porque sabían exactamente a qué aludía Cristo con sus palabras. Querían apedrearlo por su blasfemia porque entendieron el vínculo entre su afirmación y la manera en que Dios se presentó a Moisés en Éxodo 3:12–15. En el versículo 15 Dios le dijo a Moisés: "Así dirás a los hijos de Israel: 'Jehová, el Dios de vuestros padres, el Dios de Abraham, el Dios de Isaac y el Dios de Jacob, me ha enviado a vosotros'. Este es mi nombre para siempre; con él se me recordará por todos los siglos". Dios se presentó de una vez para siempre como el gran YO SOY.

Dios le manifestó a Moisés una de sus características principales en el versículo 12: "Yo estaré contigo". Este gran YO SOY EL QUE SOY (v. 14), el autosuficiente, el Dios sin principio ni fin, se presentó con este título en el contexto de la promesa de estar con el ser humano. Él no nos necesitaba. Por el contrario, nosotros lo necesitábamos a Él, y Él vino en respuesta a esa necesidad.

Más adelante en este capítulo ampliaremos el concepto. Por ahora puedes suponer sin temor a equivocarte que los judíos que escuchaban a Jesús en Juan 8 sabían exactamente lo que quiso decir con su afirmación "¡Yo soy!". Jesús estaba identificándose como Dios. Querido lector, nosotros también debemos considerar sus declaraciones. Jesús es Dios encarnado, o bien es un mentiroso. No hay término medio. Tú y yo decimos creer que las palabras de Cristo son verdaderas; si realmente lo creemos, Él merece nuestra más profunda adoración y nuestra entrega incondicional.

Antes de concluir con esta idea, debemos considerar Juan 18:6. Cuando Judas traicionó a Jesús en el huerto de Getsemaní, la turba de soldados y sacerdotes que se había reunido pidió a Jesús que se identificara. Él respondió: "Yo soy", y todos retrocedieron y cayeron al suelo.

Cualquiera de nosotros podría decir "Yo soy…" y no significaría otra cosa que una manera de identificarnos. Cuando Cristo pronuncia las palabras *Yo soy*, estas brotan de los labios de aquel que es ¡el gran YO SOY!

2. En cada título está incluida la palabra *la* o *el*. Si vuelves atrás y lees cada uno de los siete "Yo soy" en Juan, comprobarás que en todas las ocasiones Jesús dijo " Yo soy *la* (*el*)" y no "Yo soy *una* (*un*)".

Puede parecer una cuestión elemental desde el punto de vista académico; sin embargo, tiene gran profundidad teológica. Por un momento, deja de lado a los demás miembros del cuerpo de Cristo y piensa solamente en tu propio concepto de Él. ¿Es Él *una* luz para ti, o es *la* Luz? ¿Es *un* camino para seguir de vez en cuando, o es *el* camino que quieres seguir? En tu opinión, ¿es *un* medio para alcanzar la vida eterna? En otras palabras: en la intimidad de tu corazón, ¿piensas que hay varias religiones universales que probablemente ofrecen una manera viable de trascender después de la muerte, y que Jesús es solo una alternativa más? ¿O es Jesús *la* resurrección y *la* vida? Procura ser lo más sincero posible al responder la siguiente pregunta: Querido amigo, ¿es Cristo *una* entre otras posibilidades en tu vida, o es *la única*?

3. ¡Cada uno de los siete "Yo soy" que Cristo pronunció en el Evangelio de Juan tiene carácter relacional! Si relees los siete títulos y observas de qué manera se vinculan con personas, descubrirás una bendición.

- Juan 6:35, El que viene al Pan de Vida nunca tendrá hambre.
- Juan 8:12, El que sigue la Luz del mundo no caminará en tinieblas.
- Juan 10:7–9, Todo el que entra por la Puerta de las Ovejas será salvo.
- Juan 10:11–14, El que pertenece al Buen Pastor recibe protección y es conocido por el Pastor.
- Juan 11:25, El que cree en la Resurrección y la Vida, aunque muera vivirá.
- Juan 14:6, Todo el que sigue el Camino, la Verdad y la Vida llega al Padre.
- Juan 15:1,5, El que permanece en la Vid Verdadera, llevará mucho fruto.

Cristo es muchas cosas. En verdad es el Gran YO SOY. Él es el Salvador del mundo. Él es el cumplimiento de los numerosos títulos que aparecen en la Palabra de Dios; creo que la implicación espiritual de los siete "Yo soy", en el marco más amplio del Evangelio de Juan, es la siguiente: Jesucristo es todo lo que necesitamos. ¡Cada uno de estos títulos es para nuestro beneficio! Recuerda, ¡solo Él es suficiente! Él vino en respuesta a nuestra necesidad. Y no solo es aquello que necesitamos sino además lo que más anhelamos en la vida. El YO SOY vino para estar con nosotros. ¡Esto me hace derramar lágrimas de gozo!

Jamás tendremos un desafío que supere el poder que Jesucristo nos ofrece. Nunca tendremos una necesidad que Él no alcance a satisfacer. Él siempre será mayor que cualquier deseo terrenal que pudiéramos tener. Cuando permitimos que Cristo sea todo lo que Él es para nosotros, encontramos plenitud. Esto ocurre paso a paso. Cada vez que descubres al Cristo real que llena un nuevo ámbito de tus necesidades y anhelos, su nombre queda escrito en un nuevo rincón de tu ser, y ya estás un paso más cerca de la plenitud.

¿Te das cuenta, querido hermano, que Cristo es todo? Que bendita sencillez es buscar y amar a Jesús ¡"Sólo una cosa he pedido al Señor, sólo una cosa deseo"! (Sal. 27:4, VP). En medio del aturdimiento en que vivimos, ¿no es refrescante y liberador llegar a ser personas de "sólo una cosa"? ¡En nuestro Salvador descubrimos todo! Como dijo el apóstol Pablo en 2 Corintios 11:3, jamás debemos permitir que Satanás extravíe nuestros sentidos alejándolos de la total fidelidad a Cristo. Él lo es todo. Eso jamás cambiará, no importa qué opine el ser humano.

Parte 6

UNA VIDA
MÁS ABUNDANTE

No puedo creer que ya estemos en la mitad de nuestro viaje. Comprometámonos a seguir este camino hasta su destino final y a permitir que Dios cumpla todo lo que se propuso cuando dimos vuelta la primera página.

Yo me comprometo contigo en este momento a no ceder en mi búsqueda de Dios, en mi investigación y en mi entusiasmo. Mi expectativa es que te comprometas a no permitir que el enemigo te distraiga o te desanime y te impida concluir. Señor, tú comenzaste una buena obra en nosotros y no te conformarás con darnos menos que las incomparables riquezas en Cristo Jesús. ¡Tampoco nosotros queremos menos que eso! Danos poder para completar la búsqueda que hemos comenzado y para cosechar todas las recompensas que anhelas darnos (Heb. 11:6). ¡Danos oídos para oír y ojos para ver! En el glorioso nombre de Jesús, amén.

Capítulo 26

MÁS DEL ESPÍRITU SANTO

*Pero el Consolador, el Espíritu Santo, a quien el Padre enviará
en mi nombre, él os enseñará todas las cosas y os recordará
todo lo que yo os he dicho. (Juan 14:26)*

En el Evangelio de Juan, los conceptos de *más* y de *abundancia* están escondidos como tesoros preciosos. Una de nuestras primeras metas fue resaltar lo que Juan parecía más interesado en enseñarnos. Aclaro una vez más que la cuestión no es que el Evangelio de Juan sea superior a los sinópticos sino que es diferente. Además es el último en la secuencia, lo cual sugiere que Dios tal vez tuvo la intención de que fuera algo así como el gran final de un espectacular despliegue de fuegos de artificio. ¡La Luz del mundo!

El Evangelio de Juan nos provee más información sobre el Espíritu Santo que cualquier otro de los sinópticos. El Espíritu Santo será el centro de nuestro estudio en este capítulo. Me gustaría poder escribir la siguiente frase con luces de neón para captar la mirada de todos los lectores: *¡El Espíritu Santo es la clave en la vida del discípulo de Cristo!* Lee esa declaración en voz alta. Doy fe de que viví como una cristiana derrotada a lo largo de la adolescencia y los comienzos de mi juventud, a pesar de que rara vez faltaba a un culto o a un programa de la iglesia. Me hago responsable de mis fracasos porque podría haber leído por mi cuenta lo que las iglesias a que asistí no me enseñaron.

Recibí tesoros maravillosos de las iglesias en que participé durante mi juventud, pero no aprendí dos de los principios esenciales para llevar una vida victoriosa: cómo tener una relación vigorosa y continua con Dios por medio de su Palabra, y cómo ser llenos del poder y la vida del Espíritu Santo. El enemigo hace todo lo posible para que no descubramos estos dos conceptos vitales porque, sin lugar a dudas, la Palabra y el Espíritu Santo son las principales amenazas para el diablo. Creo que a Juan no le molestará que su contemporáneo Pablo inicie hoy nuestro estudio con una explicación.

En 1 Corintios 2:9–14 nos demuestra por qué el Espíritu Santo es fundamental para mantener una relación con Dios por medio de su Palabra:

Antes bien, como está escrito:
"Cosas que ojo no vio ni oído oyó
ni han subido al corazón del hombre,
son las que Dios ha preparado para los que lo aman".

Pero Dios nos las reveló a nosotros por el Espíritu, porque el Espíritu todo lo escudriña, aun lo profundo de Dios, porque ¿quién de entre los hombres conoce las cosas del hombre, sino el espíritu del hombre que está en él? Del mismo modo, nadie conoció las cosas de Dios, sino el Espíritu de Dios. Y nosotros no hemos recibido el espíritu del mundo, sino el Espíritu que proviene de Dios, para que sepamos lo que Dios nos ha concedido.

De estas cosas hablamos, no con palabras enseñadas por la sabiduría humana, sino con las que enseña el Espíritu, acomodando lo espiritual a lo espiritual.

Pero el hombre natural no percibe las cosas que son del Espíritu de Dios, porque para él son locura; y no las puede entender, porque se han de discernir espiritualmente.

Querido lector, espero que te hayas dado cuenta de que está en juego tu "1 Corintios 2:9", en el sentido de que comiences o no a cosechar los beneficios que el Espíritu Santo vino a traerte. Ahora dejaremos que Juan nos presente varios de esos beneficios y funciones del Espíritu Santo. Las verdades básicas que nos quiere enseñar están concentradas en los capítulos 14 y 16 de su Evangelio.

Una de las verdades más revolucionarias que Cristo dijo a sus discípulos se encuentra en Juan 14:17. El Espíritu de Verdad estaba con ellos, pero pronto iría a vivir en ellos. Piensa en las repercusiones de esta promesa. ¿Qué diferencia podría hacer el Espíritu de Dios al vivir *en* una persona, en lugar de vivir *con* ella?

Amado hermano, esa sola diferencia transformó a un grupo de seguidores desaliñados y carnales en bombas de dinamita espiritual que, en el libro de los Hechos, ingresaron triunfantes al escenario mundial. ¡La diferencia es enorme! ¡Es imposible exagerarla!

Jesús explicó de qué manera comenzaría esta dispensación del Espíritu Santo: "Pero yo os digo la verdad: Os conviene que yo me vaya, porque si no me voy, el Consolador no vendrá a vosotros; pero si me voy, os lo enviaré" (Juan 16:7).

El cumplimiento de esta promesa terminante que Cristo hizo a sus discípulos se produjo en Juan 20:21–22. El Jesús resucitado sopló y les dijo: "Recibid el Espíritu Santo". Luego los llenó de una manera mucho más poderosa en Pentecostés, según Hechos 2:1–4. Estos sucesos gloriosos desataron una nueva y revolucionaria economía del Espíritu Santo durante la "era de la iglesia" y hasta el regreso de Cristo.

En la actualidad, el Espíritu Santo vive en cada persona que recibe a Cristo como su Salvador personal (Rom. 8:9). ¡Que podamos captar la magnitud de esa revolución espiritual! Querido creyente en Cristo, el Espíritu del Dios vivo que es el Espíritu de Jesucristo y el Espíritu de Verdad mora en ti. ¿Es posible que por haber oído durante tanto tiempo estas expresiones, nos hayamos vuelto indiferentes a ellas?

Lucas 11:13 sugiere que no hay don más grande de Dios para sus hijos que el Espíritu Santo. Jesús dijo: "Pues si vosotros, siendo malos, sabéis dar buenas dádivas a vuestros hijos, ¿cuánto más vuestro Padre celestial dará el Espíritu Santo a los que se lo pidan?" Dios no solo da el Espíritu; Juan 3:34 dice que lo da sin restricción (NVI).

Espero de corazón que comprendas esto. Yo no puedo quedarme quieta en la silla. ¡Me cuesta escribir! Lo que tú y yo necesitamos por sobre todas las cosas es más del Espíritu Santo. ¿Necesitamos amar a una persona difícil de querer? ¿Necesitamos un poco más de paciencia? ¿Nos vendría bien algo de paz en medio del caos? ¿Necesitamos expresar una dosis adicional de bondad? ¿Tienes lugar para un poco más de fidelidad a Dios? ¿Te vendría bien una dosis mayor de autodisciplina? ¿Qué te parece un alma llena de gozo? Considera Gálatas 5:22–23. ¡Todo esto viene con la plenitud del Espíritu Santo! Como sabes, no se trata simplemente de que necesitamos más paciencia. ¡Lo que nos hace falta es la llenura y la unción del Espíritu Santo!

Ahora, antes de que alguno comience a escribirme una carta, permíteme explicar. Sé que el Espíritu Santo es una persona. Cuando entra en la vida de un creyente en Cristo en el momento de la salvación, lo hace de manera personal. Los cristianos tenemos al Espíritu, y sin embargo el infinito Espíritu de Dios continúa derramándose en nuestra vida. Cada día puedo disfrutar de una porción mayor de su Espíritu. Desde lo alto Él continúa dándonos más de su Espíritu.

¿Necesita alguien una comprensión más profunda de la Palabra de Dios? ¿Una dosis adicional de discernimiento? ¿Alguien necesita que su corazón sea iluminado para conocer la esperanza a la que fue llamado? ¿Quiere alguno cumplir los propósitos eternos de Dios para su vida y razonar con la mente de Cristo, en lugar de la confusa manera de pensar de la carne mortal? ¡Todo esto viene cuando recibimos "más" del Espíritu Santo! (Ver 1 Cor. 2.)

Criatura de Dios, ¡no te conformes con asimilar esta verdad! ¡Ponte de pie y celébrala! ¡Dios da su Espíritu con abundancia! Él tiene todo lo que necesitas. Dicho con más precisión, Él *es* todo lo que necesitas. Nuestra plenitud y mayor gozo provienen del desborde del Espíritu Santo en nuestra vida. Por Él entendemos la Palabra y la voluntad de Dios para nosotros.

¿A quién le vendría bien mejorar su memoria? ¡Por lo pronto a mí! Aquí tienes algo interesante; mira lo que dice Juan 14:26: "Pero el Consolador, el Espíritu Santo, a quien el Padre enviará en mi nombre, él os enseñará todas las cosas y os recordará todo lo que yo os he dicho".

El Espíritu Santo es el bendito recordador. ¿Has notado que tenemos muy buena memoria de las cosas destructivas pero somos más lentos para recordar las constructivas? ¡Necesitamos más del Espíritu Santo! Hace poco tuve que memorizar unas líneas para un espectáculo navideño en nuestra iglesia. Nunca había hecho algo así y estaba consumida por los nervios. Recordé Juan 14:26, y en lugar de pedirle a Dios solamente que me ayudara con mi parlamento, le pedí que me diera más de su Espíritu Santo para que el bendito Recordador me revelara más de su persona… ¡y lo hizo! Él es la clave para memorizar versículos de las Escrituras y para recordar cualquier cosa de la Biblia. ¡Él no falla!

¿Qué es lo que más necesitas del Espíritu Santo? ¿Estás pidiendo en concreto recibir más de Él? Lucas 11:13 enseña que si deseamos que el Espíritu Santo penetre más en nuestra vida, Dios quiere que se lo pidamos. La persona del Espíritu Santo habita en cada uno de los que hemos confiado en Cristo como Salvador (Ef. 1:14). Cada uno de nosotros fue sellado (Ef. 1:13) y Él permanecerá con nosotros para siempre (compara Juan 14:16 con Heb. 13:5); sin embargo, según nuestro nivel de cooperación, es posible que sofoquemos al Espíritu Santo que está en nosotros o, por el contrario, permitamos que nos llene por completo y nos dé su unción. La diferencia determinará si viviremos en victoria o en derrota.

Desde que comencé a aprender aquello que Dios ponía a mi disposición por medio de su Espíritu Santo y aquello que no sólo está dispuesto sino que ansía hacer por mí, el nivel del poder sobrenatural en mi vida experimentó un notable ascenso. ¡Quiero lo mismo para ti! ¡Tengo tanto celo, un celo divino por ti, que casi no lo puedo soportar!

Cada uno de estos estudios bíblicos, lo mismo que cada libro o cada mensaje valioso que Dios me ha dado, se originó directamente en el poder del Espíritu Santo. Sé, mejor que nadie, que no tengo capacidad para lograr ninguna de estas cosas. Años atrás me enfrenté con mi humanidad autodestructiva, entregué mi vida para que fuera crucificada con Cristo, y decidí vivir de allí en más por medio del poder de la resurrección que da el Espíritu Santo. Por supuesto, no siempre mi existencia diaria transcurre llena del Espíritu Santo; sin embargo, con las lógicas excepciones, mi norma es buscar todos los días una vida llena del Espíritu y del poder de Cristo. La diferencia es como la del día y la noche.

¿Pido más del Espíritu Santo de Dios? ¡Sí que lo hago! ¡Dios lo da con abundancia! ¡La belleza de su provisión inacabable es que mi porción no te priva en lo más mínimo de la tuya!

Ahora bien, una palabra de advertencia. No confundas pedir más del Espíritu Santo con pedir más manifestaciones del Espíritu Santo. Santiago 4:2–3 indica dos razones por las que no recibimos: porque no pedimos y porque pedimos con propósitos equivocados.

Tal vez no experimentamos la plenitud de la presencia y el poder de Dios en nuestra vida porque no la hemos pedido. Sin embargo, a veces pedimos con propósitos equivocados, o como dice Santiago, "para gastar en vuestros deleites". Es posible que pidamos más del Espíritu Santo por motivos inadecuados. Comparto a continuación algunos ejemplos de mis propias motivaciones equivocadas.

- Si quiero más del Espíritu Santo para que la gente se sienta impresionada conmigo o para que yo me sienta poderosa, entonces estoy buscando mi propia gloria y deshonrando a Dios.
- Si deseo una manifestación del Espíritu Santo como prueba de la existencia de Dios, mi motivación no es glorificar a Dios sino ponerlo a prueba.

Un móvil correcto para pedir más del Espíritu Santo es que Dios se glorifique en ti y en mí por medio de nuestra vida efectiva y llena del Espíritu.

Mateo lo expresó de la mejor manera: "Así alumbre vuestra luz delante de los hombres, para que vean vuestras buenas obras y glorifiquen a vuestro Padre que está en los cielos" (5:16).

¿Recuerdas lo que aprendimos con John Piper en nuestro estudio sobre el hedonismo cristiano? Dios se glorifica más en nosotros cuando encontramos nuestra satisfacción en Él. Encontrar la satisfacción de nuestra alma en la gloria de Dios es una razón maravillosa para pedir más del Espíritu Santo. Después de aprender muchas lecciones por el camino más difícil, ¡quiero más y más de su Espíritu porque quiero más y más de Él! Sin duda el derramamiento del Espíritu Santo se manifestará de muchas maneras; sin embargo, la motivación más pura no son las manifestaciones en sí mismas sino buscar a Dios y darle gloria.

Estoy convencida de que la esencia de la vida abundante es, dicho de manera sencilla, la abundancia de Dios en nuestra vida. No quiero conformarme con cumplir con la iglesia. ¡Quiero experimentar a Dios todos los días de mi existencia terrenal! Quiero caminar con Él de modo tan seguro y concreto como lo hago con mis piernas. Quiero ver la gloria de Dios que, al decir del profeta Isaías, llena la tierra. No quiero ser solamente salvada de la destrucción, si bien estoy agradecida por eso. Quiero entibiarme en el favor de su presencia. ¡Quiero llenarme de Dios! Creo que tú también quieres lo mismo. Comencemos a pedirlo, entonces. Hagámoslo todos los días de nuestra vida. Más de tu Espíritu, Señor. ¡Más de tu Espíritu!

Capítulo 27

MÁS FRUTO

En esto es glorificado mi Padre: en que llevéis mucho fruto
y seáis así mis discípulos. (Juan 15:8)

Me conmueve tanto lo que la Palabra tiene para decirnos a continuación que me deja casi paralizada. Me siento como si hubiera ganado un bono de compras y pudiera poner todo lo que quisiera en el canasto, y deseo tanto de lo que veo que no sé por donde comenzar. Querido lector, lo que hemos ganado en Cristo está tan por encima de nuestro razonamiento que, a menos que aprendamos a pensar con la mente de Cristo por medio del poder del Espíritu, se nos escapará.

A diferencia de una mujer que ganó una cesta llena de dulces, en este caso no se trata de elegir solo lo que satisfaga nuestro antojo. Tampoco se nos limita a llenar una sola canasta. Dios ha elegido lo que Él quiere para nosotros: tesoros sin límite, y no lograrías contenerlos en todos los canastos que pudieras poner en el patio de tu casa.

Haremos nuestras compras en Juan 15:1–17. Aunque el pasaje te resulte familiar, lee cada frase como si nunca la hubieras visto. Recuerda que la división de capítulos y la numeración de versículos en la Biblia se hizo mucho después de que las Escrituras fueran inspiradas. Son una gran ayuda, pero ten presente que es sabio considerar cada capítulo en el contexto de los pasajes que lo preceden y lo continúan.

La última afirmación que hizo Cristo en Juan 14 fue: "¡Levantaos, vámonos de aquí!" (v. 31.) Cristo y sus discípulos acababan de comer la cena de Pascua, la última cena. Resulta evidente que la enseñanza que se da a continuación tuvo lugar sobre la marcha. El dato geográfico siguiente aparece en Juan 18:1: "Habiendo dicho Jesús estas cosas, salió con sus discípulos al otro lado del torrente de Cedrón, donde había un huerto en el cual entró con sus discípulos".

Juan 15 comienza con Jesús que aludía a sí mismo como la Vid Verdadera. Es muy probable que la enseñanza de Cristo sobre la viña haya tenido lugar en el camino, mientras Él y sus discípulos cruzaban un viñedo cuando se dirigían al monte de los Olivos. Quiero que tomes un lugar en la escena; tú eres uno de los seguidores de Cristo, un discípulo elegido de esta generación.

Jesús define tres conjuntos de actores en esta escena del viñedo. Él es el primero, la Vid Verdadera. Su Padre es el Labrador. Tú eres un pámpano, una rama. El propósito explícito del cuidado del Padre es que cada rama lleve fruto.

Lo que sigue no se lo digo a tu pastor, a tu maestro, a tu tutor, a tu héroe en la fe, a tu mejor amigo en la iglesia ni a nadie más. Te lo digo a ti. Querido amigo, el Dios del universo ha ordenado que tu preciosa vida lleve mucho fruto. ¿Escuchaste? ¿Lo tomas en forma personal? Esto concierne a Dios, a Cristo y a ti. Sus ojos están sobre ti en este mismo momento. Escúchalos pronunciar estas palabras a tu espíritu con voz clara y fuerte: queremos que lleves *mucho* fruto.

Durante varios capítulos hemos estado hablando acerca de *más*; ahora vamos a hablar acerca de *mucho*. Lo repetiré cuantas veces sea necesario. Dios no te ha escogido para la mediocridad sino para una vida de cosecha abundante. Derramo lágrimas por el cuerpo de Cristo al que amo profundamente porque estoy dominada por el celo de Dios que sentía Pablo (2 Cor. 11:2). Anhelo que cada uno de ustedes reciba, disfrute y celebre lo que Dios tiene para darles.

Estoy harta de la estrategia sutil del enemigo, que convence a tanta gente en el cuerpo de Cristo de que apenas unas pocas vidas en cada generación son realmente importantes. ¡Tu vida fue elegida para algo valioso! Ponte de pie en este instante, mira en el espejo más cercano y dile esta frase a la imagen que tienes delante: "Dios te ha elegido y Él quiere ser glorificado en que lleves *mucho* fruto".

No diré una sola palabra más hasta que vayas al espejo. Amigo, lo que tú y yo necesitamos a veces es que nos sacudan un poco. ¡Todavía no le creemos a Dios! Si le creyéramos, estaríamos tan asombrados y deleitados en Él, y viviríamos tan por encima de nosotros mismos, que no podríamos ocultar nuestra alegría. Por alguna razón nos enredamos con cosas que nos impiden llevar una vida intensamente productiva.

Mi expectativa es que, a lo largo de nuestro estudio, despejemos del camino algunos de esos obstáculos y en este momento quisiera ocuparme de uno de ellos. Muchas personas piensan que los pecados que cometieron en el pasado los excluyen de llevar una vida fructífera. En primer lugar, si eso fuera cierto, te aseguro que yo no estaría escribiéndote en este momento. En segundo lugar, si no nos hemos arrepentido ni hemos permitido que Dios nos restaure y redima nuestros fracasos, entonces, cumpliremos de manera trágica algunas de nuestras propias profecías autodestructivas. No es Dios quien nos impide llevar mucho fruto después de haber fracasado. Somos nosotros mismos, en combinación con el diablo. El principal interés de Dios es ser glorificado. Hay pocas evidencias más contundentes que lo glorifiquen de manera tan impactante como una vida restaurada que proclama su fidelidad con actitud humilde y sincera.

El Padre está tan decidido a que llevemos mucho fruto que nos ha brindado ofrecimientos inimaginables. Al compartirlos contigo, perdona mi entusiasmo si deslizo algunos verbos de felicidad. Él nos ofrece:

Un amor en el que podemos vivir. ¿Cuándo nos va a entrar en la cabeza que somos personas muy amadas? Considera lo que tal vez sea el versículo más asombroso en este pasaje bíblico: "Como el Padre me ha amado, así también yo os he amado" (Juan 15:9). Intenta aprehender esta verdad con todas tus fuerzas: Jesucristo te ama como el Padre lo ama a Él. Te ama como el Padre a su Hijo unigénito, ¡como si fueras el único!

Jesús continúa en el mismo versículo dando un mandamiento: "Permaneced en mi amor". Me encanta el término *permanecer*. Significa exactamente lo que dice: habitar, morar en su amor, permanecer en él, quedarnos allí, sumergirnos. Te lo ruego, ¡vive en Él! ¿Cómo logramos algo así?

Permíteme parafrasear lo que me parece que Cristo estaba diciendo en este pasaje. Por favor, coloca tu nombre en los espacios en blanco:

Mi amor por ti, _____, es perfecto, divino y más grande de lo que puedes imaginar y más trascendente que las necesidades más recónditas de tu alma. Lo cierto es que te amo como mi Padre me ama a mí, que soy el Hijo unigénito y la indiscutible niña de sus ojos. _____, mi amor por ti es tan constante como una vertiente que nunca se seca, aunque a veces no lo recibes porque entras y sales de la percepción de mi presencia. Anhelo que instales tu casa rodante en tan cercana intimidad con mi persona que nunca pierdas conciencia de mi generoso amor.

¿Por qué es tan vital tener una conciencia continua del amor de Dios para llevar una vida fructífera? Una de las razones es que Satanás no tiene ningún interés en que llevemos mucho fruto. Hará todo lo que esté a su alcance para desanimarnos, acusarnos y tratar de condenarnos. Aun los siervos de Dios más perseverantes cometen errores y toman algunas decisiones necias a lo largo del camino. Nadie tiene suficiente mérito como para servir al Dios Santo de toda la creación. Siempre estaremos dándole al enemigo abundantes municiones para descorazonarnos. Si no acampamos literalmente en el amor de Cristo, nos privaremos de llevar fruto indecible porque estaremos hundidos en nuestra propia indignidad. Acepta que somos indignos y aun así amados de manera generosa por un Dios que ofrece su gracia redentora. Y a continuación, toma nota de otra gran oferta. Dios provee:

Una fuente de la cual podemos surtirnos. Tal vez incluyes, entre las categorías de obstáculos que impiden llevar una vida llena de fruto, la "falta de talento o capacidad". Es notable que en esta incomparable disertación sobre la vida fructífera no hay ninguna referencia a la capacidad. El único requisito es que permanezcamos en Cristo, del mismo modo que una rama permanece adherida a la vid en sentido físico. Separados de Él no podemos hacer nada (Juan 15:5). Cristo nos dice que lo único que tenemos que hacer es insertarnos en Él, dejar que fluya la fuente de poder, y entonces Él hará la obra a través de nosotros. ¡Ese es el secreto!

Imagina la unión entre la vid y la rama. Una de las características más importantes de la rama es que se mantiene abierta a la vida que fluye de la vid. Si la rama solo estuviera atada con firmeza alrededor de la vid, moriría sin producir fruto alguno. La rama debe estar adherida a la viña y abierta para recibir la savia. ¿Te das cuenta del paralelismo? Con mucha frecuencia tenemos nuestro propio programa de cómo queremos servir a Dios. Gastamos una incalculable energía sin llegar a producir jamás fruto abundante que glorifique a Dios. Tenemos que estar abiertos a la fuente de poder y a la obra que se propone cumplir el Labrador.

A menudo caemos en la trampa de hacer nuestro propio plan acerca de cómo queremos servir a Cristo, según nuestro razonamiento humano y nuestras preferencias personales. Tratar de forzar nuestros ministerios es una frustrante pérdida de tiempo. Terminamos adquiriendo la expresión dolorida y preocupada de una mujer que hace el máximo de esfuerzo por dar a luz un bebé de gran tamaño.

Pasé la primera mitad de mi vida adulta esforzándome al máximo por hacer algo, cualquier cosa, para Dios. ¡Después de todo, Él me había llamado! Nada funcionó… hasta que me rendí, exhausta y fracasada, y lo dejé obrar a Él. No podemos forzar el fruto. Solo podemos permanecer en la Vid. Si queremos producir mucho fruto, tenemos que estar abiertos a la vida, al proyecto y a los tiempos de la Vid.

Un Labrador en quien podemos confiar. Habrás escuchado hablar de los entrenadores personales. Nuestro Labrador está tan decidido a que nuestras vidas fructíferas lleven aún más fruto, que se compromete a ser nuestro podador personal. Observa el versículo 2: "Todo pámpano que en mí no lleva fruto, lo quitará; y todo aquel que lleva fruto, lo limpiará, para que lleve más fruto". Creo que este versículo sugiere que Dios obra con más ahínco en aquel hijo que está produciendo frutos, a fin de que él o ella produzcan aún más.

Si eres un auténtico discípulo de Jesucristo, estoy segura de que a veces sientes que Dios está haciendo una campaña en tu contra. ¿Has exclamado alguna vez con exasperación "Dios no me deja pasar una"? ¿Has notado que Dios se muestra especialmente celoso contigo? ¿Observas que quita de tu vida las actividades negligentes y sin sentido que en cambio parece "aguantar" en la vida de otros cristianos? Eso, querido, se debe a que has mostrado ser un hijo o una hija colaborador, que da fruto, y Él sabe que tiene en ti una rama escogida por medio de la cual puede ser aún más glorificado.

¿Adviertes la progresión que sugieren los versículos 2 y 5? Dios desea que aquellos que llevan fruto lleven *más* fruto, y que los que llevan más fruto lleven *mucho* fruto. Aunque este pensamiento nos ponga nerviosos, podemos confiar en Él aunque lo veamos con las tijeras de podar en la mano.

El ejercicio que sigue es para tu beneficio, y es algo entre tú y Dios. No permitas que Satanás lo use para condenarte. Según tu comprensión de la Biblia, y a partir de un sentimiento profundo de la presencia y el disfrute de Dios y no de los números y la notoriedad, ¿dónde crees que te ubicarías en este momento, en una escala desde "sin fruto visible", "algo de fruto", "más fruto" hasta "mucho fruto"?

Si ya superaste el nivel de "sin fruto visible", ¿qué hizo tu podador personal para llevarte hasta el nivel siguiente? En la medida que más le permitamos entresacar, más productivo será Él por medio de nosotros. Querido hermano, cuando todo haya concluido y estemos viviendo en el cielo, lo único que se tomará en cuenta será si nuestras vidas dieron o no gloria a Dios. Permitámosle podar a su gusto. Entreguémonos a una vida que, cuando hayamos exhalado el último aliento, haya tenido valor.

Un gozo en el que podemos encontrar satisfacción. El nudo de esta cuestión es que hemos sido llamados a una vida de obediencia. Es cierto que la gracia de Dios cubre nuestros pecados cuando confiamos en la obra completa de Cristo. Pero no llevaremos mucho fruto a menos que obedezcamos la voluntad de nuestro Padre. De hecho, según Juan 15:10, si no caminamos cerca de Él en obediencia nunca nos encontraremos lo suficientemente cerca como para permanecer en su amor. Él nos ama de manera incondicional; sin embargo, si desobedecemos no podremos instalar nuestra tienda espiritual en su presencia. ¿Te suena esto como una vida dedicada solo al servicio y al sacrificio?

Entonces será mejor que leas una vez más Juan 15:11. Jesús dijo: "Estas cosas os he hablado para que mi gozo esté en vosotros, y vuestro gozo sea completo". ¡Qué pensamiento maravilloso! Dios es soberano y podría haber diseñado el plan para su único beneficio. Él podría haber exigido nuestra obediencia y nuestro servicio bajo amenaza, pero no lo hizo. Nuestro Padre celestial es el dador de toda buena dádiva (Sant. 1:17). Dios anhela bendecirnos con vida y gozo en abundancia. ¡Y no cualquier gozo, sino el gozo de Cristo! ¡Un gozo perfecto, pleno, cautivante y contagioso!

El gozo de Jesús llega al cristiano de una sola manera: por transfusión. ¡Es como un goteo intravenoso de la Vid a la rama! Dios no tiene solamente *más* para ti; tiene *mucho*: mucho amor, mucho fruto, mucho gozo. Y el Dios del universo recibe mucha gloria de un miserable mortal. ¿Hay acaso una propuesta mejor?

Capítulo 28

MÁS REVELACIÓN

El que tiene mis mandamientos y los guarda, ese es el que me ama;
y el que me ama será amado por mi Padre, y yo lo amaré
y me manifestaré a él. (Juan 14:21)

✠

¡Cuánto he disfrutado estudiando contigo los conceptos de *más* y *abundancia* en el Evangelio de Juan! Mi vida espiritual, en especial mi vida de oración, ya ha sido marcada por lo que hemos descubierto. Ahora tenemos la oportunidad de estudiar otro pasaje en Juan, uno que tiene implicaciones tan elevadas que solo con la ayuda de Dios podría hacerle justicia al tema. Mencionamos antes esta sección de las Escrituras, pero reservé de manera intencional el análisis para hacerlo en este momento.

El pasaje está en Juan 14:19–25. Jesús dijo a los discípulos en el versículo 21: "El que tiene mis mandamientos y los guarda, ese es el que me ama; y el que me ama será amado por mi Padre, y yo lo amaré y me manifestaré a él". Nos concentraremos en la expresión *me manifestaré* y trataremos de determinar qué quiso decir Cristo con estas palabras. El término original *emfanizo* significa "hacer visible, hacer que se vea, mostrar ... manifestarse una persona, en el sentido de dejarse conocer y comprender en forma íntima".[1]

Puede ser útil comparar varias traducciones de la Biblia cuando intentamos comprender un término o un concepto. Lee las siguientes traducciones de la frase "me manifestaré a él" en otras versiones:

- Versión Popular: "me mostraré a él".
- Traducción en Lenguaje Actual: "le mostraré cómo soy en realidad".
- Castillian: "y yo lo amaré y me revelaré a él."

Al responder Cristo a la pregunta de Judas, expresa con claridad que esta "manifestación" o "revelación" no ocurrirá en el cielo sino en la tierra. "Vendremos a él y haremos morada con él" (v. 23). Esta declaración se adapta perfectamente al contexto y ofrece un hermoso contraste con la promesa de Cristo en Juan 14:2–3. Cristo prometió que volvería un día y llevaría a sus seguidores con Él. Se da por sentado que ellos y nosotros moraremos en las muchas habitaciones que Cristo está preparando. No es casual que la palabra en plural *monai* que se traduce "moradas" en Juan 14:2 se use en singular en Juan 14:23 (*monen*, morada). Basándome en el uso de estos términos, creo que Cristo les estaba diciendo lo siguiente:

> Voy a marcharme a fin de ir a prepararles habitaciones donde un día morarán y podrán sentirse como en casa en el lugar donde yo vivo, el cielo. Hasta que eso ocurra, he construido una habitación en cada uno de ustedes, donde me siento como en casa. De esta manera yo puedo habitar con ustedes en Espíritu hasta que ustedes habiten conmigo en el cielo.

Cristo está haciendo para nosotros habitaciones celestiales mientras construye habitaciones terrenales en nosotros. ¡Gloria a Dios! Cristo prometió que, durante este período en que Él y su Padre vendrían a habitar en sus discípulos obedientes, se manifestaría a ellos (Juan 14:21). Es verdad que Cristo se mostraría a ellos en la resurrección (v. 19), y que luego experimentarían una manifestación gloriosa cuando Cristo viniera a morar en ellos, en Pentecostés. Sin embargo, creo que Juan 14:21 también expresa revelación espiritual.

R. C. H. Lenski ofrece la siguiente explicación de las palabras de Juan 14:21. "El tiempo futuro se refiere al día de Pentecostés y de allí en adelante. Esto se advierte en particular en el último verbo; las apariciones durante los 40 días fueron solo manifestaciones preliminares que habrían de ser seguidas por su presencia, su ayuda y su bendición constante en el Espíritu (v. 18)."[2]

Como ya vimos, Dios el Padre y Cristo se revelan de varias maneras diferentes. La primera y principal es su revelación por medio de la Biblia. Las Escrituras son nuestra única fuente por completo confiable de revelación porque, a diferencia de las experiencias subjetivas, son seguras. Sin embargo, las Escrituras dicen claramente que Dios también revela dimensiones de su persona y de su gloria por otros canales. Romanos 1:20, Salmo 19:1 y

Hechos 14:17 coinciden en señalar el despliegue del poder y la gloria de Dios por medio de la creación.

Dios nunca se me reveló en llamas de fuego desde un arbusto como lo hizo con Moisés en Éxodo 3:2, ni tampoco he visto carrozas de fuego como vio Eliseo. Sin embargo, a menudo he contemplado la gloria de Dios en la naturaleza. Mi alma se siente tan atraída hacia una majestuosa cadena de montañas como un río es atraído hacia el mar. Por lo menos varias veces al año percibo el llamado galante de Dios para ir a encontrarme allí con Él. Comparto con Él todos los días en casa, pero, ¿no es cierto que de vez en cuando nuestras almas anhelan un despliegue de su gloria que resulte más visible en un trasfondo menos rutinario?

Hace algunos meses fui sola a pasar unos días en un pequeño rincón del parque nacional desde donde se ven "mis" montañas. Cada noche, cuando me iba a dormir, me recordaba a mí misma que había ido para descansar y también para recibir inspiración. Me proponía dormir un poco más pero nunca lograba hacerlo. Me levantaba todos los días antes del amanecer, me ponía un abrigo pesado y salía en mi automóvil para buscar un lugar en primera fila para contemplar la salida del sol. Bajaba la ventanilla para escuchar el bramido de las bestias del bosque. Fiel a su pacto perfecto, cada mañana Dios hacía que los rayos del sol bautizaran las cumbres y luego yo permanecía allí hasta que la luz inundara el valle. Me sentía tan desbordada por la majestad que insinuaba tamaña maravilla, que me parecía que el corazón se me saldría del pecho. En momentos como ese, Habacuc 3:3–4 invadía mis pensamientos: "Su gloria cubrió los cielos, la tierra se llenó de su alabanza. Su resplandor es como la luz. Rayos brillantes salen de su mano; allí está escondido su poder".

La Palabra de Dios dice que Él puede revelarse de muchas maneras, pero que su revelación fundamental al ser humano fue por medio de su propio Hijo, Jesús. Él vino para mostrarnos a Dios de una forma visible, que puede ser abrazada. Creo que una parte sumamente importante de la promesa de Cristo en Juan 14:21 es que después de su partida Él continuaría revelándose, manifestándose o dándose a conocer a sus seguidores aquí, hasta que llegaran allá. Ahora que ha venido su Espíritu y que su Palabra está completa, creo que estos (el Espíritu Santo y la Palabra) son los principales medios por los cuales Jesús se manifiesta a sus seguidores.

Después de construir lo que espero sea un sólido fundamento teológico para la revelación continua de Cristo a sus seguidores, celebremos las tremendas derivaciones en nuestra vida.

Observa que Juan 14:21 establece algunas restricciones para la promesa: "El que tiene mis mandamientos y los guarda, ese es el que me ama; y el que me ama será amado por mi Padre, y yo lo amaré y me manifestaré a él".

En primer lugar, procedamos inmediatamente a calmar cualquier inquietud que surgiera ante la afirmación de Cristo "el que me ama será amado por mi Padre". ¿Acaso no dice Juan 3:16 que Dios ama al mundo de una manera extraordinaria? ¡Por supuesto! En 1 Juan 4:19 también se nos dice que nosotros amamos porque Dios nos amó primero. Juan 14:21 no está sugiriendo que el amor de Dios por nosotros sea condicional o que se nos dé en respuesta a nuestro amor por Él. Creo que interpretamos mejor la frase cuando alcanzamos una comprensión más profunda de la naturaleza del amor de Dios.

Romanos 5:8 declara que "Dios muestra su amor para con nosotros, en que siendo aún pecadores, Cristo murió por nosotros". Una de las cualidades más notables que encontramos en el amor de Dios es su carácter demostrativo. Cristo ordenó a sus seguidores que amaran como Él los amaba. Creo que Juan 14:21 muestra que cuanto más obedecemos y amamos a Dios, tanto más vívidamente podemos ver, experimentar y disfrutar las demostraciones de su amor.

No olvides que Romanos 5:8 dice que su demostración de amor más excelente tuvo lugar cuando todavía éramos pecadores. Sin embargo, igual que sus discípulos, con frecuencia somos incapaces de reconocer esa demostración hasta que obedecemos la divina seducción del Espíritu que nos invita a arrepentirnos y nosotros producimos los primeros frutos del amor. Igual que tú, también he sido siempre amada por Dios; sin embargo, he sido más consciente de las expresiones de su amor, o de lo que podríamos llamar su gracia, en situaciones en que he respondido con amor y obediencia, especialmente en circunstancias dolorosas. Me tocó vivir una situación que ayuda a ilustrar esto:

Dios trajo a mi vida a una joven encantadora cuya existencia había sido un caos. Despés de ser abusada y maltratada, ya no confiaba en nadie. Nunca conocí a nadie con tanta necesidad de amor, y sin embargo ella sospechaba de todo el mundo y le costaba expresar afecto. Dios me insistió una y otra vez en que le mostrara el amor de Jesús. Un día dije: "Señor, estoy procurando ser obediente, ¡pero es como tratar de abrazar a un puercoespín!" Con el transcurso de los meses y los años, Dios transformó a mi amada puercoespín en un tierno cachorrito. La amé desde el comienzo de nuestra amistad, pero cuanto más suave y receptiva se volvía, más amor podía brindarle. En una escala mucho mayor, creo que este principio se aplica a la demostración del amor de Dios hacia nosotros.

¿Y tú? ¿Cómo eres en cuanto a recibir las demostraciones del amor de Dios (ya sea a través de su Palabra, de su Espíritu que da testimonio en tu interior, o de sus expresiones por medio de una persona)? ¿Te pareces más a un puercoespín o a un tierno cachorrito? Estoy convencida de que Juan 14:21 enseña que, cuanto más amamos y obedecemos a Jesucristo, tanto más nos mostrará de sí mismo. Estas manifestaciones o maneras en que se da a conocer se perciben con los ojos del Espíritu que vive en nosotros. Isaías 6:3 declara que la tierra está llena de su gloria.

Querido amigo, creo que no estoy abusándome del texto al decir que la gloria de nuestro Señor Jesús nos envuelve constantemente. Estamos siempre rodeados de elementos a través de los cuales Él podría mostrarnos lo que vale, mostrarnos su providencia y su presencia. ¡No dejemos de reconocerlos! Piensa en los ejemplos que tenemos alrededor. Compartiré algunos:

- Cristo a veces demuestra su clemencia dándole a alguien el poder para que nos perdone algo que parece imperdonable.
- A veces Cristo manifiesta de manera tan clara su obra en nuestra vida, a través de un maestro de la Biblia o un predicador, que nos sentimos como si fuéramos la única persona en el auditorio y el orador hubiera leído nuestra mente.
- Con frecuencia leemos una porción de las Escrituras, y nuestros ojos se abren de pronto a una comprensión sorprendente y renovadora de Cristo.
- Muchos de nosotros hemos acompañado en el momento de su muerte a un ser querido que conoce a Cristo, y Él manifestó su presencia entre nosotros de una manera que nos sentimos maravillados por su cuidado y su consuelo divino.
- En algunas oportunidades, Cristo nos hace sentir su proximidad y su omnisciencia al obrar en una situación específica que nadie más conocía.
- A veces un desastre inminente se desvía en forma repentina y sentimos escalofríos al darnos cuenta que Él fue nuestro Libertador.
- En los momentos en que estamos entregados a la adoración, sentimos su presencia poderosa y su dulce placer de una manera muy natural.

He pasado por cada una de esas experiencias, pero quiero más. ¡Quiero una manifestación de Cristo! Quiero conocerlo en esta tierra de la forma más plena que pueda hacerlo un mortal. ¿No quieres tú lo mismo? Entonces oremos para lograr esa meta.

A esta altura de nuestra travesía, estoy persuadida de que la verdad que Dios inspiró al apóstol a escribir en Juan 14:21 llegó a ser la filosofía y el enfoque de la vida del apóstol. Ya hemos visto que Juan canjeó ambición por afecto. El amor se transformó en el centro absoluto de su existencia. Cuando continuemos nuestra marcha, descubriremos también que era un hombre que procuraba obedecer aun cuando nadie estuviera mirándolo.

Juan vivió con todo su ser los requisitos divinos de Juan 14:21. ¿Puede sorprender que, años más tarde, nuestro inmortal Salvador y Señor lo escogiera a él cuando decidió entregar el incomparable libro de Apocalipsis? ¡Qué adecuado! Juan representa el ejemplo humano culminante de su propia pluma.

Capítulo 29

MÁS DIÁLOGO CON MUJERES

En esto llegaron sus discípulos y se asombraron de
que hablara con una mujer. (Juan 4:27)

✄

*A*lgunos de los seguidores de Jesús todavía se sorprenden de que hable con mujeres. En este capítulo hago una defensa del tema sin ponerme a la defensiva, con el propósito de mostrar el principio bíblico de que Jesucristo habla a las mujeres. Además, las tiene en alta estima. Antes de que demos un solo paso más, por favor permíteme decir que lo último que se me ocurriría sería faltarle el respeto a los hombres o rebajar la función de liderazgo que les asigna la Biblia. Nunca he sido ni seré una persona que ataca a los varones.

Me crié con dos hermanos y dos hermanas y tiendo a relacionarme con la misma facilidad con los varones que con las mujeres (aunque es comprensible que de manera diferente). Tengo un matrimonio bueno y sólido con un hombre al que amo y respeto profundamente. Me complace decir que tengo vínculos saludables y respetuosos con hermanos en Cristo, y muy rara vez he tenido conflictos con ellos. Creo firmemente en el lugar que la Biblia establece para varones y mujeres, y estoy convencida de que nuestras congregaciones rara vez son más fuertes que los varones que hay en ellas. ¡Mujeres, nuestros hombres son importantes! Yo no quiero que las mujeres tomen el lugar de los varones. Lo único que quiero es que las mujeres tomen el lugar que les corresponde.

De vez en cuando alguien me pregunta si me gustaría tener una congregación y ser su pastora. ¿Cuál es mi respuesta? "¿Estás loco?" Francamente prefiero que se hagan cargo de la jefatura mi marido y mi pastor. Si las mujeres nos diéramos cuenta de la manera directa en que Dios designa una enorme responsabilidad a los varones, oraríamos por ellos sin cesar. Guardo como un tesoro el recuerdo de un culto en mi iglesia en el que se convocó a los varones a arrodillarse junto al altar y las mujeres formamos un escudo a su alrededor y clamamos intercediendo por ellos. Nuestros corazones quedaron ligados por una fuerza que solo podía dar lugar a una renovada comprensión de que tenemos propósitos iguales pero diferentes.

Presta atención: soy pro-varones. Y también (no *pero*) soy pro-mujeres. Lo que a algunos les puede parecer una novedad es que estos *pro* no son excluyentes. Las funciones y las responsabilidades bíblicas de varones y mujeres a veces difieren con el fin de complementarse y completarse mutuamente. Sin embargo, nuestro lugar en el corazón de Dios es el mismo. Me siento muy cómoda con mi lugar femenino en el cuerpo de Cristo. No todas las mujeres lo están. En ocasiones el complejo de inferioridad espiritual surge de haber estado expuestas a dosis permanentes de enseñanzas inadecuadas sobre Cristo y su Palabra.

Hace poco alguien me prestó el libro *When Life and Beliefs Collide* [Cuando se enfrentan la vida y las creencias], de Carolyn Curtis James. Comencé a leerlo sin saber nada sobre el tema. La autora explicaba que Dios había inspirado todo el plan del libro a partir de una perturbadora afirmación que un profesor del seminario le había hecho años atrás. "Con un gesto abiertamente ladino, había dicho: 'Como sabes, nunca hubo una gran teóloga'."[1] ¡Ese profesor no se imagina de qué modo Dios lo usó para impulsarla a estudiar la Palabra de Dios y demostrar que estaba equivocado! Igual que los discípulos, aquel profesor se habría sorprendido al comprobar que Jesús habla a las mujeres.

Mi propósito no es tanto probar el vínculo entre las mujeres en la Biblia y la teología, sino demostrar el inconfundible lazo entre varias mujeres de la Biblia y Jesucristo. Agrego que en esos lazos Cristo entretejió teología de suma profundidad. Así es, Jesús habla a las mujeres que escuchan. Siempre lo hizo y siempre lo hará. Si alguien piensa que Cristo no tuvo encuentros importantes con mujeres, tendrá que saltear el Evangelio de Juan. Permíteme repetir con claridad que el Nuevo Testamento está colmado de diálogos y vínculos de Cristo con varones. No quitamos ni una pizca a eso. Sin embargo, nuestra meta es estudiar su contacto con mujeres y el Evangelio de Juan brinda relatos detallados y cargados de significados.

Cada uno de los siguientes segmentos registra una ocasión en que Jesús tuvo un encuentro importante con una mujer. Antes de que te frustres ante la selección tan variada de pasajes, recuerda que nuestro propósito es extraer conclusiones a partir de todas las instantáneas, en lugar de mirar con atención a una sola escena.

Juan 4:1–39 nos presenta a la mujer de Sicar. Probablemente la conoces con el rótulo de "la mujer junto al pozo". ¿Adviertes que fue la primera persona a quien Jesús declaró su condición mesiánica? Jesús envió a los discípulos a la aldea a comprar comida. La mujer llegó al pozo a mediodía para evitar a quienes la miraban en forma despectiva. Se sintió sorprendida porque Jesús la trató con respeto. Él llevó la conversación desde su petición de agua hasta el ofrecimiento de darle Él a ella agua viva. A continuación la mujer se volvió evangelista y regresó a Sicar, donde proclamó: "Venid, ved a un hombre que me ha dicho todo cuanto he hecho. ¿No será este el Cristo?" (Juan 4:29).

Juan 8:1–11 relata otro conmovedor encuentro entre Cristo y una mujer. En esta ocasión los fariseos y los maestros de la ley procuraban tender una trampa a Jesús. Su estrategia fue sacar a una mujer que había sido encontrada en el acto de cometer adulterio y llevarla ante el Señor. Una vez allí exigieron que Jesús la juzgara. Sin embargo Él se negó a prestarse al juego; se inclinó y escribió en el suelo hasta que la conciencia de los presentes comenzó a acusarlos. Cuando la chusma se hubo disuelto, Cristo se enderezó y preguntó: "Mujer, ¿dónde están los que te acusaban? ¿Ninguno te condenó?" Ella respondió: "Ninguno, Señor", y Él le dijo: "Ni yo te condeno; vete y no peques más" (vv. 10–11).

Juan 11:17–44 nos brinda nuestro siguiente vistazo de Jesús y las mujeres. En esta oportunidad trata con las hermanas de Lázaro: Marta y María. Jesús se demoró cuando Lázaro estaba muriendo. Llegó tres días después de que su amigo había sido sepultado. Esta vez vemos a Jesús tratar en forma individual con cada hermana.

Marta fue a recibir a Jesús con una mezcla de palabras de reproche y de esperanza. "Señor, si hubieras estado aquí, mi hermano no habría muerto. Pero también sé ahora que todo lo que pidas a Dios, Dios te lo dará" (vv. 21–22). Jesús aceptó con calma sus palabras y se reveló a ella de una manera renovadora. "Yo soy la resurrección y la vida; el que cree en mí, aunque esté muerto, vivirá. Y todo aquel que vive y cree en mí, no morirá eternamente" (vv. 25–26).

María recibió a Jesús de una manera diferente. Ella también expresó su convicción de que Jesús podría haber sanado a su hermano, y luego cayó llorando a sus pies. Jesús, al verla llorar, "se estremeció en espíritu y se conmovió" (v. 33). Preguntó dónde habían puesto a Lázaro, y lloró. Luego, para alegría de ambas hermanas, ordenó a Lázaro que saliera de la tumba.

Juan 12:1–8 continúa con la historia de Marta y en especial de María. Seis días antes de la Pascua en que Jesús habría de morir, las hermanas ofrecieron una cena en su honor. Vencida por su amor a Jesús, y sospecho que motivada tanto por una premonición de lo que se venía como también por inspiración del Espíritu, María derramó perfume sobre los pies de Jesús y los secó con sus cabellos. En este momento increíble, se oyeron dos voces.

Judas Iscariote manifestó que con este gesto se había gastado de manera extravagante algo que podía haberse dado a los pobres. Jesús, en cambio, declaró sagrada la acción de María porque lo ungía para su sepultura. Mateo 26:13 culmina esta escena con las palabras de Jesús: "De cierto os digo que dondequiera que se predique este evangelio, en todo el mundo, también se contará lo que esta ha hecho, para memoria de ella". Lo que en este momento estamos diciendo continúa el cumplimiento de esa promesa.

¿Reconocemos que Jesús dedicó tiempo, conversó, honró y trató a las mujeres con dignidad? No hay pasaje que pueda compararse con estas palabras pronunciadas desde la cruz: "Cuando vio Jesús a su madre y al discípulo a quien él amaba, que estaba presente, dijo a su madre: 'Mujer, he ahí tu hijo.' Después dijo al discípulo: 'He ahí tu madre.' Y desde aquella hora el discípulo la recibió en su casa" (Juan 19:26–27).

Con todo, quiero mencionar un último pasaje. Juan 20:1–18 relata que María Magdalena fue la primera en ver la tumba vacía, la mañana de la resurrección. Corrió a decírselo a Pedro y a Juan; ellos fueron y volvieron, pero ella se quedó allí. A pesar de haber visto a dos ángeles, la verdad sobre el Cristo resucitado no había penetrado en su corazón partido de dolor. Cuando se alejaba de la tumba, vio a un hombre. "Pensando que era el jardinero, le dijo: 'Señor, si tú lo has llevado, dime dónde lo has puesto y yo lo llevaré'" (v. 15).

Jesús le respondió con ternura: "¡María!" Cuando ella lo reconoció, Él dijo: "¡Suéltame!, porque aún no he subido a mi Padre; pero ve a mis hermanos y diles: 'Subo a mi Padre y a vuestro Padre, a mi Dios y a vuestro Dios'" (v. 17).

Sobre la base de estos pasajes, hay tres observaciones acerca de Cristo que me impresionan y hacen que me enamore más de Él:

1. Jesús no se avergonzaba de que lo vieran con una mujer. A primera vista, este punto podría parecer menor. Sin embargo, ¿cuántas de nosotras noviamos y tal vez nos casamos con alguien que a veces se sentía avergonzado de que lo vieran con nosotras? Querida mía, Jesucristo no se avergüenza de que lo vean contigo. ¡Es lo que más anhela! Tampoco se avergüenza de hablar contigo. Me encuentro con muchísimas mujeres que no se atreven a compartir lo que descubren en la Biblia en el estudio bíblico de la semana porque no tienen cierto nivel de educación y "probablemente están equivocadas". Escucha, jovencita, ¡Aquel que creó los mundos con su Palabra te ha elegido como esposa! Por lo tanto, ¡estudia su Palabra con la actitud de una persona de quien y a quien Jesús habla! Él quiere que tu vida irradie evidencias de que ha estado hablando contigo. ¡Está orgulloso de ti!

Hace poco se me acercó una mujer cuyo marido practica tiro en el mismo grupo que mi esposo y me dijo: "Pensé que te gustaría saber lo que dijo mi esposo: 'Keith Moore por cierto ama a su esposa; se nota en la forma en que habla de ella'". ¡Si tan solo escucháramos a Jesús cuando habla de nosotros, nos daríamos cuenta de cuánto nos ama!

2. Aunque Jesús era muy varonil, entendía las necesidades de una mujer. Me molesta la ridícula "teología" feminista que intenta ver a Dios como mujer o al menos adjudicarle cualidades femeninas, a fin de tener "alguien que nos entienda". Querida, ¡Cristo nos entiende mejor que nosotras mismas! Por supuesto, tiene una gran ventaja sobre cualquier otro varón. Él nos formó en el vientre de nuestra madre. Aun así, me alivia saber que a Cristo nunca le parecerá excesiva mi necesidad, especialmente cuando me siento como una niña que quiere ser protegida. ¿Te diste cuenta de lo personal que era su actitud en casi todas las situaciones? No temía en absoluto la intimidad y tampoco le teme ahora.

En los encuentros que repasamos, ¿observaste que en ningún caso Jesús dejó de dar respuesta a la necesidad profunda de aquellas mujeres?

En todas esas oportunidades, miró más allá de las acciones y pudo ver el corazón de las mujeres. Él está mirando el tuyo en este mismo instante y conoce mejor que tú lo que necesitas. Él sabe incluso cuáles son tus motivaciones para hacer lo que haces. Lo único que necesita para satisfacer nuestras necesidades es que le permitamos que se nos acerque, nos hable y nos transforme.

3. Sin excepción, Jesús honró a las mujeres y les dio dignidad. ¿Percibes acaso la menor insinuación de un trato de segunda clase? ¿Cabe en tu imaginación que Jesús pudiera detestar a las mujeres? Jamás. ¿Ignorarlas? De ninguna manera. ¿Coquetear con ellas? La sola idea resulta absurda. Jesús es arrolladoramente personal, intensamente íntimo y verdaderamente correcto. Él reemplaza por dignidad la vergüenza de cada mujer. Él trae la vida de la resurrección para responder a la pérdida que ella sufre. Y Él encomienda y aprueba sus buenas obras. María de Betania no fue llamada a predicar, y sin embargo Cristo dijo que su historia sería anunciada en todo el mundo. ¿Y María Magdalena? ¡Ella fue la primera en difundir las buenas nuevas! ¿Y la mujer adúltera? Seguramente recompuso su vida. Quizá hasta se casó con un buen hombre y tuvo una buena familia. Después de todo, eso fue lo que le sucedió a Rahab, quien aparece en la genealogía de Jesús. ¿Y Marta? Por mi parte, creo que ella fue como una ráfaga de aire fresco.

Capítulo 30

MÁS SOBRE SU PADRE

Jesús le respondió: "Mi padre hasta ahora trabaja,
y yo trabajo". (Juan 5:17)

✦

Una de las primeras palabras apasionadas que aprende a decir un niño es "¡Mío!" Incluso creo que no hace falta enseñársela; no conozco muchas mamás ni papás que golpeen el piso con el pie mientras gritan "¡Mío!" Todos sabemos de dónde aprende el pequeño de dos años el "¡No!", pero ¿de dónde saca el "Mío"? Quisiera sugerir que el instinto de posesión es uno de los elementos más esenciales implantados en la psiquis humana. Nadie necesita aprender la tendencia hacia lo "mío"; está entrelazada en cada punto de nuestro ADN.

En nuestra cultura, buena parte de lo que llamamos madurez consiste en adquirir cierto grado de control razonable sobre nuestra orientación hacia lo "mío", y con razón. Sin embargo, el íntimo deseo de tener algo que podamos llamar propio no hace que el hombre sea malo ni egoísta. En realidad, creo que es fundamental para nuestra condición de persona; aunque, como siempre, nuestra naturaleza carnal delinea sus doctrinas a partir de derechos legítimos pero fuera de control.

Dios nos creó con la necesidad de saber que algo nos pertenece. Desde el momento en que comenzamos a andar, empezamos a seleccionar qué es nuestro, por un proceso de eliminación. Todo es "mío" hasta que aprendemos de nuestros padres que algunas cosas no nos pertenecen y que otras se nos puede quitar. "No, hijo, eso no es tuyo, pero aquí tienes esta manta. Es tuya." En realidad, tal vez podríamos decir que la madurez no consiste tanto en ignorar nuestra orientación hacia "lo mío", sino en aprender a reconocer y manejar de manera apropiada qué es y qué no es nuestro.

No sé tú, pero yo necesito saber que unas pocas cosas realmente me pertenecen. Yo podría decirte que pases por mi casa esta tarde; sin embargo, después de 18 años, ese montón de ladrillos en realidad sigue perteneciendo al banco que me facilitó la hipoteca. Para muchos, ocurre lo mismo con el automóvil. Y hablando de bancos, la cuenta bancaria que llamo mía podría desaparecer mañana por una crisis financiera imprevista, lo mismo que la tuya. Si lo pensamos en serio, podemos llamar "mío" a muy pocas cosas en la vida. Igual que los pequeños, nosotros también lo aprendemos por un proceso de eliminación. Yo solía insistir en que eran mías ciertas cosas que Dios, de maneras sumamente creativas, me demostró que no lo eran.

Estoy convencida de que la necesidad de poseer es tan natural en todos nosotros que, si no pudiéramos llamar propio a nada, nuestra alma se debilitaría por la desesperanza y la falta de sentido. Por favor presta atención a lo siguiente: nuestro Dios no nos niega el derecho de poseer. Sencillamente nos protege, tratando de evitar que nos aferremos de una manera nociva a las cosas que no podemos retener. Él no juega a las escondidas con nosotros. No se dedica a colgar zanahorias ante nuestra nariz, para retirarlas de un tirón cuando nos arrojamos a morderla. Contrariamente a lo que muchos opinan, Dios no está jugando con nosotros algún enfermizo juego de "yo te creé con capacidad de desear pero no te permitiré tener". Todo lo contrario, el Autor de la Vida nos estimulará a llamar "mío" a lo que en verdad es excelente. A lo exquisito. Dios se da a sí mismo a quienes están dispuestos a recibirlo.

Dios describió al salmista David como un hombre conforme a su corazón. Estas son algunas maneras en que David ejerció con libertad su inclinación hacia lo propio en el Salmo 18:1–2:

> Te amo Jehová, fortaleza mía.
> Jehová, roca mía y castillo mío,
> mi libertador;
> Dios mío, fortaleza mía, en él confiaré;
> mi escudo y la fuerza de mi salvación,
> mi alto refugio.

La vida está llena de límites y señales de "Prohibido pasar". Forma parte de la condición humana que, para vivir en cierto orden, tengamos que enfrentarnos a un flujo incesante de "noes". En medio de tantas cosas que no podemos tener, Dios dice a sus hijos: "Abandonen lo pequeño y tengan todo lo que quieran de… mí." Recuerda, Juan 3:34 dice que Dios da su Espíritu sin medida. Siendo el dueño y poseedor de todas las cosas, nos invita gratuitamente a ser tan posesivos con Él como lo deseemos. Él es mi Dios. Y es tu Dios. Dios es lo único que podemos compartir en abundancia sin que jamás se reduzca lo que tenemos de Él.

Cuando Cristo vino a este planeta, abandonó muchos de sus derechos divinos a fin de cumplir sus metas terrenales. Filipenses 2:7 dice que "se despojó a sí mismo, tomó la forma de siervo y se hizo semejante a los hombres." Juan 1:3–4 nos dice que "todas las cosas por medio de él fueron hechas, y sin él nada de lo que ha sido hecho fue hecho. En él estaba la vida, y la vida era la luz de los hombres". Sin embargo, Jesús no anduvo diciendo "Mira, amigo, fíjate la tierra que estás pisando. ¿Quién crees que la hizo?"

Hasta donde sabemos, Cristo no se sentó con los discípulos a la luz de la luna a pregonar su propiedad sobre los cielos y a recitar el nombre de todas las estrellas en orden alfabético. Cuando pensamos que Jesucristo vino a la tierra como encarnación plena de la Deidad, vemos que en realidad mostró una sorprendente moderación al ejercer sus derechos divinos. Mateo 26:53–54 ofrece un ejemplo. Cuando la turba fue a arrestarlo, ordenó a Pedro que guardara su espada: "¿Acaso piensas que no puedo ahora orar a mi Padre, y que él no me daría más de doce legiones de ángeles? ¿Pero cómo entonces se cumplirían las Escrituras, de que es necesario que así se haga?"

¿Te das cuenta cuál fue la razón por la que Jesús ejerció la moderación sobre sus derechos divinos en esa escena? Estaba decidido a que las Escrituras se cumplieran.

También ejerció moderación por otro motivo: no necesitaba demostrarse nada a sí mismo. Juan 13:3 dice: "Sabiendo Jesús que el Padre le había dado todas las cosas en las manos, y que había salido de Dios y a Dios iba…" Él sabía.

Sin embargo, hubo un derecho que Jesús insistió en ejercer, mortificando constantemente con eso a los judíos. Ese derecho se convirtió en el vértice del argumento que registra Juan 5:18: "Por esto los judíos aun más intentaban matarlo, porque no solo quebrantaba el sábado, sino que también decía que Dios era su propio Padre, haciéndose igual a Dios".

Juan 10 muestra otro ejemplo de lo mismo. En el versículo 30, Jesús dijo: "El Padre y yo uno somos". El versículo siguiente nos dice: "Entonces los judíos volvieron a tomar piedras para apedrearlo". Jesús sostuvo sin reservas su condición de Hijo del Padre. Ninguna de las estadísticas comparativas entre los Evangelios es más asombrosa que la cantidad de referencias a Dios como Padre. Aproximadamente 121 de las 266 referencias a Dios como Padre en el Nuevo Testamento se dan en el Evangelio de Juan. Ningún otro libro del Nuevo Testamento se le aproxima.

No pierdas de vista que la relación con Jesús llegó a ser todo para el apóstol Juan. De ahora en adelante, cuando pienses en él, recuérdalo como alguien plenamente convencido del amor de Jesús. Con el tiempo, Juan tendría mucho para decir no solo del amor recíproco con su Maestro sino del amor de unos por otros. Veremos que este concepto irá creciendo en los próximos capítulos de nuestro estudio. No creo estar errada al suponer que la prioridad de la relación con Cristo fue precisamente lo que preparó a Juan para recibir la gran revelación del Apocalipsis.

Para Juan, la identidad tenía origen en la relación. Es probable que haya asimilado esa filosofía al andar junto a Jesús.

Veamos los siguientes pasajes del Evangelio de Juan. Observemos de qué modo cada uno de ellos enfatiza que la identidad depende de la relación:

- "He descendido del cielo, no para hacer mi voluntad, sino la voluntad del que me envió" (Juan 6:38).
- "Jesús le dijo: ¿Tanto tiempo hace que estoy con vosotros y no me has conocido, Felipe? El que me ha visto a mí ha visto al Padre; ¿cómo, pues, dices tú: 'Muéstranos el Padre'?" (Juan 14:9)
- "Habéis oído que yo os he dicho: 'Voy, y vuelvo a vosotros'. Si me amarais, os habríais regocijado, porque he dicho que voy al Padre, porque el Padre mayor es que yo'" (Juan 14:28).
- "Pero para que el mundo conozca que amo al Padre, y como el Padre me mandó, así hago" (Juan 14:31).
- "Como el Padre me ha amado, así también yo os he amado; permaneced en mi amor" (Juan 15:9).
- "Pero cuando venga el Consolador, a quien yo os enviaré del Padre, el Espíritu de verdad, el cual procede del Padre, él dará testimonio acerca de mí" (Juan 15:26).
- "Todo lo que tiene el Padre es mío; por eso dije que tomará de lo mío y os lo hará saber" (Juan 16:15).
- "La hora viene, y ha venido ya, en que seréis esparcidos, cada uno por su lado y me dejaréis solo; pero no estoy solo, porque el Padre está conmigo " (Juan 16:32).

Cristo sabía que sus constantes referencias a que Dios era su Padre incitaban a los judíos al alboroto; aun así, fue sumamente insistente, porque quería dejarlo bien en claro. Por medio de sus acciones y sus expresiones, Cristo parecía decir: Me he desprendido de mi corona, de mi posición, de mi gloria y pronto me desprenderé de mi vida por ustedes. Escúchenme bien: no renuncio a mi condición de Hijo. Dios es mi Padre. Tendrán que aceptarlo.

El Hijo del hombre no tenía ningún lugar que pudiera llamar propio. No tenía esposa ni hijos. Carecía de riquezas a pesar de que todas las minas de oro y diamantes del mundo le pertenecían. No reclamó nada. Dejó todo de lado para descender a la tierra y envolverse con nuestra carne malograda. Al asumir nuestra humanidad, también asumió nuestra necesidad más profunda. En medio de tanta pérdida y sacrificio, Jesús necesitaba algo a lo que pudiera llamar "mío". "El Padre y yo uno somos" (Juan 10:30). Cuando Cristo vino a la tierra no tenía otra cosa que a su Padre, y siempre lo tendría.

El mensaje revolucionario que Cristo dio a María Magdalena para que comunicara a sus discípulos (pasados y presentes), solo puede entenderse en contexto con la extraordinaria obsesión de Jesús con su Padre que vemos en todo el libro de Juan. Deja que las palabras te lleguen directo al corazón: "¡Suéltame!, porque aún no he subido a mi Padre; pero ve a mis hermanos y diles: 'Subo a mi Padre y a vuestro Padre, a mi Dios y a vuestro Dios'" (Juan 20:17). ¿Te das cuenta del impacto de estas palabras?

Veamos ahora de qué manera los versículos siguientes repiten el glorioso anuncio de Cristo.

Pues no habéis recibido el espíritu de esclavitud para estar otra vez en temor, sino que habéis recibido el Espíritu de adopción, por el cual clamamos "¡Abba, Padre!" (Rom. 8:15).

Pero cuando vino el cumplimiento del tiempo, Dios envió a su Hijo, nacido de mujer y nacido bajo la Ley, para redimir a los que estaban bajo la Ley, a fin de que recibiéramos la adopción de hijos. Y por cuanto sois hijos, Dios envió a vuestros corazones el Espíritu de su Hijo, el cual clama: "¡Abba, Padre!" (Gál. 4:4–6).

Querido lector, si tú y yo fuéramos implacables y constantes en el ejercicio de nuestro derecho y nuestra condición de ser hijos de Dios, nuestra vida se transformaría. Satanás jamás podría despojarnos del propósito ni de la bendición de Dios. Como vemos, Cristo tuvo que tomar la decisión de desprenderse de muchos de sus derechos; sin embargo, porque retuvo el más importante (su condición de Hijo), Satanás no podía vencer. Cristo llevó muchos hijos a la gloria y pudo recuperar cada uno de los derechos a los que había renunciado.

Por haber recibido el Espíritu y la condición de Hijo que Cristo tenía, con nosotros ocurre lo mismo. Llegará el momento en que Dios pedirá que nos desprendamos del derecho a ser tomados en cuenta en determinada situación. O del derecho a dar nuestra opinión o decidir por nuestra cuenta. El derecho a un ascenso que consideramos merecido. El derecho a dejar al cónyuge aunque tuviéramos bases bíblicas para hacerlo. El derecho a negarnos a la camaradería cuando la otra persona se ha ganado nuestro distanciamiento. El derecho a demostrar que teníamos la razón en cierta situación. El derecho a nuestra dignidad en cuestiones terrenales. El derecho a ejercer nuestros derechos humanos básicos.

Graba esta verdad en tu corazón: Nunca se te pedirá que renuncies a tu derecho a la condición de hijo, y jamás debes sucumbir a la tentación de Satanás para debilitar tu posición. Mientras ejerzas tus derechos de hijo, recordándote constantemente a ti mismo (y a tu enemigo) quién es Dios y quién eres tú, Satanás jamás podrá derrotarte ni desbaratar ningún aspecto del plan de Dios para tu vida. Cualquier otra pérdida o derecho que el Señor te permita o te persuada a dejar a un lado será provisoria. Al final recibirás 100 veces más.

¡Mantén tu posición, querido lector! ¡Jamás permitas que nada ni nadie te convenza de dejar el ejercicio de tu derecho a la condición de hijo! La razón por la que Satanás nos tiene en la mira es porque somos hijos de Dios. Cuando nos negamos a renunciar a ese derecho posicional, el diablo es derrotado. Lo que menos desea escuchar de nosotros es: "¡Yo soy un hijo de Dios justificado, he nacido de nuevo y ejerzo mi derecho a reprenderte! Tú, Satanás, estás derrotado. No puedes separarme de mi Padre ni separarlo a Él de mí". ¡Díselo, entonces!

No importa qué pierdas o qué dejes de lado, puedes llamar "¡Mío!" al Padre de la vida. Como hijo, tienes acceso directo las 24 horas, todos los días de la semana. Dios jamás hará oídos sordos ni te dará la espalda cuando te traten injustamente. No tienes que conformarte con "tener la esperanza" de que Dios te escuche, te ame, o entienda lo que estás pasando. Dalo por hecho. Nunca mires tu situación en ningún otro contexto que el de tener a Dios como Padre y ser su hijo.

¿Estás tratando de aferrarte a derechos totalmente secundarios en lugar de ejercer el derecho más importante que tienes?

Parte 7

CARTAS DEL
CORAZÓN

Ahora estamos en condiciones de considerar las epístolas escritas por Juan bajo la inspiración del Espíritu Santo. Conoceremos las llamas que encendieron su pasión. Descubriremos a un hombre que pudo expresar gran profundidad en pocas palabras. (Yo necesitaría un par de capítulos…) Espero que la forma que Juan tiene de expresar afecto sea de bendición para ti. Se dirigía a sus receptores llamándolos "hijitos" pero sin humillarlos. Al estudiar las cartas del apóstol Juan, obtendrás provecho de la sabiduría que dan los años. Sin duda reconocerás a las ideas que dio prioridad con la madurez.

Capítulo 31

LA *KOINONÍA*

*Lo que hemos visto y oído, eso os anunciamos, para que también vosotros
tengáis comunión con nosotros; y nuestra comunión verdaderamente es con el
Padre y con su Hijo Jesucristo. (1 Juan 1:3)*

*P*asaron los años y la barba de Juan se volvió blanca. Su piel, curtida por
los reflejos del sol en el mar de Galilea, mostraba las arrugas propias de la
edad. Su voz ronca revelaba a un vibrante evangelista. Los callos de sus pies
se habían engrosado con los años y los kilómetros de caminos recorridos.
Cuando pensaba o sonreía, las arrugas alrededor de sus ojos se plegaban y
desplegaban como el fuelle de un acordeón. Aunque algunos estudiosos
creen que el Evangelio y las cartas de Juan fueron escritos en un lapso breve,
son pocos los que discuten que las cartas salieron de la pluma de un hombre
de edad avanzada. La mayoría cree que la primera carta fue escrita alrededor
del 85–90 d.C.[1]

Juan había celebrado muchas cenas de Pascua desde aquella vez en que
apoyó la cabeza en el hombro firme del Salvador. Habían pasado muchas
cosas desde aquella noche. Nunca podría quitarse de la mente la escena del
cuerpo horadado de Cristo, y tampoco olvidaría el momento en que volvió
a mirar al Señor resucitado para asegurarse de que era Él. La última vez que
Juan vio esos pies, estaban suspendidos cerca de la cima del monte de los
Olivos. Casi enseguida las nubes los cubrieron como un manto de algodón.
Descendió el fuego del Espíritu… y luego vino el fuego abrasador de la persecución. Uno por uno los apóstoles enfrentaron el martirio. Cambió la
gente y desaparecieron los monumentos históricos. Tal como lo había profetizado Jesús, el templo de Herodes, una de las maravillas del mundo antiguo, fue destruido en el año 70 d.C.

Los vientos del Espíritu llevaron a Juan desde lo que le era familiar hacia la ciudad de Éfeso. Pasaron décadas desde aquellos primeros días de agua convertida en vino y de peces convertidos en banquetes. Para la mayoría de nosotros, el paso de los años equivale a recuerdos borrosos y detalles ambiguos. No para Juan. Él registró sus recuerdos precisos en palabras indelebles: "Lo que era desde el principio, lo que hemos oído, lo que hemos visto con nuestros ojos, lo que hemos contemplado y palparon nuestras manos tocante al Verbo de vida —pues la vida fue manifestada y la hemos visto, y testificamos y os anunciamos la vida eterna, la cual estaba con el Padre y se nos manifestó—" (1 Jn. 1:1–2).

Juan no ascendió gradualmente hasta alcanzar una cima en sus escritos. Comenzó allí. Sus cartas parecen abrirse al final de un *crescendo*, como si hubiera esperado hasta casi estallar para entonces escribirlo todo. No creo que el Espíritu Santo simplemente haya descendido sobre Juan sino que más bien dio un salto sobre él.

Me gusta recordar una y otra vez a los creyentes en Cristo que nuestra fe se basa en hechos. Querido lector, habían pasado varias décadas y todos los discípulos habían tenido la esperanza de que Jesús volvería antes de que ellos murieran. Aunque la promesa seguía sin cumplirse, ¡ninguno de ellos titubeó! Uno podría pensar que la certeza de Juan había decaído o se había debilitado con el tiempo y la distancia; sin embargo, ¡escuchemos su fiel testimonio! Juan dijo que la razón por la que seguía predicando era "para que también vosotros tengáis comunión con nosotros; y nuestra comunión verdaderamente es con el Padre y con su Hijo Jesucristo" (1 Jn. 1:3).

La palabra griega para "comunión" es *koinonía*. Esta es la marca distintiva de los cristianos. Ambos conceptos, el "ser parte" y el "ser partícipe", están incluidos en la maravillosa palabra *koinonía*. Mi esposo es socio en una empresa; su participación se puede convertir fácilmente en pérdida o en ganancia. Si la compañía no anda bien, él pierde. Si la compañía tiene excedentes, gana. Como socio tiene que participar siempre en el trabajo y en los resultados, pero no siempre en las ganancias. Para los que tenemos comunión en el reino de Dios el Padre y de su Hijo Jesucristo, nuestra participación en el reino nunca se traduce en pérdida. El reino de Dios solo rinde ganancias: riquezas inimaginables y superiores a todo lo que pudiéramos pedir o soñar.

Querido amigo, ¿en qué participas de manera más activa? ¿En el trabajo que implica la comunión o en los beneficios que acarrea? Tú y yo podemos ser salvos hasta la médula, y aun así armonizar de manera óptima en nuestro vecindario y lugares de trabajo. Sabemos perfectamente que el cristianismo carnal e ineficiente está demasiado difundido. Lo puedo decir sin erigirme en juez porque lo he practicado en las dos versiones. Nuestra comunión con la presencia de Dios es lo único que nos hace notoriamente distintos.

Me gusta el versículo 4. A esta altura de la vida, Juan comenzó a parecerse mucho a su Maestro: "Estas cosas os escribimos para que vuestro gozo sea completo." Se parece mucho a las palabras de Jesús en Juan 15:11 ¿verdad? "Estas cosas os he hablado para que mi gozo esté en vosotros, y vuestro gozo sea completo."

Este es uno de esos momentos en que me gustaría ponerme de pie para escribir. En realidad, creo que lo haré. Sobre la base del estudio que hicimos sobre Juan 15 y Juan 17, ¿te das cuenta de que Jesús disfrutaba de manera tan plena la relación con el Padre y con sus seguidores, que quería que todo el mundo también la disfrutara? Tal vez la marca más distintiva de un verdadero partícipe de las riquezas de Dios y de Cristo sea que los participantes no acaparan los tesoros. Quieren que todos los demás también los disfruten. Los verdaderos compañeros y partícipes de la *koinonía* no pueden ser egoístas. Así de simple. Su gozo solo está completo cuando otros lo comparten.

Querido lector, mi *koinonía* con el Padre y con el Hijo está a años luz de la del apóstol Juan, pero sé bien de qué está hablando. Esa es también mi locura y mi pasión. Disfruto tanto al buscar y encontrar al Hijo del Dios vivo y verdadero que no puedo soportar que otros se pierdan este gozo. ¡Me saca de quicio que otros hayan diluido la danza de la verdadera *koinonía* en los pasos rituales de una religión anticuada! Jesús es tan emocionante y desafiante que no puedo retenerlo solo para mí. ¡Quiero que otros tengan comunión conmigo, como la tengo yo con Él! ¿Oyes las palabras de 1 Juan 1:3–4? Creo que eso es lo que Juan estaba tratando de decir. Por las cartas que he recibido, pienso que muchos de ustedes se sienten de idéntica manera.

Los siguientes versículos de 1 Juan 1 describen algunas razones por las que esta *koinonía* es tan preciosa para mí. En el versículo 5, Juan escribió: "Dios es luz y no hay ningunas tinieblas en él". Estoy ansiosa por decirte lo que esa declaración significa para mí.

Querido amigo, he visto el lado oscuro de la vida. He visto oscuridad en personas de la luz. Casi perdí las ganas de vivir al descubrir el lado oscuro de mi propia vida. Podemos huir de aquello que nos recuerda el lado tenebroso del mundo, pero no lograremos escondernos porque lo encontramos en nosotros mismos. Si sacamos la cabeza del caparazón, los periódicos y los noticieros están llenos de hechos que lo recuerdan. En el tiempo que lleva completar el estudio de hoy, un padre habrá sido asesinado, una mujer habrá sido violada y un niño habrá sido abusado. A veces leo informes detallados y siento que no podría soportar un minuto más en este planeta. Lo único que sostiene nuestra esperanza y nuestra fe es saber que Dios no lo ha abandonado y que Él es luz y en Él no hay *ninguna* oscuridad.

Dios no tiene un lado oscuro. No, no lo tiene. ¡Absórbelo hasta la médula! No importa cuántas preguntas teológicas te queden sin responder, puedes estar seguro de esto: ¡Dios no tiene ningún lado oscuro! Por eso Él puede purificarnos a todos nosotros, no importa lo terrible que hayan sido nuestros lados oscuros. Él es total y perfectamente puro. ¿No te dan ganas de detenerte ahora mismo y decirle cuánto lo amas? ¿Reconoces que esa absoluta falta de oscuridad es también el motivo por el que puedes confiar en Él? Dios es incapaz de tener una motivación impura para contigo.

La seguridad que encuentro en Cristo y el intenso gozo que Él significa para mí me hacen anhelar desesperadamente su comunión. ¿A ti también?

Primera Juan 1:9 nos revela la clave para compartir una vida de comunión con Cristo y caminar en la luz. "Si confesamos nuestros pecados…" La palabra griega principal para "confesión" es *jomologéo*, que deriva de otras dos palabras. *Jomou* que significa "en el mismo momento o lugar, junto"[2] y *lego* que significa "decir".[3]

En esencia, confesar significa estar de acuerdo con Dios respecto de nuestro pecado. La parte de la definición que tiene la llave principal para mantenernos en *koinonía* es "en el mismo momento o lugar", una expresión muy apropiada. He confesado y me he arrepentido de pecados en mi vida que interrumpieron profundamente la *koinonía*. ¿Por qué? Porque esperé demasiado tiempo para estar de acuerdo con Dios respecto de mis pecados y volver a Él. Aun así, encontré el perdón, pero la *koinonía* estuvo interrumpida por la demora. A medida que Dios comenzó a enseñarme a caminar en victoria, aprendí a responder en forma habitual a la convicción del Espíritu Santo en el "mismo momento o lugar", lo que me permite no abandonar el círculo de la comunión ni el camino de la "luz".

Algunos piensan que la comunión con Dios solo puede mantenerse durante nuestros períodos de "perfección". Quiero que veas de qué manera

1 Juan 1:8 refuta esa filosofía. "Si decimos que no tenemos pecado, nos engañamos a nosotros mismos y la verdad no está en nosotros."

Tal vez preguntes: "¿Cómo puede una persona cometer un pecado grave y seguir en comunión?" Ten en cuenta que todo pecado requiere de la gracia, pero no todo pecado tiene las mismas ramificaciones (ver Sal. 19:13). Una persona que roba, comete adulterio o calumnia, abandonó la *koinonía* cuando se negó a estar de acuerdo con Dios acerca del pecado y en el proceso mental que llevó a su concreción material. Piensa en la *koinonía* como en un círculo que representa el ámbito de la comunión. No entramos y salimos del círculo a cada momento, cada vez que se filtra el destello de una crítica. Tampoco creo que salgamos de ese círculo cada vez que un pensamiento egoísta, orgulloso o lujurioso nos pase por la mente.

Si estamos en *koinonía* con Dios, la convicción del Espíritu Santo llegará en ese lugar y momento y nos dirá que esos pensamientos o reacciones que se han puesto en marcha no son propios de los santos de Dios. Nunca abandonamos la *koinonía* si respondemos algo así como: *Sí, Señor, tienes toda la razón. No quiero pensar así. No quiero albergar este tipo de pensamientos destructivos. Perdóname y ayúdame a tener pensamientos que te honren y que no me dañen.* Confesar con prontitud no solamente nos ayuda a mantener la *koinonía*; ¡forma parte de ella!

He conversado con mucha gente que no imagina que podamos ser tan sinceros y "directos" con Dios en nuestro diálogo mental. Si no aprendemos a ser francos con Dios, nunca le permitiremos que nos enseñe nuevas maneras de pensar. Si no renovamos nuestra mente, perderemos la victoria constante y la gloriosa *koinonía*. Querido hermano, ¡Dios conoce tus pensamientos! Nuestra convicción nos dice que Él no solamente sabe sino también quiere aplicar su gracia al problema y corregirlo. Al estar de acuerdo con Dios, apenas comienzan nuestros pensamientos y acciones los llevamos ¡directamente desde nuestra mente o nuestra boca hacia la luz! "Mejor los mantengo en la oscuridad; me humillan demasiado", dirán algunos.

No podemos mantener nada escondido de Dios. El Salmo 139:11–12 nos dice que la oscuridad no puede ocultarnos porque Dios ve en ella como si fuera pleno día. Lo único que logramos cuando dejamos nuestros pecados en la oscuridad es abrir la puerta para que el enemigo nos incite a pasar al nivel siguiente. En definitiva, la meta de Satanás es que acumulemos un pecado sobre otro. ¡El gozo y la protección se encuentran precisamente en el círculo de luz de la *koinonía*!

Hay además un problema: Podemos responder a la convicción y estar de acuerdo con Dios oportunamente sobre nuestro pecado, y sin embargo salir sin darnos cuenta del círculo de la *koinonía*. ¿Cómo? Al negarnos a aceptar y a creer en el perdón de Dios y en nuestra renovada limpieza. Estar de acuerdo con Dios sobre nuestra condición de perdonados ¡es tan importante como estar de acuerdo con Él sobre nuestro pecado! Si Satanás no logra seducirnos para que escondamos nuestro pecado y nos neguemos a confesar, procurará tentarnos a no aceptar que hemos sido limpiados y perdonados. Si insistimos en sentirnos mal, pensaremos en forma destructiva y finalmente actuaremos de acuerdo con eso. ¡No permitas que el diablo se salga con la suya! ¡La *koinonía* es tu derecho en Jesucristo! Permite que su gozo sea completo.

Capítulo 32

UNA CARTA DE AMOR

¡Fíjense qué gran amor nos ha dado el Padre, que se nos llame
hijos de Dios! ¡Y lo somos! (1 Juan 3:1, NVI)

Casi no puedo escribir por el deseo de frotarme las manos y decir: "Basta de vueltas, ¡lleguemos al amor!" Una de las transiciones más importantes que vimos al estudiar la vida del apóstol Juan fue su abandono de la ambición a cambio del afecto. Si hubiera que extractar una frase destacada en este estudio, ¡elijo esa! Eso sí, vayamos más allá de la teoría y procedamos a abandonar las obras muertas en busca del afecto.

Tal vez no sea la ambición tu problema, aunque estoy convencida de que podemos tenerla sin siquiera darnos cuenta. Querer hacernos un nombre de manera secreta o subconsciente, siempre con el argumento de que Dios puede compartir la gloria, es una actitud aterradoramente común en el cuerpo de Cristo. Glorificamos a Dios o nos glorificamos a nosotros mismos, pero nunca ambas cosas. En algún punto, el apóstol Juan eligió solo a Dios con todo su corazón, con toda su alma, con toda su mente y con todas sus fuerzas.

Lo hermoso de elegir glorificar solo a Dios y procurar amarlo por encima de todo es que las cosas que tienen real valor vienen incluidas en el paquete. ¿Recuerdas Mateo 6:33? "Buscad primeramente el reino de Dios y su justicia, y todas estas cosas os serán añadidas."

Una de las actitudes más necesarias para vivir en nuestra agitada cultura sin perder el sano juicio es la sencillez. Dios nos ofrece el privilegio de someternos a lo *único* que garantiza alcanzar lo que es en verdad valioso. ¡Es imposible superar su propuesta! En el apóstol Juan vemos un ejemplo perfecto de este concepto. El "discípulo al que Jesús amaba" eligió creer y recibir plenamente el amor de Cristo por sobre cualquier otra cosa. ¿Cuál fue el resultado? Así como Salomón pidió sabiduría y se convirtió en el hombre más sabio de la historia, Juan prefirió el amor y se convirtió en una fuente desbordante de afecto. Cuando Dios aprecia nuestras oraciones, obtenemos lo que pedimos y mucho más.

Ojalá tuviéramos el tiempo y el espacio necesarios para estudiar los cinco capítulos de 1 Juan. Recuerda, nuestro propósito al analizar estos escritos es entender al hombre que los escribió y comprender lo que está empeñado en enseñarnos. No hace falta ser eruditos para darnos cuenta rápidamente de que el foco de su primer capítulo son las relaciones. En el capítulo anterior nos concentramos en la *koinonía*. En lo que nos queda por ver de 1 Juan, apuntaremos directo al corazón y estudiaremos su tema favorito: el amor. Primero, escucharemos los latidos del corazón de Juan en cuanto al amor de Dios *hacia* nosotros. En el capítulo siguiente veremos lo que dice Juan en relación al amor de Dios *a través* de nosotros.

Leí por primera vez 1 Juan 3:1 en una versión clásica: "Mirad cuál amor nos ha dado el Padre". Tengamos en cuenta que las principales traducciones bíblicas siguen remitiéndose al griego para lograr precisión. Con la palabra "mirad" creo que el apóstol quería decir: "¿Acaso no lo ven? ¿No lo perciben? ¡El amor de Dios nos rodea de evidencias! ¡Tan solo miren!" La palabra "cuál", se refiere a la cualidad, y tiene que ver con la "disposición, el carácter, la calidad".[1]

Si le pidiéramos a Dios que nos ayudara a captar con precisión la verdadera disposición, el carácter y la exquisita calidad de su amor por nosotros, ¡nuestra vida cambiaría de manera espectacular! Juan eligió el amor y Dios le abrió los ojos para que pudiera verlo y el corazón para que pudiera percibirlo. Pablo hizo un descubrimiento similar y oró pidiendo que todos pudiéramos hacerlo. Me emociona que en su oración diga que podemos "conocer el amor de Cristo, que excede a todo conocimiento" (Ef. 3:19). Creo que Pablo quería que experimentáramos el amor de Dios con toda nuestra capacidad por medio del Espíritu de Dios que mora en nosotros, y luego tratáramos de entender que su verdadera medida y naturaleza trasciende largamente nuestra experiencia. Es apenas probar. Tan solo un atisbo. Estamos invitados a conocer un amor que supera el conocimiento humano.

Querido amigo, el amor de Dios por ti excede todo razonamiento. No me refiero a tu pastor, a los líderes de tu estudio bíblico, ni a cualquier otra persona que admires mucho en la iglesia. Hablo de ti. En 1 Juan 4:16 dice:

"Y nosotros hemos conocido y creído el amor que Dios tiene para con nosotros". La palabra traducida "conocer" en este versículo es la misma que Pablo usó en Efesios 3:19. Como vemos, aunque no podemos definir el amor de Dios, podemos verlo, experimentarlo y creerlo. ¿Es para ti una realidad 1 Juan 4:16? ¿Has llegado a experimentar y creer en el amor de Dios por ti? Su amor por nosotros es una realidad absoluta, pero podemos estar tan emocionalmente enfermos que nos neguemos a experimentarlo y absorberlo en nuestra mente y corazón.

La Nueva Versión Internacional traduce 1 Juan 3:19–20 con palabras de gran impacto: "En esto sabremos que somos de la verdad, y nos sentiremos seguros delante de él: que aunque nuestro corazón nos condene, Dios es más grande que nuestro corazón y lo sabe todo". Es una ironía que muchas personas resistan a Dios porque lo imaginan severo y condenatorio. En realidad los seres humanos somos mucho más condenatorios y con frecuencia emocionalmente peligrosos. Me intriga una afirmación sobre Cristo que se registra en Juan 2:24: "Pero Jesús mismo no se fiaba de ellos, porque los conocía a todos".

Casi puedo imaginar a Cristo diciéndole a la humanidad: "Me desconcierta todo lo que ustedes debaten sobre confiar o no en mí. En realidad, su corazón puede descansar por completo en mi presencia. Mi amor es perfectamente saludable. Es más arriesgado que yo confíe en ustedes". Nuestros corazones dañados no solo nos condenan; también condenan a otros. He visto matrimonios destruidos porque uno de los cónyuges se negaba a aceptar la veracidad del amor del otro. Con frecuencia nuestro corazón condena incluso a Dios, al declarar que no es confiable y que en realidad no nos ama de manera incondicional. Nuestro corazón natural es sumamente engañoso y destructivo cuando queda librado a sí mismo. Es posible tener un corazón condenatorio y no reconocerlo jamás.

Es como una casa que ha sido sentenciada por el gobierno de la ciudad a ser demolida por no cumplir las condiciones de seguridad. Imagina el cartel pegado en la puerta: "Clausurado". ¿Sucede lo mismo en tu corazón? ¿Está en total desorden? ¿No cumple las condiciones aceptables para la vida? ¿Está lleno de trozos de vidrio dispersos por todas partes? Además de haber sido dañado, ¿se ha vuelto peligroso? Como sabemos, las personas heridas hieren a los demás.

Mi corazón solía parecerse a una propiedad clausurada. Por supuesto, mantenía una capa de pintura fresca sobre la fachada para que nadie se diera cuenta; sin embargo, yo sabía el deterioro que había adentro. Hasta di vuelta el cartel, y escribí: "Persona divertida que se las sabe todas… siempre y cuando mantengas la distancia y no mires de cerca". Ojalá pudiéramos sentarnos a compartir una buena taza de café, para que me cuentes qué podría haber dicho tu propio cartel.

Algunos creemos que nuestro corazón no está enfermo, porque suponemos que todos los corazones enfermos se parecen. Nada más lejos de la verdad. Los corazones enfermos vienen en todas las formas y medidas. Algunos son fríos. Otros son promiscuos. Algunos se rodean de gruesas paredes. Otros carecen por completo de límites. Algunos son directos y agresivos. Otros son pasivos y autodestructivos. Algunos son completamente independientes. Otros son tan dependientes que asfixian a los demás.

Por mi ministerio he tenido el privilegio de llegar a conocer a muchos creyentes en Cristo. La experiencia me ha mostrado que pocas personas logran tener un corazón sano si no lo buscan en Cristo. No necesitamos haber crecido en hogares severamente disfuncionales para desarrollar corazones enfermos. Lo único que nos hace falta es vivir. La vida puede ser dura y miserable. Lisa y llanamente: la vida hiere. Aun así, no podemos borrarnos de ella. En su lugar, Dios espera que nos volvamos a Él para que nos sane de la destrucción de la vida natural y nos convierta en sanos embajadores de la vida abundante en un mundo malsano.

Quiero sugerir dos síntomas de un corazón enfermo: (1) Está convencido de que en este mundo no se puede confiar en nada. Su nombre es Hastío. (2) Persiste en tratar de convencerse de que puede confiar en algo que una y otra vez ha demostrado no ser digno de confianza. Su nombre es Negación.

En el caso de que tengas un corazón como el que yo tenía, por favor confía en que Dios puede sanarte, no importa qué te haya llevado a esa condición. En 1 Juan 3:20 dice que Dios es mayor que nuestro corazón. ¡Él conoce todo! Aun aquello que íntimamente pensamos nos hace incapaces de amar… y de ser amados. Dios lo sabe todo y nos ama de manera infinita, perfecta y fiel. Si pudo sanar mi corazón autodestructivo y arruinado, puede sanar cualquier otro.

Tal vez has permitido que el enemigo cuelgue el cartel de "clausurado" en tu corazón, y has renunciado al verdadero amor. Tal vez hasta haya logrado convertirte en un cínico. Querido hermano, ¡Satanás es un mentiroso! Si tú y yo tomamos en serio esto del amor de Dios, podemos llegar a ser un Juan o un Pablo en nuestra generación. Entonces, ¡glorifiquemos a Dios, mortifiquemos al diablo y salgamos adelante! No es demasiado tarde. Tómate el pulso; si tu corazón todavía late, ¡vale la pena que te sanes! El asunto es este: el método de Dios para sanar un corazón condenatorio es amarlo hasta la muerte... y luego crear en nosotros un nuevo corazón: un corazón sano, un corazón lleno de fe en lugar de temor. Su amor perfecto es lo único que nos quitará el temor que sentimos.

Por favor, permíteme hacerte una pregunta estrictamente personal. En esta etapa de tu vida, allí en lo profundo de tu corazón, ¿a qué le temes más?

Los temores nos invaden. Invaden la mente. Invaden el corazón. Invaden el alma. El enemigo los alienta porque ocupan el espacio y de ese modo impiden la llenura del Espíritu y la bienvenida inundación del amor divino. En 2 Timoteo 1:7 dice que Dios no nos ha dado espíritu de temor sino de poder, de amor y de dominio propio. ¿Se entiende, entonces, por qué Satanás quiere hacer lo imposible para invadirnos de todo lo que no sea el Espíritu Santo?

Satanás no quiere que sepamos lo que podríamos ser ni lo que podríamos hacer. Una vida llena de poder, de amor y de dominio propio es una terrible amenaza para el reino del infierno. Después de todo lo que Satanás me hizo a mí, y a tantos otros, yo quiero ser una amenaza para él. ¿Y tú? ¿Cómo comenzamos? Permitiendo que el perfecto amor de Dios empiece a eliminar nuestros temores y nuestra naturaleza condenatoria. ¡Que los deshaga, como un enorme camión con acoplado que se abre paso en un trigal!

La integridad comienza por recibir cada día y en forma consciente el amor generoso, exorbitante e infalible de Dios, que penetra hasta el fondo de nuestro ser. En momentos en que la densa bruma de la vida nos impide reconocer las evidencias del amor de Dios que nos rodean, ¡míralo en su Palabra, querido mío! Aprende de ese amor hasta que lo sientas.

Capítulo 33

EL AMOR DE DIOS
A TRAVÉS DE NOSOTROS

*Si alguno dice: "Yo amo a Dios", pero odia a su hermano, es mentiroso, pues
el que no ama a su hermano a quien ha visto, ¿cómo puede amar a Dios a
quien no ha visto? (1 Juan 4:20)*

Estoy convencida de que prácticamente todo en la vida de un cristiano
depende de que crea en forma deliberada y acepte de manera activa el abundante e incondicional amor de Dios. Recordemos constantemente cuáles
son las prioridades absolutas de Dios para nuestra vida . Más allá de cuán diferentes sean nuestras personalidades, dones, estilos de adoración o denominaciones, la primera prioridad de Dios para cada uno de nosotros es que lo
amemos con todo nuestro ser (Mar. 12:30). Igual que en los dos comparti-
mentos de un corazón, la fuerza vital de esta primera prioridad de Dios no
puede fluir en forma independiente de la segunda prioridad: que amemos a
los demás como nos amamos a nosotros mismos (Mar. 12:31). ¿Qué tiene
que ver el cumplimiento de las supremas prioridades de Dios para nosotros
con la actitud de creer de manera deliberada y aceptar su amor abundante e
incondicional? ¡Todo! Primera Juan 4:19 dice: "Nosotros lo amamos a él
porque él nos amó primero".

Uno de los mayores escollos que tienen muchos cristianos para amar abundantemente a Dios y a los demás es su desconfianza o su aceptación vacilante
del inmutable amor de Dios. Todo comienza allí. ¿Cómo podemos amar a
Dios y a los demás? Podemos considerar todo lo que Dios ha dicho y ha hecho
para demostrar su amor por medio de su Palabra y de su Hijo. Luego podemos
confesar el pecado de incredulidad y decidir actuar sobre la base de lo que Dios

ha dicho y ha hecho, sin hacer caso de los altibajos de nuestras emociones. ¡Cuánto cambiaría nuestra vida si practicáramos esto a diario!

Veamos algunas cosas que Juan tiene para decir en su primera carta en cuanto a amar a otros. Te animo a leer los pasajes en tu Biblia. Lo que sigue es el resumen de mis ideas sobre algunos pasajes centrales acerca del amor.

- En 1 Juan 3:11–15 encontramos dos opciones: amarnos unos a otros, con el resultado probable de que el mundo nos odie, o bien ser asesinos como Caín. La prueba de fuego para saber si hemos pasado de muerte a vida es si amamos a nuestros hermanos.
- Luego, en 1 Juan 3:16–22 el anciano apóstol nos dice de qué manera conocemos el amor: "[Jesús] puso su vida por nosotros; también nosotros debemos poner nuestras vidas por los hermanos" (v. 16). Juan hace notar que si almacenamos nuestra riqueza y nos olvidamos de los demás, demostramos que carecemos del amor de Dios. Ya hemos visto que el poder de Jesús es más grande que nuestro corazón. Sugiero que cuando permitamos que Jesús ame a través de nosotros, habremos dado un gran paso hacia permitirle que nos ayude a superar nuestra autodestrucción.
- Primera Juan 4:7–12 amplía su enseñanza sobre el amor. No solo que el amor viene de Dios, sino que "todo aquel que ama es nacido de Dios y conoce a Dios". La única razón por la que podemos siquiera conocer el amor es porque Él "nos amó a nosotros y envió a su Hijo en propiciación por nuestros pecados". La manifestación más grande de Dios, de este lado del cielo, se da cuando nos amamos unos a otros.
- Primera Juan 4:16–21 relaciona estrechamente a Dios con el amor cuando dice: "Dios es amor, y el que permanece en amor permanece en Dios y Dios en él". A medida que nos parecemos más a Jesús, el amor madura. Nos da confianza para enfrentar el día del juicio y echa fuera el temor. El amor debe ser práctico. No podemos decir que amamos a Dios si odiamos a los demás. "El que ama a Dios, ame también a su hermano."
- Primera Juan 5:1–5 vincula amar con creer y vencer. Si creemos que Jesús es el Mesías, no podemos evitar amar al Padre y al Hijo. El resultado natural es la obediencia por amor. Cuando obedecemos a Dios en amor, el resultado es una vida de victoria. Es decir que comenzamos con las razones de Dios para amar y, si permanecemos con el Padre, obtenemos la victoria por medio de la fe.

Admitámoslo, amar es un desafío gigantesco. Como no podemos ver a Dios, amarlo puede ser un desafío todavía mayor. Cultivar lo que San Juan de la Cruz llamó "amor que responde" requiere de la participación activa de la fe y la voluntad de aprender a andar "en el Espíritu" (Gál. 5:16), no importa lo difícil que sea el proceso.

Permíteme asegurarte, por experiencia personal, que ¡Dios es sumamente paciente! Él sólo espera que nuestro corazón esté decidido a seguirlo con determinación aunque el proceso no sea tan agradable. ¿De qué manera se supone que pueda caminar con elegancia una persona con las dos piernas rotas en lo espiritual y lo emocional? Te aconsejo que sigas dando un paso tras otro en dirección a Dios, no importa cuán feo parezca el camino. Y si te caes, hazlo hacia adelante y no hacia atrás. Con el tiempo, y a medida que avances, Dios sanará esas piernas de una manera milagrosa. Eso es en parte lo que hace que amarlo sea algo irresistible.

No sé por qué, pero amar a Dios no me resulta un desafío tan grande como amar a algunas personas que conozco. Temo que a ellos les ocurrirá lo mismo. Nuestros desafíos más serios por lo general no provienen de las circunstancias sino que se refieren a personas.

Mi hija menor llamó hace poco desde la universidad, desesperada, porque había alguien a quien sencillamente "no soportaba". Mi hija es una joven que busca a Dios y tiene una gran pasión por su Palabra, pero como la mayoría de nosotros, siente que podría servir a los demás con más éxito si esas personas no fueran tan… ¡insoportables! Le recordé un difícil desafío que ella había enfrentado el año anterior con otra relación. Luego, la "consolé" con la seguridad de que tendría otro desafío el año entrante… y otro el siguiente. ¿Por qué? Porque para Dios es muy importante que amemos a las personas que nos resultan difíciles. Tan pronto como logremos poner una relación difícil bajo el control del Espíritu, Dios permitirá otra.

¿Has experimentado la realidad de este principio? En los últimos cinco años ¿a cuántas personas te resultó un desafío amar? Tengo una intuición, fruto de mi experiencia. Apuesto que algunas de esas relaciones han llegado a ser las más apreciadas en tu vida.

Cuando comencé este capítulo, tenía pensado usar la expresión "amar a las personas difíciles"; sin embargo, bajo la dirección del Espíritu Santo, la cambié por "amar a las personas que nos resultan difíciles". Por duro que sea esto para nuestro ego, debo decir que si nos resulta difícil amar a alguien, no significa que él o ella sea una persona difícil.

¡Quizás la persona difícil en esa relación soy yo misma! ¡Nunca olvidaré cuando alguien que acababa de completar el estudio de *Sea libre* me dijo que su fortaleza había sido yo! Otra persona, que había asistido al curso *Jesús, el único y suficiente*, me confesó que casi no podía soportar la forma en que yo enseñaba pero que perseveró, fue bendecida y ahora le caigo mejor. A veces dos personas no se amalgaman con facilidad… ¡pero hacen una buena pareja para la práctica del ágape!

Para Dios es de suma importancia que ejercitemos y fortalezcamos los músculos débiles de lo que yo llamo "demostraciones de cariño para los otros". Si me permiten ser simplista, diría que es por eso que seguimos en esta tierra. Entonces, ¿qué debe hacer el creyente en Cristo con cada desafío de amar a personas que le resultan difíciles? Dejar de fingir. La primera frase de Romanos 12:9 dice: "El amor sea sin fingimiento".

Tú y yo estamos llamados a vivir lo auténtico. Dios sabía que, al ordenarnos amar con sinceridad a los demás, promovería un cambio de corazón en aquellos que realmente desean agradarle y obedecerlo.

Amar a aquellos a quienes Dios pone en nuestro camino jamás dejará de ser un desafío; el secreto es aprender a tomar de la fuente del *agapao* de Dios mismo, en lugar de nutrirnos de nuestra pequeña y egoísta provisión de *fileo* o afecto natural. El *agapao* es en cierta medida aquello que imaginamos como amor; sin embargo, hay dos elementos esenciales que lo hacen diferente.

El *agapao* comienza con la voluntad. Es un amor voluntario. En otras palabras, el comienzo del verdadero amor es la decisión deliberada de estar de acuerdo con Dios sobre cierta persona y decidir amarla. En segundo término, cuando las Escrituras hacen una diferencia entre *agapao* y *fileo*, el amor *agapao* se basa en el interés superior mientras que el amor *fileo* se basa en intereses compartidos.

Ambos tipos de amor son bíblicos y son expresiones maravillosas en el cuerpo de Cristo. Sin embargo, el amor *fileo* por lo general se origina a partir de preferencias y gustos, igual que una amistad que se desarrolla con naturalidad o una relación entre hermanas. Según mi limitada comprensión bíblica, el *agapao* tiende a ser el amor más "costoso" porque el sacrificio es parte de su naturaleza. El mandato de Dios de amar a los enemigos, como en el pasaje de Lucas 6:27, incluye *agapao*. Es un amor más difícil que *fileo*, y requiere poner la voluntad por encima de las emociones.

Anteriormente señalé que la clave secreta es tomar de la fuente del *agapao* de Dios. Primera Juan 4:7 nos dice que el amor viene de Dios y no de nuestra propia determinación. La voluntad de Dios implica que elegimos recibir y practicar el amor de Dios, no el nuestro. Romanos 5:5 expresa ese concepto con bellas palabras: "El amor de Dios ha sido derramado en nuestros corazones por el Espíritu Santo que nos fue dado". El primer rasgo del fruto del Espíritu, según Gálatas 5:22, es el amor.

La meta principal de Dios es profundizar nuestra relación con Él. Sabe que si no reconocemos nuestra necesidad de Él, nunca comprenderemos lo suficiente y maravillosa que es su persona. Por eso nos desafía continuamente a vivir por encima de nuestras capacidades naturales. Dios sabe que los desafíos, como amar a alguien que nos resulta difícil amar, colocarán al que es obediente en la posición de acudir de continuo a Él en busca de una nueva provisión de su amor divino. Debemos echar fuera nuestros afectos enfermizos y excluyentes para que nuestro corazón pueda ser llenado con los afectos de Dios. Si pedimos que nuestra copa rebose con *agapao*, este amor líquido y vital que proviene de Dios no solamente brotará de nuestro corazón sino que salpicará a todo el que esté cerca. ¡Gloria a Dios!

¿Practicó Juan lo que predicaba? ¡Estaba esperando que preguntaras eso! ¿Has notado el desborde de afecto en las constantes manifestaciones cariñosas de Juan?

La palabra del original para referirse a niños es *tekníon*, que significa "niño pequeño". Sin embargo, la seriedad del tema indica que Juan no escribía para niños pequeños. En ese momento ya era un anciano, y amaba a su rebaño como si fuera su propia familia. Jerónimo, uno de los padres de la iglesia (aprox. 340–420 d.C.), "relata que Juan vivió hasta avanzada edad en Éfeso. Tan débil estaba que sus discípulos apenas podían transportarlo hasta el templo. Le era difícil hablar pero, cuando lo lograba, repetía las mismas palabras: 'Hijitos míos, amaos los unos a los otros'. Con el tiempo los discípulos se aburrieron de escuchar la misma frase, de modo que le preguntaron por qué la repetía siempre. 'Es el mandamiento del Señor —respondió—, y si cumplimos solamente este, ya es suficiente.'"[1]

Mi relato favorito sobre Juan por parte de los primeros padres de la iglesia, fue uno preservado por Clemente. Comienza con la afirmación: "Escuchen una historia que no es un cuento sino una verdadera tradición sobre el apóstol Juan, preservada en memoria de él". Mientras visitaba al nuevo obispo y su congregación en Esmirna, Juan "vio a un hombre joven de cuerpo fuerte, aspecto bello y corazón cálido. 'Te encargo con toda diligencia a este hombre —dijo [Juan]— ante la iglesia y poniendo a Cristo como mi testigo.'" Juan regresó a Éfeso y, tal como había prometido, el obispo tomó al joven hombre bajo su protección y lo bautizó. Pasó el tiempo, y finalmente el obispo "relajó su gran cuidado y vigilancia ... y unos jóvenes holgazanes y disolutos, acostumbrados a la maldad, corrompieron al joven en su prematura libertad". No pasó mucho tiempo antes de que el joven se entregara por completo a una vida de pecado. Cometió crímenes e incluso renunció a su salvación. Con el tiempo, Juan fue convocado nuevamente a Esmirna y pidió un informe sobre el joven. Tomado por sorpresa, el obispo respondió: "Ha fallecido".

Juan preguntó: "¿Cómo y de qué murió?" Cuando el obispo describió como muerte la renuncia que el joven había hecho de su fe, Juan respondió: "Bueno, veo que encargué el alma de nuestro hermano a un excelente guardián. Consíganme un caballo y que alguien me muestre el camino." (Suena un poco como el antiguo Hijo del Trueno, ¿verdad?) Cuando el anciano Juan halló al joven, este comenzó a huir. Juan lo llamó: "¿Por qué huyes de mí, hijo, de tu propio padre, viejo y desarmado? ¡No me tengas miedo, hijo, sino lástima! Tú todavía tienes esperanza de vida. Yo tengo que dar cuenta ante Cristo por ti. Si fuera necesario, moriría en tu lugar, como murió el Señor por nosotros; por tu vida, estoy dispuesto a dar la mía. Quédate y cree; Cristo me envió." (Estas eran figuras idiomáticas que significaban que Juan daría su vida por ver al joven volver a Cristo. Juan sabía mejor que nadie que solo Cristo podía pagar el rescate por la vida de un hombre.)

El joven lloró amargamente, abrazó al anciano y suplicó perdón. El relato dice que Juan volvió con el joven y "lo bautizó nuevamente, esta vez en sus lágrimas... Lo llevó a la iglesia, oró con abundantes súplicas, lo acompañó en la lucha durante los prolongados ayunos, trabajó sobre sus pensamientos por medio de diversos sermones y, según dicen, no lo dejó hasta que lo devolvió a la iglesia. De esa manera dio un gran ejemplo de verdadero arrepentimiento y un gran testimonio de regeneración, el trofeo de una resurrección visible".[2]

Sí, Juan practicaba lo que predicaba. Me pregunto cuántos menos serían los lugares vacíos en los bancos de nuestras iglesias, si practicáramos lo que él predicaba.

Capítulo 34

AMOR EN LA VERDAD

El Anciano, a la señora elegida y a sus hijos, a quienes yo amo en la verdad;
y no solo yo, sino también todos los que han conocido la verdad. (2 Juan 1:1)

Hoy es un mal día para mí. Realmente malo. Podría perder el día por eso, y no escribir, o bien escribir *sobre* eso. Heredé de mi padre una fuerte ética del trabajo, así que prepárate. Hoy es ese tipo de día en que puedo llegar a hacer algo imprudente, por ejemplo comer sólo golosinas. Hasta soy capaz de volverme para ver si esa mujer que me deseó los buenos días sigue todavía en el ascensor. Si es así, voy a presionar todos los botones de una vez para procurar que se quede atrapada entre dos pisos unos minutos; luego, cuando se abra la puerta, tal vez le diga algo maduro como: "¡Igualmente para usted!"

Cuando este día llega, siempre toma por sorpresa a mi esposo. No está acostumbrado a que yo comience la jornada llorando en alta voz. Entonces, cuando me dice: "Por favor, no llores", yo respondo a viva voz: "Si yo quiero voy a llorar, ¡y quiero hacerlo!" Después telefonea, cuando va de camino al trabajo, para averiguar cómo estoy. Él sabe que me repondré. Esto ocurre todos los años. No lo planifico; sencillamente ocurre. Tengo un ataque anual de pena.

Lo absurdo es que el día no es el aniversario de algo trágico sino que fue uno de los días más dulces de mi vida: el día en que nuestro hijo de siete años vino a vivir con nosotros. Ese día del calendario no tiene importancia para nadie más que para Keith y yo. Y para Dios. Él lo sabe. ¡Tenía mi cabeza tan llena de sueños esa noche! Nunca había visto a un niño tan hermoso. Se parecía mucho a Keith, pero en miniatura. Era frágil. Jugaba con las lombrices artificiales de pesca de Keith, mientras yo organizaba mentalmente todo su futuro. Sería mi hombre-niño, el que siempre había querido tener. Un día su esposa diría: "Espero que llegue a quererme tanto como te quiere a ti", y yo respondería en mi mente: *No lo hará; te lo aseguro.*

Hoy simplemente me siento fastidiosa. Aunque me gusta la canción "Intercambiando mis penas", hoy no tengo la más mínima intención de intercambiarlas. Por ahora, esta pena en mi corazón es lo único que me queda. Aunque me vuelvo consciente de ella cada tanto, rara vez le doy permiso de acelerar "a toda velocidad". Pero hoy es el día. De modo que soy dueña de hacer lo que quiero, y si deseo llorar lo voy a hacer.

Por motivos que Dios conoce, los sueños que tejí en mi mente esa primera noche no se cumplieron. Toda la situación ha sido difícil de entender e imposible de explicar. Sin embargo, Dios se ha tomado el trabajo de dejar en claro que no debemos interferir. Teníamos una tarea provisoria, y Dios nos hará saber si nos necesita más adelante, y cuándo. Punto.

Cualquier otro día del año puedo mirar mi vida por un telescopio y sentirme enormemente asombrada. Dios ha cumplido sueños que yo ni siquiera hubiera podido soñar. Ha hecho lo inimaginable. Me liberó de una vida de derrotas recurrentes y de una amargura profundamente arraigada. Salvó mi matrimonio. Si alguien me hubiera dicho hace 25 años que seguiría perdidamente enamorada de mi esposo un cuarto de siglo después y que tendría dos hijas jóvenes entusiasmadas con Jesús, hubiera dicho que esa persona estaba soñando. Eso sin mencionar el extravagante amor de Dios, que permitió a una persona como yo, que antes vivía en el fondo de un pozo, servir a alguien como tú. Sí, Dios tuvo una gracia indescriptible para conmigo… lo mismo que para contigo.

En los días difíciles solo necesitamos ajustar un poco el lente y mirar el panorama más amplio. En cambio, en esos días de microscopio en que porfiamos con poner en el portaobjetos la cosa más perturbadora en que se nos ocurre pensar, y mirar durante horas, nos damos un banquete de penas y nos ofendemos con cada ser querido que se niega a participar.

¿Tienes días de microscopio? Si es así, ¿qué tiendes a enfocar en esos días?

Permíteme advertirte, Satanás difícilmente se niegue a participar de un buen banquete de penas. Admiro la forma en que el Salmo 18:17–18 describe el oportunismo de un enemigo. David escribió sobre Dios: "Me libró de mi poderoso enemigo y de los que me aborrecían, pues eran más fuertes que yo. Me asaltaron en el día de mi desgracia, pero Jehová fue mi apoyo". Ni lo dudes, Satanás te asaltará el día de tu desgracia, cualquiera sea. A veces creemos que él tiene sentimientos y nos respetará cuando la situación nos sobrepase. Después de todo, los buenos luchadores no golpean cuando la persona está tirada en el piso.

Recuerda que Satanás no es un buen deportista. Nos acosa en nuestros peores días y se nos acerca con su especialidad: las mentiras. No te imaginas las mentiras que intenta decirme en mis días de microscopio. Frases como: "No lo amaste lo suficiente". "Le fallaste." "Le fallaste a Dios." "Si hubieras probado hacer esto… o aquello." "Si hubieras esperado un poco más." En otras ocasiones intenta una estrategia diferente: "Jamás vuelvas a correr ese riesgo." "No vale la pena que te encariñes así, siempre saldrás lastimada." "El amor siempre te fallará. Aquí está tu viejo martillo, y hasta he recuperado los clavos. Reconstruye la fortaleza alrededor de tu corazón. No permitas que nadie vuelva a herirte así."

Precisamente cuando estoy por retirarme otra vez a mi antigua indiferencia, el Espíritu de Dios que hay en mí sopla aliento cálido en mi corazón, que se está enfriando: "Hijita mía… el amor viene de Dios… el que no ama no ha conocido a Dios, porque Dios es amor".

Tranquilízate, alma mía. Que tu corazón descanse en su divina presencia. Que tu corazón no te condene… porque Dios es mayor que tu corazón, y sabe todo.

Retengamos por un momento más el microscopio mientras consideramos la carta llamada 2 Juan. Mi frase preferida en esta breve epístola es "amo en la verdad". La verdad produce confianza. También hemos visto que, con frecuencia, la confianza se desarrolla de manera más profunda por medio de la verdad que por medio del amor.

Muchos de nosotros hemos sido amados por personas malsanas que resultaron ser engañosas en otros aspectos. Hemos quedado heridos y confundidos. A propósito, si no hemos permitido que Dios nos sane, es probable que nosotros mismos nos hayamos convertido en personas enfermas que continuamos el proceso. La enfermedad es contagiosa y las personas engañadas, engañan a otras.

La verdad nos hace libres. Dios, el gran YO SOY, es la perfecta plenitud, el todo en todos. ¡Él es a la vez verdad y amor! Satanás se nos acerca con odio y mentiras; en cambio podemos ser "amados en la verdad" por Dios y por aquellos en quienes mora su Espíritu. Nuestro Dios solo nos dirá la verdad, y una de sus principales verdades es que siempre vale la pena amar.

Ya me siento mucho mejor. A veces lo único que necesito es expresarlo. Estoy lista para dejar el microscopio y volver a los lentes bifocales, porque 2

Juan también dice otras cosas. Me encanta tratar de descifrar un buen misterio, y esta pequeña pieza sugiere uno maravilloso.

La carta tiene como destinatarios "a la señora elegida y a sus hijos, a quienes yo amo en la verdad" (v. 1). Los estudiosos admiten que la segunda carta de Juan bien pudo haber sido escrita a una mujer real y a sus hijos. Sin embargo, muchos opinan que el destinatario era más bien metafórico y que esto tenía el propósito de esconder la identidad de los creyentes del Nuevo Testamento, en una época de dura persecución. Si la carta llegaba a manos equivocadas, no se podría identificar a nadie. Es posible que la carta haya estado dirigida a una iglesia.

Efesios 5:25–27 compara el amor de un esposo por su esposa con el amor de Cristo por la iglesia. En ese pasaje la Palabra confiere metafóricamente a la iglesia el género femenino. La referencia de Juan a "la señora elegida" seguramente podría tener implicancias espirituales.

En 2 Juan 1 vemos otro indicio, en la expresión de amor de Juan "a la señora elegida y a sus hijos... y no solo yo, sino también todos los que han conocido la verdad". ¿Qué persona podría ser amada por "todos los que han conocido la verdad"? Sin embargo todos los que conocen la verdad aman a la iglesia (como cuerpo colectivo) y a "sus hijos" (los cristianos en forma individual).

La referencia de Juan a *nosotros*, en 2 Juan 5, puede darnos una pista adicional. En la exhortación a amarnos unos a otros, explica "no como escribiéndote un nuevo mandamiento, sino el que *hemos* tenido desde el principio". Además, no pasemos por alto la ausencia de mención alguna al padre de los hijos. Ninguna de estas sugerencias por sí solas puede prestar un apoyo firme a la idea de que "la señora elegida" es una metáfora de la iglesia; sin embargo, consideradas en conjunto, inclinan la balanza a favor de un destinatario colectivo.

Después de recomendar a la señora elegida y a sus hijos que anduvieran en el amor, Juan les hace una advertencia. "Mirad por vosotros mismos, para que no perdáis el fruto de vuestro trabajo, sino que recibáis la recompensa completa" (v. 8). En cuanto Dios revela la verdad, Satanás se pone en pie de guerra con sus mentiras. Su especialidad es el engaño, y su meta notoria es lograr que creamos sus mentiras. Por eso no pueden ser tan descaradas, porque de lo contrario las reconoceríamos fácilmente.

Observa que Juan no dijo nada sobre esos falsos maestros que refutaban las doctrinas del cristianismo. Algunos de ellos no negaban que Jesús fuera divino; se limitaban a decir que no era hombre y Dios a la vez. Juan se ocupó de esta falsa enseñanza en su primera carta: "Todo espíritu que confiesa que Jesucristo ha venido en carne, es de Dios; y todo espíritu que no confiesa que Jesucristo ha venido en carne, no es de Dios" (1 Jn. 4: 2–3).

El asunto de que Cristo haya venido en carne es de suma importancia porque podemos "entrar en el Lugar santísimo por la sangre de Jesucristo, por el camino nuevo y vivo que él nos abrió a través del velo, esto es, de su carne" (Heb. 10:19–20). Satanás siempre está tratando de socavar el tema de la salvación. Pensemos en esto:

Dios creó al hombre a su imagen. Juan 4:24 dice que "Dios es Espíritu". Tú y yo fuimos creados con tres partes: cuerpo, alma y espíritu. Creo que la parte del "espíritu" es la que más nítidamente refleja la imagen de Dios. Cuando las Escrituras distinguen al *espíritu* del *alma*, se refieren a la parte del ser humano que tiene la capacidad de conocer a Dios y relacionarse con Él. Nuestro Creador nos dotó de una profunda necesidad interior de encontrarlo.

Primera Corintios 6:17 dice: "El que se une al Señor, un espíritu es con él". Cuando recibimos a Jesús como Salvador, nuestro espíritu, o sea la parte de nosotros que tiene la capacidad de conocer a Dios, se une al Espíritu Santo y se hace uno con Él.

Como creyente en Cristo, cuando me refiero al espíritu que hay en mí, estoy hablando del Espíritu Santo. Satanás hace todo lo posible por mantener a la gente perdida y ciega a la verdad. Sabe que hemos sido creados con un ansia de Dios que a menudo confundimos con una necesidad de cualquier cosa "espiritual".

En los días de Juan, las buenas nuevas de Jesucristo se extendían libremente por todo el Medio Oriente y se expandían hacia el norte, el sur, el este y el oeste. Jesús era tema candente de conversación. Una vez que Satanás entendió que no podría sofocar el hambre espiritual ni detener las conversaciones acerca de Cristo, decidió difundir una historia que sacaba provecho de ambas cosas. Por medio de falsos maestros sugirió que Cristo efectivamente vino, pero no en la carne. De ese modo, los que tenían hambre espiritual podían conservar un sistema de creencias que incluyera a Dios, y sin embargo seguir perdidos en la nebulosa. ¿Por qué? Porque solo accedemos a Dios por medio de la carne herida de Jesucristo. Negar la encarnación es negar el único medio de salvación.

Me imagino que conoces personas en el trabajo o en algún otro lugar que a pesar de ser muy "espirituales" no creen en la muerte encarnada de Cristo como medio de salvación. ¿Te das cuenta lo que ha logrado Satanás? Ha simulado llenar su necesidad espiritual y al mismo tiempo mantenerlas ciegas a la verdad. Satanás es inteligente y terriblemente destructivo, ¿verdad?

No juzgues a esas personas. ¡Mejor, ora como loco por ellas! Ora para que les sea quitado el velo y les sea manifestado el velo roto de la carne de Jesús. Ora también por aquellos que enseñan esas falsas doctrinas.

Juan advirtió a la "señora elegida" que no dejara entrar a ninguno de esos maestros a su casa. En aquellos días, por supuesto, la mayoría de las congregaciones cristianas se reunían en lo que ahora llamamos iglesias caseras, grupos pequeños o células. En muchos países continúan haciéndolo así. Aunque la indicación de Juan es realmente importante para cualquier creyente en Cristo, puedes imaginar lo crucial que es para una congregación completa. Los maestros itinerantes eran bastante comunes en ese tiempo. Creo que Juan quería decir: "¡Ni se les ocurra permitir que predique en su congregación cualquiera que enseñe esas falsas doctrinas!"

Hace poco hablé en una iglesia de una denominación en la que no he tenido el privilegio de servir con frecuencia. El pastor permaneció al lado de la plataforma, escuchando cada una de las palabras que enseñé. Alguien me preguntó si me molestaba su presencia. Le aseguré que no sentía sino un gran respeto por un pastor que cuidaba con tanta solicitud su rebaño. ¡También sentí sumo alivio cuando supe que me había aprobado!

Los pastores no son solo responsables de los varones de la iglesia. He conocido pastores a quienes no les preocupaba en absoluto lo que las mujeres de la congregación estaban estudiando o a quién escuchaban. Algunos de ellos piensan que no hacemos otra cosa que beber té y charlar sobre cosas superficiales. Me da por pensar: *Caballero, con el debido respeto, si las mujeres se prenden fuego con alguna falsa doctrina, ¡pueden incendiar toda la iglesia! ¡Tenga cuidado a quién deja entrar en su "casa"! Por favor, ¡vigíleme! ¡Vigílenos!* Aunque pocos enseñarían a sabiendas un engaño o una distorsión de la verdad, todos son terriblemente humanos.

Bueno… En su segunda carta, Juan verdaderamente dijo con pocas palabras algo que podría ocupar varios volúmenes. Si tan solo pudiera hacer yo lo mismo… Una de las cosas que más me gustan de Juan es su equilibrio. ¡"Que nos amemos unos a otros"! Y mientras tanto, "probad los espíritus". ¡Qué gran maestro!

Capítulo 35

CUERPO Y ALMA

*Amado, yo deseo que tú seas prosperado en todas las cosas
y que tengas salud, así como prospera tu alma. (3 Jn. 2)*

✦

Concluimos nuestra breve mirada a las cartas del apóstol con 3 Juan. Aunque queda mucho por explorar juntos en estas ricas epístolas, creo que cumplimos nuestras metas. Hemos dado una mirada al corazón de Juan y nos hemos centrado en los principales aspectos que, a mi parecer, el apóstol quería que atendiéramos: la *koinonía*, el amor y la verdad.

En la carta anterior disfruté del misterio encerrado en el intento de identificar a "la señora elegida y a sus hijos". En contraste, la tercera carta de Juan no deja ninguna duda de que la dirigió a un individuo específico. En realidad, Juan menciona varios nombres en esta carta de apenas un capítulo. A Gayo se lo presenta como un querido amigo de Juan. Evidentemente a Diótrefes le gustaba ser el primero y excluir a los demás, y Demetrio era una persona de buen testimonio, era reconocido por todos y también por la verdad.

¡Imagínate ser mencionado en una carta que luego resulta ser una Escritura inspirada para que todo el mundo la lea! Ya sea por elogios o por críticas, ¡es una pesada carga tener el nombre de uno inmortalizado en la Palabra de Dios! Cuando veo una porción de las Escrituras que tiene testimonios breves, me estremezco. Después de todo, si se escribiera solo una frase acerca de cada uno de nosotros, ¿cuál supones que sería? ¿Cuál querrías que fuera?

En varias oportunidades de mi vida, si se hubiera escrito esa sola frase de mí, yo hubiera podido caer en cualquier punto entre la desolación y la humillación. Sin embargo me gusta pensar que mientras sigamos con vida podemos cambiar nuestro testimonio. Dios no ha puesto el punto final a nuestra frase, pero no lleva mucho tiempo hacerlo. Tal vez pensamos que estamos a mitad de la frase y no sea así.

Asisto a muchos funerales y cada uno es un constante recordatorio para mí. No dejemos de esforzarnos en la dirección de lo que esperamos que sea el testimonio de Dios sobre nuestra vida. Como dijo el autor de Hebreos: "Si oís hoy su voz, no endurezcáis vuestros corazones como en la provocación" (3:15).

Me gusta la comprensión que logramos del estilo de vida y las prácticas del apóstol Juan. Observamos su manera de comprometerse con la gente, y creo que esa era su especialidad. Como señalamos en el capítulo anterior, nada es más renovador que un líder cristiano que practica lo que predica. Resulta claro que en la vida de Juan había personas a las que le era difícil amar. ¡Pobre Diótrefes! Con un nombre así, se me ocurre que uno no querría precisamente sobresalir. ¿Te imaginas ese testimonio de una sola frase? "A Beth le gustaba ser la primera y no quería tener nada que ver con la gente común." ¡Santo cielo! ¡Se me ponen los pelos de punta!

Observa que Juan no dice que este hombre estaba perdido. Por lo visto era miembro de la iglesia. Aunque sus acciones no demostraban amor, se trataba de un cristiano. Si las habladurías y el espíritu de división fueran señales incuestionables de estar "perdido", a las pocas personas que vayan al cielo les sobrará lugar para moverse. Estoy agradecida de que en la gloria no tendremos sentimientos negativos ni conflictos. De lo contrario, me puedo imaginar a Diótrefes diciéndole a Juan: "¿Tenías necesidad de escribirlo? ¿No hubiera sido suficiente esparcir una murmuración, como hacía yo?"

En contraste, para Juan, Gayo era alguien fácil de amar. El término original usado por el apóstol para expresar su afecto por Gayo es *agapeto's*, que significa "amado". Gayo no solamente era un querido amigo de Juan, como traducen otras versiones. Era el tiernamente amado amigo de Juan. El Gayo al que está dirigida la tercera carta del apóstol bien pudo haber sido el mismo que aparece mencionado con ese nombre en varias otras oportunidades en las Escrituras.

Un compañero de Pablo de nombre Gayo sufrió a manos de la turba en Éfeso (ver Hech. 19:28–31). Cuando fuimos a Grecia y Turquía, haciendo la misma travesía que el discípulo amado, estuvimos de pie en el mismo anfiteatro donde ocurrió ese disturbio. Este Gayo aparece nuevamente en Hechos 20:4–5, donde se relata que se adelantaba a Pablo. Nuevamente aparece en 1 Corintios 1:13-15, donde Pablo dice que bautizó a un hombre llamado Gayo.

Dado que el Gayo de Pablo y el Gayo de Juan pueden ser rastreados en ministerios en y alrededor de Éfeso, es razón suficiente para suponer que podría tratarse de la misma persona. Si fue así, me gusta imaginar las conversaciones que habrán tenido lugar entre ellos. Juan era anciano y Gayo seguramente no era joven. ¿No crees que Juan y Gayo lo pasarían muy bien hablando sobre Pablo? ¡Qué personaje! Seguro que tendrían de qué reírse al recordar anécdotas sobre él.

Te hará gracia cuando te cuente que aquí estoy, sentada con un nudo en la garganta. ¡Es que quiero mucho a esas personas! He dedicado meses y meses a explorar las Escrituras para conocer a Pablo, y ahora a Juan. Fueron hombres de carne y hueso con relaciones reales. Tenían coincidencias y desacuerdos, igual que nosotros. Imagínalos conociéndose, amándose, apreciándose y enojándose mutuamente. Así es la vida. Cada vez que Jesucristo toca el duro corazón de los seres humanos, una gota de lluvia divina golpea la cubierta carnal de la tierra y la refresca.

Refrescar. ¡Qué hermosa palabra! Justamente, es la palabra que me gustaría elegir como recordatorio de nuestro capítulo. Espero que no se te haya pasado por alto el deseo de Juan de que Gayo tuviera salud en el cuerpo tanto como la tenía en el alma: "Estimado hermano: le pido a Dios que te vaya bien en todo y que tengas buena salud física, así como la tienes espiritualmente" (3 Jn. 2, PDT).

Amado hermano, ¡tú y yo necesitamos hacer todo lo posible por cuidar nuestra salud! Es cierto que la salud espiritual es lo principal, pero mientras estemos en esta tierra, el Espíritu de Dios que mora en cada persona redimida está ligado en forma directa a nuestro cuerpo físico. Dios creó al ser humano como una entidad de tres partes: cuerpo, alma y espíritu.

En 1 Tesalonicenses 5:23, Pablo escribió una oración que todos deberíamos repetir: "Y todo vuestro ser —espíritu, alma y cuerpo— sea guardado irreprochable para la venida de nuestro Señor Jesucristo". La mayoría de los cristianos sabe por instinto que la salud del alma y del espíritu es de vital importancia. Aun así, observemos que la súplica de Pablo es que permitamos a Dios que nos santifique por completo, lo cual abarca la totalidad de nuestra alma, nuestro espíritu y nuestro cuerpo.

Dios me ha enseñado importantes lecciones acerca de la manera en que mi cuerpo físico influye tanto en mi alma como en mi espíritu. Pensemos por un momento en el alma. Si mi cuerpo está por completo exhausto, mi alma se verá profundamente afectada y con el tiempo podrá absorber el cansancio físico y convertirlo en depresión o sentimientos de impotencia. Si no nos alimentamos bien, fomentaremos la ansiedad o el temor. La mayoría de nosotros sabe que el estrés acarrea problemas cardíacos, alta presión sanguínea y muchos trastornos digestivos. Mientras nuestra alma y nuestro espíritu estén prisioneros en este cuerpo físico, se verán fuertemente afectados por la condición en que este se encuentre.

Ustedes y yo vivimos con mucho estrés. Conozco varios de sus testimonios y estoy impresionada por los desafíos que enfrentan. Algunos de ustedes trabajan todo el día y luego, durante la noche, cuidan a un ser querido. Otros tienen varios empleos porque están haciendo un esfuerzo para que sus hijos estudien. Conozco a madres que tienen tres o cuatro niños menores de cinco años. ¡Eso sí que es estrés! Algunos de esos retos superan mi imaginación. Jamás soñé que iba a tener los desafíos que enfrento hoy. El llamado que tengo actualmente de Dios para ministrar a las mujeres me hace sentir agradecida y humillada. Sin embargo, no quiero engañarlos. ¡Es mucho trabajo! Es verdad que Dios hace la mayor parte, ¡pero lo poco que requiere de mí es todo lo que tengo para dar!

En Colosenses 1:29, Pablo describió la manera en que un cristiano y Dios se asocian en la tarea: "Para esto también trabajo, luchando según la fuerza de él, la cual actúa poderosamente en mí". Mi querido colaborador, tú y yo no podremos cumplir con eficacia nuestro llamado si no cuidamos nuestra salud. El cuerpo es templo del Espíritu Santo. Todos enfrentamos una vida que supera nuestras capacidades naturales. Tengo una agenda agobiante y tomo muy en serio cada cita programada. Si me enfermo y eso me impide cumplir con una conferencia agendada un año antes, me siento desolada. Si quiero cumplir con el compromiso, tengo que cooperar con Dios y hacer mi parte.

Cada día tomo un puñado de vitaminas y oro para mantenerme sana. Cuando me enfermo, puede deberse a que mi agenda está fuera de control, a que Satanás está en pie de guerra o a que Dios me saca de circulación por un tiempo. Todos tendremos que enfrentarnos a enfermedades; sin embargo, creo que Dios espera que hagamos todo lo posible para evitar la mala salud. Mientras tanto, es preciso que tengamos claridad en cuanto a nuestra motivación. Lo que Satanás quiere es esclavizarnos. Le gusta que seamos esclavos de la mala salud, pero también se deleita con la opresión que significa una ansiedad compulsiva en relación con el cuerpo. El consejo de Eclesiastés, de evitar los extremos, me dice mucho sobre ese tema (Ecl. 7:18). Muchos pasajes en las Escrituras recomiendan descanso a los fieles que están agotados (ver Sal. 127:2; Mat. 11:28; Mar. 6:30–32).

Estoy convencida de que una de nuestras mayores necesidades es simplemente descansar. No solamente dormir, sino también renovarnos y disfrutar de esparcimiento. Hace poco Dios me habló con respecto a recuperar lo que Él y yo llamamos los "momentos sabáticos". Así como debe de ocurrirle a la mayoría de ustedes, mi agenda ahora está sumamente cargada, y no veo en el futuro inmediato ningún espacio para tomarme un día de descanso. Dios me habló al corazón un sábado por la mañana, cuando me estaba preparando para la escuela dominical: "Hija mía, en el intervalo entre períodos de descanso más prolongado, quiero enseñarte a tomar momentos sabáticos". Yo no estaba segura de entender lo que quería decir. Precisamente esa mañana Dios me había confirmado su voluntad de que yo visitara a una paciente con cáncer cerebral, para lo cual debía conducir todo el trayecto hasta el otro extremo de Houston. Estaba muy agradecida por el privilegio de visitar a esa persona, pero sabía de antemano que sería difícil en el aspecto emocional y para nada descansado.

Luché con el tránsito y crucé la ciudad; luego visité a mi nueva amiga y a su esposo, tratando de esconder las lágrimas. Tienen dos hijos pequeños, y a menos que Dios haga un milagro, su madre irá a estar con el Señor antes de que ellos crezcan. Me metí al coche y oré. Salí de la playa de estacionamiento luchando con las lágrimas. Unas cuadras más adelante, como si el coche tuviera un piloto automático, giré el volante ¡y entré directamente a la playa de estacionamiento del zoológico de Houston!

Cristo parecía decirme: "Vamos a jugar", y eso hicimos. Hacía muchos años que no entraba al zoológico. Comprobé todas las mejoras, pero jamás hubiera imaginado la última: ¡La posibilidad de tomar mi café preferido! (De acuerdo, no tengo todos los aspectos de mi salud bajo control.) ¿Te imaginas estar observando un koala bebé que duerme la siesta sobre un árbol, un infrecuente día de frío en Houston, bebiendo un capuchino grande? Bueno ¡eso es un momento sabático! Dios y yo lo pasamos de maravilla.

Unas semanas después rapté por unas horas a mi esforzado equipo de trabajo para hacerle una broma a una compañera que estaba haciendo una diligencia. Nos escondimos en una tienda y la hicimos llamar por el intercomunicador para que fuera a la sección donde nosotras (mujeres cristianas ya maduras) estábamos escondidas. Nos desternillamos de risa por la expresión en su rostro. Después que habíamos hecho el ridículo por un rato, una de las vendedoras se me acercó y preguntó: "¿Te conozco de algún lugar?" Ahí perdimos el control. Y después de eso volvimos a trabajar… de mejor ánimo, debo agregar.

Momentos sabáticos... ¡qué bendición! Vivimos en un mundo difícil. Si tienes las agallas necesarias como para no esquivar ni esconderte de las abrumadoras situaciones que nos rodean, necesitarás algunos momentos sabáticos para ayudarte a mantener la cabeza despejada. ¡Comienza a tomarlos!

"Mi amado, yo deseo muy mucho que tú seas prosperado en todas cosas, y que tengas salud, así como tu alma está en prosperidad." (3 Juan 2; versión de Cipriano de Valera revisada y corregida, 1864 impresa en 1912 por Sociedad Bíblica Americana.)

Plugo que concluyáis meditando cuál sería vuestro propio ejemplo de un momento sabático. Si no lográis recordar ninguno, sacad a ese ser rebelde al descanso y escapad de vuestro lugar de trabajo antes de que colapséis.

Parte 8

ENTRE LOS CANDELABROS

Ahora tomaremos con Juan un rumbo que posiblemente él jamás imaginó. Podemos estar seguros de que nunca anotó Patmos en su plan de viaje. Me pregunto qué habrá pensado este anciano cuando lo embarcaron como a un criminal, separándolo de sus seres queridos en Éfeso para enviarlo a una isla lejana y hostil en el mar Egeo. Juan no tenía la menor idea de lo que le esperaba allí. Los caminos de Dios a veces son extraños. El privilegio más grande que tuvo Juan en toda su vida lo esperaba en las más terribles circunstancias. ¿Has notado que Cristo pareciera revelarse de manera sorpresiva en los sitios donde parece más distante? Este breve sondeo del libro de Apocalipsis renovará nuestra convicción de que Jesús no nos enviará a ningún lugar a menos que tenga previsto encontrarse allí con nosotros.

Capítulo 36

El destierro en Patmos

Yo, Juan, vuestro hermano y compañero en la tribulación, en el reino y en la perseverancia de Jesucristo, estaba en la isla llamada Patmos, por causa de la palabra de Dios y del testimonio de Jesucristo. (Apocalipsis 1:9)

⚔

e siento temerosa y alborozada a la vez por esta etapa de nuestro estudio. Por lo que resta de nuestro viaje, nos uniremos a Juan en el exilio en la isla de Patmos, en el Egeo. No te preocupes por llevar tu traje de baño. Esta isla, de aproximadamente 10 kilómetros [6 millas] de ancho y 15 [10] de largo, no es lo que se dice un paraíso. En la época de Juan, el terreno rocoso y árido atrajo la mirada de los romanos como un lugar perfecto para desterrar a los criminales. Bajo el mandato del emperador romano Domiciano (81–96 d.C.) el cristianismo era un delito criminal, y el apóstol Juan era un caso grave.

No conocemos el motivo concreto del confinamiento de Juan en la isla. Los únicos datos seguros que tenemos son los que aporta el propio Juan en Apocalipsis 1:9. Estaba allí "por causa de la palabra de Dios y del testimonio de Jesucristo". Amado hermano, si tenemos que sufrir, no se me ocurre un motivo más grandioso que ese.

Tengo curiosidad de saber por qué Juan, innegablemente un Hijo del Trueno, fue exiliado en vez de ser ejecutado por orden de la autoridad romana, como ocurrió con otros apóstoles. Los estudiosos concuerdan en que fue tratado con rudeza, a pesar de su edad, y forzado a trabajos pesados en las minas y las canteras de la isla. Todavía me pregunto por qué los romanos se tomaron ese trabajo, ya que le quitaban la vida a muchos otros cristianos en forma pública e inhumana. Decididamente, Dios no había dado por terminado el trabajo de Juan en la tierra, y nadie podía llevárselo sin el permiso de su Padre. Me pregunto si la enseñanza tradicional de los primeros padres de la iglesia es correcta: que los romanos trataron de matarlo… y no pudieron.

Muchos estudiosos a lo largo de los siglos han sostenido que Juan viajó a Roma por lo menos por un tiempo corto. Tertuliano, a quien se conoce como el "padre de la teología latina", vivió durante la generación que siguió a la de los apóstoles (150–225 d.C.). En una obra titulada *Prescripciones contra todas las herejías*, Tertuliano hace una sorprendente narración: "El apóstol Juan fue primero arrojado en aceite hirviendo, ¡y luego enviado, ileso, a la isla del exilio!"[1]

Pocos eruditos cuestionan la confiabilidad de las tradiciones que se sostienen sobre la muerte de Pedro en una cruz, suceso al que también se refiere Tertuliano. Sí, soportó un calvario como el de su Señor; pero como se sentía indigno de morir exactamente de la misma manera, la tradición primitiva dice que Pedro solicitó ser crucificado cabeza abajo. De la misma manera, nunca leí un comentario que pusiera en duda la tradición de que Pablo fue decapitado, igual que Juan el Bautista. Sin embargo queda la duda de que el informe de Tertuliano en relación con el apóstol Juan sea una simple ficción.

En realidad no sé si el relato de que Juan fue lanzado al aceite hirviendo es creíble, pero si me preguntas si es posible que ocurriera, ¡solo puedo responder que sí! En Hechos 12 Dios no había decidido que la labor de Pedro en la tierra estuviera concluida, de manera que soltó sus cadenas y le permitió salir caminando de la prisión. No sé en cuántas oportunidades el apóstol Pablo escapó milagrosamente de la muerte. Me parece también recordar a un trío en el Antiguo Testamento que pasó por el fuego ¡y salieron sin siquiera olor a humo! (ver Dan. 3). Querido amigo, no permitas que la iglesia moderna te vuelva cínico. Nuestro Dios es un Dios que hace maravillas, ¡no lo olvides! No dejes que las palabras de Jeremías 32:17 sirvan solo para inspirar letras de canciones: "¡Ah, Señor Jehová!, tú hiciste el cielo y la tierra con tu gran poder y con tu brazo extendido. Nada hay que sea difícil para ti".

Si el relato de Tertuliano es verídico, probablemente los romanos hayan intentado quitarle la vida a Juan y, al fracasar en el intento, lo desterraron a Patmos. Su delito pudo haber sido no morir cuando se le ordenó hacerlo.

Si bien se han propuesto diversas secuencias cronológicas con respecto a la estadía de Juan fuera de Jerusalén y de Judea, me inclino a pensar que Juan vivió y ministró primero en Éfeso. En algún momento hizo un viaje a Roma, donde cayó preso a causa de la persecución, y luego fue desterrado a

Patmos donde, según la mayoría de los eruditos, permaneció alrededor de 18 meses. A pesar de que antes yo pensaba distinto, ahora estoy casi convencida por la opinión de los comentaristas bíblicos y de los primeros maestros de que Juan retornó a la ciudad de Éfeso, donde permaneció hasta su muerte.

Mantengamos presente estas ideas, tal vez escritas a lápiz y no con tinta permanente, y leamos la introducción al misterioso y maravilloso libro del Apocalipsis. Recordemos que nuestro enfoque del último libro de la Biblia será general y no necesariamente un estudio escatológico o de los acontecimientos últimos. En el Apocalipsis procuraremos comprender al apóstol Juan y conocer los hechos y los conceptos que él ansiaba transmitirnos.

El libro de Apocalipsis es único en cuanto a contener una promesa de bendición para quienes lo leen, lo escuchan y lo guardan en su corazón (1:3). Por favor lee Apocalipsis 1:1–10.

La revelación de Jesucristo, que Dios le dio para manifestar a sus siervos las cosas que deben suceder pronto. La declaró enviándola por medio de su ángel a su siervo Juan, el cual ha dado testimonio de la palabra de Dios, del testimonio de Jesucristo y de todas las cosas que ha visto. Bienaventurado el que lee y los que oyen las palabras de esta profecía, y guardan las cosas en ella escritas, porque el tiempo está cerca.

Juan, a las siete iglesias que están en Asia: Gracia y paz a vosotros de parte del que es y que era y que ha de venir, de los siete espíritus que están delante de su trono, y de Jesucristo, el testigo fiel, el primogénito de los muertos y el soberano de los reyes de la tierra. Al que nos ama, nos ha lavado de nuestros pecados con su sangre y nos hizo reyes y sacerdotes para Dios, su Padre, a él sea gloria e imperio por los siglos de los siglos. Amén.

He aquí que viene con las nubes: Todo ojo lo verá, y los que lo traspasaron; y todos los linajes de la tierra se lamentarán por causa de él. Sí, amén.

"Yo soy el Alfa y la Omega, principio y fin", dice el Señor, el que es y que era y que ha de venir, el Todopoderoso.

Yo, Juan, vuestro hermano y compañero en la tribulación, en el reino y en la perseverancia de Jesucristo, estaba en la isla llamada Patmos, por causa de la palabra de Dios y del testimonio de Jesucristo. Estando yo en el Espíritu en el día del Señor oí detrás de mí una gran voz, como de trompeta.

Aunque nuestro enfoque del libro del Apocalipsis no incluirá una exposición versículo por versículo, creo que podemos esperar ser bendecidos en alguna medida como resultado de nuestro estudio. Estoy esperando la parte que me toca, y espero que tú hagas lo mismo. La revelación más profunda en el Apocalipsis es la revelación de Cristo Jesús mismo, no solo en las visiones sino en su autoridad.

La palabra *apocalipsis*, que significa "revelación", proviene del griego *apokálupsis*. Amontonado en un barco que trasladaba criminales, Juan no tenía la menor idea de lo que Dios le revelaría en la isla de Patmos. Imaginemos la figura frágil del anciano Juan, aferrado con todas sus fuerzas mientras la embarcación avanzaba sacudiéndose, en la prolongada travesía a través del Egeo.

Imagino a Juan quitándose de la cara el cabello gris para poder ver a los otros prisioneros que compartían su destino. No la imagines como una experiencia para estrechar lazos de amistad. Allí nadie lo sostendría por el brazo, caminando en medio de un pequeño grupo de fieles mientras decía: "Queridos hijos, ámense unos a otros". El propósito del exilio no era solo el trabajo forzado y el sufrir las inclemencias naturales, sino además provocar un aislamiento enloquecedor. Esa táctica iba a ser inútil con Juan, tal como podría serlo en nuestro caso si Satanás tratara de forzarnos al aislamiento.

Es muy probable que Juan hubiera preferido la muerte. Tal vez ya le resultaba difícil soportar su larga vida. Si debía permanecer en la tierra, es seguro que no se hubiera imaginado pasar sus últimos años alejado de su lugar de servicio y aislado de sus seres queridos. Podemos imaginar que durante alguno de los trabajos a los que estaba forzado, Juan se resbalaría sobre las superficies rocosas y afiladas, desgarrándose la piel cada día más delgada, como si fuera papel. Tampoco tendría un camastro donde reposar su dolorido cuerpo al final del día. No creo que pudiera pensar: *¡Al fin un poco de paz y tranquilidad para escribir mi nuevo libro!* Dudo que hubiera anticipado que encontraría a Jesús en esa isla, como luego ocurrió. Amado mío, ¿cuántos otros testimonios necesitamos escuchar antes de convencernos de que en los lugares y los momentos donde menos esperamos encontrar a Jesús es allí donde lo descubrimos? Y curiosamente, en los lugares donde más lo esperaríamos algunas veces no logramos encontrarlo.

Apocalipsis 1:7 dice: "He aquí que viene con las nubes: todo ojo lo verá". Cuando Cristo regrese rodeado de glorioso esplendor a esta tierra que gime, todo ojo lo verá. Mientras tanto, a veces se presenta rodeado de nubes. La gloria de Dios es tan asombrosamente luminosa para el ojo humano que en algunas ocasiones Dios encubre su presencia en una nube (ver Ex. 16:10; 24:15–16; Lev. 16:2; 1 Rey. 8:10; Luc. 9:34).

Un día las nubes se enrollarán como un pergamino y Cristo se revelará frente a nosotros. Mientras tanto, tiene mucho para revelarnos y será de gran ayuda aceptar que las nubes no son señales de su ausencia. En realidad, es en medio de ellas donde con más frecuencia lo encontramos. En la anotación del 29 de julio de *En pos de lo supremo*, Oswald Chambers escribió sobre las nubes:

> En la Biblia, las nubes siempre están asociadas con Dios. Las nubes son las penas, los sufrimientos o las circunstancias providenciales dentro o fuera de nuestra vida que parecen contradecir la soberanía de Dios. Sin embargo, es precisamente por medio de esas nubes que el Espíritu de Dios nos enseña a andar por fe. Si jamás hubiera nubes en nuestra vida, no tendríamos fe. "Las nubes son el polvo de sus pies" (Nah. 1:3). Son un indicador de que Dios está allí … Con cada nube que nos pone en el camino, quiere que desaprendamos algo. Su propósito al usar la nube es hacer que nuestra fe se vuelva más sencilla, hasta que nuestra relación con Él sea exactamente como la de un niño: una relación simple entre Dios y nuestra alma, donde los demás no son sino sombras … Mientras no podamos enfrentar cara a cara los hechos más profundos y oscuros de la vida sin que eso dañe nuestra visión del carácter de Dios, significa que todavía no lo conocemos.[2]

¿Está tu vida en este momento cubierta de oscuras nubes? Tal vez no son nubes oscuras. Tal vez simplemente oscurecen la claridad y te tientan a sentirte confundido por las circunstancias. Cuando estuve en Patmos, las nubes cubrieron la isla y oscurecieron el paisaje que de lo contrario hubiera sido hermoso. Me pregunto si las nubes cubrían el lugar cuando Domiciano pensó que dejaba a Juan a merced de la inhóspita y volcánica isla. ¿Cómo "veía" sus circunstancias el anciano apóstol? Me pregunto también si se habrá imaginado que alguna vez se iría de esa isla, o qué llegaría a ver estando allí.

Juan debía tomar una decisión crucial mientras estaba exiliado en ese inhóspito lugar. ¿Adoptaría una actitud liviana en su andar con Dios, o se limitaría a soportar? Después de todo, no había nadie de su iglesia ni de su ministerio que lo estuviera observando. ¿Se dejaría morir? ¡Dios sabe lo cansado que estaba! ¿O bien Juan, el Amado, amaría a Cristo más todavía y lo buscaría de todo corazón entre las rocas y en la tierra yerma? Su respuesta se eleva como la fresca marea del amanecer que bautiza la áspera costa. "Estando yo en el Espíritu en el día del Señor" (1:10). Y allí estaba Él: el Alfa y la Omega. La primera y la última Palabra sobre toda existencia. Sobre toda prueba. Y también en el exilio.

Cuando la oscuridad parece su rostro ocultar,
en su gracia inmutable puedo reposar.
Aunque furiosa pueda la tempestad arreciar,
mi ancla al velo habré de sujetar.
En Cristo, Roca firme, me puedo apoyar,
cual arena movediza es todo otro lugar.
(Edward Mote, 1834.)

Capítulo 37

A LA IGLESIA
EN ÉFESO

Pero tengo contra ti que has dejado tu primer amor. (Apocalipsis 2:4)

⚔

*E*n cada uno de los libros o cartas que escribió Juan insistió, sin excepción, en que deberíamos conocer a Jesucristo. La carta comienza con un saludo, seguido de una majestuosa descripción de Cristo. Haciendo uso de imágenes de Daniel y Ezequiel, Juan describe al Señor resucitado en términos de un poder irrefutable.

En Apocalipsis 1:19 Cristo proporcionó un bosquejo de tres secciones para todo el libro: "Escribe, pues, las cosas que has visto, las que son y las que han de ser después de estas". Supongo que "las cosas que has visto" abarcan la visión de Cristo y su presentación, que hallamos en 1:12–20. El mensaje específico de Cristo a cada una de las siete iglesias en Apocalipsis 2 y 3 tal vez constituía "las que son".

Las siete ciudades eran lugares donde había cristianos que vivían y practicaban su fe en Cristo en la época del exilio de Juan. Hace algunos años aprendí una buena regla empírica, que intento mantener al estudiar: cuando el sentido natural coincide con el sentido común, no corresponde buscar otro sentido. Durante siglos, los intérpretes procuraron dar un sentido simbólico a estas iglesias; sin embargo, sabemos con certeza que eran creyentes reales de iglesias reales. En realidad, el orden de presentación en Apocalipsis 2 y 3 es geográfico. Las siete iglesias se hallaban en Asia Menor, y el orden en las Escrituras sugiere una ruta eminentemente práctica que podría tomar un mensajero si comenzara un viaje en Éfeso con intención de recorrer las otras seis ciudades.

La mayor parte de las profecías sobre el futuro están después del capítulo 4 en Apocalipsis; por eso, muchos estudiosos consideran que lo que queda del mensaje pertenece a la tercera categoría: "las que han de ser después de estas". Para disgusto de muchos, gran parte del simbolismo del Apocalipsis no se puede interpretar de manera dogmática. Sin embargo Cristo mismo explicó el misterio de las siete estrellas y los siete candelabros. "Las siete estrellas son los ángeles de las siete iglesias, y los siete candelabros que has visto son las siete iglesias" (Apoc. 1:20).

Los eruditos discrepan sobre la interpretación exacta de los "ángeles" de las siete iglesias. Algunos piensan que los ángeles son literalmente seres celestiales asignados a cada iglesia. Sin embargo, dado que el sentido básico de la palabra "ángel" es "mensajero", otros piensan que se trata de un mensajero humano, tal vez el pastor o el responsable de cada iglesia. Gracias a Dios el mensaje es el mismo, no importa a qué clase de mensajero se refería Cristo. Dedicaremos especial atención a los mensajes dirigidos a las siete iglesias del Apocalipsis. Al haber Dios incluido esos mensajes en las Sagradas Escrituras es evidencia de que tienen algo para enseñarnos. En efecto, Cristo mismo indicó su relevancia para otros porque al final de cada una de las siete cartas incluye una invitación general.

La invitación de Cristo se registra por primera vez en Apocalipsis 2:7: "El que tiene oído, oiga lo que el Espíritu dice a las iglesias". Ahora, toca el costado de tu cabeza. ¿Tienes un oído? Prueba en cualquiera de los costados, porque en realidad necesitas uno solo: "El que tiene oído…" Si tienes uno, Jesús quiere que oigas lo que el Espíritu dice a las iglesias. Yo también tengo uno, así que te acompaño. El motivo es evidente. Los que pertenecemos hoy a su iglesia tenemos mucho que aprender de los éxitos y fracasos, de las victorias y derrotas de las iglesias primitivas. Pudo haber pasado mucho tiempo, pero la naturaleza humana y la verdad de las Escrituras se mantienen intactas.

En realidad, Cristo se proponía algo más que hablar con personas que tenían por lo menos un oído físico al costado de la cabeza. Con toda seguridad yo tenía oídos cuando era joven, pero no estoy segura de haberlos usado para escuchar a Dios. La mayor parte del tiempo mis orejas eran importantes solo para acomodar el cabello. ¿Lo recogeré de ambos lados, o de uno solo? ¿Y si me lo dejo suelto esta vez? Eso era lo único que me preocupaba. Los mensajes a las siete iglesias son para personas con un poco más de profundidad que esa. La invitación más general que hacía Cristo sonaba más bien como esto: Lo que les he dicho a ellas es aplicable a cualquiera que realmente desee oír y responder.

Las profecías del Apocalipsis se cumplirán tal como Dios quiere y de acuerdo al calendario de su reino. Un estudio detallado de estas puede aumentar nuestro conocimiento y comprensión de los hechos futuros, pero su aplicación personal en nuestra vida diaria resulta un poco más desafiante. Por otro lado, los mensajes de Cristo a las siete iglesias pueden ser usados por el Espíritu Santo para transformarnos y afectar verdaderamente la condición actual de la iglesia de Cristo. ¡Usemos, entonces, un oído y oigamos!

El primer mensaje aparece en Apocalipsis 2:1–7. Las cartas contienen varios elementos repetidos que me gustaría que identifiques desde el comienzo. Márcalos cuando aparezcan en cada carta. Son los elementos comunes de estos mensajes de Cristo a las iglesias. (Señalo con un asterisco [*] los elementos que no aparecen en las siete cartas.)

- *Identificación.* Cristo se identificó de una manera específica en cada carta usando algún elemento de la primera visión en Apocalipsis 1:12–18.
- *Elogio.* Cristo expresó un elogio* sobre la base de un conocimiento íntimo. Aunque no todas las cartas contienen un elogio, las siete incluyen la frase: "Yo conozco tus…" Me estremezco cada vez que mis ojos se posan en los versículos que dicen que Cristo "camina en medio de los siete candelabros de oro" (2:1). Ya sabemos que los candelabros son las siete iglesias. La conjugación del verbo sugiere una acción continua.

  Tan cierto como que Jesús "caminó" entre las iglesias en el primer siglo, y las conocía de una forma íntima, hoy camina entre nuestras iglesias. Estaríamos trágicamente errados si pensáramos que Cristo no se compromete con las actividades eclesiales ni se conmueve por las condiciones y el trabajo interno de sus iglesias actuales. Él camina entre nosotros. En cualquier generación, nada es más importante para Cristo que la salud de su iglesia, el vehículo por medio del cual se ha propuesto alcanzar a los perdidos y ministrar a los que sufren.

- *Reproche.* Basado en su conocimiento íntimo, Cristo formuló algunos reproches.*
- *Exhortación.* En las cartas, Cristo expresó algún tipo de exhortación. Instruyó a cada iglesia para que hiciera algo específico.
- *Estímulo.* Cristo las estimuló a vencer. Ninguna de las situaciones era por completo irreversible. ¡Es para celebrarlo! En cada caso, Cristo invita a la iglesia (compuesta de creyentes individuales) a

alcanzar la victoria; pero también debemos tener en cuenta que ¡es fundamental hacerlo a tiempo!

Remitiéndonos a los elementos en común en las cartas a las iglesias, veamos qué tenía Cristo para decir a la de Éfeso.

Identificación. Observa lo que destaca Cristo acerca de sí mismo a la iglesia en Éfeso: "El que tiene las siete estrellas en su diestra, el que camina en medio de los siete candelabros de oro, dice esto" (Apoc. 2:1). La descripción corresponde al versículo 12 del capítulo 1.

Elogio. Sobre la base del conocimiento íntimo de la iglesia de Éfeso, Cristo la alabó con vehemencia en los versículos 2 y 3: "Yo conozco tus obras, tu arduo trabajo y tu perseverancia, y que no puedes soportar a los malos, has probado a los que se dicen ser apóstoles y no lo son, y los has hallado mentirosos. Has sufrido, has sido perseverante, has trabajado arduamente por amor de mi nombre y no has desmayado".

Reproche. "Pero tengo contra ti que has dejado tu primer amor" (2:4). Recuerda que el apóstol Juan estaba muy comprometido con la iglesia en Éfeso. Si tenemos en cuenta lo que hemos aprendido de él, ¿de qué manera piensas que habrá reaccionado en la intimidad de su corazón al escuchar ese particular reproche sobre sus seres queridos en Éfeso? Él era el pastor que había procurado enseñarles a amar al Señor Jesucristo. ¿Habrá tenido una sensación de fracaso o de desaprobación?

Exhortación. En el versículo 5 Cristo dijo: "Recuerda, por tanto, de dónde has caído, arrepiéntete y haz las primeras obras, pues si no te arrepientes, pronto vendré a ti y quitaré tu candelabro de su lugar". Observemos la advertencia. Cristo dijo a la iglesia de Éfeso que si no se arrepentía y hacía las "primeras obras", vendría y quitaría el candelabro de su lugar. La frase no sugiere que perderían su lugar en el cielo. Perdemos nuestro candelabro cuando dejamos de ejercer una buena influencia en la tierra. En otras palabras, perdemos nuestra luz en el mundo.

Ten en mente que una iglesia no es más fuerte que las personas que la componen. Una iglesia no consiste en ladrillos y cemento; es el pueblo de Dios. He estado en una iglesia a la que Dios confrontó por sus pecados de división y cinismo. Aunque los miembros en forma individual se arrepintieron y no perdieron la luz de la buena influencia, la iglesia se negó a "ponerse de cara al suelo", como yo digo, en expresión de arrepentimiento colectivo. Durante un penoso período, perdió completamente su lugar como influencia efectiva en la comunidad. Sus pecados eran graves ¡pero no irremediables! Sigue leyendo…

Estímulo. "Al vencedor le daré a comer del árbol de la vida, que está en medio del paraíso de Dios" (2:7). Los pecados de la iglesia de Éfeso no eran irremediables. ¡Tampoco los nuestros! ¡Arrepintámonos entonces, para que podamos vencer!

No puedo evitar detenerme en el reproche a la iglesia de Éfeso. No quiero que pasemos por alto su gran relevancia para la iglesia actual. Vimos que la iglesia en Éfeso recibió grandes y nobles elogios de Cristo; a pesar de eso, había descuidado lo más importante: su romance sagrado con Jesucristo. Hemos visto la absoluta prioridad que tenía el amor en el ministerio de Juan. Tú y yo quizás trabajemos duro, perseveremos en medio de dificultades extremas, seamos severos con los malvados y sepamos discernir con acierto a los falsos maestros y, a pesar de todo ello, abandonemos nuestro primer amor.

Es una ironía que muchos cristianos no reconozcan como pecado la falta de amor a Jesucristo. Lo consideran solamente como una carencia. Esta mala interpretación puede ser parte del problema. Si la absoluta prioridad de Dios para los seguidores de Cristo es el amor por Él en primer lugar, y luego por los demás, entonces la ausencia de ese amor es pecado. No destaco este punto con intención de juzgar. ¡Recordemos que no es una condición irreversible! ¡Lo destaco para que hagamos todo lo posible por cumplir nuestra tarea de amar! Dios dice: "¡Arrepiéntete!" Mientras no lo hagamos, no creo que podamos dar la bienvenida en nuestro corazón a la fuente del amor y a sus medios divinos para derramar amor en otros.

Arrepentirse significa volverse. Creo que Dios les dijo y nos dice a nosotros que nos volvamos de cualquier cosa que haya ocupado el lugar de nuestro sagrado romance con Cristo y que pongamos en orden nuestras prioridades. Tengamos en mente que si ponemos las cosas en orden, también recibiremos todo lo demás que sea valioso. Es muy probable que la iglesia en Éfeso permitiera que sus obligaciones espirituales y su lealtad religiosa desplazaran a la ley del amor. Puesto que todo lo demás depende de la ley del amor (Mat. 22:40), en Éfeso todo lo de valor eterno se hubiera venido abajo tarde o temprano. Sin duda, de alguna manera esta exhortación nos habla a cada uno de nosotros.

Por alguna razón, en mis estudios anteriores sobre esta carta pasé por alto el sentido original de una palabra fundamental en la frase "has dejado tu primer amor". Me maravilla descubrir que la palabra original que se traduce "dejado" es la misma palabra que en el Nuevo Testamento a veces se traduce "perdonar". La palabra *afíemi* significa "enviar, lanzar, soltar".[1] Aparece en la frase que describe la muerte física de Jesús cuando "entregó el espíritu" en Mateo 27:50. El Nuevo Testamento usa *afíemi* en muchos contextos, y significa sencillamente renunciar o dejar algo. Se traduce por "perdonar" dos veces en las conocidas palabras de Mateo 6:12: "Perdónanos nuestras deudas, como también nosotros perdonamos a nuestros deudores".

Me dan ganas de sentarme a llorar. Pienso en la frecuencia con que *abandonamos* nuestro primer amor, nuestro glorioso y sagrado romance con Jesús, porque nos negamos a *abandonar* nuestros rencores y agravios. ¿Cuántas veces ve Cristo a sus amados que renuncian a la intimidad con Él por negarse a perdonar? Por favor, permíteme decir esto con la compasión de alguien que ha estado en esa situación: no podemos mantener nuestro sagrado romance con Jesucristo y también nuestra amargura. Inevitablemente soltaremos una cosa para aferrarnos a la otra.

Abandona hoy mismo, querido mío, lo que no es nada más que esclavitud. Tu vida es demasiado corta. El lugar que ocupa la falta de perdón te está impidiendo experimentar precisamente aquello por lo cual naciste de nuevo. ¡Suéltalo! Deja que se vaya, no al olvido, sino a las manos del Juez fiel y soberano de la tierra. Tómate del cuello de Jesucristo y cuélgate de él con todo tu aliento y todas tus fuerzas. Dedica más de tu oración a amarlo que a pedir bendiciones, salud o un ministerio. A menos que nuestros candelabros estén encendidos con la antorcha del amor sagrado, no son otra cosa que luces artificiales. Quizás sean muy brillantes, pero tarde o temprano la lámpara se apagará.

Capítulo 38

A LA IGLESIA
EN ESMIRNA

¡Sé fiel hasta la muerte y yo te daré la corona de la vida! (Apocalipsis 2:10b)

A continuación nos concentraremos en la segunda de las siete cartas a las iglesias de Asia Menor. Esmirna (la actual Izmir) era una ciudad excepcionalmente hermosa distante unos 60 kilómetros [40 millas] al norte de Éfeso. La gente de Esmirna valoraba mucho el conocimiento. Durante la época del Nuevo Testamento cuando Juan recibió la revelación, la ciencia y la medicina eran florecientes en esa ciudad, lo cual contribuyó a su abundante riqueza. Con este cuadro en la mente, veamos los detalles del mensaje a la iglesia de Esmirna. Podrás verificar los mismos elementos que vimos en el mensaje a Éfeso, con uno o dos matices diferentes.

Identificación. "El primero y el postrero, el que estuvo muerto y vivió, dice esto" (2:8).

Elogio. "Yo conozco tus obras, tu tribulación, tu pobreza (aunque eres rico) y la blasfemia de los que dicen ser judíos y no lo son, sino que son sinagoga de Satanás" (2:9).

Reproche. A diferencia del mensaje a la iglesia de Éfeso, Cristo no expresó ningún reproche a la de Esmirna.

Exhortación. "No temas lo que has de padecer. El diablo echará a algunos de vosotros en la cárcel para que seáis probados, y tendréis tribulación por diez días. ¡Sé fiel hasta la muerte y yo te daré la corona de la vida!" (2:10).

Estímulo. "El vencedor no sufrirá daño de la segunda muerte" (2:11b).

Ahora consideremos algunas ideas acerca de estos elementos del mensaje. No siempre podremos relacionar la identificación específica que hizo Cristo de sí mismo con algo notable en el destinatario, pero probablemente haremos bien en suponer que la relación existe. En la carta a los creyentes de Esmirna, Cristo se identificó como "el primero y el postrero". Casi todos los libros y los comentarios que consulté mencionan la antigua inscripción en la moneda acuñada en la Esmirna del primer siglo: "Primera en Asia en belleza y tamaño".[1]

En esencia, cuando Cristo dirigió su carta a aquellos humildes creyentes rodeados de arrogantes paganos, declaró: "Yo soy el Primero en Asia, en África y en cualquier otro lugar. En realidad existen porque yo lo ordené. Y más aun, soy también el Postrero. Soy el Ineludible. Soy el Juez de los vivos y los muertos, y he venido a alabarte".

Esmirna se destaca entre las iglesias por ser una de las dos iglesias que no recibieron reproche alguno. Al pasar junto a ese candelabro, Cristo no halló en él ninguna falla. Es impresionante que haya sido aprobada, porque el examen que le tocó no era fácil. Todo lo contrario: ninguna otra de las iglesias tuvo que pasar por un sufrimiento tan profundo. Cristo no ahorró palabras cuando describió las aflicciones y la pobreza de esta iglesia. Los cristianos eran despreciados y terriblemente maltratados en Esmirna, principalmente porque en Asia Menor ninguna ciudad estaba tan aliada a Roma como ella.

"Ya en el año 195 a.C. Esmirna había anticipado el creciente poder de Roma y había construido un templo para los cultos paganos de los romanos. Por su fidelidad a Roma, en el año 23 a.C. Esmirna tuvo el honor de que se construyera allí el templo al Emperador Tiberio. Así, la ciudad se convirtió en el centro del culto al emperador, que era una 'religión' fanática."[2] La obsesiva lealtad de la población de Esmirna resultó fatal para los cristianos bajo el gobierno de emperadores como Nerón (54–68 d.C.) y Domiciano (81–96 d.C.). Cualquier cosa que detestara el emperador, la gente de Esmirna también la detestaba. Para estos dos emperadores y para los siguientes, los cristianos estaban a la cabeza de esa lista de odiados.

"Yo conozco ... tu pobreza". Rodeados de riqueza, los cristianos padecían muchas formas de persecución, y la económica no era la menos grave. Con frecuencia se les negaban los empleos decentes y muchos comerciantes no querían venderles sus productos. En ese ambiente refulgente de opulencia y riqueza, los cristianos de Esmirna eran obligados a soportar su pobreza personal. En *La voz de los mártires*[3] es posible leer relatos escalofriantes de cristianos de nuestra época que, en algunos lugares del mundo, son obligados a vivir en la absoluta pobreza a causa de su fe. A pesar de ello, ninguna boca queda privada de alimentos sin que Dios lo sepa. Ningún gobierno ni grupo humano quedará sin castigo por carecer de compasión o practicar abiertamente la opresión. Dios tiene tan en cuenta a los pobres que lo creo plenamente capaz de privar de bendición a ciudades y naciones que los desatiendan u opriman.

Cristo hizo un comentario sobre la blasfemia de aquellos que simulaban ser judíos pero en realidad eran una sinagoga de Satanás. Esto puede significar que los judíos de Esmirna denunciaban a los cristianos ante las autoridades, lo cual aumentaba enormemente la persecución que sufrían.

Piensa en el enojo de Dios hacia un pueblo que no solamente le da la espalda a la pobreza y al sufrimiento sino que además los intensifica. Ellos no se imaginaban que el Rey del universo recorría las calles perfectamente pavimentadas de su atractiva ciudad, examinando a quienes se hacían llamar por su nombre. La gente de Esmirna estaba orgullosa de la belleza de su ciudad. Me pareció bastante irónica la siguiente cita de *Bible Illustrator* [El ilustrador bíblico]: "Las montañas y el mar acentuaban el carácter pintoresco de la ciudad. Estaba situada al abrigo de la montaña Pagos, lo que la convertía en una acrópolis ideal. Sin embargo esta belleza se opacaba por un problema de drenaje en la parte baja de la ciudad, lo cual provocaba la obstrucción del puerto y la acumulación de olores desagradables."[4]

Aunque se esforzaban por construir la ciudad más impresionante de Asia, no podían hacer nada contra ese olor putrefacto. Del mismo modo, también la continua persecución de personas inocentes subía hasta las fosas nasales de Dios. Es interesante que el nombre Esmirna significa "mirra".[5] La antigua esencia que lleva el mismo nombre se menciona en las Escrituras como aceite para ungir, perfumar, purificar y embalsamar. La mirra fue uno de los regalos ofrecidos a Jesús por los sabios del Oriente. Sin embargo, lo único que ascendía al cielo desde la arrogante ciudad, desde la pulcra, opulenta y altamente educada Esmirna, era su hedor. No obstante, desde los tugurios marginales ascendía un fragante incienso de gran valor. Ningún perfume es tan costoso y tan aromático para Dios como la fidelidad de los creyentes en Cristo que sufren.

Hace algunas noches ministré junto a un pastor cuyo hijo está por morir a causa de un tumor cerebral maligno, a menos que Dios intervenga de manera milagrosa. Estuve cerca de él durante la alabanza y la adoración. Este querido padre no escondió su inmensa pena. No ocultó las lágrimas que rodaban por su cara, aunque durante todo el tiempo su adoración se elevaba con la misma franqueza. Casi no puedo contener las lágrimas cuando recuerdo su rostro. Muchos de nosotros sentimos esa noche el favor de Dios sobre nuestra reunión de oración interdenominacional. De alguna manera, creo que, en medio de tanta adoración, un perfume más costoso y de intensa dulzura ascendió al trono de Dios desde uno de sus siervos sufrientes.

¿Cómo logran las personas como mi amigo pastor y los creyentes de Esmirna ser fieles en medio de un sufrimiento tan terrible? Por mucho que nos cueste digerirla, 1 Pedro 1:7 nos presenta una razón principal: "Para que, sometida a prueba vuestra fe, mucho más preciosa que el oro (el cual, aunque perecedero, se prueba con fuego), sea hallada en alabanza, gloria y honra cuando sea manifestado Jesucristo".

Los que se mantienen fieles en medio de grandes sufrimientos permiten, de alguna manera, que sus terribles pruebas los purifiquen en lugar de destruirlos. Si nunca hemos sufrido como alguno de los santos que conocemos o de quienes hemos leído, tenemos la tendencia a sentirnos fracasados aun antes de que nos lleguen los sufrimientos. Debemos recordar que Dios nos otorga gracia y misericordia según nuestra necesidad. Yo no tengo la fuerza ni la firmeza para ser fiel en situaciones que destrozan el corazón, pero cuando llegue el momento, el Espíritu Santo me impartirá un poder y una gracia que jamás he experimentado. El desafío es aceptarlo o no.

Lo trágico es que, a causa de la ira y el orgullo, a veces rechazamos la gracia de Dios durante nuestros períodos de sufrimiento. Los cristianos en Esmirna no rechazaron la gracia divina. Estaban desesperados, y la inhalaron como si hubiera sido aire. Aunque ya habían sufrido mucho, Cristo les advirtió que sufrirían más. Quería que lo supieran, pero que no tuvieran temor. Creo que buena parte del libro de Apocalipsis fue escrito a los creyentes en Cristo con el mismo propósito.

A algunos de la fragante iglesia de Esmirna les aguardaba prisión y muerte. No sabemos qué quiso decir Cristo con la mención de los "diez días". Algunos eruditos creen que fue literal, otros piensan que representaba diez años y otros afirman que era una figura idiomática para indicar un tiempo que solo Dios conoce. No importa cuánto se prolongara el sufrimiento, Cristo le pidió a la iglesia de Esmirna que fuera fiel hasta la muerte. La identificación de sí mismo como aquel que murió y volvió a vivir les recordaba la absoluta seguridad de la resurrección. También prometió recompensarlos con la *stéfanos* o corona de victoria. No los alcanzaría la "segunda muerte", término que describe el juicio final de todos los incrédulos.

Padre, ¡cuán desesperadamente necesitamos nosotros, tus hijos, la renovación de nuestra mente! En nuestra humana manera de pensar, ¡salir victorioso en una situación que amenaza la vida siempre equivale a seguir vivo!

Al aspirar la dulce fragancia de la iglesia de Esmirna descubrimos otra posibilidad bajo el título "victoria". A veces Jesús define vencer no como vivir bien sino como morir bien. En otras palabras, es morir con fe y con dignidad espiritual. Amado hermano, morir es la única cosa segura que tú y yo haremos, a menos que seamos la generación elegida para "recibir al Señor en el aire" sin pasar por la muerte (1 Tes. 4:17).

Por lo menos uno de los santos de Esmirna a quienes Cristo dirigió su carta nos dejó un profundo y maravilloso ejemplo de vencer la muerte. Se llamaba Policarpo. Aprendió directamente bajo la tutela del apóstol Juan, y estaba vivo en el momento en que fue escrito el Apocalipsis. Llegó a ser obispo de la iglesia en Esmirna y sirvió a la generación siguiente a la partida de Juan hacia el cielo. El libro de Foxe sobre los mártires, *Book of martyrs*, comparte el siguiente relato del juicio y el martirio de Policarpo.

> Fue llevado ante el procónsul, condenado, … Luego el procónsul lo apremió: "Maldice, y te liberaré; niega a Cristo". Policarpo respondió: "He servido a Cristo 86 años y nunca me ha hecho un daño. ¿Cómo puedo blasfemar a mi Rey que me ha salvado?" En lugar de clavarlo como era la costumbre, solo lo ataron al poste, porque les aseguró que permanecería inmóvil.[6]

Los enemigos de Policarpo pretendieron sofocar las llamas con más fuego, pero fallaron. Su fidelidad hasta la muerte avivó las llamas de la pasión divina, y llevó la valiosa fragancia de mirra por encima de los gritos de la multitud hasta el trono de Dios. Había vencido. Tal vez la crucifixión es la única muerte lenta cuyo dolor es más intenso que el del fuego de la hoguera. Por prolongados que pudieran haber sido aquellos momentos, nada pudo haber preparado a Policarpo para la visión que disfrutó cuando la muerte dio paso a la vida y la fe dio paso a la vista. Él sólo había visto a Jesús en el rostro y en el corazón de Juan, el discípulo amado. Ese día el anciano obispo de Esmirna vio, cara a cara, a Aquel a quien había amado y servido durante 86 años. Llevaba una corona de victoria en las manos.

Cuando llegue al cielo y me encuentre con él, trataré de acordarme de preguntarle a Policarpo si considera que su sufrimiento valió la pena. Bueno, en realidad ya sé la respuesta... pero quiero ver la expresión en su rostro.

Capítulo 39

A LA IGLESIA
EN PÉRGAMO

Al vencedor le daré de comer del maná escondido, y le daré una piedrecita
blanca y en la piedrecita un nombre nuevo escrito, el cual nadie conoce
sino el que lo recibe. (Apocalipsis 2:17)

A continuación seguimos el viaje hacia el norte, hasta la ciudad de Pérgamo. Estaba situada a unos 100 kilómetros [65 millas] de Esmirna, y fue la capital administrativa de Asia y el centro legal del distrito hasta fines del primer siglo. Tal vez todavía tienes el cuadro de Esmirna en la mente. A medida que pasamos la puerta de entrada de Pérgamo, imagina una ciudad más majestuosa aún. Yo quedé pasmada con el paisaje de sus ruinas ornamentadas. La ciudad no solamente exhibía imponentes teatros, gimnasios y edificios de gobierno; su biblioteca, de 200.000 volúmenes, era superada solamente por la de Alejandría.

Cuando comenzaron a circular las noticias del proyecto de semejante biblioteca, un comerciante egipcio de papiros se ofendió tanto por la idea de tener un rival que suspendió los embarques a Pérgamo. La falta de papiros incentivó el desarrollo del pergamino, cuyo nombre proviene de la palabra griega *pergemene*, es decir, de Pérgamo.[1] Tenemos más para aprender acerca de la arquitectura y la personalidad de Pérgamo, pero vayamos directamente a las Escrituras.

Identificación. "El que tiene la espada aguda de dos filos dice esto" (2:12).

Elogio. "Yo conozco … donde habitas: donde está el trono de Satanás. Pero retienes mi nombre y no has negado mi fe ni aun en los días en que

Antipas, mi testigo fiel, fue muerto entre vosotros, donde habita Satanás"
(2:13).

Reproche. "Pero tengo unas pocas cosas contra ti: que tienes ahí a los que
retienen la doctrina de Balaam, que enseñaba a Balac a poner tropiezo ante
los hijos de Israel, a comer de cosas sacrificadas a los ídolos y a cometer fornicación. Y también tienes a los que retienen la doctrina de los nicolaítas, la
que yo aborrezco" (2:14–15).

Exhortación. "Por tanto, arrepiéntete, pues si no, vendré pronto hasta ti y
pelearé contra ellos con la espada de mi boca" (2:16).

Estímulo. "El que tiene oído, oiga lo que el Espíritu dice a las iglesias. Al
vencedor le daré de comer del maná escondido, y le daré una piedrecita
blanca y en la piedrecita un nombre nuevo escrito, el cual nadie conoce sino
el que lo recibe" (2:17).

Cristo se presentó a la iglesia de Pérgamo como el que tiene la espada
aguda de dos filos. La figura podría significar muchas cosas en las Escrituras.
Una de las funciones principales de una espada de doble filo es dividir.
Cuando Cristo "caminaba entre" el pueblo de este candelabro, evidentemente encontraba a quienes eran fieles a su enseñanza y a quienes no lo
eran. De la misma manera, cuando camina entre nuestros candelabros hoy,
Cristo nos ve como individuos que, juntos, constituimos una iglesia. La fidelidad o la rebeldía de cualquier individuo nunca pasa desapercibida ni
queda ensombrecida por el conjunto. ¡A veces desearía que sí!

En defensa de la joven iglesia de Pérgamo, digamos que apenas es posible
imaginar la guerra que experimentaban. Cristo se refirió a la ciudad como el
lugar "donde está el trono de Satanás". Considerando que Satanás no es
omnipresente, la afirmación de Cristo nos hace erizar el cabello. No tenemos absoluta claridad sobre lo que quiso decir, aunque sabemos por la evidencia histórica del primer siglo que Pérgamo era el centro incuestionable
de la adoración pagana en Asia Menor. Tengamos presente que la meta
principal de Satanás es mantener a las personas ciegas a la verdad, proveyén-
doles al mismo tiempo de algo que momentáneamente parece calmar el
hambre espiritual. Pérgamo tenía mucho que ofrecer. Cristo dijo que esa
iglesia se había mantenido fiel a su nombre, y Dios sabe que los habitantes
tenían muchos nombres para elegir. Dentro de los muros de la ciudad había
templos a Dionisio, a Palas Atenea, a Asclepio y a Demetrio, además de tres
templos para el culto al emperador y un enorme altar a Zeus.

Aunque la filosofía de la ciudad parecía ser "escoge un dios, cualquier
dios", había dos religiones que superaban a todas las demás: el culto a

Dionisio, considerado el dios de los reyes (simbolizado con el toro) y el culto a Asclepio, llamado "dios-salvador de la sanidad" (simbolizado con la serpiente). ¿Acaso el segundo te produce tanto escalofrío como a mí? Yo conozco al Dios-Salvador de la Sanidad, y puedo asegurarte que no es una serpiente. Dios sana de muchas maneras, y solo Él es Jehová Rafa ("Dios ha sanado").

Recuerdo las palabras de Dios en Oseas 11:3. El profeta dijo de Israel que "no quiso reconocer que era yo [Dios] quien lo sanaba" (NVI). La sanidad está destinada a revelar al Sanador, y Satanás hará todo lo posible por bloquear la asociación. El primer salmo que aprendí de memoria es el 103. Todavía me gusta. Sus palabras nos invitan a alabar al Señor y a no olvidar sus beneficios. Cuando le damos la oportunidad, Satanás provee con gusto a un "salvador" falso, envuelto para regalo con moño y todo. Cualquier religión o filosofía humanista le viene bien.

Dado que el ser humano fue creado para buscar lo que Dios provee, Satanás realiza mejor su trabajo cuando puede ofrecer alternativas. Por ejemplo, es astuto para sugerir diferentes formas de descargar la culpa. Una de las maneras es convencernos de que no hemos pecado. También apunta a cuestiones relacionadas con la salud. El culto al cuerpo funciona bien para mantenernos preocupados. Satanás tiene toda clase de recursos para proveernos de una falsa "redención".

Hace poco recibí una carta de una persona querida con quien compartí mi testimonio del poder transformador de la Palabra de Dios. Esta persona, budista practicante, me escribió su propio testimonio de cómo la vida había mejorado desde que cambió su "karma". Me dolió pensar en la inevitable desilusión que acarrea la egolatría. Es seguro que en determinado momento el ególatra se mira en el espejo y dice: "Si yo soy tan bueno como Dios, la vida apesta". ¿Y dónde quedan el amor y la compasión? Sus versiones falsas se venden o fabrican en cualquier esquina. ¿Y qué de la necesidad de mantenerse siempre joven? Es una de las principales fuentes de ganancia en la economía mundial. Mantener a la gente preocupada es un buen negocio para el diablo.

El elogio de Cristo nos indica que muchos creyentes de Pérgamo, a pesar de que estaban rodeados de falsificadores, se mantuvieron fieles y no renunciaron a la fe ni siquiera cuando Antipas fue llevado a la muerte. Diversas fuentes aseguran que Antipas fue asado en público en una vasija con forma de fuente. Otros sostienen que no tenemos información confiable sobre él. Tal vez lo único que sabemos con certeza es su nombre, "contra todos".[2] A veces viajo fuera del país completamente sola. Uno de esos viajes fue particularmente peligroso, y pensé que podía encontrarme en dificultades por no tener ni un solo aliado del lugar. La posibilidad de estar "solo contra todos" puede ser atemorizante.

No necesitamos cruzar el océano para vivir ese tipo de situaciones. Para algunos es suficiente con ir a trabajar. ¡O tan solo permanecer en casa! En esos momentos, cuando comprendemos que estamos "solos contra todos" en alguna situación, sería bueno pedir a Dios que nos confirme si estamos en lo correcto.

Por otro lado, si Dios confirma nuestra posición, tenemos el desafío de aceptarla con agradecimiento como una oportunidad para mostrar su gloria. En esas ocasiones Romanos 8:31 se convierte en nuestro lema: "Si Dios es por nosotros, ¿quién contra nosotros?" El día en que murió Antipas, Dios estaba por él. Igual que Policarpo, Antipas se mantuvo contra todos, y venció. Aprenderemos algo fundamental al estudiar el Apocalipsis: la muerte no siempre significa derrota.

No todos los miembros de la iglesia en Pérgamo eran testigos fieles como lo fue Antipas. Dios reprendió a cierto número de ellos por aferrarse a las enseñanzas de Balaam y de los nicolaítas. Seguramente fue un número importante, porque Dios ordenó que toda la iglesia se arrepintiera. Aunque Dios aprecia el arrepentimiento de los fieles a favor de los infieles, no exige arrepentimiento a personas que no han pecado. Volvamos atrás, al elogio de Dios a la iglesia de Éfeso en Apocalipsis 2:2. Sospecho que la iglesia de Pérgamo habrá sido más tolerante con los "malos" y los falsos apóstoles que la iglesia de Éfeso.

Aunque no podemos identificar de manera dogmática las enseñanzas de los nicolaítas, sabemos que están estrechamente ligadas con las enseñanzas de Balaam. El relato de Balaam y Balac está en Números 22–24. En pocas palabras, Balac, rey de Moab, tenía miedo de los israelitas cuando estos se instalaron en la tierra prometida. Contrató a Balaam, el adivino, para que maldijera a Israel, pero en su lugar Balaam lo bendijo. Sin embargo, luego Balaam instruyó a Balac de qué manera derrotar a los israelitas. Le sugirió que los sedujera a la idolatría mediante la prostitución de las moabitas. A partir de lo que he podido leer, creo que el concepto fundamental de las enseñanzas de Balaam es el siguiente: Si no puedes maldecirlos ¡trata de seducirlos!

Esta idea me hace hervir la sangre. Satanás está haciendo la guerra a nuestra generación con las armas de Balaam (ver 1 Tim. 4:1). Satanás no puede maldecirnos porque somos los benditos hijos de Dios (Ef. 1:3) y estamos cubiertos por la sangre del Cordero. Si el diablo no puede maldecirnos ¿qué otra cosa hará para derrotarnos? ¡Intentará seducirnos! ¿En qué se diferencia la seducción de la tentación? Toda seducción es tentación, pero no toda tentación es seducción. Muchas tentaciones son claras y evidentes. En cambio, la meta de la seducción es tomar desprevenida a su presa. Por eso con frecuencia los mejores secuaces de Satanás son personas de entre nosotros más que de afuera. Algunos en la iglesia de Pérgamo eran atraídos al pecado por otras personas de la iglesia misma. No está claro si los seductores eran o no verdaderamente salvos. De cualquier manera, Cristo esperaba que la iglesia entrara en acción.

Si los seductores eran verdaderos creyentes en Cristo, debían ser confrontados de manera apropiada y restaurados después de arrepentirse. Algunos se preguntarán cómo pueden los cristianos ser usados por Satanás para seducir. Amados, las personas seducidas seducen a otras. Si la artimaña del diablo no se descubre y no se rompe la cadena, se perpetúa. Sin ninguna duda, algunos de los seductores más eficaces de Satanás pueden estar dentro de la propia iglesia. Debemos desarrollar la capacidad de discernir y cuidar celosamente nuestro corazón sin volvernos temerosos ni desconfiados. Nuestra mejor defensa contra la seducción es la piedad auténtica en lugar de la religiosidad.

Tal vez la carta de Cristo a la iglesia de Pérgamo significó un duro golpe, pero la compasión y el estímulo al final del mensaje los salvó.

Cristo prometió dos cosas para los que vencieran: comer del maná oculto y recibir una piedrita blanca. El maná oculto ofrece un hermoso contraste con la comida sacrificada a los ídolos. Jesucristo era el Pan de Vida sacrificado en el altar del único Dios verdadero. Ahora su Espíritu desciende como maná del cielo para todos los que tienen hambre. La tradición judía sostiene que el arca, con el recipiente del maná en su interior, fue escondida por orden del rey Josías y se descubrirá nuevamente durante el reinado terrenal del Mesías.

El significado más probable de la piedra blanca en el versículo 17 es notable. En los tribunales de la antigüedad, los jueces que estaban a favor de condenar a un acusado debían entregar su voto arrojando una piedra o guijarro negro. Por el contrario, los jueces que votaban por absolver al acusado lo hacían arrojando una piedra o guijarro blanco. Las Escrituras efectivamente registran esta práctica antigua, pero las traducciones actuales no alcanzan a comunicarla. Cuando compartió su testimonio, Pablo dijo "yo di mi voto" contra los cristianos (Hech. 26:10). La terminología original es *katénenka psefon*. La palabra griega *katénenka* significa "arrojar o depositar". La palabra griega *pséfos* significa "guijarro o piedra" y aparece únicamente en Hechos 26:10 y Apocalipsis 2:17.[3] Antes de convertirse, Pablo solía depositar o arrojar su piedrita para votar en contra de los santos.

Si esto es así, la terminología que Cristo usó era perfectamente adecuada en el caso de Pérgamo. ¿Recuerdas que uno de los primeros datos que aprendimos sobre la ciudad fue que era el centro legal de todo el distrito? Cuánto alabo a Dios porque el Juez de toda la tierra arroja una piedrita blanca para absolvernos, no porque seamos inocentes sino porque Alguien ya cumplió nuestra condena. ¿Y el nuevo nombre en la piedra? Podría ser el de Cristo, pero también pienso que cada uno de nosotros tiene un nombre como vencedor, del mismo modo que Abram y Abraham, Simón y Pedro, Saulo y Pablo.

A decir verdad, me alegro de dejar atrás Pérgamo. Aprendí mucho en los anales de su famosa biblioteca, pero no me atrae su comida. Además, los seductores me dan miedo. ¿Y qué del maná y la piedrita? Esas dos cosas justificaron el viaje. ¡Nos vemos en Tiatira!

Capítulo 40

A LA IGLESIA
EN TIATIRA

*Sin embargo, tengo en tu contra que toleras a Jezabel, esa mujer que dice ser
profetisa. (Apocalipsis 2:20, NVI)*

omemos la ruta que va hacia el interior y viajemos alrededor de 70 kilómetros [45 millas] al este de Pérgamo hasta la ciudad de Tiatira. Hoy es difícil explorar sus ruinas, porque la moderna ciudad de Akhisar en Turquía
está ubicada sobre su pasado. Tal vez sea mejor así porque tiene una historia
sombría. Investigaremos lo mínimo que necesitemos saber y agradeceremos
a Dios por evitarnos conocer más detalles. Al pasar por las puertas de la antigua ciudad, no encontraremos el esplendor ni la opulencia que vimos en
Esmirna y Pérgamo. Tiatira no sobresalía por su belleza sino que se destacaba por el comercio. Leemos su historia en Apocalipsis 2:18–29. A continuación señalamos los aspectos más notables:

Identificación. "El Hijo de Dios, el que tiene ojos como llama de fuego y
pies semejantes al bronce pulido, dice esto" (2:18).

Elogio. "Yo conozco tus obras, tu amor, tu fe, tu servicio, tu perseverancia y que tus obras postreras son superiores a las primeras" (2:19).

Reproche. "Pero tengo contra ti que toleras que esa mujer Jezabel, que se
dice profetisa, enseñe y seduzca a mis siervos para fornicar y para comer cosas sacrificadas a los ídolos" (2:20).

Exhortación. "Pero lo que tenéis, retenedlo hasta que yo venga"
(2:25).

Estímulo. "Al vencedor que guarde mis obras hasta el fin, yo le daré autoridad sobre las naciones; las regirá con vara de hierro y serán quebradas

como un vaso de alfarero; como yo también la he recibido de mi Padre. Y le daré la estrella de la mañana" (2:26–28).

La importancia de Tiatira derivaba de dos identidades, y Cristo se refiere a ambas en su carta. Durante el período griego la ciudad había sido originalmente una importante base militar. Para su desgracia, Tiatira sufrió bajo un conquistador tras otro pero jamás dejó de considerarse a sí misma como un centro de poder. Su legado militar continuó durante el gobierno romano, y además se convirtió en uno de los centros comerciales más exitosos de toda Asia. La ciudad bullía de obreros que trabajan el lino y la lana, tintoreros, curtidores, ceramistas, pasteleros, panaderos, vendedores de esclavos y artesanos del bronce.

Muchos eruditos piensan que Jesucristo se describe como con llamas de fuego y bronce pulido porque los habitantes de Tiatira estaban sumamente orgullosos de sus artesanías en metal. La doble identidad de Tiatira quedó grabada en una moneda conmemorativa acuñada en su honor por el gobierno romano. La moneda representaba a "un obrero metalúrgico sentado frente al yunque y martillando un casco en presencia de la diosa Atenea, preparada para recibirlo".[1] El obrero del metal representaba el comercio, el casco representaba el gobierno militar y la diosa representaba la influencia femenina. No olvidemos esas tres inscripciones, porque describen la historia de Tiatira.

En el Nuevo Testamento encontramos otra mención a la antigua ciudad de Tiatira. No es casual que las dos referencias encajen como piezas de un rompecabezas, invitándonos a reflexionar sobre lo mejor y lo peor de la humanidad. En esta oportunidad, como persona de sexo femenino, haré uso del derecho de dirigirme a las mujeres con exclusividad. Los hermanos serán bienvenidos pero solo como observadores. Lo que diré, amigas, no es para ellos. Es absolutamente para nosotras.

Hechos 16:13–15 nos habla de Lidia, la comerciante que fue la primera persona convertida en Europa. Lidia era de Tiatira. Me encantan las palabras del versículo 14: "El Señor le abrió el corazón para que estuviera atenta a lo que Pablo decía". Después, toda su familia siguió a Cristo.

Las Escrituras asocian a Tiatira con dos mujeres diferentes: Lidia y Jezabel. Algunos eruditos interpretan a Jezabel como una referencia a la falsa doctrina, un tipo de espíritu demoníaco o una definición de comportamiento. Otros creen que fue una mujer de carne y hueso que hacía estragos en la iglesia de Tiatira. Me inclino por esta última interpretación, aunque también estoy convencida de que representa a un tipo de mujer que ninguna de nosotras quisiera ser. "Pero tengo contra ti que toleras que esa mujer Jezabel, que se dice profetisa, enseñe y seduzca a mis siervos para fornicar y para comer cosas sacrificadas a los ídolos. Yo le he dado tiempo para que se arrepienta, pero no quiere arrepentirse de su fornicación" (Apoc. 2:20–21).

Jezabel pudo haber sido el nombre real de la mujer, pero es más probable que Cristo estuviera mostrando el paralelo entre la mujer en Tiatira y la desvergonzada esposa del rey Acab. El relato de la Jezabel "original" se puede leer en 1 Reyes 16–21. Venía de Sidón, una ciudad comercial parecida a Tiatira, famosa por su idolatría y su libertinaje. Se casó con Acab, un rey de Israel, y se mudaron a Jezreel. Esa ciudad servía al único Dios verdadero, pero ella estaba decidida a convertirla en un centro de adoración a Baal. La perversa e idólatra reina pronto fue el poder detrás del trono. Obediente a los deseos de su esposa, Acab erigió un santuario para Baal y mantuvo a cientos de profetas paganos.[2] Jezabel hizo asesinar a los profetas del Señor que se le oponían. Muchos de los que lograron huir se escondieron en cuevas. Elías se convirtió para ella en un permanente aguijón en la carne. Este hombre presenció increíbles maravillas de Dios y logró derrotar a los profetas de Jezabel cuando Dios envió fuego del cielo. A pesar de ello, Jezabel ejercía tanto poder e intimidación que, cuando amenazó a Elías, este huyó para salvar su vida y durante un tiempo estuvo sumido en una profunda depresión.

Después que Acab murió en una batalla, Jezabel mantuvo el control durante los diez años siguientes a través de sus hijos Ocozías y Joram. Después de la muerte sangrienta que estos sufrieron, los siervos de Jezabel la arrojaron desde una ventana, tal como había predicho Elías. Su cuerpo fue pisoteado por caballos y comido por perros (2 Rey. 9:33–35). Fue una muerte violenta, pero si hubiéramos visto la historia de su vida en una película, ese final hubiera despertado las aclamaciones del público.

Vayamos al Nuevo Testamento y a la mujer que lleva su mismo nombre. La antigua ciudad de Tiatira revela una historia de mujeres y poder. Una historia que tal vez no querríamos escuchar pero es necesario que lo hagamos. Rodeada de una cultura machista, Tiatira era, en términos manidos del siglo XX, una ciudad "liberada". Las mujeres podían alcanzar bastante éxito, lo cual era y es admirable. Que otro se encargue de desacreditarla por eso. La trama de esa antigua ciudad estaba prácticamente tejida en verde militar, y cuanto más grande fuera el garrote que uno llevara, tanto mejor. La autoridad lo era todo. Hasta podemos interpretar una insinuación de Cristo al asunto de la autoridad en su promesa a los vencedores: "Al vencedor que guarde mis obras hasta el fin, yo le daré autoridad sobre las naciones" (Apoc. 2:26).

Bajo el gobierno romano, la evolución del comercio de Tiatira produjo una transferencia de autoridad desde los militares a los comerciantes exitosos. Casi todos los comentarios que consulté hablaban de los poderosos gremios de mercaderes que controlaban la ciudad como lo haría la mafia. Los clubes y las sociedades, algunas de las cuales eran clandestinas, no cumplían solo una función social sino altamente política. Eran notorias por su "religiosidad", ya que atrincheraban a sus miembros en toda clase de prácticas de idolatría. La gente era presionada a afiliarse, y la negativa a hacerlo inmediatamente etiquetaba a la persona como enemiga.

Esa red de clubes y sociedades de comerciantes era como una tela de araña. Hacían ofertas que los ciudadanos no podían rechazar. No solamente imperaban los maltratos y las costumbres no éticas, sino que además la inmoralidad sexual era desenfrenada. De alguna manera, la práctica sexual extramatrimonial se enredó con el concepto de liberación. Está claro que nada es más esclavizante que la inmoralidad sexual; sin embargo Satanás es siempre el mismo mentiroso ¿verdad?

Esta segunda Jezabel, la del Apocalipsis, era una mujer muy poderosa en Tiatira. Probablemente estaba metida hasta el cuello en cofradías secretas y arreglos gremiales, y hacía todo lo posible por infiltrar esas prácticas en la iglesia. Lidia también era una mujer poderosa en Tiatira. Comparándolas podemos aprender una lección sobre abuso o uso sabio de la autoridad. Hagamos una caracterización de la persona de Jezabel e invitemos a Lidia a irradiar una luz que contraste con la perniciosa oscuridad de su contraparte.

Tú y yo vivimos en una cultura donde las mujeres podemos ser muy exitosas y ocupar posiciones de autoridad. Muchas mujeres tienen grandes dones y ascienden hasta la cima de diversas profesiones. Eso es fantástico... siempre y cuando sepan qué hacer con esa posición. A menos que seamos mujeres sometidas activamente a la verdadera liberación que da la autoridad de Cristo, podemos ser terribles. Si Dios nos ha dotado de capacidad profesional, seamos como Lidia. La siguiente descripción de Jezabel arrojará luz sobre cualquier pizca de semejanza que hubiera en nosotras.

1. Jezabel asumía posiciones de autoridad que Dios no le había asignado. "Toleras que esa mujer Jezabel, que se dice profetisa... " (v. 20). Antes de llegar a una conclusión apresurada de que su trasgresión consistía en asumir una posición que solo correspondía a un hombre, observa las Escrituras a continuación y la asociación que establecen entre las mujeres y el don de profecía.

- "Estaba también allí Ana, profetisa, hija de Fanuel, de la tribu de Aser, de edad muy avanzada. Había vivido con su marido siete años desde su virginidad, y era viuda hacía ochenta y cuatro años; y no se apartaba del Templo, sirviendo de noche y de día con ayunos y oraciones" (Luc. 2:36–37).

- "En los postreros días —dice Dios—, derramaré de mi Espíritu sobre toda carne, y vuestros hijos y vuestras hijas profetizarán; vuestros jóvenes verán visiones y vuestros ancianos soñarán sueños; y de cierto sobre mis siervos y sobre mis siervas, en aquellos días derramaré de mi Espíritu, y profetizarán" (Hech. 2:17–18).

- "… Felipe, el evangelista, que era uno de los siete, y nos hospedamos con él. Este tenía cuatro hijas doncellas que profetizaban" (Hech. 21:8–9).

El Nuevo Testamento no deja dudas sobre la posibilidad de que una mujer tenga el don divino de profecía, o lo que podríamos expresar como "profetizar". Jezabel carecía de ese don espiritual. No tenía ese llamado de Dios. ¡Era controladora! No era una mujer de una autoridad sabia. Era autoritaria. ¡Ojalá que ninguno de nosotros, hombres o mujeres, confunda esas dos cosas!

Es cierto que Dios llama a mujeres a ocupar posiciones de liderazgo; sin embargo, en el espíritu de 1 Corintios 11:5, creo que nuestra cabeza debe estar cubierta por una autoridad superior. No alcanzo a expresar con cuánta firmeza pienso acerca de este tema. Como mujeres, disfrutamos de un maravilloso paraguas de protección cuando la famosa responsabilidad bíblica se encarna en los hombres de nuestros hogares y nuestras iglesias. Si Dios llama a una mujer a asumir un papel de liderazgo, creo de todo corazón que solo estará segura y obrando con la auténtica unción de Dios ¡cuando esté protegida por ese paraguas!

A la luz de mi pasado y mi falta de antecedentes, nunca comprenderé la soberanía de Dios al asignarme a un área de liderazgo. Al mismo tiempo, sé lo que Él me ha llamado a hacer en este tiempo, y estaría en franca desobediencia a Dios si me dejara disuadir por la desaprobación de alguien. Aun así, cuando me encuentro en una situación de liderazgo, me asalta un terror indescriptible. Algo que no logro comprender es que alguien que mantiene una relación íntima con Dios pueda ser arrogante y temerario cuando está en una posición de autoridad.

Santiago 3:1 advierte: "Hermanos míos, no os hagáis maestros muchos de vosotros, sabiendo que recibiremos mayor condenación". ¿A quién le interesaría pedir mayor condenación?

Lo supiera o no, Jezabel la estaba pidiendo. Por favor, no dejes de observar que la principal trasgresión de Jezabel no era su pecado sino ¡su negativa a arrepentirse! Como mujer exitosa, Lidia ofrece un nítido contraste con Jezabel. Lidia adoraba a Dios, no a sí misma ni a su posición. Abrió su corazón al mensaje de Pablo en lugar de disputar su posición. Tanto en lo profesional como en lo espiritual, el tono de las Escrituras sugiere que Lidia era una líder servicial.

Observemos ahora otras diferencias.

2. Jezabel abusó de su gracia femenina para influenciar. "Con su enseñanza engaña a mis siervos" (v. 20, NVI). Estoy convencida de que las mujeres tienen un don único dado por Dios para ejercer influencia. Estoy casada con un hombre de carácter y es él, sin ninguna duda, el que lleva los pantalones en nuestro hogar. Aun así, si yo utilizara para bien o para mal mis ardides femeninos, temo que podría convencerlo de hacer casi cualquier cosa. Debo ser cuidadosa, porque él me ama y desea complacerme. En cierto sentido, soy su debilidad.

¿Se entiende lo que quiero decir? Muchos relatos en las Escrituras dan testimonio del poder de la influencia femenina. Eva y Sarai son casos bíblicos sombríos, pero gracias a Dios podemos encontrar mayor número de ejemplos bíblicos de influencia femenina positiva que negativa. Lidia es ciertamente uno positivo. Influyó en toda su familia para que siguieran a Cristo.

3. Jezabel abusaba de su sexualidad (v. 21). Hermanas, creo que nuestra cultura nos enseñó a usar el poder de la sexualidad más que ninguna otra cosa. No crean que seducir a alguien a fornicar es la única manera en que una mujer puede usar su sexualidad con el fin de manipular. Podemos estar totalmente vestidas, en público y a plena luz del día y aun así usar mal nuestra sexualidad.

Quizás alguna hermana en Cristo está, en este preciso momento, horrorizada por nuestros comentarios acerca de este tema "vergonzoso". Es verdad, tal vez ella jamás imaginó usar su sexualidad de manera seductora o manipuladora. Sin embargo, esa misma mujer puede utilizarla como un arma de destrucción masiva en su matrimonio.

La sexualidad fue dada por Dios como un don, no como una herramienta. El hecho de estar casadas no nos autoriza a que abusemos de nuestra sexualidad para obtener lo que deseamos. El rechazo persistente al marido es solo un ejemplo. Recientemente, mi querida hija mayor y yo tuvimos una conversación muy íntima. Yo no era tan ingenua como para pensar que ella no conociera sobre este tema, pero quería asegurarme de que comprendiera la honorabilidad del lecho matrimonial piadoso y el daño que puede causar el uso de la sexualidad como un arma. Ambas estábamos un poco incómodas pero nuestro cariño fue más fuerte y al final de la conversación nos reímos con ganas. Tal vez tu madre tuvo otro tipo de conversación contigo. O tal vez no tuvo ninguna. Yo sigo esperando que mi madre tenga la conversación conmigo. Querida hermana, no soy tu madre, pero me honra ser tu amiga. Dios nos creó para ser mujeres plenas, con todos nuestros dones, aportes e influencias. Seamos mujeres de la mejor manera.

Parte 9

UNA VISIÓN DESDE EL TRONO

Lo que más ansío, además de sentir la presencia de Cristo en mi vida, es escuchar su voz. Necesito escucharlo más que al aire que respiro. Las palabras de Cristo son vida para mí, aun cuando me golpean duro o penetran todo lo profundo que Él desea. Al continuar nuestro estudio de los mensajes de Cristo a las siete iglesias, aprenderemos tanto de sus reproches como de sus elogios. Cristo quiso que su iglesia fuera una antorcha encendida en la oscuridad de un mundo perdido. Cuando Cristo nos hace ver nuestra debilidad, su motivación siempre es descubrir la luz que Él ha puesto en nosotros. Cuando hayamos terminado nuestro viaje por las siete iglesias, concluiremos con una visión de la tierra desde el trono celestial y luego, del Cordero digno de abrir el rollo sellado. Pidamos a Dios que nos ayude a descubrir los tesoros escondidos en las minas del Apocalipsis.

Capítulo 41

A LA IGLESIA EN SARDIS

Sé vigilante y confirma las otras cosas que están para morir, porque no he hallado tus obras bien acabadas delante de Dios. (Apocalipsis 3:2)

Con los vientos de Tiatira a nuestra espalda, pongamos la mira unos 50 kilómetros [30 millas] al sudeste, hacia la antigua ciudad de Sardis. Mientras viajamos juntos, me pregunto si estás tan sobrecogido como yo por la meticulosa atención de Cristo a todos los que se reúnen en su nombre. Nosotros, los que pertenecemos a su iglesia, tenemos la responsabilidad de exhibir la reputación de Cristo en nuestras ciudades como los que portan estandartes en un desfile público. ¿Qué dicen acerca de Él nuestros estandartes? Cristo no busca iglesias perfectas porque sabe que están compuestas por personas imperfectas. Él busca iglesias que glorifiquen a Dios y pongan en alto el nombre de Cristo, que se juzguen de manera adecuada por medio de la práctica de la adoración, la enseñanza de la verdad y una vida de amor.

Igual que tú, yo tampoco asisto a una iglesia sin imperfecciones. Al final de épocas difíciles, consecuencia de la partida de personas clave, la he visto desarrollar una curiosa belleza más pura. Una belleza surgida de la desesperación. Con la pérdida de cinco pastores, ya no teníamos más nombres de quienes tomar nuestra identidad. Los días se hicieron meses, y los meses se convirtieron en años sin que fueran reemplazados en forma permanente. Sin un nombre que nos representara, tuvimos que descubrir quiénes éramos como iglesia y creo que lo logramos. Nuestra congregación respalda muchas cosas, pero ninguna con tanta fuerza como las misiones. Aunque me temo que podríamos tener algunas inscripciones menos nobles garabateadas en otras partes de nuestro estandarte, creo que este podría decir: "Lleva tu fe a las calles y a las naciones".

Sin ánimo de alentarte a criticar a tu iglesia, creo que sería conveniente que cada miembro evalúe con cuidado la identidad de Cristo que representa su iglesia. Si la congregación a la que asistes y en la que sirves llevara un estandarte que anuncia a Cristo, ¿qué frase tendría escrita? Estos pensamientos nos preparan para nuestra visita a la antigua Sardis. Leamos el pasaje de Apocalipsis 3:1–6.

Identificación. "El que tiene los siete espíritus de Dios y las siete estrellas dice esto" (v. 1).

Elogio. Cristo no hizo ningún elogio a esta iglesia.

Reproche. Cristo reprochó a esta iglesia con severidad. "Yo conozco tus obras, que tienes nombre de que vives y estás muerto" (v. 1).

Exhortación. "Sé vigilante y confirma las otras cosas que están para morir, porque no he hallado tus obras bien acabadas delante de Dios. Acuérdate, pues, de lo que has recibido y oído; guárdalo y arrepiéntete, pues si no velas vendré sobre ti como ladrón y no sabrás a qué hora vendré sobre ti" (vv. 2–3).

Estímulo. "Pero tienes unas pocas personas en Sardis que no han manchado sus vestiduras y andarán conmigo en vestiduras blancas, porque son dignas. El vencedor será vestido de vestiduras blancas, y no borraré su nombre del libro de la vida, y confesaré su nombre delante de mi Padre y delante de sus ángeles" (vv. 4–5).

Si estudiáramos las 7 iglesias de Asia Menor y otras 700 congregaciones en nuestras ciudades actuales, pronto descubriríamos un hecho perturbador. La personalidad y las actitudes morales de cualquier ciudad penetran en sus iglesias, a menos que las iglesias trabajen en forma deliberada para evitarlo. Por ejemplo, las iglesias que están en zonas pudientes con actitudes de clase alta no tendrán que sucumbir a esa equivocada superioridad a fin de no presentar esas mismas características. ¿Por qué? Porque las personas que componen las iglesias también son producto de su sociedad. De igual manera, las iglesias de ciudades que tienen prejuicios profundamente arraigados llevarán el mismo estandarte, a menos que se arriesguen a ser diferentes. Solo si se propone renovar su manera de pensar, una iglesia podrá aportar aire fresco al diferenciarse de la sociedad que la rodea.

Podríamos decir sin temor a equivocarnos que la ciudad que rodeaba a la iglesia de Sardis prácticamente la había matado. Cristo tuvo poco para decir a favor de esta antigua iglesia. De hecho, casi no puedo pensar en una acusación más grave a un grupo de cristianos que estas palabras:

"Estás muerto" (Apoc. 3:1). Tal vez te interese tanto como a mí saber que Sardis era especialmente conocida por una necrópolis llamada "cementerio de los mil montículos", ubicada a unos 11 kilómetros [7 millas] de la ciudad. Sardis era una ciudad preocupada por la muerte; miraba hacia un horizonte de tumbas. ¿Te imaginas una ciudad que es conocida por su cementerio?

Después de años de estudiar su vida, he aprendido que Cristo es un maestro en el uso de las palabras. Los juegos de palabras que utiliza en las Escrituras son fascinantes, y se concentran en el mensaje a las siete iglesias. Cuando Cristo la confrontó con su condición de muerta, la iglesia en Sardis no pudo haber pasado por alto el paralelo con su renombrada necrópolis. También dijo: "Tienes nombre de que vives" (Apoc. 3:1). Algunas versiones usan la palabra "nombre" mientras que otras traducen "fama"; ninguna de estas palabras es una traducción óptima del término griego *onoma*. Un comentarista sugirió que Cristo podría haber usado un juego de palabras con relación al obispo de Sardis. Su nombre Zosimus o Zotikus está relacionado con *zoé* en griego, que significa "vida". Sea que Cristo haya querido o no señalar con ironía el nombre del obispo, estaba muy airado con la falta de vida de la iglesia.

Supongo que las iglesias muertas son uno de los misterios más desconcertantes para las huestes celestiales. Los espíritus ministradores que en forma invisible inundan la atmósfera seguramente miran a la iglesia y luego al radiante Jesucristo, y se preguntan cómo puede ser que algo que lleva su nombre esté muerto. Sobre todas las cosas ¡Cristo es vida!

Estoy convencida de que pocas cosas dañan tanto la causa de Cristo como las iglesias sin vida. Antes de que digamos "amén", recordemos que las iglesias sin vida están formadas por cristianos sin vida. Gracias a Dios, Cristo todavía resucita a los muertos, ¡aunque su grave advertencia fue que la iglesia despertara y respondiera sin demora! Igual que un atleta que deja que sus músculos se atrofien antes de terminar la temporada, esa iglesia necesitaba rehabilitación espiritual... comenzando por fortalecer lo poco que le quedaba.

¿Qué había invadido con tal mortandad a la iglesia de Sardis? La historia de la antigua ciudad sugiere tres elementos en esa invasión:

1. *La gente de Sardis estaba centrada en la muerte más que en la vida.* Donde las tumbas se convierten en ídolos, los pensamientos de muerte se imponen a los de vida. Mientras dictaba un curso recibí una carta de una hermana en Cristo que estaba alarmada porque yo había mencionado mi

intención de visitar la tumba de una amiga. No fue hiriente conmigo; solo se mostró sorprendida de que alguien que creía tan firmemente en el cielo valorizara restos mortales al visitar una tumba. Aunque no coincidía con su forma de pensar, si yo hubiera estado más centrada en la muerte de mi amiga que en su vida, esta hermana tendría razón.

Quizás te preguntes: "¿Por qué habría de estar alguien más centrado en la muerte que en la vida?" No necesitamos idolatrar tumbas como los habitantes de Sardis para estar centrados en la muerte más que en la vida. Adorar es, en esencia, concentrar la atención. Una manera de estar más concentrados en la muerte que en la vida es tener hacia ella un temor que limita la vida. He conocido personas que tenían tanto temor a la muerte que apenas podían vivir. Podría decirse que adoraban las tumbas de una manera semejante a los habitantes de Sardis, tuvieran o no conciencia de ello. Un temor crónico a la muerte puede inhibir la vida y el ministerio de un creyente en Cristo.

Mi querida abuela tenía terror de la muerte. Tal vez no le faltaban motivos, después de haber perdido a tres hijos y a su esposo. Esto también afectó mucho a mi madre, quien también tenía un perturbador miedo a la muerte. Pude comprobar los efectos dañinos de esos temores en ellas y decidí que no quería pasar por lo mismo. He tenido que ser muy firme para no permitir que las actitudes de quienes me rodeaban inundaran mis convicciones.

2. La gente de Sardis ponía la confianza en sus logros pasados. El comentarista William M. Ramsay escribió: "Ninguna ciudad de Asia de esa época mostraba tan lamentable contraste entre el esplendor del pasado y la decadencia del presente como lo hacía Sardis".[1] La ciudad era como una mujer importante en una tragedia griega que danza por las calles con sus vestidos lujosos convertidos en harapos, pensando que todos la ven como era, 30 años atrás. En esencia, Cristo escribió a la iglesia de Sardis para ofrecerle un espejo a esa mujer que se engañaba a sí misma, algo que Él ha hecho conmigo más de una vez. Sin embargo, Cristo no nos acerca un espejo para destruirnos; ¡lo hace para despertarnos!

El año pasado me invitaron a participar de una fiesta para ex alumnos en la universidad donde me gradué. Disfruté mucho la oportunidad de ver nuevamente a amigos y conocidos. A decir verdad, estaba intrigada y un tanto divertida al observar a las personas que se habían detenido en el tiempo. Algunos estaban fatalmente aferrados al pasado, y trataban de usar el mismo estilo de palabrería que no había funcionado hace 25 años. Otros intentaban peinarse el poco cabello que les quedaba de la misma manera que antes. La verdad es que la década del 70 no fue la mejor en cuanto a estilos de peinados… Si detenerse en el tiempo no fuera tan penoso, nos causaría gracia. Sardis se había detenido en el ayer. Vivía de sus glorias pasadas y el resultado era trágico. Desgraciadamente, la iglesia que había entre sus muros siguió el mismo camino.

Tengo el privilegio de conocer algunas personas que contrastan de manera clara con el efecto deformante producido por el tiempo en Sardis y en mi antigua universidad. Tuvieron deslumbrantes logros en el pasado, pero nunca lo sabríamos a menos que alguien nos lo dijera. Están demasiado ocupadas en ser quienes son en la actualidad. Mi tutora, Marge Caldwell, es una de esas personas. Con sus 80 años, está demasiado ocupada como para dormirse en los laureles de quien fuera a los 50. ¡Cuánto agradezco a Dios por ella! Me recuerda la actitud de Pablo: "Olvidando ciertamente lo que queda atrás [los logros pasados] y extendiéndome a lo que está delante [servir a Cristo], prosigo a la meta, al premio del supremo llamamiento de Dios en Cristo Jesús" (Fil. 3:13–14).

3. La gente de Sardis probablemente interpretó el rechazo como un golpe mortal. Aunque Sardis tenía un templo a medio construir en honor de Artemisa, la ciudad perdió la licitación para construir un templo a César en el año 26 d.C. Fue Esmirna quien la ganó. Aunque la iglesia de Sardis despreciaba las prácticas y los templos paganos, mi hipótesis es que la gente de la iglesia, sin darse cuenta, tenía la misma apariencia de desaliento que el ambiente que la rodeaba. Después de todo, ellos también habían sido paganos hasta que el evangelio llegó a sus puertas (probablemente con la predicación del apóstol Pablo). Me gustaría formular otra hipótesis: cuando se presentaron a la licitación para construir el nuevo templo, la gente de Sardis tenía conciencia de que necesitaba una ráfaga fresca de vida y energía. Me pregunto si cuando la ciudad fue rechazada en favor de otra competidora, los habitantes habrán adoptado una actitud que es común frente a un rechazo: ¿Por qué volver a intentar? Después de todo ¿a quién le importa? A menos que haya buenas razones para actuar de otro modo, el rechazo puede hacer que la gente pierda el ánimo más rápido que ninguna otra cosa.

Por casualidad, ¿alguna vez tú o algún ser querido han interpretado el rechazo como un golpe mortal? Es fácil caer en el desaliento como resultado del rechazo.

Tal vez el siguiente comentario resume con claridad la morbidez de Sardis en la época de la visión de Juan: "Sardis era una ciudad de paz. No la paz que se gana en una batalla, sino la paz de un hombre cuyos sueños han muerto y cuya mente está dormida. La paz del letargo y de la evasión".[2] Encuentro asombrosa esa afirmación, no porque describa a la perfección el deterioro de una antigua ciudad sino porque nos pinta a muchos de nosotros hoy en día. ¿Qué ocurrió en nuestra vida que el viento ya no hincha nuestras velas? ¿Qué nos hizo bajar los brazos y dejar de defendernos del enemigo? ¿Por qué dejamos trabajos incompletos? ¿Hemos caído en el letargo? ¿Hay algo que preferimos evadir en lugar de enfrentar? Si Cristo nos dio la vida, ¿quién tiene el derecho de imponernos la muerte con su rechazo?

La manera en que Cristo se presenta a la iglesia de Sardis es también la clave para que esta pueda resurgir. Cristo es quien tiene "los siete espíritus de Dios", el multifacético y perfecto Espíritu Santo. Tal como en el día de Pentecostés, la vida penetra en nuestras iglesias cuando Dios derrama su generoso Espíritu Santo. Las iglesias inundadas por el Espíritu se construyen de una sola manera: con personas inundadas por el Espíritu.

Capítulo 42

A LA IGLESIA
EN FILADELFIA

Yo conozco tus obras. Por eso, he puesto delante de ti una puerta abierta,
la cual nadie puede cerrar, pues aunque tienes poca fuerza, has guardado
mi palabra y no has negado mi nombre. (Apocalipsis 3:8)

☙

Mi diario espiritual se ha cargado de lecciones aprendidas "a golpes" en los viajes por Pérgamo, Tiatira y Sardis. Podríamos darnos un respiro, ¿verdad? Creo que nuestro próximo destino nos lo proveerá. El tiempo de viaje es también más corto. Entre Sardis y Filadelfia, una ciudad que está en una meseta elevada, hay apenas unos 45 kilómetros [28 millas] hacia el sudeste. En cuanto al respiro: creo que debería mencionar que la ciudad fue construida en una peligrosa región volcánica. A menos que se produjera una erupción, nuestra visita debería tener un efecto renovador.

Escasas son las ruinas que están hoy a la vista, porque la moderna Alasehir descansa sobre ellas. Es interesante que las ruinas más sobresalientes son las de una antigua iglesia dedicada a Juan.[1] Lo que las ruinas no pueden decirnos, puede hacerlo la Palabra de Dios. Encontramos el pasaje destinado a Filadelfia en Apocalipsis 3:7–13. Sigue el mismo esquema que ya vimos.

Identificación. "Esto dice el Santo, el Verdadero, el que tiene la llave de David, el que abre y ninguno cierra, y cierra y ninguno abre" (v. 7).

Elogio. "Yo conozco tus obras. Por eso, he puesto delante de ti una puerta abierta, la cual nadie puede cerrar, pues aunque tienes poca fuerza, has guardado mi palabra y no has negado mi nombre" (v. 8).

Reproche. Cristo no expresó ningún reproche a esta fiel iglesia.

Exhortación. "De la sinagoga de Satanás, de los que dicen ser judíos y no lo son, sino que mienten, te daré algunos. Yo haré que vengan y se postren a tus pies reconociendo que yo te he amado. Por cuanto has guardado la palabra de mi paciencia, yo también te guardaré de la hora de la prueba que ha de venir sobre el mundo entero para probar a los que habitan sobre la tierra" (vv. 9–10).

Estímulo. "Vengo pronto; retén lo que tienes, para que ninguno tome tu corona. Al vencedor yo lo haré columna en el templo de mi Dios y nunca más saldrá de allí. Escribiré sobre él el nombre de mi Dios y el nombre de la ciudad de mi Dios, la nueva Jerusalén, la cual desciende del cielo, con mi Dios, y mi nombre nuevo" (vv. 11–12).

El rey Atalo II (159–138 a.C.) de Pérgamo fundó Filadelfia, que se llamó así por el sobrenombre de Atalo, Filadelfo, que significa "el que ama a su hermano", en honor al amor que tenía hacia su hermano. Me sorprende la cantidad de veces que la ciudad cambió de nombre. En una oportunidad se le dio el nombre de Neocaesarea (Nuevo César); en otra, Flavia. Más tarde, debido a que se estableció allí el culto al emperador, se ganó el título de Neokoros o "guardia del templo". En el siglo V su sobrenombre fue Pequeña Atenas. Al prometerle un nombre nuevo en el versículo 12, Jesús pudo haberse referido a esa identidad siempre cambiante.

Vivir en una ciudad con una identidad cambiante no era el único desafío que la iglesia de Filadelfia debió enfrentar. Cristo le dijo que tenía "poca fuerza" (Apoc. 3:8). Los estudiosos concuerdan en forma casi unánime en que la expresión no se refiere a la fuerza espiritual; de lo contrario Cristo no hubiera puesto esa característica en el contexto de un elogio. Él nunca alaba la debilidad espiritual. Más bien considera que la debilidad es como una oportunidad para descubrir una fuerza divina que supera nuestra imaginación (2 Cor. 12:9–10).

Los comentaristas bíblicos creen que la referencia de Cristo a la "poca" fuerza de la iglesia de Filadelfia tenía que ver con su tamaño pequeño y su escaso impacto visible. La iglesia estaba compuesta por gente de clase baja, de escasa influencia, y sin embargo soportaban su situación con paciencia (v. 10). En nuestra sociedad condicionada por los números somos implacables cuando comprobamos que resultamos ineficientes. Podemos soportar con más facilidad la oposición frontal que la idea de ser incompetentes o inútiles.

El enemigo hará todo lo posible por convencerte de que tus esfuerzos en el nombre de Cristo son en vano. Nada es más destructivo que el sentimiento de inutilidad o insignificancia. Precisamente por eso el enemigo recurre a todos los medios para provocarlo y perpetuarlo. Amado lector, Dios es quien ha puesto en nosotros la necesidad de valer.

No es egocéntrico ni vanidoso tener esa necesidad; es humano. Lo que tú y yo hagamos con esa necesidad puede volverse completamente vano y egocéntrico, pero la necesidad en sí es sagrada. Las flores perfumadas no necesitan que alguien las huela para seguir floreciendo. Los leones no matan sus presas porque procuran ser importantes; sencillamente tienen hambre. Solo el ser humano tiene este anhelo de ser valioso. Dios reconoció esa necesidad inmediatamente después de habernos creado y antes de nuestra caída en el pecado.

Observemos en cada uno de estos pasajes de las Escrituras de qué manera Dios asignó propósito al ser humano:

- Dio el mandato de fructificar, de llenar la tierra y someterla (Gén. 1:28).
- Encargó a Adán el cuidado del huerto (Gén. 2:15).
- Ordenó a Adán que pusiera nombre a los animales (Gén. 2:19).

Dios podría haber creado a las bestias del campo sometidas naturalmente a los seres humanos. En su lugar, reconoció nuestra necesidad de ser útiles pues nos ordenó que los gobernemos y los sometamos. Además, Dios podría haber hecho que el huerto del Edén se cuidara solo. En su lugar, designó a Adán para que lo trabajara y lo cuidara. Dios podría haber creado a los animales ya con nombre, pero sabía que Adán disfrutaría del desafío de darles un nombre. De la misma manera, Eva recibió un propósito que le dio importancia. Nadie más que ella podía ser una ayuda idónea para Adán.

¿Por qué es sagrada la necesidad de ser valioso? Dios nos hizo para que buscáramos un propósito en la vida y para que quienes lo seguimos lo encontráramos finalmente solo en Él. ¿Has reconocido tu propia necesidad de tener valor?

El Padre desea que nuestra vida produzca mucho fruto. Yo también deseo profundamente que florezcas en el ministerio que Dios tiene para ti, y creo que la iglesia de Filadelfia nos ofrece algunas indicaciones del proceso.

En primer lugar, solo Cristo es juez de cuánto valemos. El pequeño y aparentemente insignificante grupo de cristianos en Filadelfia pudo haber estado ciego al fruto de sus propios esfuerzos; sin embargo Cristo los encontró irreprochables. Creo que la palabra clave en su elogio es la descripción de la forma en que soportaban su situación: con paciencia. Muchas veces nos sentimos tentados a abandonar antes del tiempo de la cosecha.

Eclesiastés 3:1 dice: "Todo tiene su tiempo, y todo lo que se quiere debajo del cielo tiene su hora". En Génesis 8:22 Dios prometió que "mientras la tierra permanezca no cesarán la sementera y la siega, el frío y el calor, el verano y el invierno, el día y la noche". Aunque son menos predecibles, también experimentamos estaciones espirituales. Es posible que la iglesia de Filadelfia hubiera pasado más veces de las que hubiera querido por la estación de la siembra sin lograr una buena cosecha. A pesar de ello seguía soportando con paciencia.

Según la parábola del sembrador en Lucas 8:11, la semilla es la Palabra de Dios. Después de reconocer que tenían poca fuerza, Cristo alabó a la iglesia de Filadelfia porque guardaba su Palabra y no negaba su nombre (Apoc. 3:8). Contra una amarga mayoría, mantuvieron la Palabra de Cristo sin avergonzarse de su nombre, y continuaron fieles con la siembra. No abandonaron a pesar de que la cosecha les parecía espantosamente remota. Recuerda, un agricultor no juzga la cosecha solo por la cantidad de fruto que recoge. Los frutos enfermos le significan pérdida. Lo que busca es calidad.

¿Te has frustrado por lo que aparenta ser un escaso resultado después de mucho esfuerzo en un ministerio? Ten en cuenta que Dios no solamente permite largas temporadas de siembra sino que también destina tiempo a mejorar la calidad de la futura cosecha. A veces Dios pone eficazmente a prueba nuestra fidelidad en cuestiones pequeñas para asegurarse de que podremos manejar las más grandes. Dudo un poco en señalar esto porque "grande" no es la meta. El objetivo es que Cristo sea revelado. No obstante, si Dios escoge revelar a su Hijo por medio de un gran ministerio, aquellos a quienes lo asigna temporalmente por su gracia (1 Ped. 4:10) pueden, sin lugar a dudas, describir innumerables "oportunidades" a lo largo del camino en que les fueron asignadas metas pequeñas y frustrantes. Al mirar hacia atrás, la mayoría las reconoce ahora como pruebas decisivas.

Recuerdo ocasiones en que ponía todo mi corazón en organizar los cursos de discipulado, y luego se presentaban solo dos o tres personas. Sentía que Dios me preguntaba: "¿Qué vas a hacer? ¿Suspender la clase o brindarles la misma dedicación que si fueran 25, y completar el semestre?" Sé que no solamente fueron preciosas oportunidades, sino también pruebas. Creo, además, que Dios me ponía a prueba para ver si yo consideraba valiosa la oportunidad de enseñar durante el día de la madre y en la clase de cuatro años de la escuela dominical. Ambas me brindaban la importante ocasión de marcar vidas jóvenes para la eternidad, aunque algunos podrían ser tan necios como para desvalorizarlas.

Gracias a Dios, es evidente que para salir aprobados no necesitamos ser genios ni personas particularmente dotadas, porque de ser así yo hubiera fallado. Dios espera sobre todo que seamos fieles en cumplir cualquier tarea que nos haya encargado. Además, nos desalienta a alimentar nuestro ego embarcándonos en proyectos con una fuerte orientación hacia los resultados, y de esa manera cuida nuestro corazón.

Solo después de haber aprendido a priorizar la fidelidad más que los resultados, estamos preparados para recibir la siguiente verdad. Cristo es quien abre la puerta. Apocalipsis 3:8 dice algo fundamental sobre las puertas que Cristo abre y cierra. La puerta que Él abre nadie la puede cerrar.

Muchas frustraciones en el ministerio se producen por nuestra obstinación en abrir puertas por nuestro propio esfuerzo, aunque en el nombre de Jesús, por supuesto. Tenemos los puños sangrantes de tanto golpear puertas que en nuestra opinión deberían abrirse para el ministerio. Cuando nuestra sangre, sudor y lágrimas producen poco o ningún efecto, con frecuencia nos enojamos con Dios. Lo imagino sentado en su trono diciéndome: "¿Acaso te dije que esa era la puerta correcta? Y si lo fuera, ¿no crees que yo te la abriría?" Con frecuencia pienso en la puerta de la prisión de Pedro, que se abrió de manera espontánea para que él escapara, porque Dios así lo había dispuesto (Hech. 12). Imagino a Dios con un control remoto invisible en la mano, controlando la puerta de cada oportunidad en la tierra.

Como regla de oro, aunque tiene excepciones, por lo general llego a la conclusión de que si es necesario estar a los golpes limpios para que la puerta se abra, probablemente no sea la puerta correcta. Y si Dios ha cerrado una puerta ¡no intentes abrirla! Recuerda que, para lograr una verdadera cosecha, el Espíritu Santo tiene que preparar el camino y pasar antes que nosotros por la puerta. ¡Así es como se abre! De lo contrario, será la puerta equivocada o el momento equivocado. Presta atención para ver qué puertas se abren por el control remoto de Dios, y espera con fidelidad y paciencia hasta que eso ocurra.

La iglesia de Filadelfia soportó con paciencia, y por esa razón Cristo puso delante de ella una puerta abierta que nadie podría cerrar. Muchos estudiosos piensan que esa puerta era la oportunidad abierta para las misiones más al este, en otras partes de Asia. Por eso algunos comentaristas llaman a la iglesia de Filadelfia la "iglesia misionera". Las Escrituras con frecuencia usan la expresión "puerta abierta" para describir una oportunidad misionera. En 1 Corintios 16:9 Pablo se refirió a "una puerta grande y eficaz" que Dios le había abierto.

Querido hermano, cada uno de nosotros está llamado a una misión. En la medida en que nos esforcemos por "guardar" la Palabra de Cristo y retener su nombre sin avergonzarnos (Apoc. 3:8), a su debido tiempo Él abrirá puertas de oportunidad para nosotros. Si sembramos fielmente la semilla, algún día llegará la cosecha. Algunos misioneros no pudieron ver las cosechas de sus sembrados en la tierra; pero ¿qué mejor asiento que el cielo para ver todo el panorama?

Quiero que veamos otras dos joyas en la corona de la iglesia de Filadelfia. Recordemos la promesa que Dios le había hecho. De quienes perseguían a los cristianos, Dios dijo: "Haré que vengan y se postren a tus pies reconociendo que yo te he amado" (v. 9).

Una de las triquiñuelas más viles de Satanás es tratar de convencernos de que Dios no nos ama y que estamos dedicando toda nuestra energía y nuestra fe para nada: "Mira todo lo que has hecho, ¡y ni siquiera le importa! ¡Es solo una broma pesada!" Satanás usó a los judíos de Filadelfia para desmoralizar a la pequeña iglesia, y de la misma manera utiliza innumerables marionetas para desmoralizarnos a nosotros. Cristo prometió a la iglesia de Filadelfia que un día las mismas personas que la despreciaban tendrían que reconocer cuánto la amaba Dios.

Querido lector, nuestra motivación no debe ser el rencor. Al mismo tiempo, Jesús quiere que sepas que un día todo el mundo se dará cuenta de cuánto te amaba. No te has avergonzado de Él, y puedes estar seguro de que Él demostrará que no se avergüenza de ti.

Por último, Cristo prometió que los vencedores serían puestos como columnas en el templo de su Dios. ¡Cuánto significado tenía esta terminología para los habitantes de Filadelfia! La ciudad estaba bajo la constante amenaza de terremotos. La amenaza se hizo más patente después del devastador terremoto que tuvo lugar en el año 17 d.C. Algunos historiadores dicen que a causa de los temblores la iglesia tuvo que reconstruir su pequeño santuario varias veces en las décadas siguientes. Con frecuencia, en una ciudad en ruinas lo único que se mantiene en pie son las columnas.

Hebreos 12:26–27 dice que Dios sacudirá los cielos y la tierra para que permanezca solamente lo que es inconmovible. "Así que, recibiendo nosotros un Reino inconmovible, tengamos gratitud, y mediante ella sirvamos a Dios agradándole con temor y reverencia, porque nuestro Dios es fuego consumidor" (Heb. 12:28–29).

La promesa de Dios a los vencedores fue que serían guardados en la hora de prueba que vendría sobre el mundo, y que quedarían como columnas en un reino inconmovible. ¿Por qué? Porque eran valiosos y, en contraposición a lo que pensaba la gente, eligieron creerlo. Haz lo mismo, querido mío. Que nadie te arrebate la corona por convencerte de lo contrario.

Capítulo 43

A LA IGLESIA
EN LAODICEA

Tú dices: Yo soy rico, me he enriquecido y de nada tengo necesidad.
Pero no sabes que eres desventurado, miserable, pobre, ciego
y estás desnudo. (Apocalipsis 3:17)

A continuación tenemos un viaje bastante largo por delante. El último punto de nuestro viaje por las siete iglesias es Laodicea. Encontraremos la ciudad a unos 70 kilómetros [45 millas] al sudeste de Filadelfia, y alrededor de 150 kilómetros [unas 100 millas] en línea recta al este de nuestra primera parada en Éfeso. Al cruzar sus puertas, virtualmente habremos completado un círculo. De paso, convendría que llenaras tu cantimplora en Filadelfia antes de partir. He oído que el agua en Laodicea no es buena. Nos encontramos en Apocalipsis 3:14–22.

Escuchemos el mensaje de Cristo a los habitantes de Laodicea:

Identificación. "El Amén, el testigo fiel y verdadero, el Principio de la creación de Dios, dice esto" (v. 14).

Elogio. Cristo no expresó ni una sola palabra de elogio a esta iglesia.

Reproche. "Yo conozco tus obras, que ni eres frío ni caliente. ¡Ojalá fueras frío o caliente! Pero por cuanto eres tibio y no frío ni caliente, te vomitaré de mi boca. Tú dices: Yo soy rico, me he enriquecido y de nada tengo necesidad. Pero no sabes que eres desventurado, miserable, pobre, ciego y estás desnudo" (vv. 15–17).

Exhortación. "Yo te aconsejo que compres de mí oro refinado en el fuego para que seas rico, y vestiduras blancas para vestirte, para que no se descubra la vergüenza de tu desnudez. Y unge tus ojos con colirio para que veas. Yo reprendo y castigo a todos los que amo; sé, pues, celoso y arrepiéntete" (vv. 18–19).

Estímulo. "Yo estoy a la puerta y llamo; si alguno oye mi voz y abre la puerta, entraré a él y cenaré con él y él conmigo. Al vencedor le concederé que se siente conmigo en mi trono, así como yo he vencido y me he sentado con mi Padre en su trono" (vv. 20–21).

Los juegos de palabras y las inferencias son tan abundantes en este párrafo de las Escrituras que estoy desesperada pidiéndole a Dios que me ayude a escoger qué enseñar y qué dejar a un lado. ¡Quisiera excavar toda la ciudad! ¿Cómo podría describirse a Laodicea con una sola palabra? Hay muchos adjetivos que le vendrían bien, pero limitémonos a los tres que siguen:

1. *La iglesia de Laodicea era indiferente.* Nadie podría acusar a Cristo de hacer un reproche tibio. Observemos sus apasionadas declaraciones: "Ni eres frío ni caliente. ¡Ojalá fueras frío o caliente!" Estoy de acuerdo con los estudiosos que rechazan la interpretación de que Cristo quería que los laodicenses fueran espiritualmente fríos o calientes. Aunque esas figuras idiomáticas son comunes en la actualidad, nombrar a alguien "frío" o "caliente" en la fe no era vocabulario típico en aquel entonces. Más aun, creo que podríamos decir sin equivocarnos que Cristo, quien jamás quiere que alguien se pierda, tampoco desearía que alguien fuera frío hacia Él en lugar de tibio. Creo que Cristo quiso decir: "Para decirlo bien fuerte, ¡sean una cosa o la otra!" Lo que aprenderemos sobre esta singular ciudad arrojará luz sobre el reproche y la exhortación de Cristo.

En Colosenses 4 Pablo habla del ministerio de Epafras a los laodicenses. Epafras era probablemente algo así como un predicador itinerante oriundo de Colosas. Dividía su tiempo entre la iglesia en su ciudad y las iglesias de Laodicea y Hierápolis. Laodicea estaba a mitad de camino de las otras dos ciudades, 11 kilómetros [7 millas] al sudeste de Hierápolis y unos 15 kilómetros [menos de 10 millas] al norte de Colosas. Hierápolis era conocida por sus aguas termales terapéuticas y Colosas se destacaba por sus vertientes de agua helada. Las ruinas descubren un sofisticado acueducto de casi 10 kilómetros [6 millas] de largo, que traía agua de otras fuentes hacia Laodicea.

Entre 1961 y 1963 un equipo de arqueólogos franceses excavó una estructura llamada *nymphaeum*, ubicada casi en el centro de la ciudad. La pileta cuadrada tenía columnas de piedra en dos de sus costados y dos fuentes semicirculares adosadas a ella.[1] Las fuentes ornamentadas probablemente eran piezas centrales en la plaza de la ciudad. Una característica de Laodicea era que su belleza superaba en mucho su funcionalidad. Como te imaginarás, cuando el agua llegaba por las tuberías a la ciudad, desde varios kilómetros de distancia, ya no estaba fría ni caliente.

Uno puede fácilmente imaginarse a alguien que ahueca las manos bajo las tentadoras aguas para tomar un sorbo refrescante, solo para escupirla con disgusto. ¿Conoces la sensación? El agua caliente tiene efectos terapéuticos, y no hay nada más refrescante que el agua fría. Pero el agua tibia… ¡Me gustaría saber la palabra griega para decir "qué asco"!

La demostrativa frustración de Cristo con la iglesia de Laodicea tenía como propósito que esta sirviera para algo. Lo que menos quiero pregonar es una fe centrada en las obras; sin embargo, hemos sido llamados para hacer obras centradas en la fe. ¡Cristo quiere que seamos útiles! Las iglesias están destinadas a ser fuerzas vivas y activas en sus comunidades.

En el capítulo anterior vimos de qué manera la necesidad innata que tiene todo ser humano de ser valioso requiere que descubramos en qué forma pueden ser útiles nuestros dones y contribuciones. Cualquier persona puede ser útil. En el espíritu de la exhortación de Cristo a Laodicea, digamos que cualquiera puede ofrecer un vaso de agua fría al sediento o una taza de té caliente al herido. ¿O tal vez un guisado congelado o un trozo de torta todavía caliente? En ciertas ocasiones en mi vida, ¡nada me ha ayudado tanto como esas dos cosas! Cristo exhorta a su esposa a ser útil en el mundo. En algunas ocasiones, la iglesia será terapéutica. En otras, refrescante. Cada uno de nosotros puede ser caliente o frío.

2. La iglesia de Laodicea era autosuficiente. Si todos necesitamos sentirnos útiles, ¿qué le ocurrió a la iglesia de Laodicea? ¿Dónde quedó su necesidad de ser útil? Los laodicenses hicieron lo que hace mucha gente en la actualidad. Llenaron su gran necesidad de ser valiosos con posesiones y evaluaron su utilidad en función de su riqueza. Gracias a Dios, ni antes ni ahora las riquezas pueden determinar nuestro valor. No te gastes tratando de convencer a Laodicea. Cuando Cristo dictó su carta a Juan, Laodicea era la capital de la magia financiera en Asia Menor, una maravilla de prosperidad. Se describía a sí misma como rica y no necesitada de nada (Apoc. 3:17).

Tienes razón, la carta de Cristo no está dirigida a la ciudad de Laodicea. Está dirigida a la iglesia de Laodicea. No obstante, casi puedo imaginar al predicador echando una mirada al orden del culto durante la adoración y diciendo: "No recojamos ofrenda. Después de todo, ¡somos ricos! ¡No necesitamos nada!" En nuestra iglesia nos moriríamos de espanto. No recuerdo una sola oportunidad en que hayamos tenido más dinero que necesidades. Cuando no sabemos qué hacer con nuestros excedentes, temo que hemos perdido contacto con la realidad; las necesidades afuera son interminables.

He descubierto algunos datos interesantes que ayudan a explicar la audacia y la laxitud de la iglesia de Laodicea. En el año 26 d.C. la ciudad presentó una propuesta al senado romano para construir un templo al emperador Tiberio. Les fue negada, aduciendo que sus recursos eran inadecuados. Su riqueza aumentó tanto en las décadas siguientes que, hacia el 60 d.C., luego de la devastación producida por un terremoto, no aceptaron la ayuda de Nerón. Tenían suficientes recursos para reconstruir por sí solos la ciudad. (¿Puedes escuchar las insinuaciones de independencia?) En pocas palabras, agradecieron el ofrecimiento de Roma pero le hicieron saber que no necesitaban nada.

Gran parte de la fortuna original de Laodicea en el primer siglo se debía al fértil valle del río, que suministraba abundante pastura para criar ovejas de la mejor calidad. Los laodicenses se especializaban en un paño de lana negra de trama apretada que se vendía a buen precio. Detrás de su fortuna, sin embargo, había animales que apestaban.

Me causó gracia recordar el comentario irónico de Keith ante una repentina explosión de superioridad que una de sus queridas hermanas tuvo hace muchos años. Me miró y dijo: "Me pregunto si será una buena ocasión para recordarle que nuestra 'fortuna' familiar se originó en los inodoros de otras personas". (Su padre tenía una compañía de instalaciones de plomería.) Con mucha alegría, Keith y yo ocasionalmente hemos recordado a nuestras hijas que esa misma profesión nos ha dado de comer.

Dinero. Los laodicenses lo tenían en abundancia. Nadaban en el lujo y pensaban que no tenían de qué preocuparse. No sabían que Cristo caminaba entre sus candelabros.

La última parte del Salmo 62:10 les da un buen consejo a los laodicenses y también a nosotros: "Si se aumentan las riquezas, no pongáis el corazón en ellas". Vivo en una ciudad que jamás imaginó que sería famosa por el colapso de uno de los imperios financieros más grandes de toda América. Aprendimos la severa lección de que se pueden perder miles de millones de dólares con la misma rapidez que se pierden unos pocos. No podemos poner nuestro corazón en las riquezas por grandes que sean.

En Mateo 13:22 Cristo planteó otro asunto relacionado con la riqueza que podemos reconocer fácilmente en Laodicea. Habló de una persona que escuchó la Palabra pero luego permitió que "las preocupaciones de este siglo y el engaño de las riquezas" la ahogaran y perdiera su fruto.

Amados, la riqueza en sí misma no es el problema. Servimos a un Dios de infinitas riquezas que puede distribuir los bienes del mundo como mejor le parezca. Nuestro mundo agobiado necesita los recursos en manos de personas sabias.

El problema es que la riqueza tiene la capacidad de engañarnos. Tengo dos queridos amigos que no pudieron ser engañados por ella. Francamente, nunca supe que eran pudientes hasta que alguien me lo dijo. Ministré en la misma iglesia que ellos durante varias décadas pero nunca conocí a personas menos pretenciosas y más generosas que estas. Están siempre comprometidos con misiones en la ciudad y fuera del país.

Estoy segura de que su actitud hacia sus recursos es como la de quien administra un fideicomiso. Mientras otros en la misma situación se hubieran encerrado detrás de grandes portones haciendo de cuenta que buena parte del mundo no pasa hambre, mis amigos se lanzaron a la realidad. ¡A la iglesia de Laodicea mis amigos le podrían haber sido útiles! De alguna manera, esta iglesia rica no entendió el principio de Lucas 12:48: "Todo aquel a quien se haya dado mucho, mucho se le demandará".

3. Con esto llegamos a un último punto. La iglesia de Laodicea se engañaba a sí misma. Su valía estaba tan ligada a su riqueza que sinceramente se consideraban por completo independientes. "De nada tengo necesidad." Famosas palabras finales. Amados, no creo que ninguno de nosotros podamos andar mucho tiempo sin tener necesidad de nada. Seguramente, la cantidad y la intensidad de nuestras necesidades varían según el momento; sin embargo, no creo que a Dios le agrade que desarrollemos un espíritu de suficiencia por el hecho de tener siempre los problemas resueltos. Admito que no lo sé por experiencia propia.

A medida que tengo más edad y se me abren más los ojos a la realidad de la vida y del ministerio, aumenta más la lista de necesidades que la de mis reclamos. Por ejemplo, necesito tener una relación diaria activa y vital con Jesucristo, porque de lo contrario me hundo. Necesito la bendición de mi esposo. Necesito a mis colegas. Necesito de la familia de la iglesia. Necesito una amiga en la que pueda confiar. Estas son algunas de las necesidades de la vida que tengo en este momento.

Como podemos ver, una de las razones por las que somos generosos (viviendo una existencia útil) es que nosotros también necesitamos. Hacer un análisis de nuestras contribuciones, lo mismo que de nuestras necesidades, nos ayuda a protegernos del autoengaño. Lamentablemente, los laodicenses también tenían necesidades pero no las reconocían.

Cristo tuvo una respuesta contundente al engaño de los laodicenses: "Tú dices: Yo soy rico ... Pero no sabes que eres desventurado, miserable, pobre, ciego y estás desnudo" (Apoc. 3:17). Una de mis peores pesadillas es imaginarme rica cuando Cristo sabe que soy pobre, o tener de mí misma una valoración más alta que la que Él tiene de mí. Notemos que el mensaje de Cristo a Esmirna contrasta en forma notable con el que dio a Laodicea; a la primera le dijo: "Yo conozco ... tu tribulación, tu pobreza (aunque eres rico)" (Apoc. 2:9).

¡Cuánto agradezco que Cristo tuviera un remedio para los laodicenses! La indiferencia de estos cristianos, nacida del autoengaño, no los condenaba al rechazo. Cristo escribió a los laodicenses una receta con tres elementos. La primera era oro refinado al fuego. Pedro nos aclara qué quiso decir Cristo cuando escribió: "vuestra fe, mucho más preciosa que el oro" (1 Ped. 1:7).

La segunda parte de la receta a Laodicea se refiere a "vestiduras blancas para vestirte". El paño de lana negra que sustentaba la fama de Laodicea era el furor de la moda en toda esa región del mundo. Cristo les sugirió que cambiaran la moda por pureza. ¡Epa!

La última recomendación de Cristo fue colirio para los ojos. ¿Recuerdas que los laodicenses tenían mucho de qué jactarse? La ciudad no solamente era un centro comercial y financiero; también tenía un afamado centro médico. Eran excelentes mercaderes, pero se los conocía aun más por el polvo de Frigia con el que preparaban un colirio para los ojos. Sin embargo, eran ciegos como topos y pobres como mendigos. Yo fui las dos cosas.

Algo que he aprendido de Dios es que Él es fiel en todo sentido. Es fiel para perdonar, para redimir, para bendecir y para proveer. También es fiel para castigar cuando uno de sus hijos no se aparta rápidamente del pecado. Los laodicenses tenían una receta y Cristo no permitiría que dejaran pasar mucho tiempo sin aplicarla, y sin sufrir las consecuencias.

La cabeza me da vueltas por todo lo que hemos aprendido en nuestro viaje por las siete iglesias. Ojalá pudiera saber qué enseñanzas te impresionaron más. Ofrezco mi preferencia a modo de cierre: Cristo lo invirtió todo en su iglesia. Está siempre dispuesto a llenarla, liberarla, purificarla y restaurarla, pero jamás le quita los ojos de encima. Hay vidas en juego. La iglesia es importante. Esposa, es hora de que te prepares.

Capítulo 44

LA SALA DEL TRONO

Día y noche, sin cesar, decían:
"¡Santo, santo, santo
es el Señor Dios Todopoderoso,
el que era, el que es y el que ha de venir!" (Apocalipsis 4:8)

⚹

A continuación nos acercaremos hasta el trono de Dios por medio de la visión que tuvo Juan en el capítulo 4 de Apocalipsis. Si tuviéramos idea de a qué o a quién nos acercamos cuando vamos al trono de la gracia por medio de la oración y la comunión con Dios (Heb. 4:16), nuestra vida cambiaría de manera drástica. Estoy convencida de que caeríamos postrados de rodillas más seguido, y oraríamos con mucha más convicción y seguridad.

Mientras nos preparamos para leer la descripción que hace Apocalipsis de la sala del trono de Dios, por favor no olvides que Juan relataba lo que le era totalmente extraño por medio de lo que le resultaba familiar. Imagínate acompañando a un nativo que jamás se aventuró a salir de la región más primitiva del Amazonas, en una recorrida para conocer la avanzada tecnología en la NASA. Al volver a su tribu, ¿cómo haría para describir a sus compañeros una nave espacial o un cohete? Probablemente tendría que comenzar su descripción valiéndose de los pájaros como modelo, y luego tratar de ampliar la imaginación de sus amigos. De la misma manera, en buena parte del Apocalipsis, Juan utilizó figuras conocidas para expresar imágenes que superan nuestra comprensión.

La revelación de Cristo a Juan cambia de manera notable a medida que se desarrolla el capítulo 4. En los capítulos 2 y 3, el reflector del Espíritu que apuntaba hacia la tierra atravesó la fachada religiosa y puso de manifiesto lo bueno y lo malo de las siete iglesias de Asia Menor. En Apocalipsis 4 el reflector se orienta hacia el origen de toda luz, y Cristo convoca a Juan al cielo en el Espíritu, para presenciar lo divino.

> Después de esto miré, y vi que había una puerta abierta en el cielo. La primera voz que oí era como de una trompeta que, hablando conmigo, dijo: "¡Sube acá y yo te mostraré las cosas que sucederán después de estas!"
>
> Al instante, estando yo en el Espíritu, vi un trono establecido en el cielo, y en el trono, uno sentado. La apariencia del que estaba sentado era semejante a una piedra de jaspe y de cornalina, y alrededor del trono había un arco iris semejante en su apariencia a la esmeralda. (Apoc. 4:1–3)

El cielo estaba en medio de un torbellino de actividad, y a pesar de ello toda la atención se centraba en un trono ocupado. Dios reservó de manera celosa su majestuosa trascendencia al omitir una descripción detallada. Juan simplemente describe como piedras preciosas el esplendor de Aquel que estaba sentado en el trono.

El jaspe que Juan conocía se puede describir como similar a nuestro diamante. Me pregunto si Juan vio algo parecido a la luz que se refleja de manera espectacular desde las caras de un objeto similar al diamante. La piedra de cornalina era un tipo de cuarzo rojo como la sangre que podría simbolizar el acceso al trono de la única manera en que es posible: por medio de la sangre derramada por Cristo. El color verde esmeralda del arco iris que rodeaba al trono fácilmente podría simbolizar el pacto eterno de Dios con los que reciben la vida que viene de Él. Cuando de nuestros ojos caigan las escamas de nuestra condición humana y podamos ver el cielo, creo que percibiremos colores que nunca hemos visto. Tal vez solo el mar de cristal será transparente.

"También delante del trono había como un mar de vidrio semejante al cristal" (v. 6). ¡Alabo a Dios por el mar de cristal! Miqueas hace las preguntas que vienen a la mente con esta escena.

> ¿Qué Dios hay como tú,
> que perdona la maldad
> y olvida el pecado
> del remanente de su heredad?
> No retuvo para siempre su enojo,
> porque se deleita en la misericordia.

Él volverá a tener misericordia de nosotros;
sepultará nuestras iniquidades
y echará a lo profundo del mar
todos nuestros pecados.
(Miq. 7:18–19)

El trono de Dios supera todo lo que podamos imaginar; sin embargo Hebreos 4:14–16 nos dice que gracias a nuestro gran Sumo Sacerdote, Jesús, podemos acercarnos a él con confianza. Dios quiere que nos acerquemos para "alcanzar misericordia y hallar gracia para el oportuno socorro" (v. 16).

Primera Juan 1:8 declara que nadie está libre de pecado pero, gracias a que Cristo se convirtió en nuestro sacrificio expiatorio, no debemos tener temor de acercarnos a Dios con nuestras confesiones. En la figura de la sala del trono, me gusta imaginar a Dios el Padre tomando esas confesiones en la palma de su poderosa mano y arrojándolas al mar. ¿Cuál mar? Tal vez el que esté mejor ubicado frente a su trono. No importa la cantidad de confesiones que se hagan, ese mar jamás se enturbia con nuestros pecados. Por el contrario, me gusta imaginar que a medida que Dios los arroja al mar, nuestros pecados se van haciendo transparentes hasta desaparecer, tragados en las profundidades de las aguas cristalinas.

¿Eres un pescador de aguas profundas? ¿Te empujan la culpa, la condenación y la incredulidad a dragar antiguos pecados y a atormentarte con ellos? Satanás siempre se ofrece como guía de pesca y tiene a mano un señuelo para hacernos dudar del perdón de Dios. ¿Qué grado de éxito ha tenido Satanás contigo?

Yo sí que he practicado la pesca de alta mar en mi vida. ¡Qué desperdicio de tiempo y energía! Si pescamos en el mar adecuado, nuestro hilo de pesca siempre saldrá vacío y cualquier cosa que creamos ver en el extremo es pura imaginación. Ni siquiera podremos pescar un viejo zapato. Sería mejor que pensemos en usar uno para darle una buena patada al enemigo.

Las Escrituras ofrecen diversas visiones de la sala del trono de Dios que se complementan de una manera hermosa. Una de ellas aparece en Isaías 6:1–5 y otra en Ezequiel 1:22–28. ¡Qué alivio es saber que el trono nunca se representa sin Alguien sentado en él! Dios nunca deja vacante su trono ni nunca está de licencia. Su soberanía jamás puede ser usurpada. Continuamente está recibiendo alabanza. Es significativo que la triple aclamación de la santidad de Dios o perfecta "Otredad" ocurre solo en las visiones de la sala del trono.

Éxodo 26:33 distingue el Lugar Santo del Lugar Santísimo en el tabernáculo del Antiguo Testamento. El Lugar Santo era la sala donde ministraban los sacerdotes delante del Señor todos los días. Era el lugar de la mesa de los panes de la proposición, de los candelabros y el altar del incienso. Detrás del velo estaba el Lugar Santísimo, donde el sumo sacerdote entraba una vez al año con temor y temblor. La presencia del Señor estaba allí entre querubines, sobre el propiciatorio que cubría el arca en el Lugar Santísimo.

En realidad, la palabra original para *Lugar Santísimo* repite la palabra original "santo" para dar énfasis. De modo que la expresión original para hablar de Lugar Santo podría traducirse por "el Santo" y del Lugar Santísimo por "el Santo Santo".

Las Escrituras caracterizan algunas cosas como *santas*, pero también está lo que es *santo santo*, y por último lo que es *santo santo santo*. Me pregunto si sería posible la siguiente explicación: el lugar donde las personas sirven y ministran delante de Dios se caracterizaría en la Biblia como una vez santo. En otras palabras, como santos, estamos apartados para su santo servicio. Existe también un lugar de interacción más santa. El lugar donde Dios acepta encontrarse con su pueblo en la tierra, por medio de la reverencia y la adoración sincera, se podría caracterizar como dos veces santo. La adoración genuina es la experiencia más santa que podemos tener en la tierra. Sin embargo, un día, cuando nuestros pies dejen su última huella en este suelo y nos acerquemos a Dios en su gloriosa morada celestial, nos encontraremos frente al que es tres veces santo. Nos uniremos a los serafines que exclaman "¡Santo, santo, santo es el Señor Dios Todopoderoso!" La palabra serafín viene de la raíz *saráf* que significa "arder". Sin duda, cuanto más nos acerquemos a la verdadera Presencia de Dios, ¡más arderemos de pasión!

Tal vez tú, lo mismo que yo, sueles buscar las diferencias o los contrastes en la inseparabilidad de la Santa Trinidad. Veamos qué parte de la Deidad estaría representada en el trono en las tres siguientes revelaciones de Isaías, Ezequiel y Apocalipsis.

Antes de dar por sentado de inmediato que Dios el Padre es el ocupante del trono, o que no hay ninguna diferenciación, por favor lee Apocalipsis 5:6.

> Miré, y vi que en medio del trono y de los cuatro seres vivientes y en medio de los ancianos estaba en pie un Cordero como inmolado, que tenía siete cuernos y siete ojos, los cuales son los siete espíritus de Dios enviados por toda la tierra (Apoc. 5:6).

No me parece que Juan quería que nos imagináramos a Cristo de pie sobre una silla. Nuestro concepto de trono está totalmente relacionado con un mueble. Aunque es probable que Dios esté realmente sentado en un asiento de autoridad, la palabra *trono* parece abarcar el centro desde donde Él preside con absoluta autoridad. Me produce intriga que la visión de Ezequiel describa una figura "como de un hombre sentado en él" (1:26), es decir sobre el trono y, según Juan 12:41, Isaías vio la gloria de Jesús cuando contempló la visión que se relata en Isaías 6.

Normalmente la mayoría de los estudiosos vincula a Cristo con las descripciones de aspecto humano en la Deidad. Según comparaciones entre Daniel 7 y Apocalipsis 5, tanto el Padre como el Hijo habitan la sala del trono. ¿Podría ser que, en el Antiguo Testamento, Dios quisiera revelar en forma especial a Cristo, y en el Nuevo Testamento Cristo quisiera revelar de manera especial a Dios? Pienso que es bastante probable y muy propio de su naturaleza que arrojaran luz uno sobre el otro.

Volvamos la atención a Apocalipsis 4. Amado lector, el punto central en la visión de Juan es también el punto inmutable en todo el universo. El centro de todo lo que existe es Dios en su trono. Juan tuvo la oportunidad espeluznante y conmovedora de hacer algo que todos nosotros ansiamos en secreto. Durante un tiempo breve registrado desde Apocalipsis 4 en adelante, el apóstol pudo ver la vida desde la perspectiva celestial. En su descripción, dio a entender algo tremendamente profundo: todo lo demás que existe se describe con mayor acierto solo en relación con el trono de Dios.

Antes de comentar nuestra miopía (2 Ped. 1:9), no perdamos de vista que cuando Dios miró su excelente creación estuvo muy satisfecho con nosotros. Estudiemos con atención Apocalipsis 4:11, que expresa con claridad que Dios nos creó por su voluntad.

> Señor, digno eres
> de recibir la gloria, la honra y el poder,
> porque tú creaste todas las cosas,
> y por tu voluntad existen y fueron creadas.

La *thélema* ("voluntad") de Dios es una expresión o una tendencia de placer; una necesidad o un deseo que complace y produce gozo.[1] En otras palabras, Dios nos creó porque le proporcionó satisfacción. Nuestras actitudes y acciones no siempre lo complacen; sin embargo, el hecho de habernos creado, de amarnos y redimirnos le produce gran gozo.

Gran parte de los problemas de la humanidad surgen de nuestro insaciable egocentrismo. Con frecuencia nos consideramos el centro del universo y tendemos a describir todos sus demás componentes por su relación con nosotros y no con Dios. De manera invariable, la psiquis humana procesa la información que recibe de acuerdo con propio ego. Por ejemplo, si el noticiero anuncia una recesión económica, el oyente común y corriente procesa la noticia en forma automática según el efecto que podría tener sobre él.

Aunque esta respuesta es natural, el hecho de estar concentrado en forma permanente en uno mismo puede resultar perjudicial. En cierto sentido, nuestro egocentrismo revela un ansia secreta de omnipotencia. Queremos ser nuestro propio dios y gozar de todo el poder.

Nuestra primera reacción seguramente será negar que alguna vez hayamos deseado ser Dios. Sin embargo, ¿cuántas veces asumimos de inmediato la responsabilidad de manejar la mayoría de los problemas que nos rodean? ¿Cuántas veces tratamos de cambiar a las personas que conocemos, y alimentamos nuestra adicción a controlar con la droga de la manipulación? En pocas palabras, tratamos de hacer el papel de Dios, y nos resulta francamente agotador.

Con razón Dios nunca duerme, ¡y jamás se descuida! (Sal. 121:3) Los que hemos sido redimidos también hemos recibido lo que 1 Corintios 2:16 denomina "la mente de Cristo". La vida adquiere un valor y una perspectiva mucho más acertadas cuando aprendemos a mirarla cada vez más desde el ventajoso punto de vista de Aquel que ordenó su existencia.

Piensa en algunos de los mayores desafíos que has enfrentado. Visualízalos. Luego coloca las palabras "desde el trono" frente a cada uno de esos desafíos.

El aspecto central de la oración es precisamente trasladar ese tipo de desafío desde las inseguridades y las incertidumbres de la tierra al trono de Dios. Recién entonces se los puede ver con precisión confiable y esperanza ilimitada. Cierra los ojos y haz lo posible por figurarte al glorioso serafín exclamando sin cesar "¡Santo, santo, santo!" Imagina el rayo de luz que emana del trono y escucha los murmullos y el trueno. Imagina a los ancianos maravillados por la dignidad de Dios, que arrojan sus coronas frente al trono.

Hago la siguiente pregunta con una tremenda convicción personal: ¿Creemos que Dios, el único y bendito Soberano, el Rey de reyes y Señor de señores, el Único que tiene inmortalidad y habita en la luz inaccesible, puede manejar nuestra vida y nuestros problemas? ¡Es mi anhelo que pelees la buena batalla de la fe! ¡Acércate con confianza al trono de la gracia! Nuestro Dios es grande.

Capítulo 45

EL CORDERO

Y lloraba yo mucho, porque no se hallaba a nadie que fuera digno ...
Miré, y vi ... un Cordero ... (Apocalipsis 5:4,6)

✠

Quiero llorar con Juan, y ni siquiera hemos comenzado la lección. ¡Ay! Cuánto ansío el día en que nos sentaremos a los pies del verdadero Raboni para escucharlo explicar su propia Palabra, de la misma forma que les ocurrió a los dos en el camino a Emaús. "Y comenzando desde Moisés y siguiendo por todos los profetas, les declaraba en todas las Escrituras lo que de él decían" (Luc. 24:27).

¡No puedo evitar llorar! ¡Si tan solo pudiéramos captar la perfección de las Escrituras, que exhiben la Palabra como un enorme y brillante diamante! Solo bajo la lluvia de colores arrojada por el prisma del antiguo pacto podemos girar el diamante para ver el nuevo pacto. ¡Querido lector, la Biblia es una obra maestra de Dios! Es una revelación progresiva de tremendo misterio y demoledora coherencia. Busca un buen asiento en el auditorio. Nuestro estudio nos lleva a un escenario donde se revela el concepto más sólido y consistente de las Escrituras.

"Vi en la mano derecha del que estaba sentado en el trono un libro escrito por dentro y por fuera, sellado con siete sellos" (Apoc. 5:1). No podemos asegurar qué representa este libro. Una posibilidad es la que aparece en la visión de Ezequiel (Ezeq. 2:9–10): que ese libro contuviera gemidos y ayes. Ciertamente los capítulos que siguen anuncian sufrimiento, de manera que esa interpretación es posible para el libro que menciona Apocalipsis 5:1. Sin embargo, la explosión de alabanza que brota cuando Cristo reclama de manera victoriosa el libro, me hace dudar de que pueda estar asociado solo con lamentos y dolores. Tiendo a pensar que los sellos implican ira, pero que las palabras en el interior revelan algo glorioso.

Los intérpretes ofrecen otra posibilidad: que el libro represente la voluntad o el testamento de Dios en cuanto al fin de todas las cosas en la tierra y la transición de todas ellas al cielo. Los antiguos romanos sellaban los testamentos o resoluciones con seis sellos. Una variante de esta interpretación compara la escena con la ley romana de herencia. Algunos eruditos piensan que el libro es un título de propiedad de la tierra.

Aunque soy curiosa, no me molesta no saber el carácter exacto del libro porque, cualquiera sea, está en manos de Cristo. Ahora concentrémonos en los versículos 2 y 3. Es posible que estos sucesos hayan ocurrido en un lapso no tan breve.

> Y vi un ángel poderoso que pregonaba a gran voz: "¿Quién es digno de abrir el libro y desatar sus sellos?" Pero ninguno, ni en el cielo ni en la tierra ni debajo de la tierra, podía abrir el libro, ni siquiera mirarlo (Apoc. 5:2–3).

La forma verbal de la palabra griega para "pregonar" puede sugerir que el poderoso ángel repitió la pregunta varias veces, mirando a uno y a otro lado en busca de alguien que fuera digno. El silencio ensordecedor que dejó la falta de respuesta aumentó la ansiedad del oyente.

Juan dice que él lloraba mucho, "porque no se hallaba a nadie que fuera digno de abrir el libro, ni siquiera de mirarlo" (Apoc. 5:4). Su reacción demuestra de manera irrefutable la importancia del libro. A esta altura ya tendrás una imagen mental de Juan y te has encariñado con él. Ten presente que el poder y la presencia del Espíritu Santo no nos hace menos sensibles. El Espíritu trae vida. Seguramente todos los sentidos de Juan estaban agudizados. Su reacción ante la visión del trono habrá sido de un pavor indescriptible. Cuando oyó la proclama del ángel, el dolor golpeó como una ola contra ese trasfondo de reverencia. La palabra que se usa para "llorar" por lo general sugiere que el llanto se acompaña de demostraciones de dolor.

En nuestro capítulo anterior, nos sentimos pasmados junto a Juan, como testigos de la visión de la sala del trono de Dios. Algo fabuloso ocurrió en el cambio de escena en el capítulo 5. Repentinamente Juan ya no estaba contemplando una revelación. Ahora era parte de la escena. Cuando los ancianos arrojaban sus coronas a los pies del trono, Juan estaba como espectador; ahora, uno de ellos se le acercó mientras él lloraba.

> Entonces uno de los ancianos me dijo: "No llores, porque el León de la tribu de Judá, la raíz de David, ha vencido para abrir el libro y desatar sus siete sellos".
>
> Miré, y vi que en medio del trono y de los cuatro seres vivientes y en medio de los ancianos estaba en pie un Cordero como inmolado, que tenía siete cuernos y siete ojos, los cuales son los siete espíritus de Dios enviados por toda la tierra (Apoc. 5:5–6).

Juan habrá esperado ver un león, como había dicho el anciano. En lugar de eso vio "un Cordero como inmolado". El León de la tribu de Judá había triunfado de la única manera posible según el plan que probablemente contenía el libro: como Cordero inmolado. Dicho de manera sencilla, el León triunfó porque se convirtió en el Cordero inmolado.

Apocalipsis 4 termina con el himno de los ancianos que alaban a Dios por la creación. Ahora, en el capítulo 5, el himno está dirigido al Cordero y se llama un "cántico nuevo" (vv. 9–10). ¿Por qué era un cántico nuevo? Me pregunto si será porque alabanzas como la que describe Apocalipsis 4 han sido entonadas durante toda la eternidad, mientras que *nuevo* es una palabra vinculada con el tiempo. Términos como *antiguo* o *nuevo* solo tienen sentido dentro del tiempo creado y para seres creados. No tienen significado en lo que pertenece únicamente al cielo.

Resulta evidente que tuvo que ocurrir algo glorioso en relación con la tierra y los que están limitados por el tiempo, que hizo surgir ese "cántico nuevo". El canto mismo narra lo que sucedió.

> Digno eres de tomar el libro
> y de abrir sus sellos,
> porque tú fuiste inmolado,
> y con tu sangre nos has redimido para Dios,
> de todo linaje, lengua, pueblo y nación;
> nos has hecho para nuestro Dios un reino
> y sacerdotes,
> y reinaremos sobre la tierra.
> (Apoc. 5:9–10)

Amados, el cántico nuevo no solo tenía relación con la tierra; proclamaba su única esperanza inamovible: ¡el Cordero inmolado!

A lo largo de las Escrituras, los títulos dados a Dios fueron inspirados en perfecto contexto con los versículos en que aparecen. No es casual que Juan se refiera a Cristo como "el Cordero" 28 veces en una revelación que, fundamentalmente, profetizaba el fin de todas las cosas relacionadas con la humanidad y con la tierra. No cabe duda de que la principal imagen de Cristo en Apocalipsis es Jesús como el Cordero. Este título estalla una y otra vez como fuegos artificiales en el gran final de las Sagradas Escrituras. Y con toda razón. Ningún concepto en la Palabra de Dios ha tenido mayor continuidad.

Apocalipsis 13:8 se refiere de manera majestuosa a Jesús como el "Cordero que fue sacrificado desde la creación del mundo" (NVI). Como vemos, la caída del hombre no tomó por sorpresa a Dios. Antes de que dijera: "Sea la luz", ya había dicho: Que haya un plan. Y hubo un plan. Un Cordero inmolado desde la creación del mundo.

Génesis 1:24–25 habla de la creación del mundo animal. Entre innumerables criaturas, con y sin pezuñas, Dios creó al cordero. Se me ocurre que Dios es un poco sentimental. Se nota en las Escrituras; además, nosotros, seres sentimentales, fuimos creados a su imagen. No me parece que Dios haya creado al cordero sin prestar atención. Él sabía el profundo significado que llegaría a tener la pequeña e indefensa criatura. Adán fue creado después que los animales. Dios retuvo para el final lo que consideraba su mejor obra. Me parece acertado que el cordero fuera creado antes que el ser humano. En todo el Antiguo Testamento la humanidad necesitó un montón de corderos.

Después que el pecado les costara el paraíso a Adán y Eva, "Jehová Dios hizo para el hombre y su mujer túnicas de pieles, y los vistió" (Gén. 3:21). Es la primera mención de una muerte vicaria. Dios los vistió con pieles, es decir que un animal fue sacrificado para que ellos se cubrieran. No podemos saber si el animal fue un cordero, pero casi no puedo imaginar otra cosa.

Génesis 4:4 registra la primer ofrenda vicaria. "Y Abel trajo también de los primogénitos de sus ovejas." También Caín llevó una ofrenda de frutos de la tierra, pero el Señor miró con agrado la ofrenda de Abel.

No es casual en las Escrituras que desde el momento en que hubo vida fuera del huerto, comenzaran las ofrendas sacrificiales. No fue Abel quien agradó a Dios. Fue su ofrenda. A menos que se indique de otra manera, en las Escrituras un rebaño casi siempre se refiere a ovejas. Desde el Antiguo Testamento hasta el Nuevo, Dios mira con agrado a quienes están cubiertos en forma simbólica con la sangre del Cordero. El versículo 7 sugiere que Caín sabía lo que era correcto y tuvo la misma oportunidad de ofrecer un cordero para el sacrificio. El principio fundamental de la rebelión en la Biblia es el rechazo de la sangre del cordero.

Génesis 22 relata la disposición de Abraham para sacrificar a su hijo Isaac en obediencia a Dios. Lejos de ser una coincidencia, esta es la primera vez que se usa la palabra *cordero* en las Escrituras. De manera adecuada, las palabras *ofrecer*, en el sentido del sacrificio y *adorar* se presentan en el mismo capítulo, y además es apenas la segunda vez que aparece la palabra *amor*.

Un instante antes de que Abraham estuviera por ofrecer a su hijo en holocausto a Dios, intervino el ángel del Señor. Dios proveyó un sacrificio sustitutivo en la forma de un carnero atrapado en un arbusto espinoso. Me maravilló escuchar la siguiente definición de la palabra original para "carnero", *aíl*: "oveja macho, generalmente el más agresivo y protector del rebaño". Jesús nuestro Cordero es, en efecto, un protector agresivo de su rebaño, hasta el punto de derramar su sangre. En Gálatas, a este drama se lo denomina el evangelio predicado "de antemano" a Abraham (Gál. 3:8; Rom. 9:7). ¡Gloria a Dios!

El carnero quedó atrapado por los cuernos en un arbusto, para que Abraham pudiera usarlo. Los cuernos siguieron siendo muy significativos en todo el Antiguo Testamento; se ubicaban a los lados del altar del sacrificio para que el cordero fuera sujetado a ellos con cuerdas. Apocalipsis 5:6 dice que el Cordero tenía "siete cuernos y siete ojos, los cuales son los siete espíritus de Dios enviados por toda la tierra".

No tenemos por qué temer que Cristo tendrá el aspecto de un horrible monstruo. El lenguaje de Juan es figurativo. Tanto en la profecía de Daniel como en el Apocalipsis, los cuernos representan autoridad y poder. El poder y la autoridad del Cordero para redimir en la tierra provienen de su disposición a ser inmolado.

No encontramos en el Antiguo Testamento una figura más perfecta de la sangre del cordero sacrificial que la registrada en Éxodo 12. La última plaga contra Egipto fue la muerte de los primogénitos. Todas las familias hebreas fueron protegidas por la sangre del cordero pascual con que pintaron el dintel de las puertas.

El concepto de expiación sustitutiva que comenzó a revelarse inmediatamente fuera del huerto resonó como un sermón desde el monte Moriah con Isaac, se derramó por los dinteles de la cautiva Israel, y continuó en todo el Antiguo Testamento. Innumerables animales fueron sacrificados a lo largo de los siglos en los altares del tabernáculo y del templo. Fueron tantos los que se sacrificaron en la dedicación del templo de Salomón que no se los pudo contar.

Las maravillas que hizo Dios por Israel son asombrosas: mientras lo seguían, Dios peleaba a favor de ellos. Sin embargo, vez tras vez caían en la idolatría. Después de las advertencias enviadas por medio de profetas, las Escrituras del Antiguo Testamento llegan a un abrupto final, aunque con una promesa: "Yo os envío al profeta Elías antes que venga el día de Jehová, grande y terrible" (Mal. 4:5).

Como en muchas otras profecías, Dios estaba hablando de manera simbólica. Según Mateo 11:12–14 Juan el Bautista cumplió esa profecía. Tomemos nota de las primeras palabras de Juan el Bautista cuando vio a Jesús: "¡Este es el Cordero de Dios, que quita el pecado del mundo!" (Juan 1:29).

Lucas 22 registra la última cena que Cristo compartió con sus discípulos. El día judío comienza inmediatamente después de la puesta del sol y dura hasta el atardecer siguiente. Esto quiere decir que Cristo fue crucificado el mismo "día" que tuvo su última cena con los discípulos. Según Lucas 22:14, en ese día había llegado la hora de Dios.

¿Te das cuenta de que apenas hemos dado un vistazo, y ya vemos la coherencia? Un cordero, el cordero, ¡el Cordero! Para que no perdiéramos "la punta del ovillo", el Apocalipsis, el libro de la Biblia que completa todas las cosas, anuncia ese título en forma triunfante. No una vez. No dos veces. ¡Veintiocho veces! Anuncia al Cordero inmolado desde la creación del mundo para su salvación.

El ser humano puede agitar todo lo que quiera su arrogante puño, pero no podrá sacudir a Dios. El plan es seguro. No existe un plan B. Todas las cosas se van dando tal como Él lo tenía previsto. Miramos a nuestro alrededor y agachamos la cabeza a causa del estado miserable de un mundo perdido y depravado. Dios está sentado en el trono, diciendo: Mientras el hombre tenga aliento, yo tengo un Cordero. "Miré, y oí la voz de muchos ángeles alrededor de trono, de los seres vivientes y de los ancianos. Su número era millones de millones, y decían a gran voz:

'El Cordero que fue inmolado
es digno de tomar el poder, las riquezas,
la sabiduría, la fortaleza,
la honra, la gloria y la alabanza'." (Apoc. 5:11–12)

Parte 10

BENDITA BENDICIÓN

Aunque hemos llegado a los últimos capítulos, no te apresures a reducir la marcha. Todavía nos aguardan muchos paisajes en los últimos kilómetros del viaje. Algunos nos dejarán maravillados y otros tal vez nos produzcan horror. Todos tienen la intención de transformarnos... y de prepararnos para el futuro. Ningún otro libro de la Biblia nos hará sentir tan agradecidos de pertenecer a Jesucristo como el libro de Apocalipsis. Nunca pierdas de vista que "ninguna condenación hay para los que están en Cristo Jesús" (Rom. 8:1). Aunque ahora caminamos junto a muchos perdidos, nuestros respectivos futuros serán, literalmente, mundos aparte. Que Dios aumente nuestro deseo de orar por los no cristianos y de estar más dispuestos a hablar no de nuestros temores sino de nuestra fe. Mientras tanto podemos confiar en la sabiduría y en el plan eterno de Aquel que es "el Señor Dios Todopoderoso, el que era, el que es y el que ha de venir".

Capítulo 46

UN CÁNTICO QUE NADIE MÁS PODRÁ CANTAR

Nadie podía aprender el cántico, sino aquellos ciento cuarenta y cuatro mil que fueron redimidos de entre los de la tierra. (Apocalipsis 14:3)

✠

$\mathcal{H}$emos llegado a una parte tan emocionante de nuestro estudio que no parece que se estuviera acercando el final. Sin embargo, dentro de unos pocos capítulos nos abrazaremos y nos despediremos, por lo menos por un tiempo. Has sido el compañero de viaje perfecto, y estoy agradecida por el privilegio de andar estos últimos kilómetros contigo. Por el momento, nuestros pensamientos se centrarán en Apocalipsis 14.

Podemos decir con toda seguridad, por el tono de este capítulo, que acaba de acelerarse el pulso del libro. Si prestas atención, casi podrías escuchar el chasquido de la guadaña que corta el aire espeso del juicio inminente. Se acerca cada vez más el día del Señor, profetizado hace tanto tiempo, cuando Dios pondrá al día todas las cuentas. La sola idea me deja con una extraña mezcla de expectativa y temor. Ansío con todas mis fuerzas la llegada del reino divino, pero también anhelo que todos confiesen a Cristo antes de que llegue el juicio. Nuestro próximo capítulo será dificultoso, porque vamos a considerar la ira de Dios. Los pasajes que estudiaremos ahora son un anticipo que nos preparará para la próxima lección y nos recordará también el plan y la provisión perfecta de nuestro fiel Señor.

La visión de los 144.000 vencedores con el Cordero está ubicada en forma intencional luego de las aterradoras profecías sobre las dos bestias descriptas en Apocalipsis 13. Uno de los primeros principios que aprendí en los estudios bíblicos en relación con el reino de las tinieblas es que Satanás intenta falsificar todo lo que hace Dios. No debe tomarnos por sorpresa.

Estoy convencida de que las palabras de Isaías sobre el Lucero de la mañana "caído del cielo" (14:12, NVI), solo se pueden aplicar a Satanás. En Isaías 14:14 Satanás hace su blasfema declaración, "sobre las alturas de las nubes subiré y seré semejante al Altísimo". A lo largo del capítulo 13 de Apocalipsis, el reino de la oscuridad intenta imitar las obras de Dios aunque con intenciones torcidas y perversas.

Es difícil entender por qué el plan de Dios para la eternidad da lugar a la plena expresión de semejante mal; sin embargo, procuremos comprender que el Apocalipsis registra hechos futuros que traen tanto luz como oscuridad a la tierra. Nunca pierdas de vista que la luz de Dios es incomparablemente más luminosa que la abismal oscuridad de Satanás.

Dios y Satanás no son poderes iguales y opuestos. Dios permite que Satanás exista y actúe sólo de maneras que, en definitiva, cumplen con algunos elementos fundamentales del plan de Dios para la tierra. Antes de que Satanás encuentre su inevitable destino, Dios permitirá que se le caigan muchas de sus viejas máscaras y se manifieste en algunas de sus facetas. El Apocalipsis se ocupa en forma principal de la revelación final de Jesucristo; sin embargo, esta bendición bíblica también insinúa con acierto que todas las cosas serán reveladas, sean buenas o malas, puras o corruptas, el cielo o el infierno.

Al final de la indescriptible masacre de Apocalipsis 13, Dios refrescó el alma del agobiado discípulo amado con la visión de un remanente sellado para la supervivencia, y con el sonido de aguas torrentosas, de truenos y de arpas. Después de la amargura del capítulo anterior, procuremos captar las emociones de Apocalipsis 14:1–5 y beber su tónico curativo.

Después miré, y vi que el Cordero estaba de pie sobre el monte de Sión, y con él ciento cuarenta y cuatro mil que tenían el nombre de él y el de su Padre escrito en la frente. Oí una voz del cielo como el estruendo de muchas aguas y como el sonido de un gran trueno. La voz que oí era como de arpistas que tocaban sus arpas. Cantaban un cántico nuevo delante del trono y delante de los cuatro seres vivientes y de los ancianos. Nadie podía aprender el cántico, sino aquellos ciento cuarenta y cuatro mil que fueron redimidos de entre los de la tierra. Estos son los que no se han contaminado con mujeres, pues son vírgenes. Son los que siguen al Cordero por dondequiera que va. Estos fueron redimidos de entre los hombres como primicias para Dios y para el Cordero. En sus bocas no fue hallada mentira, pues son sin mancha delante del trono de Dios.

Los eruditos no se ponen de acuerdo en cuanto a que si estos son los mismos 144.000 mencionados en Apocalipsis 7:1–8. Creo que los versículos 3 y 4 sugieren que lo son. Los 144.000 mencionados en el capítulo 7 fueron sellados con el sello del Dios vivo. Los 144.000 de Apocalipsis 14 tienen una marca: ¡El nombre del Cordero y del Padre! ¡En la frente! No hay razones para suponer que esos nombres fueran visibles a los ojos terrenales. Recuerda que Juan experimentaba una visión muy lejana al dominio de lo natural. Más bien creo que Juan vio las marcas de los 144.000 del modo en que eran vistas por las huestes celestiales y por los demonios del infierno. ¿Por qué señalo esto? Porque creo que tenemos ciertas semejanzas con esos 144.000. No serán ellos los únicos "sellados". Efesios 1:13 dice: "habiendo oído la palabra de verdad, el evangelio de vuestra salvación, y habiendo creído en él, fuisteis sellados con el Espíritu Santo de la promesa".

Los conceptos que hallamos en la Palabra de Dios son muy coherentes entre el Antiguo y el Nuevo Testamento. Bajo el orden del sacerdocio original, en el tiempo del tabernáculo, Dios instruyó a los sacerdotes a usar un turbante; Éxodo 28:36–38 lo describe. Ese turbante tenía una placa con la inscripción "Consagrado al Señor" (v. 36, VP).

Observar el paralelo entre las inscripciones en la "frente". Según 1 Pedro 2:9, somos un sacerdocio real. Efesios 1:13 también dice que estamos sellados. Si somos el sacerdocio del Nuevo Testamento y también tenemos un sello ¿es posible que lo llevemos en la frente? Solo cabe especular. Una cosa es segura: estamos marcados, y es muy probable que esa marca sea visible para el mundo sobrenatural.

Amado hermano, quizás estés luchando con tus dudas sobre si eres salvo, pero creo que ni un solo ángel ni un demonio del mundo invisible tiene duda alguna. Los que somos salvos tenemos el sello de nuestro Padre. Como lo expresa 2 Timoteo 2:19: "Pero el fundamento de Dios está firme, teniendo este sello: 'Conoce el Señor a los que son suyos'". ¡Aleluya!

Los estudiosos están muy divididos con respecto a que si 144.000 es un número literal o simbólico y si el monte Sión que se menciona está en la tierra o en el cielo. En lo que respecta a esto último, la Biblia se refiere claramente a ambos. Sería trágico que algún estudiante de este capítulo se concentrara en discutir sobre el simbolismo y perdiera de escuchar el cántico.

¿Qué cántico? Volvamos a leer el versículo 3. El cántico que nadie podía aprender... salvo los 144.000 que habían sido redimidos de la tierra. Por favor, no dejes de observar que Juan escuchó el himno, pero no lo pudo aprender. Observa que era un "cántico nuevo".

Yo no canto bien, pero me encanta entonar cánticos de alabanza a mi Dios. En nuestra iglesia tenemos un maravilloso grupo de alabanza. Disfruto al aprender un canto nuevo de vez en cuando, pero debo admitir que en algunas oportunidades me siento frustrada cuando la mayor parte de lo que cantamos no me resulta familiar. A veces pienso que es necio frustrarme, porque al fin de cuentas cada una de las canciones que ahora amo alguna vez me fueron desconocidas.

Mis canciones favoritas son las que se vuelven "mías" con el tiempo, a medida que las canto para Dios mediante el filtro de mi propia experiencia y mis afectos. Aunque esas preferencias pueden parecer egocéntricas, la alabanza y la adoración son algo muy personal. En realidad creo que, mientras nuestros pies estén sobre la tierra, habrá pocos encuentros tan íntimos como el de elevar nuestras voces en adoración al Dios del cielo. Cuando me comprometo de forma plena en la adoración, es como si estuviera completamente a solas con Él en el santuario.

Nada logra generar un cántico nuevo en mi corazón como una oleada de esperanza en medio de un período de desierto. La canción "Clama al Señor" siempre será especial para mí, porque la escuché por primera vez en una época de profundo dolor personal. Dios envió las palabras a mi corazón como una promesa de que sobreviviría... y volvería a luchar. Permíteme que use este canto como ilustración de Apocalipsis 14:3. Primero "escuché" el cántico "nuevo", y luego lo "aprendí". La motivación para aprenderlo llegó por lo que dijo a mi experiencia en ese período difícil pero extrañamente hermoso con mi Dios.

Juan "escuchó" el "nuevo cántico" pero "nadie podía aprenderlo" salvo los 144.000 que habían sido redimidos de la tierra. La palabra griega para "nuevo", en relación con el cántico nuevo en Apocalipsis 14:3, lo describe como nuevo en calidad, no en cantidad. En otras palabras, el canto no era nuevo como podría serlo una nueva producción de música contemporánea cristiana. El cántico de los 144.000 era nuevo porque tenía una calidad completamente diferente de todo lo que se había cantado antes. Es decir, significaba para ellos algo que ningún otro cántico había significado. ¿Por qué nadie más podía aprenderlo? Porque nadie más lo había vivido. Dios les dio una canción tomada de su experiencia singular, algo que solo ellos podían aprender.

El Salmo 40 nos dice que Dios dio a David un cántico nuevo cuando lo sacó del pozo cenagoso. Quisiera sugerir que cualquiera de nosotros que lo desee también puede recibir un cántico nuevo de Dios, que surge de nuestra alma cuando triunfamos sobre las aflicciones… no se expresará necesariamente por medio de notas musicales, sino a través de nuevas verdades grabadas en el alma. Esos son regalos preciosos que alguna vez llegan a quienes conservan la fe y esperan que Dios redima las grandes aflicciones. Estas canciones pueden ser "oídas" por otros; sin embargo, no se pueden aprender como no sea por experiencia propia.

En ocasiones este concepto me significa tanto la vida como la posibilidad de la muerte. Me encanta el regalo de las nuevas canciones que emergen como ballenas juguetonas de las profundas aguas del sufrimiento o de las pruebas. Al mismo tiempo, me siento indeciblemente frustrada cuando no consigo persuadir a alguien a que ame y confíe en Dios y descubra que su Hijo es la aventura más grande de la vida. Es tan grande mi anhelo de que cada miembro del cuerpo de Cristo ame de manera apasionada a Jesús y experimente la emoción de su vida abundante, que casi podría llorar. Me entusiasmo en mi ministerio e insisto: "Si Dios hace esto por mí, ¡lo hará por cualquier otro!" Mientras no permitan que Jesús redima su vida, sus heridas, sus pérdidas y sus fracasos, las personas podrán escuchar el canto, pero no podrán aprenderlo. Los cánticos del corazón solo se aprenden por medio de la experiencia personal de fe. No obstante, una vez que los aprendemos, nadie nos los puede quitar.

¿Tienes un testimonio sobre alguna oportunidad en que Dios te haya dado un cántico nuevo o una nueva esperanza en una situación desesperada? No olvides darle gracias por eso.

Capítulo 47

LA IRA DE DIOS

Vi en el cielo otra señal grande y admirable: siete ángeles con las siete plagas postreras, porque en ellas se consumaba la ira de Dios. (Apocalipsis 15:1)

Anhelo, con todo mi ser, que nuestra lección anterior nos haya preparado en alguna medida para el tema siguiente. Lamentablemente, es imposible tomar con seriedad lo que Juan quiere enseñarnos y a la vez evitar la cuestión de la ira de Dios. Si el Apocalipsis fuera una película, con seguridad las imágenes que siguen me obligarían a salir corriendo para proveerme de más rosetas de maíz. Sin embargo, Apocalipsis no es una película. Tampoco es ficción.

Tal vez las palabras más certeras que jamás hayan salido de los labios contaminados del ser humano son las siguientes: Dios es fiel. Por cierto que lo es. Lo que podría preocuparnos es que Dios es siempre fiel, es decir, que Dios siempre hace lo que dice que hará, nos guste o no. El lado idealista que hay en mí desea que la ira de Dios no existiera o jamás se despertara.

Sin embargo, la persona realista que hay en mí

- lee relatos sobre crueldades indecibles y abusos de niños
- repasa la historia de la humanidad manchada por crímenes de guerra y cruzadas sangrientas, encabezadas por quienes declararon actuar en nombre de Dios
- escucha cuando el nombre de Dios es burlado, profanado y despreciado públicamente a través de diversos medios de comunicación
- oye a los arrogantes que se han convencido a sí mismos de que son dioses

- es testigo de la violencia desatada por el odio, la ignorancia y el prejuicio; y
- observa el modo en que los príncipes de la tierra ponen sus ladrillos en una invisible pero muy concreta torre de Babel.

Miro alrededor y me estremezco de horror una y otra vez. Me pregunto: "¿Dónde está el temor a Dios?" Luego meneo la cabeza y me imagino cuánto poder tiene que usar Dios para contenerse.

Ni siquiera necesito mirar al mundo. A veces con solo mirarme al espejo u observar mi propia iglesia, he meditado en las palabras de Lamentaciones 3:22: "Por la misericordia de Jehová no hemos sido consumidos". Le he dicho a Dios más veces de las que podría contar: "Señor, no entiendo por qué no destruyes esta tierra y haces desaparecer a tu pueblo, más aun a este mundo impío". Por supuesto, sé que Dios salva a los que creen en Cristo precisamente porque no salvó a su propio Hijo (Rom. 8:32).

¿Por qué sigue Dios soportando a un mundo que se burla cada vez más de Él? ¿Qué está esperando? A lo largo de la historia, la respuesta más precisa a esas preguntas se puede encontrar en 2 Pedro 3:9: "El Señor no retarda su promesa, según algunos la tienen por tardanza, sino que es paciente para con nosotros, no queriendo que ninguno perezca, sino que todos procedan al arrepentimiento".

En algunos aspectos, la ira de Dios simplemente completará lo que el ser humano ya comenzó. Por las guerras y los conflictos que las Escrituras predicen, estoy convencida de que la humanidad avanzará hasta casi llegar a su propia destrucción y la de su planeta... La Palabra de Dios promete un nuevo cielo y una nueva tierra, pero no antes de que estos sean destruidos. Mateo 24 profetiza el aumento de la maldad y de la destrucción, y mayor fuerza y frecuencia de dolores de parto. Hacia el final de esta era, Dios dejará que la máxima medida de ira permisible se derrame sobre la tierra: la ira del hombre (jamás debemos subestimarla), la ira impía de Satanás y la ira santa de Dios. No es de sorprender que esta era de gran tribulación será como ninguna otra.

La ira descripta en Apocalipsis se desarrolla en una secuencia un tanto misteriosa: sellos, trompetas y copas. Los sellos dan paso a las trompetas y las trompetas dan lugar a las copas. Se puede leer el relato en los siguientes pasajes de las Escrituras:

- Los sellos: Apocalipsis 6; 8:1–5
- Las trompetas: Apocalipsis 8:6–13; 9
- Las copas: Apocalipsis 16

Es insuficiente decir que me produce desconcierto. Siento horror principalmente por los que se niegan a creer. En 1 Tesalonicenses 1:10 Pablo describió a Jesús como "quien nos libra de la ira venidera".

No estoy insinuando que los creyentes en Cristo no pasarán por momentos terribles. La Palabra certifica con claridad que sí los pasaremos (2 Tim. 3:1), y muchos cristianos ya los están pasando. Mi convicción es que la ira de Dios que se describe en Apocalipsis no está dirigida contra los redimidos. Estos serán librados de la ira o por medio de ella. Creo que la mayor explosión de evangelización se dará al final de los tiempos. El antídoto contra la ira venidera de Dios es confesar a su Hijo como Salvador y arrepentirse del pecado. Nadie que se acerque a Él con corazón sincero y arrepentido será rechazado... a menos que se demore demasiado. No hubiera querido por nada del mundo escribir esa última frase.

Dios se revelará a sí mismo de innumerables maneras hacia el final de los tiempos, derramando su Santo Espíritu, sus maravillas y su misericordia. No obstante, esos favores serán vertidos según la demanda. En otras palabras, algunas personas responden a la tierna misericordia. Otras no responden hasta que Dios muestra su misericordia severa. Y hay otros que no responden a nada. No olvides que Dios quiere salvar a la gente, no destruirla. Estoy convencida de que durante los últimos días los cielos mostrarán tantas señales y los evangelistas predicarán con tanto poder que las personas tendrán que hacer un esfuerzo para rechazar a Cristo. Sin embargo, lo trágico es que muchos lo harán.

El apóstol Pablo advirtió que "por tu dureza y por tu corazón no arrepentido, atesoras para ti mismo ira para el día de la ira y de la revelación del justo juicio de Dios, el cual pagará a cada uno conforme a sus obras" (Rom. 2:5). La gente no rechazará a Dios porque no los haya amado ni haya provisto lo necesario. Querido lector, la ira de Dios no se puede separar de su carácter y su persona. Es decir, incluso en medio de su furor, Dios se mantiene fiel a su esencia. Dios es santo. Dios es bueno. Dios es amor. Dios es justicia y es rectitud. El Juez juzgará, pero a diferencia de nuestros jueces, sus juicios siempre se basan en la verdad (Rom. 2:2).

Nuestro Dios es también un Dios de inconcebible compasión, perdón y misericordia. No necesito mirar más allá de este teclado como prueba de ello. ¡Cuánto me ha perdonado! Cuando otros podrían haberme dado por muerta y sentenciar que había conseguido lo que merecía, Él curó las sucias heridas que yo misma me había provocado y me sacó del pozo en que yo estaba.

El corazón de Dios no es avaro ni injusto. Él es santo. Y, querido hermano, ese Dios santo juzgará a este mundo. El día del Señor llegará, y nadie dudará que Él es Dios. Él no será burlado. Tendría que traicionar su propia naturaleza.

Entretejidos con los sellos, las trompetas y las copas, Dios colocó otros mensajes que acompañan su juicio. Me gustan las palabras de Apocalipsis 15. Juan vio lo que parecía un mar de vidrio mezclado con fuego. Los cristianos victoriosos estaban al borde del mar, con arpas. "Cantan el cántico de Moisés, siervo de Dios, y el cántico del Cordero" (v. 3).

Me gusta la referencia al canto de Moisés y al canto del Cordero. Como verás, Dios convertirá un período que aparenta ser de caos y destrucción final en plenitud y orden perfecto. En el fin de los tiempos el brillante plan de Dios surgirá desde la tumba humeante de la tierra. Vista desde atrás esta vida resucitada se parece al antiguo pacto. Desde el frente se parece al nuevo pacto. Pero cuando todo se haya cumplido, ambos se verán como siempre debieron ser: un todo perfecto. Una única vida perfecta: la de Cristo. Entonces todo cobrará sentido.

> "Grandes y maravillosas son tus obras,
> Señor Dios Todopoderoso;
> justos y verdaderos son tus caminos,
> Rey de los santos.
> ¿Quién no te temerá, Señor,
> y glorificará tu nombre?,
> pues solo tú eres santo;
> por lo cual todas las naciones
> vendrán y te adorarán,
> porque tus juicios se han manifestado." (Apoc. 15:3–4)

Capítulo 48

LA FIESTA DE BODAS

Gocémonos, alegrémonos y démosle gloria, porque han llegado las bodas del Cordero y su esposa se ha preparado. (Apocalipsis 19:7)

✶

*H*emos seguido los pasos del apóstol Juan desde una playa de Galilea por todo Israel. A veces, como en el atrio del Sumo Sacerdote y luego cerca de la cruz, las únicas huellas de un apóstol fueron las de Juan. Lo seguimos hasta Patmos y Éfeso, y un día lo seguiremos a casa. Me gustó el viaje que hemos compartido, aunque no hemos terminado. Un día, cuando para los creyentes en Cristo todos los caminos lleven al cielo, juntos retomaremos la huella. ¡Que ese grande y glorioso día nuestras pisadas se hallen en la sala del banquete donde celebraremos la fiesta de bodas del Cordero!

Lo bueno de participar de un estudio bíblico para mujeres es que de vez en cuando nos da la oportunidad de mirar una sección particular de las Escrituras precisamente desde el punto de vista femenino. Y les voy a decir una cosa: la lección de este capítulo es asunto de mujeres. A cualquier hombre que esté leyendo, tendré que pedirle paciencia.

Captemos Apocalipsis 19:7–9 en nuestra imaginación hoy. Me gustaría comenzar en el versículo 4:

Entonces los veinticuatro ancianos y los cuatro seres vivientes se postraron en tierra y adoraron a Dios, que estaba sentado en el trono. Decían: "¡Amén! ¡Aleluya!" Y del trono salió una voz que decía: "Alabad a nuestro Dios todos sus siervos, y los que lo teméis, así pequeños como grandes".

Y oí como la voz de una gran multitud, como el estruendo de muchas aguas y como la voz de grandes truenos, que decía:
"¡Aleluya!, porque el Señor, nuestro Dios
    Todopoderoso, reina.
Gocémonos, alegrémonos
y démosle gloria,
porque han llegado las bodas del Cordero
y su esposa
[sugiero que te detengas un momento para captar ese detalle: *su esposa*]
    se ha preparado.
Y a ella se le ha concedido
que se vista de lino fino,
limpio y resplandeciente
(pues el lino fino significa las acciones justas de los santos)".

El ángel me dijo: "Escribe: 'Bienaventurados los que son llamados a la cena de las bodas del Cordero'". Y me dijo: "Estas son palabras verdaderas de Dios".

Yo me postré a sus pies para adorarlo, pero él me dijo: "¡Mira, no lo hagas! Yo soy consiervo tuyo y de tus hermanos que mantienen el testimonio de Jesús. ¡Adora a Dios!" (El testimonio de Jesús es el espíritu de la profecía.)

Entonces vi el cielo abierto... (Apoc. 19:4–11)

Cenicienta, aquí está tu Príncipe encantado:

"Y había un caballo blanco. El que lo montaba se llamaba Fiel y Verdadero, y con justicia juzga y pelea. Sus ojos eran como llama de fuego, en su cabeza tenía muchas diademas y tenía escrito un nombre que ninguno conocía sino él mismo." (Apoc. 19:11–12)

Hay un nombre que no se ha dado a conocer. Nunca ha sido profanado. Celebra hoy conmigo, este nombre nunca pronunciado por labios humanos. Un nombre que solo Él conoce. "Estaba vestido de una ropa teñida en sangre y su nombre es: La Palabra de Dios. Los ejércitos celestiales, vestidos de lino finísimo, blanco y limpio, lo seguían en caballos blancos" (vv. 13–14).

Ahora bien, ¿a quién hemos visto en este contexto, con vestido de lino fino, blanco y limpio? Esa es la novia. "De su boca sale una espada aguda para herir con ella a las naciones, y él las regirá con vara de hierro. Él pisa el lagar del vino del furor y de la ira del Dios Todopoderoso. En su vestidura y en su muslo tiene escrito este nombre: Rey de reyes y Señor de señores" (vv. 15–16). Ha llegado la cena de las bodas del Cordero.

No alcanzamos a imaginar cómo será esta ceremonia de casamiento. Pero ¿qué tal si armáramos, solo entre nosotras, un cuadro a partir de algunas sugerencias tomadas de las Escrituras? ¿Y si, además, pudiéramos prepararnos de alguna manera para esperar con expectativa ese día? ¿Acaso no sería eso parte de la preparación de la novia?

Les cuento que en nuestro hogar estamos precisamente en eso. Para cuando lean estas páginas, nuestra hija Amanda habrá tenido su boda. Estamos en medio de los planes. Lo único que da sentido a los planes y al esfuerzo es hacernos un cuadro anticipado de cómo será. Lo que vale la pena en la preparación de los detalles es poder anticipar una gran celebración. Bueno, si es así cuando la familia Moore prepara una boda terrenal, imagínense cuánto más se aplica esa gran verdad a nuestra futura boda con Cristo. Quiero mirar estos versículos y algunos más para ver indicios bíblicos de lo que podría ser nuestra boda.

1. *Observar que la invitación a la boda comienza con una palabra muy importante: Aleluya.* Este trascendente llamado a la adoración quizá sugiere que, aunque toda tribu, nación y lengua participe de la gloriosa boda, Dios se reserva el derecho de que sea decididamente judía. El llamado a la adoración es: "¡Aleluya!", una palabra bien judía.

Así, basada en esa pequeña insinuación, quisiera presentarte una idea. No estoy segura de estar acertada, pero se me ocurre que lo que nos espera es un grandioso casamiento judío, después de todo tenemos un novio judío. He participado en casamientos judíos. En Houston tenemos la bendición de ser amigos de algunos judíos ortodoxos que suelen invitarme, siempre y cuando me mantenga con la boca cerrada. Hemos podido compartir varias veces la celebración de la Pascua judía y hemos asistido a varios casamientos.

He asistido a ceremonias de distintas denominaciones. Si me permiten, no hay nada comparable a la versión judía. Me gustaría que en el cielo fuera así. Investigué bastante los antiguos casamientos hebreos para preparar esta lección. Vamos a considerar algunas ideas de cómo podría ser nuestra boda, basándonos en algunas costumbres judías a través de los siglos. Para empezar, ya hemos sugerido que probablemente tenga un estilo judío.

2. *En la antigua tradición hebrea, los preparativos de la boda eran responsabilidad del novio y de su padre.* Hasta le proveen el vestido a la novia. "Y a ella

se le ha concedido que se vista de lino fino" (v. 8). Debo decirles que ninguna otra cosa en la vida me ha conmovido tanto como ver a mi hija de 22 años cuando compramos el velo para su vestido de novia. Esta madre nunca antes había visto algo tan encantador como cuando le colocaron el velo a esa chica. Con esa escena en mente, intento imaginar a la esposa de Cristo vestida de lino fino.

Entre tantas otras, elegí mostrarles una cita bíblica en particular que sustenta la idea de que el padre preparaba la boda. Jueces 14:10 dice: "Fue, pues, su padre adonde estaba la mujer". Se refiere a la mujer con quien Sansón quería casarse. "Y Sansón hizo allí un banquete, porque así solían hacer los jóvenes." En aquella tradición, padre e hijo hacían los preparativos de la boda.

Esas son noticias maravillosas para nosotros. Las palabras de Juan 14 vuelven una y otra vez a mi mente: "Voy, pues, a preparar lugar para vosotros. Y si me voy y os preparo lugar, vendré otra vez y os tomaré a mí mismo." Y ahora hago una paráfrasis, pues me imagino que Jesús decía: "Cuando el lugar que estoy preparando esté listo, volveré a buscarlos". Tenemos la extraordinaria dicha de tener un novio carpintero. ¡Sin duda construye bien!

Jesús está preparando un lugar para nosotros, junto al hogar de su Padre. Y cuando esté terminado, vendrá a buscarnos. Ellos se encargarán de todos los preparativos. A nosotras nos toca una responsabilidad y la consideraremos en el siguiente punto.

3. *La principal responsabilidad de la novia era prepararse ella misma.* Ahora bien, antes de intentar explicar esto, quiero contarte algo que Arie, un amigo judío, me comentó: "Por supuesto, Beth, la novia trae el contrato. Nuestro pueblo es uno de los pocos del mundo donde se firma un contrato de ese tipo para casarse. Se llama *ketubbah*". Me sentí fascinada con lo que me contó. La esposa no tiene que firmar ninguna parte del contrato. Este concierne estrictamente al esposo, al novio.

Adivina quién más tiene que firmarlo. Dos testigos, que también quedan obligados por el contrato. Mi amigo dijo: "Es algo más que simplemente actuar como testigos. En alguna medida se hacen responsables por el matrimonio". Cuando mi amigo judío mencionó a los dos testigos, yo por supuesto pensé en la Trinidad.

"Claro que el rabino también tiene que firmar", agregó Arie. Pues bien, Jesús es el Rabí. Él firmará bajo juramento ese contrato que está preparado para nosotros. Arie siguió explicando que durante la ceremonia el novio debe expresar públicamente ante todos los presentes su compromiso hacia la mujer y el carácter sagrado que tiene para él. La novia cumple un papel importante en la ceremonia de casamiento, aunque durante los preparativos una sola cosa ocupa su mente: debe prepararse para el novio.

No pude evitar pensar en las palabras del Salmo 45:10: "¡Oye, hija, mira e inclina tu oído! olvida tu pueblo y la casa de tu padre, y deseará el rey tu hermosura. Inclínate delante de él, porque él es tu señor".

Querido lector, quiero decirte: El Rey desea tu hermosura. A medida que crecemos en Cristo, nos volvemos cada vez más hermosos a los ojos de Aquel para quien nos estamos preparando. No solo eso; la Palabra de Dios dice, en Efesios 5, que nos presentará sin mancha ni arruga. La esposa se prepara.

Una de las mayores prioridades de la preparación de la novia es prepararse en pureza. Es importante que crezcamos en pureza. Nos estamos preparando para el día de la boda. Quiero decirles que eso es una muy buena noticia para mí y para quienes han tenido un trasfondo familiar o una historia difícil. ¿Sabes que seremos presentados a nuestro esposo como una virgen pura? (2 Cor. 11:2).

Debo contarles algo que también mencioné en la guía de estudio *Sea libre*. Me estaba preparando para nuestro vigésimo aniversario de casamiento, pero no se me ocurría en absoluto qué comprarle a mi esposo. Él es un hombre muy sentimental. Hay que regalarle algo sentimental, porque si puede pagarlo, se compra todo lo que le gusta. Entonces dije: "Dios, tienes que decirme qué puedo regalarle a mi esposo. Necesito una gran idea." Oré y oré por eso.

Dios comenzó a sugerirme algo. Comenzó por traerme a la mente el comienzo de nuestro matrimonio y el dolor que sentí en el día de mi boda. Ese fue un día en extremo duro para mí. No sé cómo explicarlo, y no lo entendí hasta muchos años después. Me sentía sumamente avergonzada, porque se suponía que debía sentirme hermosa y no era así.

Hasta me había complicado en asegurarme de tener un vestido que no fuera blanco, porque no quería mostrar una mentira. Seguramente algunos de ustedes están sufriendo porque saben de qué estoy hablando. Es una sensación horrible. Nada en ese día me parecía hermoso.

Siendo niña me había imaginado que, después de casarme, tendría un enorme cuadro de la boda que estaría colgado sobre nuestro hogar a leña. Sin embargo lo más parecido que teníamos a un hogar a leña era un calefactor en el cuarto de baño. Y ni siquiera teníamos dinero para un fotógrafo.

Apenas gastamos lo mínimo. Tampoco compré mi vestido; lo alquilé. Como pueden ver, no fue el día que yo había imaginado.

Por eso, al acercarse nuestro vigésimo aniversario, el Señor comenzó a destapar aquello. "Sabes, Beth —me dijo el Señor, hablándome al corazón— nunca te hiciste ese cuadro."

—¿Qué cuadro?

—La fotografía del casamiento.

—¡Bueno, es un poco tarde!

—¿Quién lo dice?

Entonces el Señor puso en mi corazón la idea de que todavía estaba a tiempo.

—Querida mía —me dijo—, hemos trabajado mucho. Te he restaurado. Es hora de que te pongas un traje blanco de casamiento y te hagas tomar una fotografía para tu esposo.

Llamé a una amiga en Houston, que es maquilladora. Es una joven que realmente ama a Dios. Yo sabía que se emocionaría. Lanzó una exclamación por el tubo del teléfono y la escuché saltar. "No se lo debes contar a ninguno Shannon. En realidad, no se lo puedes contar a nadie. Es un secreto" —le dije. "Me encargaré de todo —respondió—. Cuando vengas, tendré todo listo." Y eso fue lo que hice. Te cuento algo más. Me hizo probar el vestido en una habitación pero no me dejó mirarme en un espejo. Me preparó un vestido blanco radiante de arriba abajo. Lo entalló bien. Me hizo un peinado y me maquilló. Me puso el velo. Recién entonces me sacó de allí y me llevó frente a un espejo. Casi me muero.

No me reconocía. El fotógrafo era tan sensible que se le llenaban los ojos de lágrimas. "Para ser sincero —me dijo—. Nunca he sacado una fotografía a una novia de tu edad... No lo digo por la edad cronológica sino porque has estado casada tanto tiempo." Yo era una novia de 41 años que había estado casada 20.

Coloqué la fotografía en un marco dorado y ornamentado, de 40 x 50. ¿Te imaginas? Hice una copia para mis hijas. También hice una carta para los tres, explicándoles lo que significaba para mí el cuadro.

La noche de nuestro aniversario invité a mis hijas a quedarse, y entregué el cuadro a Keith y a las chicas. Todos leyeron sus cartas al mismo tiempo. Mi esposo es un hombre alto, muy bien parecido, y comenzó a llorar. Se puso de pie con el cuadro y comenzó a caminar por la sala, probando dónde quedaría mejor.

Se detenía en cierto lugar pero sacudía la cabeza, y luego hacía lo mismo en otro. Al final fue directamente hacia una de las paredes. Mis hijas y yo contuvimos el aliento porque nos dimos cuenta en qué estaba pensando. Dejó a un lado el cuadro, inspiró como para juntar valor, y luego sacó de la pared el trofeo de caza, un ciervo.

Las lágrimas le corrían por las mejillas y yo pensé: "Llora por su ciervo". Colgó el cuadro, y allí sigue todavía. Dio un paso atrás y dijo: "Este es el trofeo de mi vida". Eso es una novia restaurada, y cualquiera de nosotros puede serlo. Podemos ser restaurados y preparados por completo. ¿Le creeremos a Dios, o no? Yo elegí creer en Él porque, de lo contrario, hubiera terminado destruyéndome a mí misma.

Otra parte de la preparación de la novia judía implicaba un baño especial de agua limpia y aceite fragante para purificarse. Según Arie es el *mikveh*, el baño ritual. Yo estaba leyéndole mis notas, y entonces me dijo: "En realidad, Beth, no se trata simplemente de agua limpia; es agua viva". "¡Ahhh! ¡Cuéntame!", exclamé.

También descubrí que la novia elegía joyas finas para usar el día de la boda. Era una parte importante del proceso. El *Dictionary of Biblical Imagery* [Diccionario de figuras bíblicas] dice: "Las joyas de una novia representan que está lista para el novio. Con frecuencia esas joyas eran regalos del novio y de su familia".[4]

Quiero que veamos las citas bíblicas, para que te des cuenta que no estamos conjeturando solo a partir de las costumbres. Esas antiguas tradiciones tenían su origen en la Palabra. Jeremías 2:32 dice: "¿Puede olvidarse una mujer de sus joyas y adornos de novia?" (VP). Como vemos, esto nos habla de que la mujer se adornaba con sus mejores joyas para la boda.

Quisiera sugerir qué cosa podrían representar esas joyas en el cumplimiento final del nuevo pacto. El apóstol Pablo habló del tribunal de Cristo. En el juicio no pesará sobre ti ni sobre mí ninguna condena. No tendremos que pararnos frente al gran trono blanco que se describe en Apocalipsis. Los cristianos estaremos frente al tribunal de Cristo donde recibiremos nuestra recompensa, o no; pero no habrá condena. Nadie proyectará una cinta de video con tus peores momentos. Eso no ocurrirá.

Me gustaría que leas algo en 1 Corintios 3:12-15: "Si alguien edifica sobre este fundamento [está hablando del fundamento de Jesucristo] con oro, plata y piedras preciosas, o con madera, heno y hojarasca, la obra de cada uno se hará manifiesta, porque el día la pondrá al descubierto, pues por el fuego será revelada. La obra de cada uno, sea la que sea, el fuego la probará.

Si permanece la obra de alguno que sobreedificó, él recibirá recompensa. Si la obra de alguno se quema, él sufrirá pérdida, si bien él mismo será salvo, aunque así como por fuego".

En otras palabras, estaremos frente al tribunal de Cristo. Todo lo que en esta vida hayamos construido sobre el fundamento de Jesucristo con motivaciones puras y con la intención de glorificar al Señor y no a nosotros mismos, se volverá como el oro, la plata y las piedras preciosas. El resto de las cosas que hacemos, todo el esfuerzo, la energía malgastada, lo que no se construye sobre el fundamento de Cristo, simplemente arderá como la madera, el heno y la hojarasca.

Después que haya venido el fuego del juicio, no para quemarnos sino para decidir qué obras resistirán la prueba del juicio, ¿qué quedará? El oro, la plata y las piedras preciosas. Creo que esas son las joyas que usaremos al llegar a nuestra boda.

Hemos visto los diferentes pasos de la preparación de un casamiento judío. Ahora vayamos a la ceremonia en sí que se realizaba bajo el toldo de boda o *huppah*. Era tradicional que la novia judía caminara en círculos alrededor del novio, costumbre que según algunos estudiosos, tenía su origen en Jeremías 31:22: "La mujer ronda al varón" (BJL).

Cuando pregunté a Arie sobre esto, me dijo:

—Tal vez no te guste…

—Está bien, veamos.

—Bueno, hay distintos puntos de vista, pero el enfoque chauvinista dice que ella circula a su alrededor para expresar que estará a su servicio —me explicó.

—En otras palabras, ella andará siempre dando vueltas alrededor de él —dije yo.

—No, no dije eso; tú lo dijiste —contestó sonriendo.

—Sabes, Arie, eso no nos molestaría —le dije—. Porque en Apocalipsis 7 dice que serviremos para siempre a Cristo en su trono, día y noche. Es sirviéndole que alcanzamos dignidad. Nos da gozo hacerlo, y nos renueva por medio del Espíritu Santo. Para mí, está perfecto.

Durante la ceremonia se pronunciaban siete bendiciones. Tal vez esto te resulte familiar. Esas siete bendiciones, me explicó Arie, las expresaban las personas importantes que asistían a la ceremonia. Generalmente las iniciaba el rabino. Después quizás seguía el suegro, o un tío, o un hermano mayor. Siempre serían siete, y la séptima era sobre Jerusalén. Esto me pareció un dato curioso. Siempre sobre Jerusalén. La bendición decía algo así: "Bendito seas, Señor, Constructor de Jerusalén, quien un día reconstruirás el templo."

¿Qué supones que harían después? ¿Cuál es la parte que tú y yo conocemos un poco mejor? Rompen una copa. Entonces Arie dijo:

—Hay quienes dicen que la copa rota inicia la gran ceremonia, pero no se trata de eso. La copa se rompe para fomentar en los presentes un momento de reflexión, para que en medio de la gran celebración recuerden (cito sus palabras exactas) "que nuestro gozo es incompleto".

—Bien, Arie —le dije—. ¿Y qué hace que nuestro gozo sea incompleto? (¿Recuerdas todas las veces que Cristo dijo "Que mi gozo sea completo"?) ¿Qué hace incompleto nuestro gozo, Arie?

—Dos cosas —respondió—. La primera es que tenemos seres queridos que no están en la boda porque ya han fallecido. La segunda es que por ahora no hay templo en Jerusalén.

Para los que pertenecemos al Nuevo Pacto, ambas situaciones han sido satisfechas. En relación con nuestros seres queridos: los que murieron en Cristo estarán presentes en la boda del Cordero.

En cuanto al templo, leemos en Apocalipsis 21:1–3: "Entonces vi un cielo nuevo y una tierra nueva, porque el primer cielo y la primera tierra habían pasado y el mar ya no existía más. Y yo, Juan, vi la santa ciudad, la nueva Jerusalén, descender del cielo, de parte de Dios, ataviada como una esposa hermoseada para su esposo. Y oí una gran voz del cielo, que decía: 'El tabernáculo de Dios está ahora con los hombres. Él morará con ellos, ellos serán su pueblo y Dios mismo estará con ellos como su Dios.'" Los versículos 22–23 del mismo capítulo dicen: "En ella no vi templo, porque el Señor Dios Todopoderoso es su templo, y el Cordero. La ciudad no tiene necesidad de sol ni de luna que brillen en ella, porque la gloria de Dios la ilumina".

¿No es grandioso? ¿Comprendes que nuestro gozo se completa? Nuestros seres queridos estarán presentes, y Dios y Cristo son el templo.

Este es el gozo que se expresaba en las bodas judías. Aunque durante la preparación hubieran tenido lugar la purificación personal y el profundo arrepentimiento, el día mismo de la boda estaba marcado por un gran júbilo. De hecho, no se permitía ningún lamento. Si uno estaba de duelo, no podía asistir al casamiento.

Apocalipsis 19:7 dice: "Gocémonos, alegrémonos y démosle gloria, porque han llegado las bodas del Cordero y su esposa se ha preparado". ¡Gocémonos! *Gozar* significa más o menos lo que tú piensas que significa. Pero *alegrarse* es un paso más. Viene de la palabra *agallió*, en la lengua griega original, que significa "exultar". Regocijarse en extremo. Con frecuencia significa saltar de gozo. Mostrar el gozo saltando, brincando o bailando. Expresar enorme gozo.

¿Te gusta la idea? Un gozo y un placer inmenso o extático. Este sí será un casamiento incomparable. Hablamos de saltar, brincar, mostrar un gozo exhuberante, bailar.

Imaginemos el momento en que levantan a los novios en sus sillas. Esa también podría ser otra imagen que tenemos de un casamiento judío. El Señor me trajo a la mente dos versículos. Efesios 1:20-21 nos dice que Dios resucitó a Jesús "de los muertos y sentándolo [ahí está nuestra palabra clave] a su derecha en los lugares celestiales, sobre todo principado y autoridad, poder y señorío". Adivina lo que dice Efesios 2:6. "Juntamente con él nos resucitó, y asimismo nos hizo sentar en los lugares celestiales con Cristo Jesús." Si esas no son dos sillas levantadas, ¿qué son entonces?

Hemos visto mucho en las Escrituras acerca del casamiento, pero también quiero que veamos Isaías 62:5. Dice: "Como el gozo del esposo con la esposa, así se gozará contigo el Dios tuyo". ¿Te das cuenta de que tu Dios se gozará contigo, y de que tu Rey deseará tu hermosura? Isaías describió el suceso:

Y Jehová de los ejércitos
hará en este monte a todos los pueblos
banquete de manjares suculentos,
banquete de vinos refinados,
de sustanciosos tuétanos
y vinos generosos.
Y destruirá en este monte
la cubierta tendida sobre todos los pueblos,
el velo que envuelve a todas las naciones.
Destruirá a la muerte para siempre,
y enjugará Jehová el Señor las lágrimas
de todos los rostros
y quitará la afrenta de su pueblo
de toda la tierra;
porque Jehová lo ha dicho.
Se dirá en aquel día:
"¡He aquí, este es nuestro Dios!

Le hemos esperado, y nos salvará.
¡Este es Jehová, a quien hemos esperado!
Nos gozaremos y nos alegraremos en su salvación".
(Isa. 25:6–9)

¿Comprendes lo que dicen estos versículos? Después de lo difícil y desafiante que es para nosotros la vida en esta tierra, ¿te das cuenta de que cuando todo haya terminado, lo único importante será haber confiado en Él? Que cuando lo veamos cara a cara podamos decir: "Este es mi Dios; en Él confié".

Quiero terminar el capítulo con otro pensamiento creativo, solo para estimular tu imaginación. Cuando escribí esto por primera vez hace un par de años, pensaba, a partir de Apocalipsis 19, que la fiesta de bodas precedería a la segunda venida de Cristo. Pero ahora no estoy tan segura. Podría ser *después* de la segunda venida, aunque no lo sé con certeza. En ese momento lo escribí según lo que entendía entonces. De todos modos es ficción. Oro para que seas bendecido mientras intentamos visualizar estas imágenes con nuestra imaginación.

Nunca en la historia del cielo y la tierra hubo antes una fiesta semejante. Flores increíbles de texturas y colores que ningún ojo humano ha visto adornaban cada mesa. El aroma de la comida impregnaba todo el salón del banquete. Pan del cielo, recién horneado. Cazuelas llenas de miel y mantequilla. Frutas y verduras exclusivas de los menús del cielo. Copas de oro y de plata llenas del fruto de la vid. El Novio no había vuelto a levantar la copa desde la última reunión con sus doce amados en el aposento alto. Menos uno, los doce que se reunieron esa noche trascendental, pocos siglos más tarde se habían convertido en miles y miles.

Juan el Bautista estaba de pie a su lado, como amigo personal del Novio, e inició el brindis: "Por el Cordero de Dios, que quitó los pecados del mundo, y por su hermosa esposa virgen".

"¡Aleluya, nuestro Señor reina!" respondió la multitud, mientras todos levantaban la copa y bebían. Las risas y la jubilosa camaradería colmaban el salón; los nuevos santos celebraban junto a los antiguos. Pedro y Juan, inseparables como siempre, reían al lado de Spurgeon, Billy Graham y Luis Palau. Pablo se reclinaba y sonreía como un padre mientras Timoteo cautivaba a toda la mesa con las viejas historias. La misionera holandesa Corrie ten Boom se encontraba también allí. Cerca de ella estaban los que habían conocido al Señor en el mismo campo de concentración. Estaban cubiertos con mantos de salvación y comían hasta saciarse. La misionera Amy Carmichael cortaba pan y convidaba porciones generosas que unas manos hindúes oscuras y hermosas recibían con gusto. Zaqueo, que solo había visto parte de la escena desde la rama del árbol, hacía interminables preguntas a un hombre llamado Billy Graham, que había viajado por todo el mundo.

Los instrumentos tocaban las melodías de todos los tiempos al son de las gloriosas trompetas. Muchos bailaban con panderos. Se entonaban melodías a siete voces. El Esposo estaba sentado a la cabecera de la mesa, cautivado por su esposa. Hablaba con todos, los saludaba y les prestaba la mayor atención. Mientras escuchaba con atención una historia narrada con pasión, el sentimiento de que el Padre tenía puestos los ojos en Él le hizo perder la concentración. Apretó con delicadeza la mano del testigo que estaba hablando, para indicarle que cambiaba el objeto de su atención. Luego se volvió hacia el trono del Padre. Sobraban las palabras. Sabía bien lo que significaba esa expresión. El Esposo asintió y miró a su esposa.

Cuando deslizó la silla para ponerse de pie, el sonido silenció a todos los presentes. Los ángeles se quedaron como helados. Los invitados se estremecieron. La esposa abrió grandes los ojos. Nadie se movió excepto el Esposo. Como si hubieran despertado repentinamente de un trance, un grupo de ángeles desapareció de la vista, y regresó instantes más tarde, portando innumerables coronas. Nadie se movía, pero todos podían ver. Las señales de la realeza eran visibles desde todos los ángulos del salón. Cuando los ángeles pusieron la última corona en la cabeza del Esposo y retrocedieron, los santos contuvieron la respiración. Aunque las coronas eran muchas, envolvían su cabeza como una única diadema. Todos los dominios pertenecían al Cordero en su trono.

A la distancia se escuchó un débil sonido. Al principio no fue fácil verlos; sin embargo, finalmente se acercaron y se hizo claro el rítmico retumbar del casco de los animales. Solo el Esposo estaba de pie, y todos los santos se incorporaban en sus sillas y se esforzaban por ver. Gabriel traía el animal más magnífico que se

haya creado para su Jinete. Tenía la piel blanca con reflejos semejantes a perlas. Su crin era como hebras de oro. Tenía los ojos
como el vino. Los músculos se tensaban bajo la piel y mostraban
su estado impecable. El Esposo lo miró con aprobación y sonrió
con afecto, mientras le palmeaba el poderoso cuello. Dos querubines se adelantaron con un baúl de madera lleno de oro y joyas
brillantes. Cuando abrieron la tapa, los santos debieron cubrirse
los ojos ante la luz enceguecedora. El radiante resplandor se opa-
có levemente cuando extrajeron de allí una túnica carmesí y la
colocaron sobre los hombros del Esposo. Ataron borlas de oro alrededor del cuello, y un serafín extendió hacia adelante la cauda
de su manto real. Las palabras estaban bordadas en púrpura oscuro: "Rey de reyes y Señor de señores". El Fiel y Verdadero
puso el pie en el estribo y montó su caballo. La bestia inclinó la
cabeza como para hacer la reverencia y luego la levantó con un
tácito gesto de responsabilidad. El Esposo tiró de las riendas sua-
vemente hacia la derecha y el animal giró con obediencia ejem-
plar. Nadie se movía. Nadie hablaba. Nadie quitaba los ojos del
Jinete ni del caballo blanco. Allí quedaron preparados, de espaldas al público, esperando.

Repentinamente emergió un sonido como de un trueno. La
tierra tembló bajo sus pies. Todos los santos podían oír en su corazón el eco del retumbar de miles de timbales. El Esposo liberó la
visión, al hacerse a un lado las paredes del salón con un estruendo
ensordecedor. Había un círculo de caballos que superaban la imaginación, alados y preparados para volar. Las cuatro criaturas, una
con cara como de león, otra con cara como de buey, una con cara
de hombre y otra con cara como de águila, volaron sobre las cabezas de los santos y cantaron el himno: "¡Todos de pie!" Los santos,
vestidos de lino blanco, se levantaron de sus sillas y montaron sus
caballos. El Esposo atrajo la atención de todos los santos. Todavía
de espaldas, preparó su caballo. De pronto brotó un vapor de la
tierra que cubrió los cascos del caballo del Fiel y Verdadero. A medida que el vapor subía por sus muslos, la niebla se convirtió en
una nube que envolvía centímetro a centímetro al Jinete. Su brillo
aumentó y se hizo tan radiante como el sol. Tan grande era su gloria que la nube trepó hasta sus hombros y cubrió su cabeza para
proteger los ojos de los santos.

El conocido escenario celestial fue repentinamente trasformado y apareció el cielo azul bajo sus pies. Un sonido ensordecedor llegó desde el cielo como si quitaran un pesado velo. El cielo bajo sus pies se enrolló como un pergamino y los habitantes del cielo quedaron suspendidos en la atmósfera de la tierra. Su destino era el planeta. El Esposo dio la señal. La columna de nube que lo envolvía les indicaría el rumbo. La nube descendió rápidamente hacia la Tierra. Los caballos que iban detrás mantenían un galope perfecto. La Tierra se agrandaba a medida que se acercaban y pudieron distinguir los océanos y los continentes. La Tierra giró hasta que Jerusalén quedó hacia arriba. La columna de nube hizo un amplio círculo hacia la derecha para que el Jinete llegara desde el este.

El sol puso fin a la noche cuando salió sobre la ciudad de Sión y despertó a todos los habitantes del país. Los rayos que entraron por las ventanas eran diferentes a los de cualquier otra mañana. Todos los que lo vieron, percibieron que se acercaba algo sobrenatural. Los habitantes malvados de las casas de Jerusalén, los que habían echado al pueblo de Dios de sus hogares, se tapaban los ojos mientras se volcaban a las calles de la ciudad. Toda Israel se despertó, y los valles se llenaron de personas que miraban hacia arriba hasta donde alcanzaban a ver, algo pavorosamente sobrenatural. Seres humanos escuálidos salían uno por uno de las cuevas y de las grietas, eran los que no tenían la marca de la bestia. Sus ojos trataban de adaptarse a la repentina y anormal invasión de luz, luego de estar escondidos en la oscuridad durante tanto tiempo. Todo ojo miraba hacia la sorprendente columna de nube que se acercaba exactamente por el este de la ciudad de Sión. La nube se detuvo en el aire.

De repente el velo divino comenzó a enrollarse centímetro a centímetro, dejando ver primero los cascos del gran caballo blanco, luego los pies del Jinete que parecían brasas ardientes en los estribos. Su manto carmesí pudo verse poco a poco hasta que parecía cubrir el cielo. Su nombre ascendió sobre todos los nombres. La nube se elevó por encima del hombro del Jinete y el conocimiento de Dios fue revelado en el rostro de Jesucristo. Sus ojos ardían como llamas en cada corazón. Los que habían adoptado la marca de la bestia huían para salvar su vida, empujando en su carrera al pueblo de Dios. Buscaban refugio en las cuevas. Los hombres del pacto de Dios y quienes los habían ayudado permanecieron en la luz atraídos por la escena gloriosa. El aire se llenó de lamentos. El Jinete desmontó de su cabalgadura y sus pies tocaron tierra en el monte de los Olivos. La tierra tembló de una manera indescriptible. Todos lo que se habían escondido perdieron su refugio.

Los grandes ojos marrones de un niño pequeño permanecieron fijos en la escena. Cuando sonrió con candidez, la blancura de sus dientes contrastaba con la suciedad de su cara. Se acercó a su madre y le apartó las manos huesudas con que se tapaba la cara y se las sostuvo con bondad. Con una inocencia que solo esa visión podría haber restaurado, le dijo: "Mira, mamá, no llores más. Ese es nuestro Dios. Confiamos en Él y nos salvó". Así sea, Señor Jesús, ven pronto.

Capítulo 49

LA DESTRUCCIÓN
DEL DIABLO

Y el diablo, que los engañaba, fue lanzado en el lago de fuego y azufre donde estaban la bestia y el falso profeta; y serán atormentados día y noche por los siglos de los siglos. (Apocalipsis 20:10)

⚡

*P*ocas palabras caracterizan el fin de los tiempos mejor que la palabra *intenso*. Como señalamos antes, todo, lo bueno y lo malo, se intensificará como un *crescendo* de *shofár* (trompeta de cuerno de carnero) aclamando al Rey de reyes y a su gobierno, que no tendrá fin. No hay manera de saber la forma en que Dios cumplirá "todas las cosas según el designio de su voluntad" (Ef. 1:11). Sin embargo, podemos confiar en un Dios sabio, soberano y supremo que no puede hacer ningún mal. Uno de los versículos que tengo en mi archivo personal de tarjetas es Daniel 4:37. Cuando lo leo en voz alta pongo mi nombre en lugar del de Nabucodonosor, para que tenga relación con mi propia vida. Te sugiero que leas este pasaje de las Escrituras en voz alta poniendo tu propio nombre.

Ahora yo, _____, alabo, engrandezco y glorifico al Rey del cielo, porque todas sus obras son verdaderas y sus caminos justos; y él puede humillar a los que andan con soberbia. (Dan. 4:37)

Quiero separar en cuatro partes el estudio de estas Escrituras relacionadas. **Parte 1:** Apocalipsis 19:11–21 nos presenta un pavoroso cuadro de Cristo a la cabeza de su ejército, cuando viene a pelear con la bestia y sus seguidores. El resultado se convierte en "la gran cena de Dios" (v. 17). Aunque espero con más entusiasmo del que puedes imaginarte la fiesta de bodas del Cordero, créeme, no quisiera tener nada que ver con la gran cena. Cristo mata a sus enemigos, y un ángel convoca a las aves de los cielos a un banquete. Las aves del cielo integran la lista de invitados a la fiesta y los que rechazan a Cristo son el menú.

Aunque parezca irracional, multitudes de personas seguirán reuniéndose con la bestia para luchar en contra del Jinete a caballo y de su ejército. Aun después de señales, maravillas y favores divinos sin precedente, que abarcan desde lo compasivo hasta lo severo, muchos se negarán a arrepentirse. Tendrán el necio descaro de enfrentarse como enemigos al resplandeciente Hijo de Dios. ¿Por qué? Cuando las personas rechazan a Dios a pesar de la abrumadora evidencia a su favor, hay una razón que supera a todas las demás: la falta de disposición para aceptar la autoridad.

A partir de pasajes gloriosos de las Escrituras, como Apocalipsis 7:9, tengo la convicción de que muchísima gente se volverá a Cristo y será salva en los últimos días. Apocalipsis 19 y 20 también nos dicen que muchos perecerán a causa de su arrogante resistencia a volverse a la Verdad. No puedo menos que señalar la mención a los "reyes de la tierra". La Palabra insinúa que algunos de aquellos que se negarán a inclinarse serán conocidos agentes de poder en la tierra. Sus ansias de dominio los llevará literalmente a la muerte. ¡Qué necedad! Por no querer inclinarse ante un Dios justo, se inclinarán ante el príncipe del infierno.

El plan de Satanás es tan antiguo como su primera aparición en el huerto. Él intenta convencer a los seres humanos de que pueden ser sus propios señores, sus propios dioses. Esto es un engaño. Fuimos creados para adorar e inclinarnos. (Tal vez esa sea justamente la razón por la que Dios creó nuestras piernas provistas de rodillas.) Fuimos hechos para servir bajo un mandato mayor. El hombre no tiene autoridad soberana. No podemos ser nuestros propios jefes, no importa cuánto nos esforcemos por negar el propósito para el que fuimos creados. Sí, Dios designa a los gobiernos humanos y pone a las personas en posiciones elevadas pero siempre bajo su divino dominio. En Daniel 4:37 Nabucodonosor puede enseñarnos mejor que nadie el principio que gobierna la vida. Él aprendió, por el camino más difícil, que aquellos que ponen su confianza en los reinos de la tierra pagan un precio muy alto.

Apocalipsis 19:15,21 deja en claro exactamente qué hará Cristo para derrotar a sus enemigos: usará la espada de su boca. Creo que la espada simboliza la lengua de Cristo porque Él derrotará a sus enemigos por medio de las palabras de su boca. Es la misma boca que ordenó que existiera el universo y puso a la tierra en su órbita. A diferencia de mí, Cristo no necesita usar las manos para hablar ni para derrotar a sus enemigos. Él habla, y su voluntad se cumple.

Qué oportuno que Dios haya asignado al apóstol Juan el privilegio de anunciar el título con el que regresará Cristo, tal como se anuncia en Apocalipsis 19:13: "Estaba vestido de una ropa teñida en sangre y su nombre es: La Palabra de Dios". Ningún otro autor inspirado manifestó esta visión del Logos. La misma Palabra que se hizo carne para habitar entre nosotros también regresará con un grito de victoria cuando sus enemigos caigan a sus pies. Toda rodilla se doblará... de una u otra manera.

Veamos ahora la porción siguiente del texto.

Parte 2: En Apocalipsis 20:1–6 Juan vio a un ángel que descendía del cielo y que sostenía dos objetos. El ángel tenía la llave del abismo y una gran cadena. "Prendió al dragón, la serpiente antigua, que es el Diablo y Satanás, y lo ató por mil años" (v. 2).

Qué ironía que las referencias a una "gran cadena" y a ser "desatado" se encuentran precisamente aquí, en pasajes que profetizan el futuro del diablo. Las Escrituras dicen que Satanás estará atado por 1000 años antes de ser arrojado al lago de azufre ardiente (Apoc. 20:10). Los eruditos están muy divididos con respecto a la extensión del tiempo mencionado. No tengo ningún problema en imaginarme un reinado literal de 1000 años de Cristo en la tierra. Al mismo tiempo, reconozco que 2 Pedro 3:8 dice que para el Señor mil años son como un día. Este versículo nos invita a no ser dogmáticos al asignar una duración precisa a los mil años.

Observo un hecho innegable en Apocalipsis 20:2. No importa cuál sea el marco de tiempo, Satanás estará atado, y me alegra mucho que se utilice una gran cadena. ¡Qué apropiado! Algunos se preguntarán por qué Dios se molestaría en encadenarlo por un tiempo, en lugar de simplemente arrojarlo de inmediato al lago de fuego. Querido amigo, en lo que a mí respecta, ¡los últimos días serán el mejor momento para que Satanás esté encadenado! Tal vez, para todos aquellos que hemos implorado: "¿Cuánto tardarás, Señor soberano, en vengar nuestra esclavitud?" No veo la hora de que Satanás sepa qué se siente al estar encadenado. ¡Es más, creo que la "gran cadena" se forjará con todas las que se han soltado de nuestros tobillos!

Quiero que Satanás experimente el mismo tipo de impotencia con que nos ha engañado a muchos cuando veíamos a otros libres y no teníamos la menor idea de qué forma llegar a ser como ellos. ¡Alabado sea Dios por la verdad que nos hace libres! Satanás hizo lo imposible por mantenerme atada y destruir mi vida, mi familia, mi testimonio y mi ministerio; sin embargo, Dios lo derrotó con el poder de su brazo extendido. El futuro mostrará que Satanás no solamente será derrotado sino que también será vengada toda su maldad hacia nosotros. Sospecho que sientes lo mismo que yo.

Un sombrío conjunto de cadenas vengará todos los males que Satanás nos hizo. ¿Cómo será el mundo mientras Satanás esté encadenado? Sobre la base de mi propio estudio de los últimos tiempos, me inclino a pensar que el período en que Satanás estará atado en el abismo coincide con el reinado de Cristo en la tierra, un reino caracterizado por la paz, la justicia y la seguridad. No obstante, tengamos en mente que otros fieles estudiosos de la Palabra de Dios advierten una diversidad de formas en que se puede entender este pasaje. Dios hará su voluntad a su manera, no importa qué opinemos. Cuando todo se haya cumplido, probablemente nos quedemos boquiabiertos.

Apocalipsis 20:3 presenta lo que parece la ironía final. Después de un período de cautiverio, Satanás será "desatado" por Dios "por un poco de tiempo". ¡Permíteme decir un tanto en broma que este ejemplo podría sugerir que Dios tiene poder para desatar a cualquiera! Por supuesto, esa "libertad" no será libertad del pecado y la rebelión, sino libertad para volver a rebelarse contra Dios. Nuestro siguiente pasaje nos dice qué ocurrirá.

Parte 3: Apocalipsis 20:7–10 dice que el diablo volverá a juntar fuerzas para luchar contra Dios. Él y su ejército rodearán "el campamento de los santos y la ciudad amada", pero descenderá fuego del cielo y los consumirá (v. 9). Supongo que no necesitamos preocuparnos en cuanto a que Satanás aprenda la lección mientras esté encadenado en el abismo. Satanás es la personificación del mal y volverá a sus viejos trucos apenas sea liberado, y lo hará fortalecido por una ira cada vez mayor.

Juan 8:44 provee una de las más precisas descripciones de Satanás en las Escrituras. Jesús dijo: "Él ha sido homicida desde el principio y no ha permanecido en la verdad, porque no hay verdad en él. Cuando habla mentira, de suyo habla, pues es mentiroso y padre de mentira".

Cuando Satanás sea nuevamente liberado sobre la humanidad, vendrá hablando en su lengua nativa. Su lenguaje es tan engañoso que puede atrapar al ser humano más inteligente si lo encuentra indefenso, y luego usar a esa persona para engañar a otras. No te equivoques: las personas engañadas engañan a otras. Si alguna vez has tratado con una persona profundamente engañada y engañadora, sabrás que la única defensa es la oración. Es inútil razonar con ellas. Solo el poder de Dios, que obra maravillas, puede romper el círculo del engaño.

Al final de los tiempos, Satanás sabrá que le queda una sola munición contra nosotros. Por lo que vemos en las Escrituras, es evidente que hará su mejor disparo. En la rebelión final, las multitudes elegirán oponerse al santo Hijo de Dios. Cabe decir que para ese momento Cristo se habrá manifestado plenamente. Apenas alcanzamos a imaginar las maquinaciones que usará el maligno para convencerlas de que él puede prometer más que Dios el Creador. Sospecho que les hará creer que están eligiendo su propia lujuria y codicia en lugar de una eternidad de santidad en presencia de Dios. Sabrán la verdad, pero elegirán una mentira. Pensando que se eligen a sí mismos, estarán eligiendo al diablo.

A diferencia de lo que pintan las torpes y soberbias filosofías del hombre moderno, el infierno no será una gran fiesta. El infierno será la eterna esclavitud al tormento. No soporto pensar en ello y quisiera que nadie fuera allí. Veamos la última sección de las Escrituras en esta lección.

Parte 4: Apocalipsis 20:11-15 nos habla del juicio del "gran trono blanco". Según mi comprensión de las Escrituras y el juicio final, solo los perdidos estarán frente al gran trono blanco. Este trono de juicio parece diferir del representado en 1 Corintios 3:10-15 y 2 Corintios 5:1-10. Los que conocen a Cristo estarán frente a su tribunal, donde aquellos que lo han servido con amor y obediencia recibirán sus recompensas. El tribunal para los salvos no será un lugar de condenación (Rom. 8:1).

Los pasajes que tenemos en Apocalipsis describen una escena muy diferente. Como vemos, el gran trono blanco parece ser un tribunal donde solo se lleva a cabo la condenación. Toda persona que ha rechazado a Dios estará delante de Él en ese aterrador día. Aunque el cielo y la tierra tratarán de huir de su pavorosa presencia, los que han rechazado a Dios no tendrán a dónde escapar.

Apocalipsis 20:13 afirma que cada persona que enfrenta al gran trono blanco será juzgada: "y fueron juzgados cada uno según sus obras". Hay una semejanza entre estos juicios. La recompensa se dará según las obras de los salvos por la sangre del Cordero. De la misma manera, el castigo se dará según las acciones de los que rechazaron el sacrificio de Jesús por ellos.

Estoy convencida de que Apocalipsis 20:13 sugiere diferentes niveles de castigo, según el grado de profundidad y alcance del mal realizado por cada persona. ¿Por qué habría de pensar de otra manera? ¿Acaso no tenemos un Dios justo? ¿Acaso no mira el corazón y los hechos individuales de cada hombre o mujer que deberá rendir cuentas? El lago de fuego será un lugar de tormento para todos sus habitantes, pero creo que las Escrituras enseñan con claridad que el castigo variará según los hechos de cada persona. El Juez Justo conoce cada pensamiento y discierne con justicia las motivaciones de nuestro corazón. Como aprendimos en Romanos 2:2, sus juicios se fundamentan en la verdad.

Dios comenzó la magnífica creación de la humanidad con un hombre. Aunque el planeta Tierra ahora está cubierto por 6000 millones de personas, Dios sigue soplando el aliento de vida en cada ser, uno por uno. Fuimos hechos para Dios y destinados a buscarlo. Dios creó un universo y un orden con el propósito divino de que fueran un constante testimonio de su existencia. Los cielos declaran de manera incesante la gloria de Dios, y todos los que lo buscan de verdad lo encuentran.

A Dios no le pasará desapercibida en el cielo la ausencia de una sola persona. Así tampoco ni una sola pasará frente a Dios sin que Él lo advierta. Nadie será arrastrado en forma accidental a un mar de almas anónimas. Dios no es descuidado. Conoce de manera íntima cada alma que se niega a reconocerlo. Nos creó para que nos relacionemos con Él y jamás podría juzgarnos con una fría y árida indiferencia. Porque Dios amó tanto al mundo que envió a su Hijo para buscar y salvar a los perdidos. Aunque nadie podrá evitar la mirada de Dios, muchos se negarán a ser "encontrados".

La apasionada súplica de Ezequiel 33:11 aumenta el volumen a medida que se acerca el día: "Vivo yo, dice Jehová, el Señor, que no quiero la muerte del impío, sino que se vuelva el impío de su camino y que viva. ¡Volveos, volveos de vuestros malos caminos! ¿Por qué habéis de morir, casa de Israel?"

Capítulo 50

LA NUEVA JERUSALÉN

Y yo, Juan, vi la santa ciudad, la nueva Jerusalén, descender del cielo, de parte de Dios, ataviada como una esposa hermoseada para su esposo.
(Apocalipsis 21:2)

✶

*E*n todo nuestro estudio del Apocalipsis nos hemos preocupado por entender lo que Juan vio. En el desarrollo de nuestra próxima sección, me gustaría aprehender nuevamente a quien fue designado para contemplar esas escenas. He llegado a amar a Juan a través de este estudio. Disfruto imaginándolo apenas un adolescente, cuando Cristo le propuso que lo siguiera. ¿Le habrán hecho bromas los demás al mismo tiempo que lo trataban con favoritismo? Aquellos hombres tuvieron profundas relaciones interpersonales. Trabajaban juntos, viajaban juntos, comían juntos, dormían juntos bajo las estrellas. Juntos vieron maravillas y horrores. Juntos se lamentaron y juntos confiaron. No estoy segura de que muchos de nosotros podamos ostentar el tipo de relaciones que gozaron esos hombres.

Pasaron los años, y ese pequeño grupo de apóstoles se dispersó, como si fueran semillas arrojadas por la mano del Jardinero. Sus dedos soberanos esparcieron algunas en suelo no muy distante de su tierra natal, pero con el giro de su puño, otras cruzaron los mares. Juan fue uno de ellos. Su exilio a Patmos le ocasionó muchas situaciones no deseadas, aunque un regalo agridulce de la desolada isla con toda seguridad fueron los recuerdos. Juan habrá reflexionado en las muchas vueltas del destino divino que lo habían llevado a ese montón de rocas que emergían del mar.

Entonces a sus espaldas sonó esa voz fuerte como una trompeta que le dijo: "Escribe en un libro lo que ves". Escribió entonces en un lenguaje humano que apenas alcanzaba a sugerir la hondura de una realidad indescriptible. ¡Imagínate si te hubiera tocado ver lo que Juan describió! ¿Te das cuenta que Juan "vio" a Satanás? Igual que nosotros, había presenciado su actividad en miles de formas, pero nunca había observado su esencia visible y profana. En la visión de Apocalipsis 20, lo vio atado, desatado y finalmente condenado. Ten en cuenta que es probable que Juan haya sobrevivido a su exilio en Patmos. Los escritos de los primeros padres de la iglesia indican que luego regresó a Éfeso.

No sabemos cuánto tiempo vivió Juan, pero podemos imaginar la manera en que sus visiones habrán afectado su forma de pensar y de enseñar de allí en adelante. Imaginemos ahora a Juan contemplando el juicio final de los perdidos, frente al gran trono blanco. No separes las visiones de la personalidad y la constitución emocional a través de las cuales las procesó. Piensa en el corazón tierno de este discípulo. Juan tenía más para decir del amor de Dios y del amor de unos por otros que cualquier otro escritor del Nuevo Testamento. Quizás era él quien menos hubiera querido ver a las personas ignorar el amor de Dios y perecer. Ante sus propios ojos el mar, la muerte y el Hades entregaron sus muertos, los que no habían creído, y estos fueron juzgados según sus obras. Después que la muerte y el Hades fueron arrojados en el mar de fuego, los incrédulos fueron arrojados también allí. ¡Y Juan lo vio! Es inevitable que esas visiones hayan afectado su ministerio de ahí en adelante.

Veamos ahora la primera palabra de Apocalipsis 21:1: "Entonces". Querido hermano, cuánto agradezco a Dios por ese "entonces". Tu vida tal vez es en este momento muy penosa. Quizás tus desafíos son más grandes de lo que puedes soportar. Tal vez hayas perdido la fuerza o tu salud esté minada. No importa lo difícil que sea esta etapa, querido mío, Dios tiene un "entonces" en tu historia de fe. Todo creyente en Cristo tiene un nuevo capítulo por delante, lleno de sueños hechos realidad. Sea lo que sea que estés enfrentando ahora, no es el final de la historia.

Quiero animarte a que leas completo el capítulo 21 de Apocalipsis, comparando continuamente sus esperanzas con los horrores del capítulo anterior. No hay dos capítulos contiguos en el Nuevo Testamento que ofrezcan un contraste más profundo entre el destino eterno de los perdidos y el de los salvados.

Quisiera analizar los elementos de Apocalipsis 21 que pudieron haber sido los más significativos para el apóstol Juan. Según Apocalipsis 21:1, la primera diferencia clara entre el nuevo cielo y la nueva tierra es que "el mar ya no existía más". En un día claro, desde la parte más alta de Patmos podía verse la costa a pocos kilómetros de Éfeso. Imagínate cuánto extrañaba Juan a las personas a las que solía servir en aquel lugar, cuánto añoraba verlas y, con los ojos llenos de lágrimas, suplicaba que volvieran a su primer amor. Imagínate lo que habrá representado para Juan ese mar que los separaba.

Anhelo el día en que los mares ya no separen a los hermanos y las hermanas de la familia de Dios; quiero conocer a mis fieles hermanos y hermanas de Sudán, de Irán y de todo el mundo.

Sabrina, mi querida compañera de trabajo, ama el mar tanto como yo las montañas. Casi no puede imaginarse el cielo sin un mar. Sabemos que la nueva tierra tendrá por lo menos dos espejos de agua, porque Apocalipsis menciona ríos y un mar de cristal. Sin embargo, buena parte de la terminología de ese último libro de la Biblia es figurada. Creo que la referencia en Apocalipsis 21:1 a que "el mar ya no existía más" significa que nada volverá a separarnos. Seremos uno, tal como el Hijo le pidió al Padre. Dispondremos de toda la belleza de los océanos sin que, como ahora, sean un obstáculo.

Después de decirnos que el nuevo cielo y la nueva tierra ya no estarán separados por los mares, Juan pasó a describir la nueva Jerusalén. Meditemos en sus palabras: "Y yo, Juan, vi la santa ciudad". Estoy segura de que la mayoría de nosotros, los gentiles, no alcanzamos a entender ese apego que tantos judíos a través de los siglos han sentido por su tierra natal. Incluso aquellos que jamás han pisado la Tierra Santa suspiran por ella como un niño extraviado clama por su madre.

Pude percibir este lazo particular hace pocas semanas, en el rostro de Arie, mi amigo hebreo y guía en las ruinas de países de la antigüedad. Él y su familia ahora residen en Tel Aviv, pero su corazón nunca se aparta de Jerusalén. Los conflictos que han surgido en y alrededor de la ciudad no solamente lo preocupan y afligen; le producen dolor. Le pregunté qué sentía sobre la actual crisis en la Tierra Santa. Al ver la agonía en su rostro, me lamenté de haber preguntado algo tan íntimo. Aunque me considero patriota, tuve que reconocer que ese apego a su patria me era desconocido.

¿Recuerdas que Arie me dijo que en cada casamiento judío ortodoxo se reafirma el compromiso profundo de tener siempre presente a Jerusalén? En medio del júbilo, siempre "recuerdan" Jerusalén y la trágica pérdida del templo.

Si Arie y otros judíos a través de los tiempos han experimentado un apego indescriptible a la Ciudad Santa y un sentimiento de dolor en relación con el templo, procura imaginar la fuerza de los lazos de Juan. Había crecido en las costas de Galilea en la época de mayor esplendor de Jerusalén desde los días de Salomón. El templo de Herodes era una de las más grandes maravillas del mundo. Ningún judío podía contemplar su esplendor sin maravillarse e incluso sin llorar.

Juan conocía cada muro y cada puerta de la Ciudad Santa. Había caminado por todos sus rincones con el Salvador. Se había sentado a su lado en el monte de los Olivos, contemplando la belleza de la ciudad. También perteneció a la generación que fue testigo de la completa destrucción del año 70 d.C. Juan probablemente ya estaba radicado en Éfeso cuando Jerusalén cayó. Sin embargo las noticias volaban, y el eco del llanto crecía con la distancia. El dolor de la diáspora junto con la culpa inconsciente por no haber perecido con la ciudad de seguro golpeaba sus corazones con nostalgia.

Luego Juan vio "la santa ciudad, la nueva Jerusalén, descender del cielo, de parte de Dios, ataviada como una esposa hermoseada para su esposo" (Apoc. 21:2). ¡Su corazón habrá saltado lleno de gozo! ¡Ahí estaba! No solo restaurada sino creada de nuevo y con un esplendor incomparable. "Dios enjugará toda lágrima de los ojos de ellos" (Apoc. 7:17). Me pregunto si Juan lloraba mientras tenía esa visión.

Algunos dicen que no podremos llorar en el nuevo cielo y la nueva tierra. No obstante, está claro que tendremos por lo menos un último y sentido llanto ¡porque Dios enjugará toda lágrima! Me es imposible imaginar que veré a mi Cristo, a mi Dios y a su reino celestial sin que mis ojos se llenen de lágrimas. No obstante, nuestras últimas lágrimas ya no serán las que se vierten por tristeza, porque "secará todas las lágrimas de ellos, y ya no habrá muerte, ni llanto, ni lamento, ni dolor; porque todo lo que antes existía ha dejado de existir" (Apoc. 21:4, VP).

Meditemos en las palabras "lo que antes existía ha dejado de existir". Desde que Adán y Eva perdieron su relación íntima con Dios y sufrieron la agonía de que un hijo haya sido asesinado por el otro, esta tierra se ha caracterizado por pertenecer al orden de las cosas "que antes" existían. Aunque el sufrimiento nos conmueve cada vez, el orden de este mundo se caracteriza precisamente por eso. Ninguno de nosotros podrá eludirlo. Podemos anestesiarnos, pero sin sentirlo no podríamos experimentar en plenitud el orden de "lo que antes existía" ni celebrar lo nuevo.

El nuevo orden traerá todas las cosas a su plenitud y preparará los cielos y la tierra para una eterna felicidad. "El tabernáculo de Dios está ahora con los hombres. Él morará con ellos" (v. 3). ¡Aleluya! El gozo inextinguible de la presencia de Dios con los hombres será mayor que el sufrimiento de haber sido expulsados del huerto. Tomemos nota de que Juan no vio templo, ni sol ni luna en esta nueva Jerusalén. Esos elementos estarán ausentes en la nueva Ciudad Santa "porque el Señor Dios Todopoderoso es su templo, y el Cordero. La ciudad no tiene necesidad de sol ni de luna que brillen en ella, porque la gloria de Dios la ilumina" (Apoc. 21:22–23).

Tal vez tú también observaste la referencia a "los reyes de la tierra" (v. 24). Estos reyes están en agudo contraste con los reyes de la tierra de Apocalipsis 19:19, aquellos que se levantarán contra el Jinete llamado Fiel y Verdadero. Creo que estos reyes de la tierra que traerán esplendor a la nueva Ciudad Santa pueden ser los redimidos descriptos en Apocalipsis 20:4 y otros como ellos. "Y vi las almas de los decapitados por causa del testimonio de Jesús y por la palabra de Dios, los que no habían adorado a la bestia ni a su imagen, ni recibieron la marca en sus frentes ni en sus manos; y vivieron y reinaron con Cristo mil años."

Cuando Dios establezca el nuevo cielo y la nueva tierra, me parece probable que quienes reinen con Él no como iguales sino como gobernantes bajo su autoridad estarán entre aquellos que "traerán su gloria y su honor" a la nueva Ciudad Santa. También creo que antes del fin de los tiempos, los reyes de muchas naciones se arrodillarán, adorarán y confesarán a Jesucristo, el Hijo de Dios. Literalmente, "llevarán a ella la gloria y el honor de las naciones" (Apoc. 21:26). El futuro supera la imaginación de los eruditos, los poetas y los productores de cine. Disfrutaremos el esplendor de nuestro Dios cuando proclame un nuevo comienzo y cree un cielo y una tierra según el ideal de su imaginación.

Al terminar este capítulo, echemos un último vistazo a un detalle en la nueva Jerusalén que seguramente causó una profunda impresión en Juan. "El muro de la ciudad tenía doce cimientos y sobre ellos los doce nombres de los doce apóstoles del Cordero" (Apoc. 21:14).

Querido hermano, ¿te das cuenta de que entre esos nombres Juan vio el suyo? ¿Te imaginas lo que habrá sentido por el resto de sus días, cada vez que esa visión volvía a su memoria? No tengo la menor idea de lo que habrá significado ser uno de los doce apóstoles, pero no creo que se hayan sentido superhombres, ni siquiera levemente dignos de su llamado; no estoy segura de que esos primeros discípulos se hayan dado cuenta de que lo que hacían tendría tal impacto que cambiaría al mundo. No me los imagino pensando: *Lo que estoy haciendo en este momento pasará a la historia y quedará registrado en los anales eternos de gloria.* Creo que simplemente se veían a sí mismos como tú y yo lo hacemos. También creo que se sentían abrumados ante la idea de tener que alcanzar su mundo con el evangelio de Cristo cuando lo único que veían casi todo el tiempo era un puñado de convertidos.

Imagino que, meses más tarde, al recordar la visión del muro y sus cimientos, Juan se emocionaría pensando que Dios los valorizaba. ¿No te parece que, tomando en cuenta los agentes humanos que Cristo había elegido para la tarea, se maravillaría de que el plan hubiera funcionado?

Todos los días tengo que enfrentar una dosis de baja autoestima porque nunca me siento a la altura de mi ministerio: pienso que no soy lo suficientemente capaz ni lo suficientemente fuerte, que no he orado lo suficiente o que no estoy bien preparada. ¿Te sientes así? Tal vez entonces también sientes la misma oleada de emociones cuando te inunda esta verdad: Dios nos ama. Él está preparando un lugar inimaginable para quienes aceptan su amor. Tiene gran estima por quienes eligen, por encima de los gritos paralizantes de su propia inseguridad, creer en su llamado. Nuestros nombres no estarán escritos en los cimientos de la nueva Jerusalén, pero están grabados en las palmas de las manos de Dios.

Capítulo 51

VER SU ROSTRO

Verán su rostro y su nombre estará en sus frentes. (Apocalipsis 22:4)

❧

No puedo creerlo. ¿Cómo es que este viaje se pasó tan rápido? El último capítulo de un estudio siempre es el más difícil de escribir para mí, principalmente porque detesto las despedidas. Años atrás, cuando estaba mal y quebrantada, le supliqué a Dios que absorbiera mi imaginación por completo porque sabía que jamás sería libre a menos que Él transformara mi manera de pensar. En respuesta a esa oración, Dios me ha dado una imaginación que me permite describir realidades espirituales de manera casi tan vívida como si fueran realidades físicas. El viaje que hemos compartido en estas páginas es tan real para mí como cualquier otra experiencia que hubiéramos podido vivir en persona.

Aunque tal vez no te conozco, me he "figurado" tu persona cientos de veces, he tratado de imaginar tu lugar en el cuerpo de Cristo, y me he acostumbrado a disfrutar de tu compañía. Hemos caminado juntos. No me gusta que me sigan; mi deseo es marchar a tu lado, abrir juntos la Palabra de Dios y conversar sobre sus verdades.

Otro motivo que hace difícil el último capítulo es que quiero decir demasiadas cosas antes de separarnos. Sentí lo mismo cuando dejé a Amanda en la universidad por primera vez. Mientras los ojos se nos llenaban de lágrimas, le dije: "Tesoro, tenía muchas cosas para decirte, pero ahora estoy emocionada y me he quedado sin palabras". Nunca olvidaré su respuesta. "Mamá, me lo dijiste todo ayer… y antes de ayer." Ambas nos reímos. Eso me pasa por hablar tanto.

Cuando llega el momento realmente trascendente, ya he gastado todas mis palabras de peso. Ya has escuchado demasiadas palabras mías hasta aquí. Sonrío al recordar una carta que recibí de una mujer que intentaba seguir uno de mis estudios bíblicos. Definió mi estilo de esta manera: "Tantas palabras para decir tan poco". Me reí a más no poder y agregué un sincero "¡Amén!" Hablo de más, y demasiado tiempo. Me emociono demasiado. Soy tan apasionada que a mis críticos a veces les parezco un poco tonta. Pretendo lograr más de lo que soy capaz, pero una cosa puedo asegurarte: Tengo amor. Amor verdadero. Y he aprendido a amarte.

Antes de separarnos, sentémonos un momento y abramos nuestra Biblia. Hay un río en este pasaje. ¿Qué impide que nos sentemos en una roca a sus orillas, que nos quitemos el calzado y pongamos nuestros pies en el agua? Si tienes tu Biblia, por favor lee el capítulo final de la Palabra inspirada de Dios, Apocalipsis 22.

Observa los detalles adicionales con relación al nuevo cielo y la nueva tierra:

- El río de agua de vida que fluye del trono
- El árbol de vida, que produce doce frutos, cada mes un fruto
- Las hojas del árbol que son sanidad para las naciones
- No habrá más maldición
- No habrá más noche porque el Cordero es la luz
- La presencia del Cordero en la ciudad

En dos oportunidades hacia el final del Apocalipsis, Juan se sintió tan abrumado por la contemplación de esas imágenes gloriosas, que cayó a los pies del ángel (Apoc. 19:10; 22:8). En ambas ocasiones Juan recibió un rápido reproche cuando le recordó que el ángel solo era un "consiervo". Sorprendente, ¿verdad? Quienes sirven a Dios trabajan codo a codo con los ángeles de la gloria. ¡Son nuestros consiervos! Recuérdalo la próxima vez que te sientas solo en tu tarea.

Me gustaría extraer otra enseñanza de este momento en que a Juan se le aflojaron repentinamente las rodillas. Juan no cometió el error de caer a los pies del ángel cuando resultaba difícil y aterrador contemplar las visiones. Lo hizo ante las buenas noticias. Dios ha realizado algo fenomenal durante estos últimos años de estudios bíblicos. Tenemos noticias de que participan de ellos cada vez más miembros de otras denominaciones y sectores del cuerpo de Cristo. Me siento conmovida por esto, porque tengo un profundo llamado hacia la unidad entre denominaciones. Al mismo tiempo, quiero hacer una advertencia. El principal objetivo de Satanás es tentarnos a que nos postremos ante cualquier cosa o persona que no sea Dios. Creo que la tentación de los cristianos será caer de rodillas ante los oradores que dicen lo que queremos escuchar. Como dijo el ángel: "¡No lo hagas!" Adora solo a Dios. Detengámonos por un momento en Apocalipsis 22:2. Puedes comparar esta realidad celestial con un ejemplo terrenal en el Salmo 1:1–3.

Mientras estamos en esta tierra, debemos ser como árboles de vida que producen fruto en cada estación para que otros puedan gustar y ver "que es bueno Jehová" (Sal. 34:8). Para dar mucho fruto debemos permanecer junto al río. ¡Y quizás debamos entrar en él!

Ezequiel relata una visión similar. En la visión de Ezequiel 47:1–12 el río fluía desde el templo de Jerusalén. En ambas visiones el río parece representar el derramamiento del poder y la unción de Dios. Dios no solamente nos cuida con un amor increíble; también nos provee en forma completa y absoluta.

Oro para que hayamos avanzado en nuestro andar con Dios, que nos hayamos despojado de nuestros cinturones de seguridad de la racionalización y nos hayamos arrojado a la gran aventura de Dios. ¿A qué profundidad te ves a ti mismo en este río imaginario del poder y la obra de Cristo? Reflexiona acerca de dónde estabas cuando comenzó este estudio. Querido hermano, si no estás metido hasta la cintura o nadando vigorosamente, no quiero que te desanimes. Me pregunto si acaso estamos un poco más sumergidos en Cristo que cuando comenzamos. ¿Estamos avanzando? Esa es una de las preguntas más importantes. Debo aclarar que es posible nadar por un tiempo, luego llegar arrastrándonos hasta la orilla e incluso pasar directamente al desierto. Hasta que veamos a Cristo cara a cara no estaremos completamente curados de nuestra incoherencia, nuestra inestabilidad y nuestra debilidad.

Cara a cara. No se me ocurre un tema más adecuado para nuestros últimos momentos juntos. No quiero que te pierdas la declaración más hermosa del último capítulo de las Escrituras: "Verán su rostro" (Apoc. 22:4). Para muchos de nosotros, contemplar el rostro de Cristo ya será el cielo. Todo lo demás es el río que desborda su cauce.

Hasta ese momento los redimidos somos como personas-espíritu envueltas en las paredes de la prisión de la carne. Tenemos la visión dañada por las rejas de nuestra percepción terrenal. Somos como Moisés, quien experimentó la presencia de Dios pero no podía ver su rostro. Igual que él, a todos los que estamos momentáneamente confinados por la mortalidad, Dios nos dice: "No podrás ver mi rostro … porque ningún hombre podrá verme y seguir viviendo" (Ex. 33:20).

Cuando todo esté cumplido, los que vivimos en Cristo veremos su rostro y viviremos. Felices y para siempre. Me cuesta esperar y en este preciso momento estoy absorta imaginando a otra persona en el momento de ver ese rostro. Alguien a quien he llegado a querer y apreciar profundamente durante los meses de estudio de este libro. Varios de los primeros padres de la iglesia sitúan nuevamente al apóstol Juan en Éfeso al concluir su exilio en la isla de Patmos. Me pregunto qué pensamientos rondaban por su mente cuando el barco se acercaba a las costas de Asia Menor. Hice esa travesía por mar, y si bien es hermoso, el viaje no es breve. Mientras el viento soplaba su cabello débil y gris, Juan habrá tenido tiempo de experimentar un montón de emociones. Hemos llegado a conocerlo bien. ¿Qué imaginas que habrá pensado y sentido, camino a Éfeso?

Juan llegó a ser muy anciano. No sabemos cuántos años vivió después del exilio. Los primeros historiadores señalan, sin embargo, que la vitalidad de su espíritu superaba con creces las fuerzas de su cuerpo. Su apasionado corazón siguió latiendo en forma acelerada por el Salvador al que había amado durante tanto tiempo. Juan tomó en forma personal las palabras que Dios habló por su intermedio. No pasaron de manera directa de la pluma al papel. Todo su ser interior quedó indeleblemente teñido con la tinta *jréma*. Al ir terminando, leamos algunas de las palabras que sin duda quedaron grabadas en su corazón desde esa última noche que compartió con Jesús en la tierra:

Este es mi mandamiento: Que os améis unos a otros, como yo os he amado. Nadie tiene mayor amor que este, que uno ponga su vida por sus amigos. Vosotros sois mis amigos si hacéis lo que yo os mando. Ya no os llamaré siervos, porque el siervo no sabe lo que hace su señor; pero os he llamado amigos, porque todas las cosas que oí de mi Padre os las he dado a conocer. No me elegisteis vosotros a mí, sino que yo os elegí a vosotros y os he puesto para que vayáis y llevéis fruto, y vuestro fruto permanezca; para que todo lo que pidáis al Padre en mi nombre, él os lo dé. Esto os mando: Que os améis unos a otros (Juan 15:12-17).

Juan vivió la esencia de estas palabras. Terminó su vida siendo un verdadero "amigo" de Cristo porque se hizo cargo de los intereses divinos de la misma manera que Eliseo se puso el manto de Elías. Los primeros padres de la iglesia relatan que, cuando Juan ya no tenía fuerzas para caminar, cristianos más jóvenes cargaban en una silla al discípulo amado entre las multitudes que se reunían para adorar. Sus últimos sermones fueron breves y tiernos: "¡Hijitos míos, amaos unos a otros!" Juan derramó su vida en amor. El amor de Cristo. Sus días finales capturan los dos conceptos centrales que he aprendido en este viaje:

- Cristo llama a sus discípulos amados a cambiar ambición por afecto. Juan se trasladó desde su posición de "columna" de la iglesia de Jerusalén a la relativa oscuridad. Es mejor derramar nuestra vida en lugares desconocidos que convertirnos en huesos secos en los lugares donde siempre hemos estado.

- Solo los discípulos que están convencidos de que son amados serán capaces, a su vez, de amar a otros. Abrazar con decisión el pródigo amor de Dios es nuestro único medio para ofrecer ese amor divino a los corazones heridos. No podemos dar lo que no tenemos.

Nuestro Abba parece haberse propuesto no decirnos casi nada acerca de la muerte de sus santos. Por el Salmo 116:15, sabemos que sus muertes fueron preciosas para Dios. Es más, podemos suponer que si ahorra detalles es precisamente porque le eran muy queridos e íntimos. Y no es asunto nuestro. Puedes estar seguro de que el Salvador estaba allí cuando el retumbar de aquel viejo Hijo del Trueno fue debilitándose hasta callar. Después de todo, Juan fue de los pocos que estaban cerca cuando el Verbo Encarnado calló.

La muerte de Juan marcó el cierre de la era más crítica de la historia de la humanidad. Era el único apóstol restante que podía dar fe de las palabras de su propia pluma: "Lo que era desde el principio, lo que hemos oído, lo que hemos visto con nuestros ojos, lo que hemos contemplado y palparon nuestras manos tocante al Verbo de vida" (1 Jn. 1:1). El "hemos" se había convertido en "he", y pronto el "he" pasaría a "ellos han".

Días antes de exhalar su último aliento, probablemente el frágil cuerpo de Juan había dado más de una señal de que el final estaba cerca. Si lo rodeaban sus seres queridos, tal vez hicieron lo que la mayoría de nosotros haría: procurar que estuviera lo más cómodo posible. Seguramente le deslizaron con suavidad una almohada bajo la cabeza, para que pudiera respirar mejor cuando sus pulmones se esforzaban por tomar aire. Eso fue lo que hicimos cuando el débil cuerpo de mi madre ya no tenía fuerzas para alojar su alma.

En realidad no estoy segura de si Juan necesitó una almohada. De alguna manera lo imagino en su muerte muy parecido a lo que había sido en vida. Para mí, la escena que mejor pinta al discípulo amado está en Juan 13:23. El hecho había tenido lugar en una mesa, décadas antes. La Biblia dice: "Y uno de sus discípulos, al cual Jesús amaba [a quien apreciaba y en quien se deleitaba], estaba recostado al lado de Jesús" (Juan 13:23). Sí, me gusta pensar que Juan murió de la misma manera en que vivió. Acurrucado junto a Él. Reclinado sobre el pecho de un invisible pero muy presente Salvador, que sostenía en sus tiernos brazos la cansada cabeza de Juan.

El Espíritu y la esposa dijeron "¡Ven!"

Y en la distancia se oyó un apagado trueno.

Notas finales

Capítulo 2

1. R. Alan Culpepper, *John, Son of Zebedee* [Juan, hijo de Zebedeo] (Minneapolis: First Fortress Press, 2000), pág. 7.
2. Ibid., pág. 9.

Capítulo 3

1. Ronald F. Youngblood y F. F. Bruce, eds., *Nelson's New Illustrated Bible Dictionary* [Nuevo Diccionario Bíblico Ilustrado Nelson] (Nashville: Thomas Nelson, 1999), pág. 473.
2. Ibid., pág. 182.
3. Culpepper, *John* [Juan], pág. 11.
4. James Strong, *Nueva Concordancia Strong Exhaustiva* (Nashville/ Miami: Editorial Caribe Betania, 2002), Nº 1689, pág 28.

Capítulo 5

1. Matthew Henry, *Comentario Bíblico de Matthew Henry*, Obra completa sin abreviar (Barcelona: Editorial Clie, 1999), Marcos, pág. 1215.

Capítulo 6

1. Frederick William Danker, ed., *Greek-English Lexicon of the New Testament* [Lexicón griego-inglés del Nuevo Testamento], 3ª ed. (Chicago: The University of Chicago Press, 2000), pág. 391.

2. Frank Gaebelein y J. D. Douglas, *The Expositor's Bible Commentary* [Comentario Bíblico del Expositor], vol. 8 (Grand Rapids: Zondervan, 1984), pág. 629.

Capítulo 8

1. A. W. Tozer, *La búsqueda de Dios* (Camp Hill, Pennsylvania: Christian Publications, 2000), (pág. 64 del original en inglés).

Capítulo 10

1. Ronald F. Youngblood y F. F. Bruce, eds., *Nelson's New Illustrated Bible Dictionary* [Nuevo Diccionario Bíblico Ilustrado Nelson] (Nashville: Thomas Nelson, 1999), pág. 473.

Capítulo 14

1. Frank Gaebelein y J. D. Douglas, *The Expositor's Bible Commentary* [Comentario Bíblico del Expositor], vol. 8 (Grand Rapids: Zondervan, 1984), pág. 260.

Capítulo 15

1. Spiros Zodhiates, "Lexical Aids to the Old Testament", #344 en Spiros Zodhiates, Warren Baker y David Kemp, *Hebrew-Greek Key Study Bible* (Chattanooga, Tennessee: AMG, 1996), pág. 1503.

Capítulo 16

1. James Stalker, *The Two St. Johns of the New Testament* [Los dos San Juan del Nuevo Testamento] (New York: American Tract Society, 1985), pág. 148.

Capítulo 18

1. R. D. H. Lenski, *Commentary on the New Testament* [Comentario del Nuevo Testamento] (Columbus, Ohio: Wartburg Press, 1942), pág. 89.

Capítulo 19

1. R. Alan Culpepper, "John and Ephesus" [Juan y Éfeso], *Biblical Illustrator*, Otoño de 1977, pág. 3.
2. Stalker, *Two St. Johns* [Los dos San Juan], pág. 156.
3. Ibid., 157–58.

Capítulo 20

1. Lynn M. Poland, "The New Criticism, Neoorthodoxy, and the New Testament" [La nueva crítica, neoortodoxia y el Nuevo Testamento], cita en Culpepper, *John*, pág. 139.
2. Lawrence O. Richards, ed., *The Revell Bible Dctionary* [Diccionario Bíblico Revell] (Grand Rapids: Fleming H. Revell, 1990), pág. 775.

Capítulo 21

1. Spiros Zodhiates, *The Complete Word Study Dictionary: New Testament* [Diccionario completo de estudio de palabras: Nuevo Testamento] (Chattanooga, Tennessee: AMG, 1996), #5485, pág. 1469.
2. Agustín: *Confessions* [Confesiones] (cita de R. S. Pine-Coffin, New York: Penguin Books, 1961).
3. Jonathan Edwards, "The End for Which God Created the World" [El objetivo por el que Dios creó el mundo], *The Works of Jonathan Edwards* (New York: Yale University Press), pág. 495.
4. C. S. Lewis, *The Weight of His Glory and Other Addresses* [El peso de su gloria y otros discursos] (Grand Rapids: Eerdmans, 1965).
5. John Piper, *The Dangerous Duty of Delight* [La peligrosa obligación del deleite] (Sisters, Oregón: Multnomah, 2001), pág. 21.
6. Spiros Zodhiates, *The Complete Word Study Dictionary: New Testament* (Chattanooga, Tennessee: AMG, 1996), #4053, pág. 1151.

Capítulo 22

1. Eusebio, cita en Andreas J. Kostenberger, *Encountering John* (Grand Rapids: Baker Books, 1999), pág. 35.
2. Agustín, cita en Korstenberger, *Encountering John*, pág. 19.
3. Kostenberger, *Encountering John*, pág. 56.

Capítulo 24

1. Spiros Zodhiates, *The Complete Word Study Dictionary; New Testament* (Chattanooga, Tennessee: AMG, 1996), #2889, pág. 880.
2. *The Worldbook Encyclopedia 2001*, vol. 8 (Chicago: Worldbook Inc., 2001), 8-8a.

Capítulo 28

1. Spiros Zodhiates, *The Complete Word Study Dictionary: New Testament* (Chattanooga, Tennessee: AMG Publishers, 1996), #1718, 578.
2. R. D. H. Lenski, *Commentary on the New Testament* [Comentario del Nuevo Testamento] (Columbus, Ohio: Wartburg Press, 1942), pág. 1008.

Capítulo 29

1. Carolyn Curtis James, *When Life and Beliefs Collide* [Cuando se enfrentan la vida y las creencias] (Grand Rapids, Mich.: Zondervan, 2001), pág. 18.

Capítulo 31

1. Spiros Zodhiates, "Lexical Aids to the Old Testament", #344 en Spiros Zodhiates, Warren Baker y David Kemp, *Hebrew-Greek Key Study Bible* (Chattanooga, Tennessee: AMG, 1996), pág. 1437.
2. Spiros Zodhiates, *The Complete Word Study Dictionary: New Testament* (Chattanooga, Tennessee: AMG, 1996), #3674, pág. 1046.
3. Ibid., #3670, pág. 1045.

Capítulo 32

1. Spiros Zodhiates, *The Complete Word Study Dictionary: New Testament* (Chattanooga, Tennessee: AMG, 1996), #4217, pág.1204.

Capítulo 33

1. "John, A Last Word on Love" [Juan, una última palabra de amor], *Biblical Illustrator*, Verano de 1976, pág. 26.
2. Culpepper, *John*, págs. 142–43.

Capítulo 36

1. Tertuliano, *On Prescription Against Heretics* [Prescripciones contra todas las herejías], cita en Culpepper, *John*, pág. 140.
2. Oswald Chambers, *En pos de lo supremo* (Miami: Unilit, 1993), (pág. 211 del original en inglés).

Capítulo 37

1. Spiros Zodhiates, "Lexical Aids to the Old Testament", #918 en Spiros Zodhiates, Warren Baker y David Kemp, *Hebrew-Greek Key Study Bible*, pág. 1596.

Capítulo 38

1. Timothy Trammell, "Smyrna" [Esmirna], *Biblical Illustrator*, Primavera de 1992, pág. 3.
2. Ronald F. Youngblood y F. F. Bruce, eds., *Nelson's New Illustrated Bible Dictionary* (Nashville: Thomas Nelson, 1999), pág. 1187.
3. W. Grinton Berry, ed., *El libro de los mártires de Foxe*, (págs. 21–24 del original en inglés, *Foxe's Book of Maartyrs* [Grand Rapids: Baker Book House, 1992]).
4. E. Glen Hinson, "Smyrna" [Esmirna], *Biblical Illustrator*, Invierno de 1980, 72, 86.
5. Youngblood y Bruce, *Nelson's New Illustrated Bible Dictionary*, 1187.
6. Tomado de *Foxe's Book of Martyrs* [El libro de los mártires de Foxe], de John Foxe, capítulo 2, www.biblenet.net/library/foxesMartyrs.

Capítulo 39

1. Frank Gaebelein y J. D. Douglas, *The Expositor's Bible Commentary* (Grand Rapids: Zondervan, 1984), pág. 440.
2. Ibid.
3. A. T. Robertson, *Word Pictures in the New Testament*, vol. 5 (Nashville: Broadman Press, 1960), 307.

Capítulo 40

1. Larry E. McKinney, "Thyatira" [Tiatira], *Biblical Illustrator*, Primavera de 1992, págs. 70, 107.
2. Ronald F. Youngblood y F. F. Bruce, eds., *Nelson's New Illustrated Bible Dictionary* (Nashville: Thomas Nelson, 1999), pág. 679.

Capítulo 41

1. William M. Ramsay, *The Letters to the Seven Churches of Asia* [Las cartas a las siete iglesias de Asia] (Londres: Hodder & Stoughton, 1904), 375, citado en Frank Gaebelein y J. D. Douglas, *Expositor's Bible Commentary*, pág. 447.
2. William Barclay, *Letters to the Seven Churches* [Cartas a las siete iglesias] (New York: Abingdon, 1957), citado en *Expositor's Commentary*, pág. 71.

Capítulo 42

1. Joseph Green, "The Seven Curches of Revelation" [Las siete iglesias del Apocalipsis], *Biblical Illustrator*, Primavera de 1980, pág. 49.

Capítulo 43

1. Henry L. Peterson, "The Church at Laodicea" [La iglesia en Laodicea], *Biblical Illustrator*, Primavera de 1982, pág. 74–75.

Capítulo 44

1. Spiros Zodhiates, "Lexical Aids to the Old Testament", #2525 en Spiros Zodhiates, Warren Baker y David Kemp, *Hebrew-Greek Key Study Bible*, pág. 1631.

Capítulo 48

1. Leland Ryken, James Wilhoit and Tremper Longman III, eds., *Dictionary of Biblical Imagery* [Diccionario de figuras bíblicas] (Downers Grove, Illinois: InterVarsity Press, 1998), pág. 938.

OTROS LIBROS POR BETH MOORE

Un corazón como el de Dios
ISBN 0-8054-2789-9

Jesús, sólo Jesús
ISBN 0-8054-2790-2

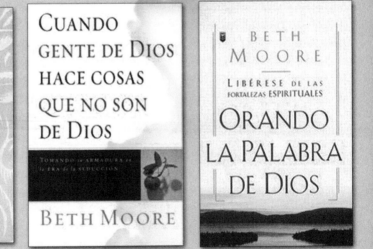

Libre
ISBN 0-7899-1026-8

Cuando gente de Dios hace cosas que no son de Dios
ISBN 0-8841-9906-1

Orando la palabra de Dios
ISBN 0-7899-0046-7